高等职业教育工程机械类专业教材

Gonglu Jixiehua Shigong Zuzhi yu Guanli
公路机械化施工组织与管理

吴幼松　吴明华　主　编
孙珍娣　陈香琳　副主编
　　　　　王丰胜　主　审

人民交通出版社

内 容 提 要

本书主要介绍公路建设中常用工程机械的结构特点、使用性能、使用范围、施工作业方法、工程机械的选择,公路工程机械化施工的组织与计划、施工前准备工作,路基路面机械化施工、桥梁工程机械化施工、公路维修和养护工程机械化、软基路基处理、浇筑式沥青混凝土工程机械化施工、工程机械经营管理及机械的定额管理与统计核算等知识。

本书可作为工程机械运用与维护专业、公路机械化施工和路桥类专业类高职教学用书,也可供工程机械、公路机械化施工相关工程技术人员和管理人员指导公路与桥梁机械化施工使用。

图书在版编目(CIP)数据

公路机械化施工组织与管理/吴幼松,吴明华主编.
—北京:人民交通出版社,2014.5
高等职业教育工程机械类专业规划教材
ISBN 978-7-114-11138-9

Ⅰ.①公… Ⅱ.①吴… ②吴… Ⅲ.①道路施工—机械化施工—施工组织—高等职业教育—教材②道路施工—机械化施工—施工管理—高等职业教育—教材 Ⅳ.①U415.1

中国版本图书馆 CIP 数据核字(2014)第 011138 号

高等职业教育工程机械类专业教材

书　　名:	公路机械化施工组织与管理
著 作 者:	吴幼松　　吴明华
责任编辑:	丁润铎　周　凯
出版发行:	人民交通出版社
地　　址:	(100011)北京市朝阳区安定门外外馆斜街3号
网　　址:	http://www.ccpress.com.cn
销售电话:	(010)59757973
总 经 销:	人民交通出版社发行部
经　　销:	各地新华书店
印　　刷:	北京虎彩文化传播有限公司
开　　本:	787×1092　1/16
印　　张:	21
字　　数:	530千
版　　次:	2014年5月　第1版
印　　次:	2022年12月　第4次印刷
书　　号:	ISBN 978-7-114-11138-9
定　　价:	55.00元

(有印刷、装订质量问题的图书由本社负责调换)

高等职业教育工程机械类专业
教材编审委员会

主任委员 张 铁(山东交通学院)

副主任委员
 沈 旭(南京交通职业技术学院)   邰 茜(河南交通职业技术学院)
 吕其惠(广东交通职业技术学院)   吴幼松(安徽交通职业技术学院)
 李文耀(山西交通职业技术学院)   贺玉斌(内蒙古大学)

委 员
 丁成业(南京交通职业技术学院)   王 健(内蒙古大学)
 王 俊(安徽交通职业技术学院)   王德进(新疆交通职业技术学院)
 田兴强(贵州交通职业技术学院)   代绍军(云南交通职业技术学院)
 孙珍娣(新疆交通职业技术学院)   闫佐廷(辽宁省交通高等专科学校)
 刘 波(辽宁省交通高等专科学校)   祁贵珍(内蒙古大学)
 吴明华(安徽交通职业技术学院)   杜艳霞(河南交通职业技术学院)
 吴 哲(辽宁省交通高等专科学校)   陈华卫(四川交通职业技术学院)
 李云聪(山西交通职业技术学院)   李光林(山东交通职业技术学院)
 张炳根(湖南交通职业技术学院)   杨 川(成都铁路学校)
 杨长征(河南交通职业技术学院)   赵 波(辽宁省交通高等专科学校)
 高贵宝(山东职业学院)   徐化娟(甘肃交通职业技术学院)
 徐永杰(鲁东大学)   罗江红(新疆交通职业技术学院)
 张宏春(江苏省交通技师学校)   田晓华(江苏省扬州技师学院)

特邀编审委员
 万汉驰(三一重工股份有限公司)   刘士杰(中交西安筑路机械有限公司)
 孔渭翔(徐工集团挖掘机械有限公司)   张立银(山推工程机械股份有限公司工程机械研究总院)
 王彦章(中国龙工挖掘机事业部)   李世坤(中交西安筑路机械有限公司)
 王国超(山东临工工程机械有限公司重机公司)   李太杰(西安达刚路面机械股份有限公司)
 孔德锋(济南力拓工程机械有限公司)   李旭涛(力士德工程机械股份有限公司)
 韦 耿(广西柳工机械股份有限公司挖掘机事业部)   赵家宏(福建晋工机械有限公司)
 田志成(国家工程机械质量监督检验中心)   姚录廷(青岛科泰重工机械有限公司)
 冯克敏(成都市新筑路桥机械股份有限公司)   顾少航(中联重科股份有限公司渭南分公司)
 任华杰(徐工集团筑路机械有限公司)   谢 耘(山东临工工程机械有限公司)
 吕 伟(广西玉柴重工有限公司)   禄君胜(山推工程机械股份有限公司)

秘书长 丁润铎(人民交通出版社)

总 序

  中国高等职业教育在教育部的积极推动下,经过10年的"示范"建设,现已进入"标准化"建设阶段。

  2012年,教育部正式颁布了《高等职业学校专业教学标准》,解决了我国高等职业教育教什么、怎么教、教到什么程度的问题,为培养目标和规格、组织实施教学、规范教学管理、加强专业建设、开发教材和学习资源提供了依据。

  目前,国内开设工程机械类专业的高等职业学校,大部分是原交通运输行业的院校,现为交通职业学院,而且这些院校大都是教育部"示范"建设学校。人民交通出版社审时度势,利用行业优势,集合院校10年示范建设的成果,组织国内近20所开设工程机械类专业高等职业教育院校专业负责人和骨干教师,于2012年4月在北京举行"示范院校工程机械专业教学教材改革研讨会"。本次会议的主要议题是交流示范院校工程机械专业人才培养工学结合成果、研讨工程机械专业课改教材开发。会议宣布成立教材编审委员会,张铁教授为首届主任委员。会议确定了8种专业平台课程、5种专业核心课程及6种专业拓展课程的主编、副主编。

  2012年7月,高等职业教育工程机械类专业教材大纲审定会在山东交通学院顺利召开。各位主编分别就教材编写思路、编写模式、大纲内容、样章内容和课时安排进行了说明。会议确定了14门课程大纲,并就20门课程的编写进度与出版时间进行商定。此外,会议代表商议,教材定稿审稿会将按照专业平台课程、专业核心课程、专业拓展课程择时召开。

  本教材的编写,以教育部《高等职业学校专业教学标准》为依据,以培养职业能力为主线,任务驱动、项目引领、问题启智,教、学、做一体化,既突出岗位实际,又不失工程机械技术前沿,同时将国内外一流工程机械的代表产品及工法、绿色节能技术等融入其中,使本套教材更加贴近市场,更加适应"用得上,下得去,干得好"的高素质技能人材的培养。

本套教材适用于教育部《高等职业学校专业教育标准》中规定的"工程机械控制技术(520109)"、"工程机械运用与维护(520110)"、"公路机械化施工技术(520112)"、"高等级公路维护与管理(520102)"、"道路桥梁工程技术(520108)"等专业。

本套教材也可作为工程机械制造企业、工程施工企业、公路桥梁施工及养护企业等职工培训教材。

本套教材也是广大工程机械技术人员难得的技术读本。

本套教材是工程机械类专业广大高等职业示范院校教师、专家智慧和辛勤劳动的结晶。在此向所有参编者表示敬意和感谢。

高等职业教育工程机械类专业规划教材编审委员会

2013.1

前言

《公路机械化施工组织与管理》是工程机械运用与维护专业、公路机械化施工和路桥类专业的一门必修课。该课程根据工程机械运用与维护专业、公路机械化施工和路桥类专业的特点和公路建设的标准和质量要求,就工程建设中机械化施工的特点,分别介绍公路建设中常用工程机械的类型,公路与桥梁建设机械化施工中土木、工程机械和工程组织管理等方面的知识。全书内容包括:第一篇公路工程机械化施工的导入知识,主要介绍公路机械化施工的概念、特点、重要性和机械化施工发展的趋势以及公路工程机械的基础知识;工程机械的结构特点、使用性能、运行材料、施工作业方法;机械化施工中常用机械类型及施工机械的选择。第二篇公路工程机械化施工,主要根据公路、桥梁工程施工工序和工艺要求阐述了公路土石方路基开挖、填筑、压实工程机械化施工技术;公路路面材料拌和、摊铺、压实工程机械化施工技术;桥梁上部与下部结构工程现浇或预制机械化施工技术;公路路基、路面保养与维修工程机械化施工技术。第三篇涉及公路工程机械与施工组织管理的内容:公路机械化施工组织与计划、施工前的准备工作、公路工程机械的经营管理及机械的定额管理、统计核算等知识。

安徽交通职业技术学院吴幼松编写了单元一、二、四、五、八、十、十七,安徽交通职业技术学院吴明华编写了单元三、六、七、十一、十四,新疆交通职业技术学院孙珍娣编写了单元十二、十五、十六,安徽交通职业技术学院陈香琳编写了单元九、十三。本书由吴幼松、吴明华任主编,孙珍娣、陈香琳任副主编。全书由吴幼松统稿。

全书由安徽交通职业技术学院王丰胜审稿。

由于时间仓促,编者水平有限,错漏不足之处在所难免,敬请读者批评指正。

编者

2014 年 1 月

目 录

第一篇 公路工程机械化施工的导入知识

单元一 公路工程机械化施工认知 3
1.1 公路工程机械与机械化施工的概念 3
1.2 施工机械在公路施工中的重要性及发展方向 5
1.3 公路工程机械化施工的特点 7
1.4 公路工程机械化施工管理概述 8
[思考题] 8

单元二 公路工程施工机械基础知识 9
2.1 公路工程施工机械的动力装置 9
2.2 公路工程机械底盘 20
2.3 工程机械运行材料 32
[思考题] 35

第二篇 公路工程机械化施工

单元三 公路土石方路基工程施工 39
3.1 路基工程施工概述 39
3.2 路基土方的开挖与填筑 41
3.3 路基土石方的填筑作业注意事项 43
[思考题] 43

单元四 土方机械及路基土方机械化施工 44
4.1 推土机机械化施工 44
4.2 铲运机机械化施工 53
4.3 挖掘机机械施工 61
4.4 装载机机械化施工 74
4.5 平地机机械化施工 81
[思考题] 88

单元五 路基压实机械化施工 89
5.1 压实机械 89
5.2 路基的压实 99
[思考题] 115

单元六 路基石方机械化施工 116
6.1 常用的石方工程机械 116
6.2 路基石方爆破机械化施工 128

[思考题] ……………………………………………………………………………… 132
单元七　稳定层机械化施工 ………………………………………………………… 133
　　7.1　基层的作用及结构类型 ……………………………………………………… 133
　　7.2　稳定土基层材料机械化施工 ………………………………………………… 134
　　7.3　稳定土基层材料机械化施工技术 …………………………………………… 138
　　　[思考题] ……………………………………………………………………………… 143
单元八　沥青路面机械化施工 ……………………………………………………… 144
　　8.1　沥青路面施工主导机械 ……………………………………………………… 144
　　8.2　施工前的准备工作 …………………………………………………………… 154
　　8.3　沥青混合料的拌和与运输 …………………………………………………… 158
　　8.4　沥青混合料的摊铺技术 ……………………………………………………… 161
　　8.5　沥青混合料的压实技术 ……………………………………………………… 171
　　8.6　改性沥青 SMA 路面施工技术 ……………………………………………… 177
　　　[思考题] ……………………………………………………………………………… 183
单元九　水泥混凝土路面机械化施工 ……………………………………………… 185
　　9.1　水泥混凝土路面施工主导机械 ……………………………………………… 185
　　9.2　水泥混凝土路面机械化施工 ………………………………………………… 195
　　9.3　摊铺碾压式水泥混凝土路面机械化施工（RCC） ………………………… 205
　　　[思考题] ……………………………………………………………………………… 207
单元十　桥梁工程机械 ……………………………………………………………… 208
　　10.1　桩工机械 ……………………………………………………………………… 208
　　10.2　排水机械 ……………………………………………………………………… 219
　　10.3　水泥混凝土机械 ……………………………………………………………… 223
　　10.4　起重机械 ……………………………………………………………………… 227
　　10.5　桥梁工程机械化施工 ………………………………………………………… 232
　　　[思考题] ……………………………………………………………………………… 241
单元十一　公路维修与养护工程机械化施工 ……………………………………… 243
　　11.1　公路维修与养护工程概述 …………………………………………………… 243
　　11.2　公路工程养护机械 …………………………………………………………… 244
　　11.3　路基路面养护与维修机械化 ………………………………………………… 253
　　　[思考题] ……………………………………………………………………………… 258

第三篇　公路工程机械与施工组织管理

单元十二　公路工程机械的选择 …………………………………………………… 261
　　12.1　公路工程机械的工作参数 …………………………………………………… 261
　　12.2　公路工程机械选择的一般原则 ……………………………………………… 262
　　12.3　施工条件与公路工程机械的选择 …………………………………………… 263
　　12.4　公路工程机械需要数量的确定 ……………………………………………… 265
　　　[思考题] ……………………………………………………………………………… 266
单元十三　公路工程机械化施工计划与组织 ……………………………………… 267

  13.1 公路工程基本建设程序 ··· 267
  13.2 公路工程机械化施工组织设计 ··· 267
  13.3 流水作业法的设计和机械化施工的组织 ··· 270
  [思考题] ··· 277

单元十四 机械化施工前的准备 ··· 279
  14.1 机械的组织设计与管理工作的准备 ··· 279
  14.2 机械的验收和交付使用 ·· 280
  14.3 机械的运输 ··· 281
  14.4 机械的安装 ··· 285
  [思考题] ··· 286

单元十五 公路工程机械的使用、保养与修理管理 ······································ 287
  15.1 公路工程机械的合理使用 ··· 287
  15.2 公路工程机械的技术保养 ··· 290
  15.3 公路工程机械的修理 ··· 296
  [思考题] ··· 297

单元十六 公路工程机械经营管理 ·· 298
  16.1 概述 ··· 298
  16.2 公路工程机械的管理体制和经营管理 ·· 300
  16.3 安全生产和经营管理 ··· 303
  [思考题] ··· 306

单元十七 公路工程机械的定额管理 ··· 307
  17.1 机械定额管理 ··· 307
  17.2 公路工程机械管理的指标和统计 ·· 312
  17.3 公路工程机械管理的经济核算 ··· 316
  [思考题] ··· 320

参考文献 ·· 321

第一篇

公路工程机械化施工的导入知识

单元一　公路工程机械化施工认知

公路建设对国民经济发展所起的重要作用，人们已有共识。为适应新时期国民经济快速增长，推动社会主义现代化建设的进程，国家加强了对各种基础设施的投资力度，公路交通设施便是其中之一。公路作为各地区的交通纽带，将带动其辐射地区经济的全面发展。发达的交通网络通常与该地区的经济增长速度成正比，这在我国经济发展较快的东北三省、市已经得到了证实。国家提出了西部大开发的战略部署，作为基础设施的公路建设在这些地区呈现出蓬勃发展之势。进入 20 世纪 90 年代以后，以大城市为起点的高等级公路逐段地修筑起来，我国高速公路平均增长速度位居世界前列。与此同时，对低等级公路改建投资力度也在逐年增长。2007 年，我国公路总规模约 3.5 万 km 的"五纵七横"12 条国道主干线基本贯通。国家拟于 2020 年前再建设 8.5 万 km 以上的"高速公路+快速公路+主干道"的高速公路网络。公路建设事业任重道远，公路机械化施工势在必行。

《公路机械化施工组织与管理》是一门十分重要的专业课。本书主要介绍两方面的内容，一是公路工程施工机械（以下简称"施工机械"）的有关内容，主要包括：施工机械的基本知识、各种施工机械的类型、结构特点、使用性能、施工方法、使用范围、生产率核算等；二是公路工程机械化施工与管理的有关内容，主要包括：组织设计与相关计划制订、施工前的准备工作、施工组织与施工过程、机械的定额管理与统计核算管理、施工安全知识等。为了全面系统地掌握公路工程施工机械与机械化施工及管理的内容，首先要了解一些基本概念、公路工程机械化施工的重要性、发展方向及公路工程机械化施工的特点。

1.1　公路工程机械与机械化施工的概念

1.1.1　机械设备的定义

1）机械

一切可以用来改变力的大小和方向，并能起到省力作用的装置统称为机械，它是机器和机构的泛称。一台机械主要由原动机、传动机构和工作装置 3 部分组成，有的机械还配有行走机构、控制（操纵）机构等辅助部分。

（1）原动机，是把自然界的其他非机械能转变为机械能的装置，如内燃机、电动机等。

（2）传动机构，是将原动机输出的运动和能量传送给工作装置的中间联系环节。

（3）工作装置，是直接完成预期作业的机构。

2）设备

设备的范围极为广泛，包括与生产活动直接相关的一切必要的设备和设施。设备是固定资产的主要组成部分，它是指工业企业中可供长期使用，并在使用过程中基本保持其原有的实物形态、能继续使用或反复使用的劳动资料和其他物质资料的总称。在我国，通常所说的设备，就是指机械和动力两大类生产设施。在国外，设备的含义还包括除土地之外的建筑物、构筑物等全部可提折旧的有形资产。

当前，"设备"作为机械设备的统称，已在国内外普遍采用，因为"机械"也属于设备的范畴。在公路建筑施工行业，习惯把机械设备统称为机械。本书使用"机械"或"设备"的称谓，都应视为机械设备的简称。

1.1.2 机械设备的不同称谓

在我国,工程机械是中国装备工业的重要组成部分。概括地说,凡土石方施工工程、路面建设与养护、流动式起重装卸作业和各种建筑工程所需的综合性机械化施工工程所必需的机械装备,统称为工程机械。它主要用于国防建设工程、交通运输建设、能源工业建设和生产、矿山等原材料工业建设和生产、农林水利建设、工业与民用建筑、城市建设、环境保护等领域和各种建筑工程。综合机械化施工以及同上述工程相关的工业生产过程的机械化作业所必需的机械设备,统称为工程机械。

《工程机械定义及类组划分》(GXB/TY 0001—2011)由中国工程机械工业协会完成制定,于2011年6月1日正式发布、实施。该标准界定了我国工程机械的定义及所属的挖掘机械、铲土运输机、起重机、工业车辆、压实机械、路面施工与养护机械、混凝土机械、掘进机械、桩工机械、市政与环卫机械、混凝土制品机械、高空作业机械、装修机械、钢筋及预应力机械、凿岩机械、气动工具、军用工程机械、电梯及扶梯、工程机械配套件、其他专用工程机械20大类产品的组、型和产品名称,适用于我国工程机械协会会员范围内工程机械的生产、管理、科研、教学、使用和维修。

在世界各国,对工程建设中使用的机械设备称谓基本类同,美国称"建筑机械与设备",日本称"建设机械",德国称"建筑机械与装备",前苏联称"建筑与筑路机械"。

在我国,对工程建设中使用的机械设备统称为工程机械,是因为机械系统根据国务院组建该行业批文时统称为工程机械,一直延续到现在。由于行业不同,称谓也各异,如有建筑机械、施工机械、筑路机械、水利机械、铁路机械等名称,名称虽不同,内容却大同小异。

(1)工程机械,指工程建设所需的各类机械。所谓工程,是将自然科学各学科的原理应用到各类生产中去的总称,它的范围很广。而工程机械这个概念中的工程含义很窄,仅指基本建设,包括土木建筑工程和水利建设工程等。

(2)建筑机械,指建筑工程中使用的施工机械。

(3)施工机械,它是建筑施工企业习惯用的称谓,与工程机械和建筑机械相比,施工机械这一称谓具有更大的实用性。

(4)筑路机械,指公路建设工程所使用的机械,如将公路养护所使用的机械包括进去,则称筑养路机械。

1.1.3 公路施工机械的分类

根据交通运输部公路管理司公布施行的《公路筑养路机械保修规程》对机械类组的划分,共分为8大类,包括:土石方机械、压实机械、路面机械、桥涵机械、混凝土机械、起重运输机械、养护机械、动力与隧道机械。下面简单介绍以下3类主要施工机械。

(1)土石方机械,包括土方机械和石方机械两类。土方机械又可分为铲土运输机械和挖掘机械两个类型。其中,铲土运输机械包括公路施工中常见的推土机、铲运机、装载机和平地机四种机械。它们的共同特点是:作业对象是土壤、沙砾和其他松散物料,作业方式是"铲削",作业时都是借助机械自身的移动将土壤及其他作业对象从"母体"剥离下来并将其移运一定路程。这也就是铲土运输机械名称的由来。挖掘机械包括单斗挖掘机和多斗挖掘机两种。石方机械主要包括空气压缩机、凿岩机和破碎筛分机等石方的开采加工设备。

(2)压实机械,主要包括静力式和振动式压路机,其主要工作是压实路基路面等,使之符合一定的技术标准。

(3)路面机械,包括半刚性基层(稳定土)拌和机械、沥青路面机械和水泥路面机械等。

1.1.4 机械化施工

在公路工程的施工中,许多工作由人工操作是十分繁重的,而有些工作人工则根本无法完成。为了使人们从繁重的体力劳动中解放出来,为了使完成的工程符合国家的质量要求,为了加快施工速度、降低成本,人们越来越多地使用施工机械进行施工作业,即使施工过程成为所谓的机械化施工过程。由此看来,机械化施工是指:根据工程状况采取一定的与工程状况相适应的组合机具,用以减轻或解放繁重的人工体力劳动而完成人力所难以完成的施工生产任务。

机械化施工的度量用机械化程度表示:

$$机械化程度 = \frac{利用施工机械完成的实际工程量(或工作量)}{总工程量(或总工作量)} \times 100\% \quad (1-1)$$

机械化程度是反映施工企业机械化施工水平的重要指标。它反映机械所完成的工程量(或工作量)占总工程量(或总工作量)的比重。

机械化程度的高低,依赖于一个国家和地区的机械发展状况,但它不能确切表明机械化水平的高低。机械化水平是指在同样的自然条件下,用机械完成施工作业,最后所得的经济效果,通常用单位工程造价(元/km 或元/m³)来表述。机械化程度仅仅是提高机械化水平的物质基础,具备同样基础的两家施工企业,由于施工工艺和管理上的差异,往往表现出的机械化水平是不同的。

公路施工机械化学科是在道路建设实践中逐步发展起来的一门新兴的边缘学科,它包括了机械工程学科、土木工程学科和经营管理学科的部分内容。其任务是研究如何改善施工工艺和施工机械组配合及合理运用施工机械,从而提高公路机械化程度和机械化水平,即研究如何使机械完成更广泛的作业内容,如何使机械作业的生产率提高,机械运转费用降低,机械服役年限(使用寿命)延长等问题。目前研究的方法有两种:一是在施工实践中不断进行探索和总结,去寻找最佳的施工机械化规律,指导新情况下公路机械化的施工实践;二是借助计算机等现代网络技术进行施工机械化仿真的研究。相信通过公路建设部门广大职工(包括技术、管理人员和机械操作者)、科研、教学部门科技人员的不懈努力,公路施工机械化学科一定会得到迅速地发展和完善。

公路施工机械化的目的是为了加快工程进度,保证施工质量,代替人力繁重劳动,降低工程造价。尽管如此,如果施工机械选配和机械使用不当,或与工程的施工特点不能相适应,机械化的优越性就难以体现。

从目前情况看,机械化施工在公路工程施工中占有的地位越来越重要。例如:在公路路基的施工中,个别施工企业已实现了全机械化施工。在整个施工现场除了少数几个调度人员外,各种施工机械均在紧张而有序地运行作业,其施工的质量和速度远远超出了人工所为。

1.2 施工机械在公路施工中的重要性及发展方向

1.2.1 施工机械与机械化施工的关系

作为一个公路施工企业,主要任务是高质量、高速度、高效率、低成本(即三高一低)地完成公路施工任务,为国家提供积累,同时促进企业自身的发展。要高效率地完成施工任务,就要按公路施工中的施工规律,科学地组织好生产力的各要素,才能优质、高效、低消耗完成任务。

生产力有3个要素:劳动力、劳动工具、劳动对象。这里劳动力指掌握了一定生产技能的人,劳动对象指要修筑的道路桥梁等公路工程,而劳动工具就是指各种施工机械和设备。人们通过施工机械作用于要修筑的建筑产品上,构成了公路施工中的生产力。

生产力有先进与落后之分。先进的生产力是掌握了先进的生产技能的人通过劳动工具作用于劳动对象的结果。劳动工具的先进与否决定先进技能的实现,故先进的施工机械是组成先进的建设施工生产力的重要方面。

要进行机械化施工,运用的劳动工具主要是施工机械。机械化施工程度越高,主要施工作业就几乎完全由机械工人操作施工机械去完成。从某种意义上讲,施工机械对机械化施工起决定性作用。

1.2.2 公路机械化施工的意义

1)提高施工技术水平和工程建设质量

随着经济建设的发展和科学水平的提高,高等级公路建设质量要求日趋严格。新技术、新工艺、新材料和新结构的运用,加速了建筑产品的革新,对质量提出更高要求,施工难度也相对增大。尤其是在高等级公路建设中,特大的桥梁、隧道等构造物工程,结构更加复杂。而且有些工程对控制振动和噪声、限制对环境污染和保证生产安全等,均有严格的要求,只有采用先进的机械设备,进行机械化施工,才能保证工程任务的顺利完成。

2)改善劳动条件,扩大施工范围

施工机械化程度的提高,使广大建筑工人逐步从繁重的体力劳动中解脱出来。一些劳动强度大、劳动环境恶劣的作业,大部分已被机械作业所代替,因而减轻了工人的劳动强度,改善了劳动条件,为文明施工创造了条件。尤其是使用机械可以完成人力无法实现的作业,从而扩大了施工的范围。

3)提高经济效益,加快施工进度

在建筑工程上,只有"速度才是最大的经济"是国际公认的准则。任何工程项目,缩短建设周期,提前完成工程任务,都将取得可观的经济效益和社会效益。也可以说,建筑施工的经济效益和社会效益都主要体现在建筑速度和质量上,而加快建设速度和保证质量的关键,在于提高机械化施工水平。

随着施工机械化程度的提高,人们逐步把施工中各工程以至各工序之间作业的机械有机地组织起来,逐步实现施工综合机械化,这就能充分发挥机械效率,显示出机械化施工的优越性。由此可见,机械化就是在施工生产中运用机械设备作为劳动手段来完成施工生产任务。因此,机械设备是实现施工机械化的物质基础和决定性条件。

1.2.3 现代施工机械发展趋势

现代施工机械发展趋势,不仅与机械化施工的需要密切相关,而且与其他领域的科学技术发展相关,施工机械的发展必然对机械化施工和管理提出新的要求。因此,掌握施工机械的发展趋势,是机械化施工发展的必要条件。

1)机动性程度日益提高

建筑业与其他制造业正好相反,一般制造业的产品是流动的,生产设备是固定的,而建筑业产品则是固定的,生产设备(即施工机械)是流动的。施工机械的机动性可以大大提高设备的利用率和生产率,它不仅为设备在不同工地之间的快速转移所必需,而且也为机械的作业过程所必需,对一般施工机械就机动性来说,以轮胎式最为理想,所以当前施工机械机动性的发展方向就以轮胎化作为其主要的标志,甚至大功率的轮胎式推土机已出现。当然,某些机械如土方机械、起重机械等,轮胎式还不能完全代替履带式,在轨道起重机方面也在提高其机动性,现已有塔式工况的履带式起重机。

2) 容量向两级发展

一般来说,施工机械越大,经济性就越好。所以只要工程规模足够大,为了提高工效及经济性,就应该尽量采用大型机械。在工业迅速发展、建筑规模越来越大的今天,为大型机械的采用准备了先决条件,使施工机械的大型化得到了较快的发展。但另一方面,为了提高工效,缩短工期,改进质量,过去那些采用辅助工人完成的各种零星分散、工作面窄小的小量工程也都设法采用机械施工。于是又研制出各种小型的、甚至是超小型的施工机械。上述两个原因构成了现今施工机械向两极发展的新动向,以挖掘机为例,国产采矿型单斗挖掘机斗容量从 $2m^3$ 发展到 $10m^3$,日本神钢生产的 SKl350 型单斗挖掘机斗容量达到 $14m^3$,像这样的大型设备一旦投入施工生产,就能获得巨大的经济效益。小型挖掘机以日本产的斗容量为 $0.01m^3$ 的建筑用微型反铲挖掘机为最小。我国上海建筑机械厂的 WYl5 型挖掘机,为国产斗容量最小的挖掘机,斗容量为 $0.15m^3$。

3) 普遍采用液压传动技术和其他新技术

液压传动技术有许多优点:它有极大的增力比值,自动调节性能操作轻便,容易实现大幅度无级调速,并且容量大,结构简单,操作方便等。目前,施工机械采用液压传动技术已成为主流,国产施工机械中的大多数已实现液压化。

4) 适应多样化的作业环境及一机多用形式的发展

随着施工作业条件的多样化,要求施工机械的适应能力也相应提高,以便大幅度提高机械的时间利用率,节约投资,降低成本。于是各国都相继研制一机多用以及能够适应各种特殊作业环境的机型。这个趋势主要表现在中、小型机械方面,尤其是小型机械。

以上所述是当前施工机械发展方向的概要。总的来说,除了推土机外,履带式工程机械已呈现衰退趋势,而多功能的、液压的以及轮胎式的机械正方兴未艾,估计在相当一段时间,这种趋势还将持续下去。

1.3 公路工程机械化施工的特点

机械化施工或称施工机械化有下列特点:

(1) 机械化施工是一门综合性科学,它介于施工机械和施工技术、施工组织之间,是一门边缘学科。机械化施工重点是在"化"字上下工夫。把机械管理中的管、用、养、修、供和施工管理中的计划、施工技术紧密结合在一起,以机械施工为主,组织生产,充分发挥机械的应有作用。

(2) 在机械化施工中,凡是可以使用机械的,经济上合算的工作,应当尽量使用机械。根据不同施工对象,选择最合适的机械,注意成龙配套;以机械为主,合理、紧凑、有计划地安排施工,尽可能使每一台机械都能均衡地参加生产,常年施工,减少闲置,从而发挥所有机械的效能,达到用最少的机械去完成更多的任务。

(3) 组织专业化施工队伍,采用流水作业法进行施工,是实现机械化施工的必要条件。机械化施工的主要目的是:加快工程进度,保证工程质量,降低工程造价,提高经济效益。

流水作业法是道路施工的组织形式,由几个专业化的机械筑队,一个队跟着一个队地,以协调的行进速度同时进行施工,每天能完成一段可供使用的道路。它的主要优点是:

(1)建设工期短,临时建筑费、管理费、间接费相应减少。

(2)由于专业化,可以合理配备机械,提高机械化程度,提高机械利用率,能充分发挥机械的效能,大大提高劳动生产率。

(3)由于专业化任务比较明确,工作比较单纯,可以提高施工技术,改进技术操作。工人对机械掌握得更好,工程技术人员对施工过程掌握得更好,从而较高地保证了工程质量,提高了工效,加快了进度。

(4)由于施工地段比较集中,并能保证均匀的施工进度,逐段完工交付使用,从而缩短了物资和资金的周转期限,减少了资金占用。

1.4 公路工程机械化施工管理概述

何谓管理?管理属于人文学科的范畴,可以这样来描述:为了使某工作能够顺利进行,依据科学的理论和成功的经验,甚至借鉴失败的教训,所采取的策划、指挥、协调、调度、监督等措施的总括。可见,管理应具有3个要素:目的、依据和措施。公路施工机械化的管理,其目的是提高机械化程度和机械化水平;让尽可能多的作业内容用机械来代替人力劳动;在保证工程质量的前提下,加快工程进度,从而保证工程不延误;通过改善工艺和提高机械作业效率,降低工程造价,为施工企业获取经济利益。然而,施工工艺如何改善,机械作业效率怎样才能提高?这不但牵涉土木方面的知识,也牵涉施工方面的知识。因此,做好公路施工机械化的管理工作,应当依据什么理论或经验,制订或采取什么切实可行的有效措施,是我们所要研究的课题。

合理运用施工机械是提高机械化水平的主要手段。那么,"运用"的含义是指根据事物的特性加以利用。这就意味着,我们要合理运用施工机械,必须了解它们的特性。这里包括两个方面的特性:作用对象和施工机械本身的特性。参与机械化施工,或者操作施工机械,怎样才可做到"合理",是我们所要研究的另一方面课题。

公路施工机械化与管理的内容繁杂,涉及的知识领域宽泛;施工机械化管理的完善程度与时代环境相关,在很大程度上更依赖管理者的素质。机械化施工工地管理人员在知识结构上,应具有扎实的土木(公路)基础知识,同时应有机械构造、性能、使用、维护的全面知识;工地管理人员在思想品质和道德情操等主观意识上应表现出吃苦耐劳、积极进取、办事公道。即将走向施工机械管理岗位和正在从事此项工作的人们,应在上述诸方面自觉加强学习、修养和锻炼,成为符合要求的优秀管理人才,在实际工作中为公路施工机械学科及我国公路建设事业的发展作出贡献。

[思考题]

1. 公路工程施工机械有哪几类?各是什么?
2. 公路工程施工机械应如何发展?
3. 公路工程机械化施工有什么特点?
4. 机械化程度、机械化水平与管理的含义是什么。
5. 公路机械化施工学科包括哪些内容?它的任务和目的是什么?
6. 管理应该具备哪些要素?施工机械化管理的目的是什么?

单元二 公路工程施工机械基础知识

现代公路工程施工机械由动力装置、底盘(底座)、工作装置和相应的传动装置4大部分组成。公路工程机械动力装置主要有电动机和内燃机两大类；公路施工机械底盘有轮式、履带式、轨道式和步履式之分，公路工程施工机械工作装置因为作业对象、机械种类不同而不同。公路工程施工机械的传动装置主要有：机械式传动、液力机械式传动、液压式传动和电传动4种类型。

2.1 公路工程施工机械的动力装置

在现代公路工程施工机械上采用的动力装置主要有电动机和内燃机两大类。电动机是将电能转换成机械能的电力发动机。对固定式设备和移动范围小的施工机械，可以考虑采用电力拖动的机械。这类机械的优点是传动系布置简单，操作和控制方便，效率高，比较经济。最常见的电力拖动的施工机械有：稳定土搅拌站、水泥混凝土搅拌楼、沥青混合料搅拌楼、空气压缩机和电动工具等。

内燃机是将热能转换为机械能的热力发动机；在工地上各式各样的移动式工程机械几乎都是以柴油机作为发动机的。这类机械由于不依靠外接电源，随时可以启动工作，故特别适用于自行式作业的施工机械，如推土机、挖掘机、铲运机及各种路基、路面施工机械。

用于自行式作业施工机械上的内燃机，普遍采用汽油机或柴油机。这类内燃机的工作原理为往复活塞式内燃机，是通过活塞在汽缸内往复运动而实现能量转换的。目前，施工机械的动力，大多采用柴油机作为动力。本章简要介绍往复活塞式内燃机，并着重讨论其中的柴油机。

2.1.1 内燃机的类型

往复活塞式内燃机的分类如下：
(1)按完成工作所用燃料，可分为汽油机和柴油机。
(2)按点燃混合气的方式，可分为点燃式和压燃式。
(3)按完成一个工作循环的冲(行)程数，可分为四冲程和二冲程。
(4)按进气方式，可分为自然吸气式和增压式。
(5)按冷却方式，可分为风冷和水冷。
此外，尚可按汽缸数目、汽缸排列方式和内燃机的用途等分类。

在施工机械中，主要采用汽油机和柴油机。汽油机的可燃混合气是在汽缸外由化油器混合好，再吸入汽缸内，通过电火花点燃混合气，所以它又称为点燃式内燃机。柴油机所有可燃混合气是在汽缸内混合的，将空气吸入汽缸后，被活塞压缩使其增温增压，然后喷入雾状柴油与其混合。柴油是在高温下自行着火燃烧，所以它又称为压燃式内燃机。这是汽油机和柴油机在工作原理上的区别。

施工机械中的中型、重型履带式或轮式铲土运输机械和其他的机械设备大多数采用柴油机。这些工程机械对转速要求不是很高，但要求有更大的牵引力，这正符合柴油机的转速较慢和转矩大的特点，而且较大的转速变化范围内，其转矩值相差不多。柴油机的耗油率平均比汽油机低30%左右，柴油价格一般比汽油便宜，可降低对空气的污染。柴油机的缺点是其质量比汽油机大,对供油系统的制造精度要求高,价格也比汽油机贵。此外在使用上,冷天启动困难,而且机器的噪声大。

2.1.2 内燃机的工作原理

1) 内燃机的名词术语

学习内燃机的工作原理,应先了解内燃机的几个常用术语。图2-1所示是单缸四冲程柴油机的结构简图。

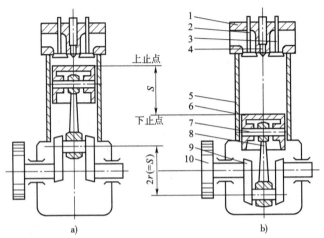

图2-1 单缸四冲程柴油机结构简图
1-汽缸盖;2-进气门;3-排气门;4-喷油器;5-汽缸;6-活塞;7-活塞销;8-连杆;9-曲轴;10-飞轮

(1) 上止点

活塞顶在汽缸中离曲轴中心距离最大的位置,称为上止点。

(2) 下止点

活塞顶在汽缸中离曲轴中心距离最小的位置,称为下止点。

(3) 活塞冲程

活塞从上止点到下止点所移动的距离(图2-1中用S表示),称为活塞冲程(曲轴旋转180°)。如果用符号R表示曲轴的回转半径,则活塞行程S等于曲轴回转半径R的2倍,即$S = 2R$。

(4) 汽缸工作容积

活塞在汽缸中从上止点到下止点所扫过的容积,称为汽缸的工作容积。

(5) 燃烧室容积

活塞在上止点时,活塞顶上部的汽缸容积,称为燃烧室容积。

(6) 汽缸总容积

活塞在下止点时,活塞顶上部的汽缸容积,称为汽缸总容积。汽缸总容积为燃烧室容积与汽缸工作容积之和。

(7) 压缩比

汽缸总容积与燃烧室容积之比,称为压缩比。它是内燃机的一个重要技术指标,即压缩比高的,热效率亦高。一般汽油机的压缩比为6~10;柴油机的压缩比为16~21。

2) 单缸四冲程柴油机的工作原理

单缸四冲程柴油机的工作循环如图2-2所示。第一为进气行程,活塞从上止点向下止点移动,这时进气门打开,排气门气关闭。由于活塞下移汽缸容积增大,缸内形成真空,将新鲜空气吸入汽缸内。第二为压缩行程,活塞由下止点向上止点移动,这时气、排气门均关闭,汽缸容积不断减小,空气受压缩,其温度和压力升高,为柴油喷入、点火及燃烧创造条件。第三为作功行程,压缩接近终了时,油嘴将柴油喷入汽缸,细小的油雾与空气混合成可燃混合气,并在高温下自行燃烧,使温度和压力急剧上升,从而推动活塞从上向下移动,并推动曲轴旋转。第四为排气行程,活塞由下向上移动,此时进气门关闭,排气门打开,将废气排出。经过上述四个连续过程,柴油机完成了一个工作循环,曲轴旋转了两圈(720°)。

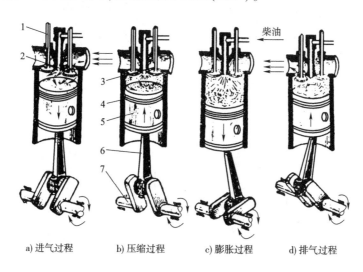

图 2-2 单缸四冲程非增压柴油机的工作循环
1-排气门;2-进气门;3-喷油器;4-汽缸;5-活塞;6-连杆;7-曲轴

3)单缸二冲程柴油机的工作原理

单缸二冲程柴油机的工作循环是在两个活塞行程内完成的,如图2-3所示。在构造上它没有进气门,只在汽缸中部开有进气孔,利用活塞在汽缸内往复移动打开或关闭进气孔完成进气,而且还设有扫气泵,以提供高压新鲜空气。第一行程开始时,活塞由下止点向上移动,这时进气孔和排气门均打开,新鲜空气由扫气泵送入汽缸,并将缸中残余废气从排气门扫出,这种进气和排气同时进行的过程称为"换气过程"。活塞继续上移,进气孔被关闭,接着排气门也被关闭,缸内新鲜空气被压缩,压力和温度随之升高。第二行程是当活塞接近上止点时,喷油嘴开始喷油,油雾与空气形成可燃混合气迅速燃烧,使汽缸中气体的温度和压力急剧上升,推动活塞下移作功。接着排气门打开,作功后的废气通过排气门排出。活塞继续下移,打开进气孔,缸外新鲜空气再次被扫气泵压入缸内,开始了"换气过程",活塞一直移动到下止点,完成了第二冲程。经过这两个行程,便完成了进气、压缩、作功和排气四个过程。也就是说,曲轴每转360°就可作功一次。

与四冲程柴油机比较,二冲程柴油机的特点是:首先,曲轴每转一圈就有一个作功行程,而四冲程柴油机曲轴转两圈才有一个作功行程,因此当汽缸的工作容积和转速相间时,在理论上,功率应等于四冲程柴油机的2倍。但由于换气过程影响了作功过程,使它的功率有所下降,实际上为四冲程柴油机的1.6~1.9倍。其次,由于作功频率高,故运转比较平稳。最后,它的尺寸和质量比四冲程柴油机要小且轻。但其缺点是噪声大,燃料消耗量高,而且转速限制在2 000r/min以内。四冲程柴油机的特点是:不易出毛病,维修较简单;燃料消耗低,噪声较小;但价格较贵。

4) 内燃机的组成构造

柴油机的总体构造如图2-4所示。柴油机除了机体和曲柄连杆机构主要部件外,还有辅助部分,如配气机构、供给系、润滑系和冷却系等。

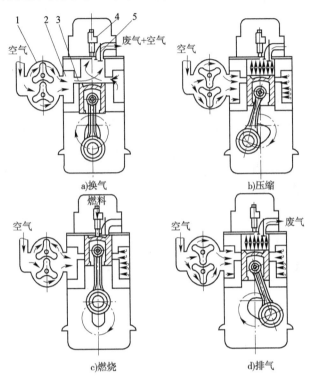

图2-3 二冲程柴油机工作循环示意图
1-扫气泵;2-空气塞;3-进气孔;4-喷油器;5-排气门

(1) 机体

机体如图2-5所示,它包括汽缸盖、汽缸体和曲轴箱。机体是柴油机各机构、各系统的装配基体;而且其本身的许多部分又分别是其他各机构的组成部分。汽缸盖和汽缸体的内壁共同组成燃烧室的一部分,并承受燃烧气体产生的高温、高压。

(2) 曲柄连杆机构

曲柄连杆机构如图2-6所示,它包括活塞、连杆、飞轮和曲轴等,通过此机构把活塞的往复直线运动转变为曲轴的旋转运动。

曲柄连杆机构在运动过程中受力比较复杂,其中活塞顶部的气体压力和机件运动产生的惯性力,对柴油机的运转平稳性影响较大,加剧了柴油机的振动。为了提高曲轴运转平稳性,采用了两种方法。一是在曲轴部装一个飞轮,它具有储存和调节能量的作用,当曲轴旋转阻力增大时,飞轮可帮助曲轴克服阻力,使曲轴转速不致降低过多;当推动曲轴旋转的力矩增大时,又使飞轮能量增加。由于飞轮惯性大,故转速不会突然增高。二是采用多缸柴油机,各汽缸的作功冲程应以相同的时间间隔交替进行。如四缸四冲程柴油机曲轴转两圈,四个缸各作功一次,则平均每半圈就有一缸作功,而六缸柴油机(图2-7)平均120°就有一缸作功,使曲轴运转平稳性得到改善。同时适当安排各缸的作功次序,还可使整机的惯性力和惯性力矩基本平衡,所以四缸、六缸柴油机振动较小,而单缸柴油机的振动最大。

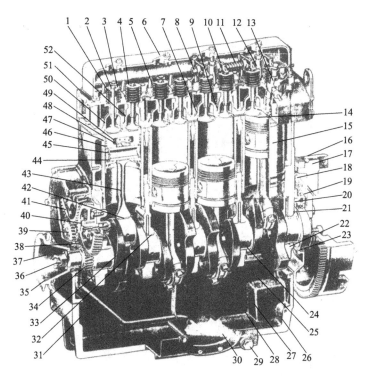

图 2-4 495 柴油机总体构造图

1-气门外弹簧;2-气门锁片;3-气门内弹簧;4-气门弹簧座;5-气门导管;6-气门盖罩;7-进气门座;8-摇臂轴;9-排气门座;10-摇臂;11-摇臂弹簧;12-摇臂轴支座;13-喷油器;14-涡流室镶块;15-汽缸套;16-飞轮圈;17-飞轮;18-封水圈;19-曲轴后油封盖;20-后挡油盘;21-止推环(上);22-止推环(下);23-骨架油封;24-曲轴;25-主轴承座;26-油底壳;27-连杆螺栓;28-连杆螺栓锁片;29-放油螺塞;30-滤油网;31-吸油管;32-主轴瓦;33-连杆盖;34-曲轴齿轮;35-曲轴皮带轮;36-启动爪;37-油骨架油封;38-前挡油盘;39-油泵齿轮;40-惰轮;41-凸轮轴齿轮;42-连杆轴瓦;43-连杆;44-活塞销;45-活塞销挡圈;46-油环;47-气环;48-连杆衬套;49-活塞;50-进气门;51-汽缸盖罩垫;52-排气门

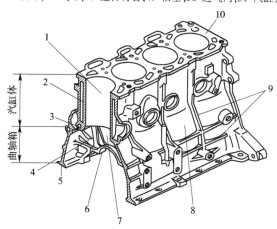

图 2-5 水冷发动机的机体

1-汽缸;2-水套;3-主油道;4-横隔板上的加强肋;5-下平面(机体底面);6-主轴承座孔;7-缸间横隔板;8-机体侧壁;9-侧壁上的加强肋;10-上平面(机体顶面)

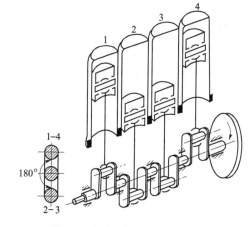

图 2-6 直列四冲程发动机曲拐布置
1~4-缸号

(3)配气机构

配气机构如图 2-8 所示,它包括进气门、排气门、气门挺杆、凸轮轴及凸轮轴上的正时齿轮等,它的功用是按照每一汽缸的工作过程和各个汽缸的着火次序,定时开启和关闭各汽缸的进、排气门,使得空气及时进入汽缸,废气及时排出汽缸。设计配气机构的形式和构造的主要着眼点是如何减小进、排气阻力,充分利用有限的燃烧室空间增加空气量,改善混合气形成过程和将废气排除干净,从而提高发动机的动力性能。

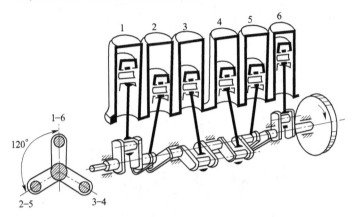

图 2-7 直列四冲程六缸发动机曲拐布置
1~6-缸号

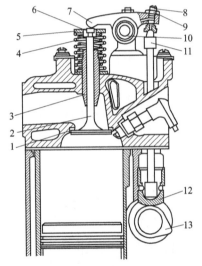

图 2-8 顶置气门式配气机构
1-气门座;2-气门;3-气门导管;4-气门弹簧;5-气门弹簧座;6-气门锁片;7-摇臂;8-调整螺钉;9-锁紧螺母;10-摇臂轴;11-推杆;12-挺杆;13-凸轮

（4）供给系

柴油供给系由两大部分组成。一是柴油供给系统,它的任务是根据柴油机负荷,将一定量的柴油,在一定的压力下,按规定的时间喷入各汽缸内进行燃烧;二是由进气管、排气管、空气滤清器等组成的供气和排气系统。

柴油供给系统如图 2-9 所示。它由柴油箱、柴油滤清器、输油泵、喷油泵、喷油器（嘴）、调速器,以及一些高、低压油管路所组成。对于柱塞系统,其工作过程如下:柴油由油箱出来,经过粗滤器到达输油泵,经低压油管送到喷油泵,喷油泵是高压泵,它有与汽缸相同数目的高压分泵,将低压油加压为高压油,并按规定的时间通过高压油管送到相应的喷油器,然后以雾状喷入燃烧室着火燃烧。喷油泵是供给系统中最主要的部件之一,它的任务是:提高燃油压力;根据发动机工况随时改变喷油量,以调节柴油机的输出功率,根据燃烧过程的要求,在规定时刻开始供油。

目前,国内使用装有 PT 系列燃油供给系发动机的车辆和施工机械较多。其燃油供给系的结构和工作原理如图 2-10 所示。

PT 供给系的循环供油量,取决于 PT 泵向 PT 喷油器输送柴油压力的大小及 PT 喷油器中计量孔开启时间的长短,因此称为 PT 供给系。它的优点是 PT 泵在低压条件下工作,PT 泵与 PT 喷油器之间用低压油管相连,基本上避免了压力波动和漏油现象。这样易于实现高压喷油,使喷雾质量及高速性得以改善。其次是结构简单紧凑,零件数较柱塞系统大为减少,而且维修容易,PT 泵不需经常调整,喷油器可单独更换,更换后不像柱塞式泵统需在试验台上调整和进行供油的均匀性试验。

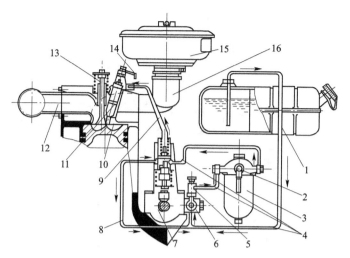

图 2-9 柴油机柱塞式喷油泵供油装置

1-柴油箱;2-限压阀;3-柴油滤清器;4-低压油管;5-手动输油泵;6-输油泵;7-柱塞式喷油泵;8-回油管;9-高压油管;10-燃烧室;11-喷油器;12-排气管;13-排气门;14-溢流阀;15-空气滤清器;16-进气管

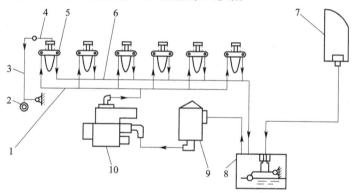

图 2-10 PT 燃油供给系结构组成

1-燃油分配歧管;2-配气机构凸轮轴;3-推杆;4-摇臂;5-喷油器;6-回油歧管;7-燃油箱;8-浮子油箱;9-燃油滤清器;10-PT 泵

(5) 润滑系

润滑系如图 2-11 所示,它包括机油泵、限压阀、滤清器和冷却器等,它的基本作用是将机油不断地供给各零件的摩擦表面,减少零件的摩擦和磨损,用流动的机油清除摩擦表面上的磨屑等杂质,并冷却摩擦表面。柴油机上采用的润滑方式有以下几种:

①压力润滑。用于负荷大、运转速度高的摩擦副,如经过曲轴中心油道送到各连杆曲颈等处的润滑。

②飞溅润滑。工作时,利用柴油机运动零件激起的油滴或油雾进行润滑,如活塞与缸壁之间、连杆与活塞销之间等处的润滑。

③综合润滑。这是一种以压力润滑为主,飞溅润滑为辅的润滑方式。

柴油机所用的润滑剂主要是机油和润滑脂两种。采用机油润滑时需根据不同的地区和季节正确选用其黏度,以保证润滑效果。

(6) 冷却系

柴油机工作时,燃气温度可高达 2 000 ℃左右。内燃机零件吸收了柴油燃烧时所放出的一部分热能而强烈受热,必须进行冷却散热;但冷却强度必须适度,使柴油机能在最适宜的温度范围内工作。如果冷却不足,汽缸内温度过高,进来的新鲜空气受热膨胀,使进气量减少,引起

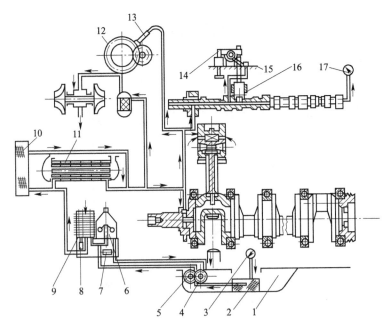

图 2-11 6135Q 型柴油机润滑系示意图

1-油底壳;2-集滤器;3-油温表;4-加油口;5-机油泵;6-机油细滤器;7-限压阀;8-旁通阀;9-机油粗滤器;10-风冷式机油冷却器;11-水冷式机油冷却器;12-传动齿轮;13-喷嘴;14-摇臂;15-汽缸盖;16-挺杆;17-油压表

柴油机功率不足;但冷却过强,冷却系带走的热量过多,转变为有用功的热量减少,散热损失和冷却系消耗的功率都增加。过冷还会使柴油雾化差,燃烧不好,效率降低。

冷却系分风冷和水冷两种。风冷是使热量直接散发到大气中,水冷则是用水吸收热量后再转散到大气中。下面分别介绍两种冷却系。

①风冷系。它由风扇和直接铸在缸体和缸盖上的散热片组成。它的特点是结构简单,维护方便,制造成本低;在冬天,汽缸不会因用水冷而有冻裂的危险;在部分负荷下不会有过冷现象,冷启动时也能在较短时间内使主要零件温度升到正常温度,能以最短的时间使发动机随全部负荷工作;此外,在严寒和酷暑地区以及缺水地区均可使用。但缺点是冷却不够可靠,热负荷高,风扇消耗功率大,噪声也较大。

②水冷系。如图 2-12 所示,它由散热器、风扇、水泵以及缸体、缸盖内的水套等组成。水冷系冷却均匀可靠,冷却效率高,冷却强度便于调节。水冷柴油机工作时噪声小,但在冬季使用时应防止缸体冻裂。

(7) 启动装置

柴油在各种使用条件下,都要求能迅速启动。启动系统不可靠,是柴油机工作不可靠的重要表现。柴油机本身没有自行启动能力,必须借助外力转动曲轴,使汽缸吸入和压缩空气,并在一定时刻喷油着火后,才能自动进行工作循环。柴油机的启动方式有 4 种。

①对于 7.15kW(10 马力)以下的柴油机,广泛采用人力启动。

②辅助发动机启动。在大型柴油机上专门配有启动用小型发动机。其特点是启动可靠,启动次数不受限制,拖启动时间可长达 10~20min,且有足够的启动功率。

③电动机启动。其特点是结构紧凑,启动迅速可靠,操作方便,但蓄电池使用寿命短,连续放电时间和次数有限,因此不能对柴油机进行长时间连续拖启动。

④压缩空气启动。压缩空气启动多用在 6135 系列以上的大型低速柴油机上。

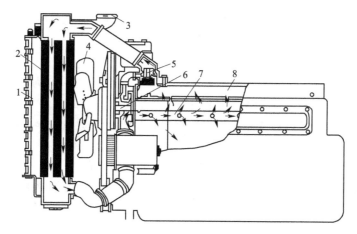

图 2-12 强制循环式水冷却系示意图

1-百叶窗;2-散热器;3-散热器盖;4-风扇;5-节温器;6-水泵;7-分水管;8-水套

现代高速内燃机广泛采用电动机启动。

5) 柴油机的性能指标及特性曲线

(1) 柴油机的性能指标

①压缩比,它是指气体在汽缸中被压缩前的最大容积与压缩后的最小容积之比。一般汽油机的压缩比为 6~9,柴油机则高达 16~20。压缩比越大,压缩终了时的温度和压力上升得越高,内燃机工作得越好,也就越经济。但汽油机的压缩比不能太高,以避免产生自燃。

②有效转矩,指内燃机曲轴实际输出的转矩。它是在克服了各部分的摩擦阻力和驱动各种辅助装置之后,由曲轴飞轮输出用以克服外负荷的转矩,以 M_e 表示,单位为 N·m,并可通过测功器测出。

③有效功率,指内燃机曲轴实际输出的功率,以 N_e 表示,单位为 kW。有效功率 N_e 是有效转矩 M_e 与转速 n(r/min) 的乘积,其关系式为:

$$N_e = \frac{2\pi \cdot n}{60} M_e \times 10^{-3} \tag{2-1}$$

式中:n——内燃机每分钟输出轴的旋转圈数(r/min);

M_e——内燃机输出的有效转矩(N·m)。

我国根据内燃机的不同用途,标定内燃机功率的方式有 15min 功率、1h 功率、12h 功率和持久功率 4 种。其中,12h 功率又称为额定功率,用 N_e 表示。工作中应严格按照规定的功率范围使用;否则,容易使内燃机发生故障或使其寿命缩短。

④油耗率 g_e。内燃机每工作 1h 所消耗的燃油量称为油耗量,以 G_f 表示,单位为 kg/h。内燃机每千瓦小时(或每马力小时)所耗燃油量称为油耗率,以 g_e 表示,单位为 g/(kW·h)。油耗率直接表明内燃机在燃料消耗方面的经济性。

$$g_e = \frac{G_f}{N_e} \times 10^3 \; [\text{g/(kW·h)}] \tag{2-2}$$

式中:G_f——每小时内消耗的燃油质量(kg/h);

N_e——有效功率(kW)。

(2) 柴油机的特性曲线

柴油机在不同的工况下,各主要指标是变化的。要找出它们的变化规律,必须在发动测功器上进行试验,测出不同工况下的数据,并绘制成曲线表示其变化关系。这些曲线称为柴油机的特性曲线。在衡量柴油机的动力性和经济性时,常用的特性曲线有负荷特性曲线、速度特性曲线和调速特性曲线等。

①负荷特性

当柴油机的转速保持不变时,其他性能参数随负荷变化的关系称为负荷特性。测定柴油机的负荷特性时,是在保持某一转速的情况下,通过改变喷油量的方法来改变柴油机的负荷,如图2-13所示。柴油机负荷越大,每小时的供油量G_f也越大,燃烧放出的热量增多,排气温度T_r(℃)升高,耗油率g_e则反映燃油燃烧的完善程度。耗油率g_e曲线点1是最低值,称为最低耗油点。如耗油率曲线的变化较平坦,表示在负荷变化较广的范围内,能保证有较好的经济性,这对于负荷变化较大的施工机械来说是十分有利的。点2为冒烟界限点。此时燃烧恶化,排气中出现黑烟,这不仅使耗油率增加,而且还由于柴油机过热,容易引起故障,影响柴油机寿命。

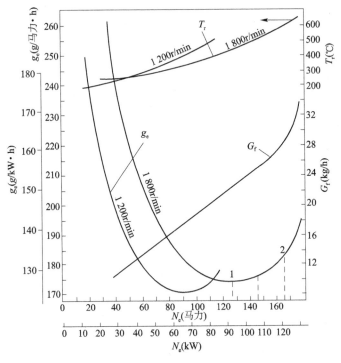

图2-13 6135柴油机的负荷特性曲线

②速度特性

柴油机试验时,如将柴油机喷油泵的供抽拉杆(油门)固定在某一位置上,并调节作用在飞轮上的阻力转矩(即发动机的负荷),发动机的转速必将发生变化。这样可将测得的数据绘制成发动机的有效转矩M_e、有效功率N_e和耗油率g_e随转速n而变化的关系曲线,称为柴油机的速度特性曲线。

如果供油拉杆是固定在最大供油量(额定供油量)位置上,测得的有效转矩与转速的关系曲线称为全负荷速度特性曲线,亦称外特性曲线。如供油拉杆固定在小于额定供油量的各个位置上,所得一组曲线称为部分负荷特性曲线。但对于分析柴油的性能有重要意义的是外特性曲线,如图2-14所示。在图中横坐标上的n_{min}为最低稳定转速;n_{max}为最高速度,n_1为最大转矩M_{emax}时的转速,n_H为额定转矩M_H时的转速;n_2为最大功率N_{emax}时的转速。在有调速器的柴油机上它的转速在柴油机尚未达到最大功率N_{emax}以前就受到限制。一般是将调速器开始

起调速作用的点 c 定在耗油率 g_e 曲线上的最低油耗点上。此时 c 点的功率称为额定功率 N_H，相应的转速称为额定转速 n_H，相应的转矩称为额定转矩 M_H。

由图 2-14 所示的有效转矩 M_e 曲线得知，在低速区，转矩的变化很小；由 n_1 到额定转速 n_H 的转矩变化也不大。最大转矩 M_{emax} 与额定转矩 M_H 的比值称为内燃机的适应性系数，它是内燃机的动力性能指标，表示内燃机具有克服短暂过载的能力。柴油机的适应系数一般为 1.05～1.15。

内燃机作为动力装置在施工机械上使用时，尚需与变速器或液力变矩器等部件匹配工作，从而使内燃机本身和施工机械均具有防止过载的能力；有效地解决内燃机特性与机械工作装置要求不相适应的矛盾，并使内燃机在高效区运转。

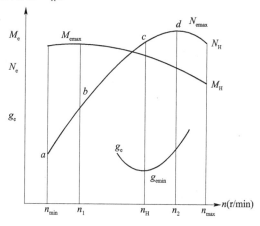

图 2-14 柴油机的外特性曲线

③调速特性

柴油机的外特性曲线很平缓，这说明柴油机较小的负荷变化，可引起相当大的转速变化。这种现象对施工机械的工作非常不利，容易引起发动机的转速过快（飞车），或者使发动机熄火。但如果在柴油机上装有一个能根据发动机负荷变化而自动调节供油量的专门装置——调速器，就可控制发动机的转速在有限范围内变化，从而改善其使用条件。

装有调速器的柴油机的速度特性曲线称为调速特性，如图 2-15a)所示。它与原来的速度特性相比较，其差别在于：在调速范围内负荷由满负荷($M_e = M_H$)到空负荷($M=0$)的变化时，速度只由 n_H 到 n_x 作较小的变化，柴油机不再按照原来的特性(虚线线段)工作，而是经过调整，使其能满足施工机械所需的负荷与转速的变化规律。调整范围是施工机械柴油机的正常工作范围。当转速低于 n_H 时，调速器是不起作用的。驾驶装有全速式调速器柴油机的人员，可在柴油机稳定工作的转速范围内，按照实际需要选择调速范围。其调速特性如图 2-15b)所示。施工机械要求采用全速式调速器，才能使柴油机在全部工作转速范围内，适应各种复杂工作的需要，充分发挥其效率。

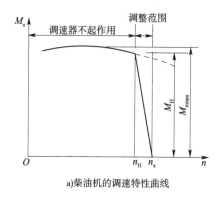
a)柴油机的调速特性曲线

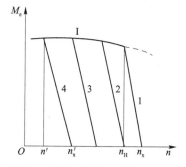
b)装有全速式调速器柴油机的调速特性曲线

图 2-15 柴油机的调速特性曲线
1-最高转速的调速范围；2、3、4-部分转速的调速范围；I-外特性曲线

6)废气涡轮增压技术

目前，越来越多的履带式机械采用了汽缸进气增压新技术。汽缸进气增压就是提高汽缸的进气压力，增加空气的密度和含氧量，同时适当增加喷油量，这样，可使柴油机的有效功率比

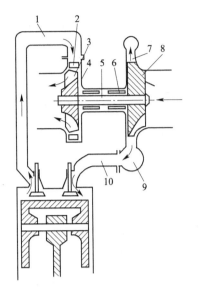

图 2-16 废气涡轮增压器工作原理示意图
1-排气管;2-喷嘴环;3-涡轮;4-涡轮壳;5-转子轴;6-轴承;7-扩压器;8-压气机叶轮;9-压气机壳;10-进气管

自然吸气型柴油机的提高40%～70%。使用最普遍的增压装置是废气涡轮增压器。它安装在柴油机的进气和排气管路上,利用排出废气的能量驱动一专门安装的涡轮机高速旋转,从而带动同一轴上的空压机叶轮旋转,将经过滤清的空气压力提高,有时还经过中间冷却来提高空气密度然后进入汽缸,如图2-16所示。当装有柴油机的施工机械在空气稀薄的高原地区作业时,如采用这种增压技术,可使柴油机仍能维持原有的额定功率;而当在海拔高度低的地区作业时,则能增大功率,但同时也增加了燃油消耗量。

7) 施工地区的条件对内燃机工作的影响

当内燃机工作地区的条件(主要指海拔高度和气温)不同于内燃机性能标定地点的标准条件时,其功率也发生变化。这主要是由于高度和气温增大,进入汽缸的空气含氧量减少之故。内燃机在不同的高度和气温下所对应的功率降低系数值,一般均由制造厂家提供,或者用下述方法估算,对于四冲程自然吸气型的内燃机,自高度300m起,每增高300m,功率降低3%。对于二冲程内燃机,因装有扫气泵送风,故功率降低较小,自高度300m起,第增高300m,功率降低1%;对于增压吸气型的四冲程内燃机,自高度1 500m起(有的从300m起),每增高300m,功率降低1%。气温升高和降低对内燃机功率的影响是:当气温高于30℃(85°F)时,每增高5.6℃(10°F),功率降低1%;当气温低于30℃时,每降低5.6℃,功率增大1%。故内燃机扣除因高度和气温增高的影响后可利用的功率,等于100%减去降低的百分数,再乘以内燃机的额定功率。拖拉机可利用的最大牵引力就等于低速挡的牵引力乘以可利用功率的百分数。

2.2 公路工程机械底盘

2.2.1 概述

施工机械的种类很多,每一类施工机械都是一种复杂的机器,是各种机构和装置的综合。这些机构和装置的构造及它们之间的相互位置,根据机械的用途及作业性质可以有各种不同的形式。

但同一类施工机械的总体构造及其主要机构的构造,都遵循着同一的基本规律,其作用原理也是类似的。以铲土运输机械为例,它们一般由作业装置(工作装置)、动力装置和底盘3部分组成。根据行驶原理不同,铲土运输机械底盘又可分为轮胎式和履带式两种。

1) 轮式工程机械底盘

如图2-17所示为以柴油发动机为动力的轮式施工机械(以下均称为轮式车辆)总体构造的基本方案。

作业装置1固定在车架10上,并通过底盘获得发动机的动力进行各种工程作业。它随车辆作业用途的不同具有各种不同的结构形式,如铲土运输机械中带铲斗的装载作业装置,带推土板的推土作业装置,带吊钩和臂杆的起重作业装置等。

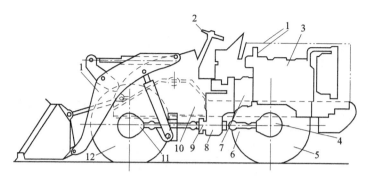

图 2-17　轮式施工机械(装载机)总体构造示意图

1-作业装置；2-转向盘；3-发动机；4-后驱动桥；5-后驱动轮；6-万向传动装置；7-液力变矩器；8-变速器；9-中间传动轴；10-车架；11-前驱动桥；12-前驱动轮

发动机 3 给车辆提供动力,以便通过底盘驱动车辆行驶和作业。

底盘接受和传递发动机发出的功率,支持整车的质量和承受各种载荷,并通过车轮与地面的附着作用实现车辆行驶和进行各种作业。

底盘的所有组成部分分属下列 4 个系统。

(1)传动系：它将发动机的动力传给驱动轮。车辆发动机的性能对传动系的组成及其各机械的构造有着决定性的影响。车辆用发动机具有转速高、转矩小、适应性系数小、最低稳定转速高(在 400～500r/min)、不能带负荷启动以及不能倒转等特性,因此不能适应车辆所要求的作业速度和转矩的变化范围大以及必须实现前进和倒车等。传动系的任务就在于解决发动机性能和车辆使用要求之间的一系列矛盾,同时把发动机的动力有效而可靠地传给驱动轮,以实现车辆行驶和进行各种工程作业。

(2)行驶系：它用来支持全车质量,并保证车辆的行驶和作业。其中主要部件是(图 2-17)车架 10、车桥 4 和 11、车轮 5 和 12,以及连接车桥与车架的悬架装置等。

(3)转向系：其作用是保证车辆能按驾驶员操纵的方向行驶和作业。它由带转向盘 2 的转向器和转向传动装置等组成。

(4)制动系：它用来减低车辆行驶速度以至于停车,其中包括制动器和制动传动装置两部分。

轮式车辆的制动器除了一般装在车轮上的制动器以外,还有装在传动系中的中央制动器。

2)履带式工程机械底盘

履带式机械底盘和轮式机械底盘一样,也具有四个系统。一般在传动系中除没有差速器(但有转向离合器)之外,其总体方案布置及组成均与轮式车辆相似。

履带式机械的行驶原理不同于轮式车辆,发动机的动力通过传动系传给驱动链轮,驱动链轮卷绕左右两侧的履带,再通过履带与地面的附着作用实现行驶作业,因此履带车辆底盘的行驶系和转向系与轮式车辆的完全不同。

履带式机械转向原理是使左右两侧履带具有不同的牵引力,因而能以不同的速度前进来实现转向。转向机构一般为装在传动系中的左右两个转向离合器(图 2-18)及其操纵机构,驾驶员通过操纵转向离合器进行转向。

此外,履带式机械的制动系也不同于轮式车辆,它一般为装在左右转向离合器的被动器及其操纵机构,其功用除用于减低车辆行驶速度和停车制动外,还配合转向机构实现转向。

3)履带式机械和轮式机械的性能比较

履带式机械和轮式机械各有不同的使用特点及适用场合。了解它们的性能特点,对选择和使用施工机械有重要意义。

履带式机械行走装置的优点是:接地的履带板,其附着作用良好,不易打滑,能发挥更大的牵引力,故不仅可负担牵引运输作业,而且能负担铲土作业,例如履带式推土机和用履带式机械牵引的铲运机,均不需要其他机械协助自身就能铲取土料,而且能爬较陡的坡道;履带式机械的机体虽大,但接地比压小,不易陷入泥土中,通过性能良好,能在软土泥泞地带作业,受坏天气影响也小,能在尖刺的岩石面上行驶和作业,与轮式行走装置比较,没有割伤轮胎的弊病,但它不宜在磨蚀性大的砂砾中作业,因履带易磨损;此外,操纵灵活,转弯半径小,甚至能在原地掉头转向;履带式机械的缺点是行驶速度太低,在运输作业中当运距增大时,机械的生产效率明显降低;机动性差,调动不方便;不允许在良好的路面上行驶,转移工地时要用拖车载运。

轮式机械行走装置的优点是行驶速度快,机动性高,在运输作业中生产效率比履带式的高,适用于长距离运输作业;允许在铺筑良好的路面上行驶,轴荷不超过公路桥涵规定时也可在正规公路上行驶,转移工地时迅速方便,无须拖车载运;可用增加载物质量及采用全轮驱动来提高牵引性能,并可根据地面的性质更换适宜的轮胎,降低滚动阻力;驾驶员乘坐较舒适,不易疲劳。它的主要缺点是:地面对轮胎的附着作用较差,易打滑,在潮湿地带作业时效率低,受不良天气影响也大,一般情况下,轮胎的磨损快,而轮胎又是价格昂贵的部件,故未加防护的轮胎不宜在尖刺的岩面上行驶作业。

综上所述,底盘是行驶机械各组成部分的基础,履带式行驶机械和轮式行驶机械通过驱动轮(或履带)与地面的附着作用实现行驶作业,同时作业装置的各部件又通过底盘获得发动机的动力,实现作业过程中所需的各种运动。因此,行驶机械底盘的总体及其各系统部件的结构和特性对行驶机械的使用性能具有极其重要的意义。

下面以履带式机械底盘为例,介绍底盘各个系统的功用、要求、分类、构造及工作原理。履带式和轮式底盘二者在传动系方面基本相同,但在行走系和转向系方面各具特点,故将分别加以讨论。

2.2.2 传动系

履带式或轮式铲土运输机械和载货汽车的传动系,包括从发动机飞轮到驱动轮之间的所有传动部件。传动系的功用是将发动机输出的功率传送到驱动轮上以驱动履带底盘行驶,根据行驶和作业的要求,随时改变行驶速度和牵引力,并使机械平稳起步,可以倒退行驶和在停车时发动机不熄火。

履带式底盘和铲土运输机械上采用的传动系统有以下4种类型:机械式传动、液力机械式传动、液压式传动和电传动,现分别介绍如下。

1) 机械式传动

图 2-18 和图 2-19 为履带式底盘和轮式底盘的机械式传动系统简图。机械式传动通常由主离合器、变速器、主传动、差速器(轮式)或转向离合器(履带式)和最终传动组成。利用离合器分离可使发动机空载启动以及在短暂停车时发动机不必熄火;当外界负荷急剧增加时,可以利用离合器打滑以防止传动系统和内燃机零件超载损坏。

(1) 主离合器

履带式底盘和铲土运输机械上应用最广的是摩擦式离合器。它利用摩擦力把转矩从主动元件传到从动元件上去。离合器按摩擦表面的形状可分为锥式、鼓式(蹄式)和片式三种。一

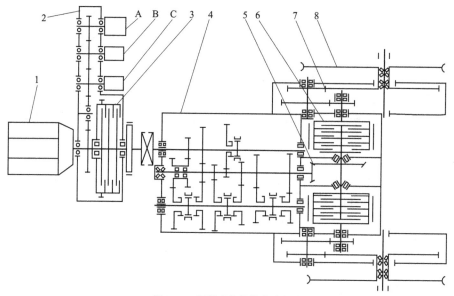

图 2-18 履带式机械传动示意图

1-内燃机;2-齿轮箱;3-主离合器;4-变速器;5-主传动齿轮;6-转向离合器;7-最终传动装置;8-驱动链轮

A-工作装置液压油泵;B-离合器液压油泵;C-转向离合器液压油泵

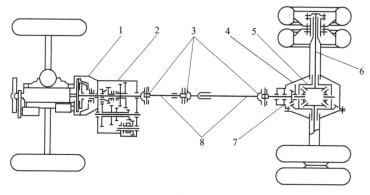

图 2-19 轮式机械传动示意图

1-离合器;2-变速器;3-万向节;4-驱动桥;5-差速器;6-半轴;7-主传动器;8-传动轴

一般采用的是片式主离合器,根据摩擦片数可分为单片、双片和多片几种。根据摩擦片压紧机构可分为常接合式(即操纵机构上无外力作用时,经常处于接合状态的离合器)和非常接合式(即在操纵机械上无外力作用时,可长期处于分离状态的离合器)。此外,根据摩擦片的工作条件可分为干式和湿式(在油中工作)两种类型。施工机械上广泛采用的是干式主离合器。它的结构简单,摩擦系数较湿式高 3~4 倍,所以当传递转矩相同时,干式所需压紧力小,操纵省力。但如离合器结合频繁和强负载起步时,易使摩擦片发热、磨损和烧坏,影响离合器的可靠性和使用寿命。湿式离合器因摩擦片是在油液中工作,可通过油液冷却摩擦表面,减少了发热磨损,使离合器的可靠性有显著提高,其使用寿命比干式的提高 5~6 倍。因此,在大功率的施工机械上常采用湿式离合器。主离合器的操纵方式通常有机械式和液压式两种,并配有液压助力器,以减轻驾驶员的劳动强度。

(2)变速器

它的主要作用是在一定范围内改变发动机与驱动轮之间的传动速比,亦即改变机械的行驶速度和牵引力,使之能适应经常变化着的作业和行驶的需要;同时又使柴油机保持在较为有利的工况范围(即功率发挥得较充分而燃料经济性也较好)内工作;使机械能倒退行驶;以及在发动机不熄火情况下挂上空挡实现停车;并可保证需要动力输出时,使柴油机和传动系统分离。机械传动系中主要采用齿轮式有级变速器,它有几个定值传动比(挡位)可供变换,对于履带式底盘一般具有 5~6 个前进挡和 4~6 个倒退挡。在机械传动系中,各传动部件是刚性连接的,故又称为直接驱动的传动系。

履带式机械底盘工作时,换挡变速的频繁程度和换挡的难易程度,对于驾驶人员的体力和机械的生产率都有重大影响。因此,在设计和选择这类机械时,应对机械的传动方式和操纵换挡方法仔细比较,根据工作条件选用最适宜的机械。变速器的换挡可分为人力换挡和动力换挡两种方法。人力换挡是用人力拨动滑动齿轮或啮合套换挡。换挡时为了减少齿轮冲击,先要分离主离合器切断动力传递,然后才能换上新的挡位。履带式机械的行驶速度低,行驶阻力大,一旦切断动力从动部分就迅速停止转动。因此,其特点是停车换挡再重新起步加速,因而影响平均车速和生产率。轮式底盘的行驶速度高,行驶阻力小,换挡时只要根据车速掌握好换挡时机便可实现换挡,而不必停车换挡。人力换挡变速器结构简单、工作可靠、制造方便、传动效率高;但是人力操纵劳动强度大,同时换挡时动力切断时间较长,这些因素影响了机械的生产率,并使机械在恶劣路面上行驶时,通过性差。

动力换挡变速器是通过操纵液压或气压式换挡离合器实现换挡的。换挡的液压源或气压源是由发动机带动的油泵或气泵提供的,故称为动力换挡,比人力换挡迅速轻便。当某一挡的离合器逐渐分离切断动力传递时,另一挡的离合器则逐渐结合传递动力,因此基本上可实现在负荷下不停车换挡。动力换挡变速器结构复杂,制造困难,质量和体积大;而且由于换挡元件(离合器或制动器)上有摩擦功率损失,故传动效率较低。但是它操纵轻便简单,换挡快,换挡时动力切断时间很短,有利于生产率的提高。那些作业时换挡频繁的施工机械,已越来越多地采用动力换挡变速器。

变速器按齿轮传动形式可分为定轴式变速器和行星齿轮式变速器。前者可采用人力换挡,后者只有动力换挡一种方式。

(3) 主传动器

它由一对锥齿轮传动组成。其作用是将变速器传来的动力进行减速增矩,并将旋转轴线由纵向改变为横向,经差速器(轮式机械)或转向离合器(履带式机械)传给最终传动;主传动器位于变速器之后,承受很大的负荷。高传动比的主传动器,常采用双级主传动。第一级为一对锥齿轮,第二级为一对圆柱齿轮。这样可减小从动锥齿轮的直径,从而减小驱动桥尺寸,增加离地间隙,使机械有较好的通过性能。

对于轮式行走机械(图 2-19),在主传动器之后采用差速器和左、右半轴,从而使轮式车辆在转弯时,内、外两侧驱动轮能以不同的速度做纯滚动旋转,以减少轮胎的磨损和转向阻力。

(4) 最终传动(又称轮边减速器)

它是将主传动器传来的动力再一次降低转速、增大转矩后传给驱动轮。最终传动有定轴式传动和行星式传动两种,一般安装在驱动轮内,故又称轮边减速器。

机械传动的优点是:结构简单,工作可靠,质量轻,传动效率高,可以利用发动机和传动系运动零件的惯性进行作业。其缺点是:

① 在工作阻力急剧变化的工况下,柴油机容易过载熄火。这就要求驾驶员有熟练的技巧,并增加操纵的劳动强度。对柴油机则要求有较大的适应性系数。

② 传动系统的零件受到的冲击载荷大。柴油机的振动直接传到传动系统的各零件;而行

驶阻力变化引起的冲击又通过传动系统影响柴油机,因此降低了柴油机和传动系统中各零件的使用寿命。

③柴油机在急剧的变载荷下工作将降低其平均输出功率。工作阻力的变化直接改变柴油机的工况。为了充分利用柴油机的功率,就需要增加变速器的挡位,因而使变速器结构复杂,并增加换挡的次数。

④机械传动采用人力换挡变速器时,换挡时动力中断时间长。对于履带式机械和在牵引作业时的轮式机械,由于速度低、阻力大,换挡时必须引起短暂停车,因此降低了生产率。另外,停车换挡还影响机械的通过性能。对于循环作业的机械、经常要前进、后退及改变车速,换挡频繁,每次都要脱开主离合器并用人力拨动换挡机构,故劳动强度高。

上述种种缺点在行驶阻力急剧变化及经常改变行驶方向的工况下特别显著。因此,机械传动系统适宜于行驶阻力比较稳定的连续作业机械。此外,由于其结构简单和价格低廉,在中小型施工机械上仍然广泛采用这种机械传动系统。

2)液力机械式传动

在机械式传动系统中加进液力变矩器使发动机输出的转矩通过液力变矩器再输入变速器和主传动器,这种传动系统称为液力机械式传动系统。如图 2-20a)所示为采用液力机械式传动的轮式牵引车。在图 2-20b)传动系简图中,发动机 1 的转矩首先通过分动器 2,带动几个工作油泵运转,然后经万向传动轴 3 输入液力变矩器 4。由液力变矩器输出的功率进入动力换挡变速器 5,经换挡变速后,由传动轴 3 分别输入前、后驱动桥,实现全轮(四轮)驱动。前桥 10、后桥 7 均为驱动桥。在两驱动桥上,均设有主传动和差速器 6,轮边减速器 8,最后将转矩传给轮胎 9,驱动车轮旋转。

如图 2-20c)所示为履带式液力机械传动系统布置简图。在图 2-20c)传动系简图中,发动机 1 的转矩分别通过分动器 2,带动工作装置油泵 A、变速油泵 B、转向油泵 C、排油油泵 D 运转,同时经联轴器 11 输入液力变矩器 4。由液力变矩器输出的转矩进入行星式动力换挡变速器 12,经换挡变速后,由中央传动装置 13 输入左、右转向离合器 14 上,经最终传动装置 15,最后将转矩传给左、右驱动链轮 9 拨动履带旋转使机械前进或倒退。

液力机械式传动的主要优点是:

(1)能在一定范围内根据行驶阻力的变化自动进行无级变速。因此能使柴油机经常在额定工况附近工作,并能防止柴油机过载熄灭。这不仅提高了柴油机的功率利用率,而且大大减少了换挡次数,降低了操作劳动强度。

(2)由于液力变矩器本身具有变速能力,因而与之匹配的变速器其挡数可减少一些,一般只有 3 个挡位,简化了变速器的结构。

(3)液力变矩器利用液体作为传递动力的介质,输出轴和输入轴之间没有刚性的机械联系,减小了传动系统及发动机零件的冲击载荷,提高了机械的使用寿命,根据重型载货汽车的统计数据,液力机械传动的柴油机寿命比机械传动的增加 47%,变速器的寿命增加 400%,后桥差速器的寿命增加 93%,对于载荷变化更为剧烈的施工机械,效果更为显著。

(4)液力变矩器能自动无级变速,因而可使机械起步平稳,并可得到任意小的行驶速度。

与机械传动相比,液力机械传动系统的主要缺点是制造困难、成本较高,而且传动率低,这是由于增加了液力变矩器的液力损失之故。为了提高机械在运输状态下行驶阻力变化不大时的传动效率,在一些现代的大型机械上采用了一种带闭锁离合器的液力变矩器。这种液力变矩器的泵轮和涡轮能根据需要暂时地接合起来,将液力机械式传动方式转换为机械式传动,因

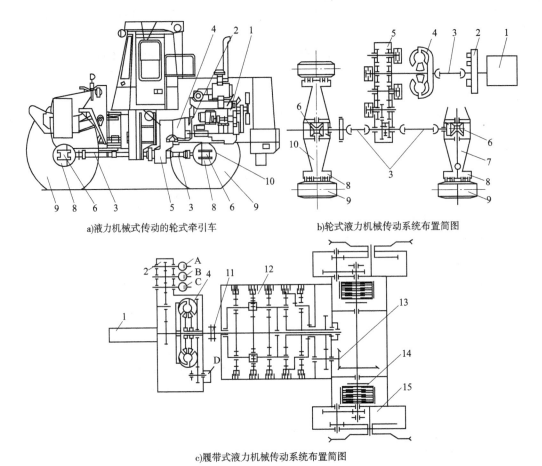

a) 液力机械式传动的轮式牵引车   b) 轮式液力机械传动系统布置简图

c) 履带式液力机械传动系统布置简图

图 2-20 液力机械传动系统布置简图

1-发动机；2-分动器；3-万向传动轴；4-液力变矩器；5-动力换挡变速器；6-主传动和差速器；7-后桥；8-轮边减速器；9-驱动轮；10-后桥；11-联轴器；12-行星式动力换挡变速器；13-中央传动装置；14-转向离合器与制动器；15-最终传动装置

A-工作装置油泵；B-变速油泵；C-转向油泵；D-排油油泵

而提高了传动效率。此外，采用这种闭锁离合器的液力变矩器，尚可使轮式机械实现发动机的拖启动，以及机械在下长坡时实现发动机的排气制动。

在液力机械传动系中，一般均采用动力换挡变速器，因而可使两套液压装置共用一套油过滤和冷却器等液压元件。

根据施工条件选择机械时，不仅要选择适宜的底盘（履带式或轮式的），而且还要选择适宜的传动方式。一般认为对于阻力变化大的作业，如推土机和装载机的作业，以采用动力换挡液力机械式传动为宜，这样能提高生产率和降低工程费用。对于阻力变化不大的作业，如牵引车辆进行运输作业，则宜采用机械式直接传动的传动系。

3) 液压式传动

近年来，由于液压元件性能的不断提高，液压式传动已开始在大、中型履带式（或轮式）铲土运输机械的行走机构传动系统中得到应用。例如约翰·迪尔（John Deere）公司生产的 JD750 型和 JD850 型（148PS）履带式推土机，采用的就是双泵双回路液压传动系统，如图 2-21 所示。柴油机 1 的功率通过离合器 2 在分动器 3 中驱动工作油泵，同时通过左右两根传动轴分别驱动两个独立的行走液压传动系统。第一系统的液压泵驱动液压马达旋转，再经齿轮传动减速增矩后到达履带的驱动链轮,使机械行驶。

液压传动系统的优点是:

(1)能实现无级变速,变速范围大并能实现微动,而且能在相当大的变速范围内保持较高的传动效率。

(2)操纵简便,只用一根操纵杆便能改变行驶的方向和速度。

(3)履带式机械的左、右两履带采用独立的传动系统时,只要改变左、右驱动轮的转速和方向,便能按任意转向半径平稳地转向,或原地转向。

(4)系统中不需要主离合器、转向离合器及制动器,利用液压传动系统本身也可以实现制动,由于没有易损摩擦元件,故维护方便。

(5)便于实现自动化和远距离操纵。

液压传动(图 2-21)存在的主要问题是价格贵、噪声大,并且保证所有液压元件的耐久性和可靠性也不是一件轻而易举的事。目前,在铲土运输机械中采用液压传动还较少。但由于它具有上述种种适于施工机械行走机构传动要求的特点,因此,正引起相关行业的重视,并进行了广泛的研究,现在施工机械采用液压传动的已逐渐增多。

4)电传动

目前,在一些大型铲土运输机械和载质量在80t以上的载货汽车上已采用电动车轮形式的电传动系统。早期的电传动是由柴油机带动直流发电机,然后用发电机输出的电能驱动装在车轮中的直流电动机,电动机通过齿轮减速器,最后驱动车轮转动。因车轮、直流电动机和减速器装配成一体,故称为电动车轮。随着可控硅技术的发展,目前较先进的电传动是柴油机—交流发电机—可控硅整流器—直流电动机—驱动轮的形式。这种

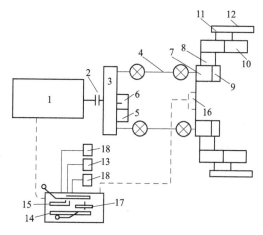

图 2-21 履带式底盘的液压传动简图

1-柴油机;2-离合器;3-分动器;4-万向传动轴;5-工作装置油泵;6-钢索卷筒油泵;7-可进变量油泵;8-变量马达;9-停车制动器;10-齿轮减速器;11-行星式最终传动;12-驱动链轮;13-中间踏板(停车制动器前进、后退杆回到顶位);14-油门杆;15-变速杆(前、后、空挡);16-自动控制阀;17-自动操纵杆;18-转向踏板

交流电传动系统的质量比直流电传动系统轻得多,接近液力机械传动系统的质量。电传动系统的优点是:

(1)动力装置(柴油机—发电机型)和车轮之间用电缆连接,简化了传动系统,便于总体布置及维修。

(2)变速操纵方便,可实现无级变速。在整个变速范围内,都可充分利用发动机功率。

(3)电动轮的通过性好,而且容易实现多车轮驱动,以满足不同机械对牵引性能和通过性能的要求。

(4)可采用电力制动,下长坡时可大大减轻车轮制动器的负荷,延长制动器寿命。

电传动的主要缺点是:价格贵,比液力机械传动约贵 20%;自重大,消耗大量有色金属。因此,目前仅用于大功率的铲运机、矿用轮式装载机和主型自卸载货汽车。

2.2.3 履带式底盘

履带式底盘是装在机体两侧的履带行走装置。如图 2-22 所示的履带机械底盘,它的履带

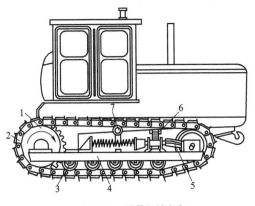

图 2-22 履带机械底盘
1—驱动链轮；2—履带；3—支重轮；4—台车架；5—张紧装置和引导轮；6—悬架弹簧；7—托链轮

行走装置由安装在台车架 4 上的驱动链轮 1、缓冲—张紧装置和引导轮 5、支重轮 3、托链轮 7 和绕过这些转子的履带所组成；履带由许多块铸钢履带板用销子铰接而成。履带外表面有履刺，用以插入土中增大与地面的附着作用。履带内表面有两条轨道，使支重轮在上面滚动，导向轮的作用是引导履带作循环运动，由于它支撑在缓冲弹簧上，故能使履带保持一定的张紧度，并缓和履带式机械行驶时所受的冲击。托链轮用以支承履带，使其不过分下垂。履带驱动链轮在驱动力矩作用下，通过链轮齿与履带销的啮合作用，不断将履带向后方卷起，从而使接地部分的履带给地面一个向后的作用力。由于履带上面有支重轮压住，因此地面相应地给履带一个反作用力，使施工机械向前行驶。

履带的作用首先是将施工机械的质量通过宽大的履带板传给地面，使压强降低到 $(4\sim6)\times10^4\text{Pa}(0.4\sim0.6\text{kgf/cm}^2)$，因而大大提高了拖拉机的通过性能，能在软土和松土上行驶和作业。其次，履带与地面之间有良好的附着作用，不易打滑，因而能产生足够的牵引力，这些都是履带行走装置最显著的优点。但是履带的工作条件恶劣，经常在泥水、砂砾和岩面上行驶，受力情况不良，岩屑和砂粒容易侵入履带销与销套之间，加剧履带销的磨损，目前已开始采用一种密封润滑短带，它能减轻磨损和阻力，还能降低噪声。

履带板的结构形式对履带式机械的附着牵引性能和其他使用性能都有很大的影响。根据不同的用途，履带板结构形式一般分为以下几种。

(1) 普通履带板。履刺高 20~80mm，其中，高刺的单筋式履带板[图 2-23a)]的牵引性能良好，但履带式机械转向时履带的阻力大，对地面的破坏性也大，它多用于需要高牵引力的履带式机械上。

双筋式履带板[图 2-23b)]的刚度大，兼有较好的牵引和转向性能，多用于装载机一类的机械上，三筋式履带板[图 2-23c)]的履带刺低矮，转向容易，但牵引性能差，多用于挖掘机一类要求牵引力不大的机械上。

(2) 岩面履带板[图 2-23d)]。这是一种在两侧有防侧滑和加强筋的履带板。

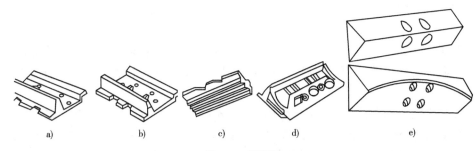

图 2-23 履带板

(3) 湿地履带板[图 2-23e)]。它是一种三角形履带板，能随土质软硬而改变接地面积，故有良好的通过性能，自洁性好，履带不带泥，能爬大的坡地。它主要在湿地推土机上采用。履带板的宽度一般为 50~60mm，但湿地履带板的宽度一般为 70cm 以上，一种超低接地比压的履带式推土机,其比压为 $1.4 \times 10^4 Pa(0.14 kgf/cm^2)$,三角形履带板的两端加长,使履带板的宽度增长为150cm。

履带式机械转向与轮式机械不同,它是由操纵履带式机械驱动桥中的两个转向离合器实现的。如图2-24a)所示,在传动系的中央传动之后有转向离合器和制动带。利用它就可改变两侧驱动轮上的驱动力矩,使两侧履带在不同的驱动力矩作用下,产生不同的转速来实现转向。

当履带式机械向一侧转向时,可稍微分离这一侧的离合器,减小驱动力矩,就可以转大弯,如图2-24a)所示,如切断这一侧的驱动力矩,就可转小弯。如在切断动力后,再将这一侧制动带制动,便可以这一侧履带中点为圆心转更小的弯,如图2-24b)所示。在全液压履带式机械上,两履带的驱动多采用液压马达分别驱动,因而可使两履带具有相同的速度(直线行驶)、不同的速度(转弯行驶)或相反的运动方向,后一种情况便可实现履带式机械的原地转向,如图2-24c)所示。履带式机械的行驶速度比较慢,但它的操纵灵活性比轮式机械还好;转弯半径更小,它的转向操作方法与上述方法正相反,即需分离另一侧的转向离合器,履带式机械才能朝这一侧转弯;这是由于脱离控制一侧的履带,在重力作用下将比另一侧的履带行驶更快之故。

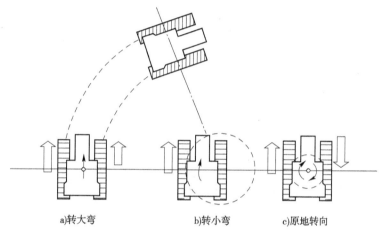

a) 转大弯　　b) 转小弯　　c) 原地转向

图2-24　履带式机械行走装置转向示意图

2.2.4　轮式牵引车

1) 轮式牵引车的类型和组成

施工机械中的轮式车辆,包括轮式牵引车、铲土运输机械和载货汽车等都是用车轮和充气轮胎行驶的。图2-25a)为单轴牵引车,图2-25b)为二轮驱动的双轴牵引车,图2-25c)为全轮驱动的双轴牵引车。

轮式牵引车和载货汽车等自行式车辆的行走系统,一般由车架、车桥、悬架和车轮等组成。车架是整台机器的基础,发动机和所有零部件都安装其上,在行驶和作业时,还要承受动载荷。车架是通过悬架与车桥相连的,车桥的两端则安装带有轮胎的车轮。为了减小由于路面产生的冲击,对于高速行驶的车辆在车架与车桥之间均采用钢板弹性悬架,对于重型车辆则采用油气悬架装置,效果更好。

车架一般可分为整体式和铰接式两种基本类型。整体式车架是由纵、横梁组成的框架,车辆的转向是采用偏转车轮的方式进行的。图2-25b)所示就是整体车架式的牵引车。它的前车桥为转向桥,其车轮为转向从动轮,可实现偏转车轮转向。铰接式车架通常由前后两车架组成,两车架之间用铰销连接,因此两车架可绕铰销相对偏转,从而实现转向,如图2-25c)所示。

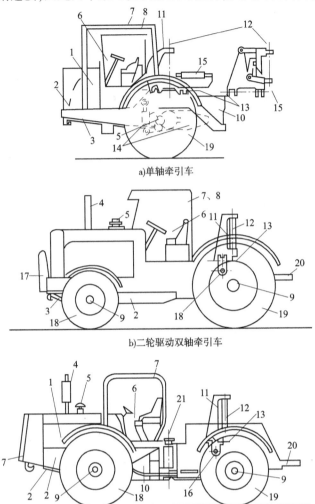

图 2-25 牵引车

1-发动机;2-车架;3-发动机底座;4-排气管;5-空气滤清器;6-驾驶室;7-翻车保护结构(ROPS);8-车顶棚;9-车轴;10-变速器;11-摇摆车架;12-垂直主销;13-纵向水平主销;14-悬架;15-转向油缸;16-横向水平铰销;17-挡板;18-转向轮;19-驱动轮;20-挂钩;21-铰接车架主销

2) 轮式车辆的转向方式

轮式牵引车和轮式施工机械底盘的转向性能,是保证机械安全行驶、减轻驾驶人员的劳动强度、提高作业生产率的重要因素。轮式车辆的转向方式有以下几种。

(1) 前轮转向式[图2-26a)]。这种转向方式常用于后轮为驱动轮的牵引车和车辆上,前轮的负荷较小因此转向操纵省力。前轮转向时,前轴外侧车轮的转弯半径 $R_{前外}$ 大于后轴外侧车轮的转弯半径 $R_{后外}$,可根据前外轮是否可避开障碍物来判断整车的行驶路线,有利安全操纵。但当前轮既是转向轮又是驱动轮时,则结构就显得复杂。

(2) 后轮转向式[图2-26b)]。轮式施工机械的工作装置在前面,故以采用后轮转向为宜,因采用前轮转向时,车轮偏转角将受到限制,而且前轮轮压增大,操纵费力。后轮转向的重大不足是 $R_{后外} > R_{前外}$,驾驶员不能用前外轮的行驶方向来估计整车的行驶路线;但一般是用工作装置的外缘转弯半径 R 来估计行驶方向。

(3) 前后轮同时偏转的转向式[图 2-26c)]。对操纵灵活性要求高的轮式机械常采用这种转向方式。它可单独用前轮转向,也可单独用后轮转向,或前后轮同时转向。当前后外轮具有相同的转弯半径时,整机就具有最小的转弯半径。

(4) 斜行(蟹行)转向式[图 2-26d)]。它是上述前后轮同时偏转的另一种行驶方式,全部车轮向相同的方向偏转。斜行转向能从斜向靠近或离开作业面,容易避开障碍物,操纵十分灵活。

(5) 铰接转向式[图 2-26e)],当前后轮车架通过转向油缸绕中心铰销作相对偏转时,即可实现转向。两车架中心线相对偏转可达 40°,故车厢的转弯半径小。当前桥和后桥离铰销的距离相等时,$R_{前外}$ 便等于 $R_{后外}$,前后车轮能在同一墩迹中行驶,因而减小了滚动阻力,也增大了驾驶人员的转弯行驶安全感。当用轮式牵引车与拖式车辆或施工机械配合组成牵引列车时,在牵引车的驱动桥上应有转向鞍座设备(或称支承转向连接装置)。鞍座一般由摇摆车架 11、垂直主销 12 以及纵向和横向铰销 13 和 16 组成,如图 2-25 所示。鞍座的作用除实现列车转向外,还能使半拖式机械相对于牵引车能在纵向和横向垂直平面上摆动一个角度,故车辆在不平地面上作业时,所有车轮能同时着地。此外,由于设有鞍座,能将半拖式机械的部分质量转移到牵引车的驱动后桥上以增大附着质量。

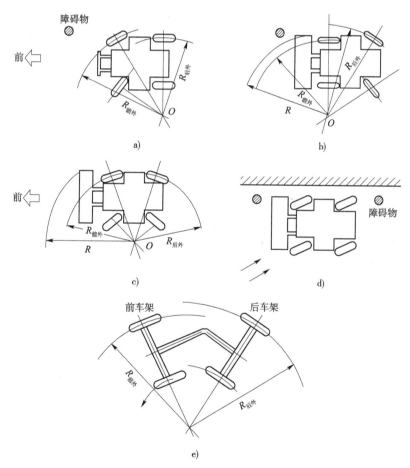

图 2-26 轮式机械转向方式

3) 车轮和轮胎

车轮和轮胎是轮式车辆行走系的重要组成部分,其结构和性能与牵引车和轮式机械的使

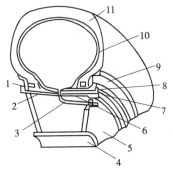

图2-27 车轮和轮胎结构示意图
1-外胎根;2-内胎的垫带;3-气门嘴;4-轮毂;5-轮盘;6-轮辋;7-锁环;8-胎根垫箍;9-挡圈;10-内胎;11-外胎

用和经济效果有密切关系。

图2-27为大型轮式车辆的车轮和轮胎结构简图。车轮是由轮毂、轮辋和它们之间的连接部分——轮盘所组成。轮胎套在轮辋上,轮胎充气后,车轮和轮胎便成为一整体部件。充气轮胎的功用是:支承车辆的质量,缓和车辆受到的冲击,利用轮胎与地面的附着作用,使轮胎产生牵引力并具有抗滑作用。断面宽大的低压轮胎,具有良好的浮垫作用,从而改善了车辆在松软地面上的通过性能。

工程机械常用充气轮胎,充气轮胎分为有内胎式和无内胎式两种。

有内胎充气轮胎主要由外胎、内胎和垫带组成。外胎是轮胎的主体,直接与地面接触,胎面上制有花纹,大中型工程机械一般采用宽而深的花纹,以提高其防滑性。内胎是环形橡胶管,内胎上装有充放气用的气门嘴。

无内胎充气轮胎没有内胎与垫带,空气直接充入外胎中。这种轮胎使用寿命长,行驶安全,但对密封性要求较高,现在不少装载机使用这种轮胎。

充气轮胎按充气压力又分为高压轮胎(其充气压力为490~686kPa)、低压轮胎(其充气压力为196~490kPa)、超低压轮胎(其充气压力在196kPa以下)。目前工程机械大多采用低压轮胎。

充气轮胎尺寸的标记方法,我国采用英制表示。高压胎是用 $D \times B$ 表示,D 为轮胎直径的英寸数,B 为轮胎断面宽度英寸数;低压胎用 $B-d$ 表示,d 为轮辋直径英寸数。

2.3 工程机械运行材料

工程机械运行材料主要有燃料、润滑油、液力传动油、液压油、制动液、减振器油和防冻液等。下面分别简要介绍。

2.3.1 燃料

目前,内燃机使用的燃料有汽油和柴油两种。它们都是从石油中蒸馏出来的碳氢化合物。

1) 汽油

通常沸程在30~220℃,可以含有适当添加剂的精制石油馏分称为汽油。汽油根据其用途不同,主要分为航空汽油与车用汽油。车用汽油主要作为内燃发动机(即汽油机)的燃料。

汽油的使用性能指标主要是蒸发性和抗爆性。蒸发性是指汽油由液体转化为气体状态的性能。要求汽油具有良好的蒸发性,以保证发动机在各种条件下容易启动、加速和正常运转。抗爆性是用于判断汽油在发动机中燃烧时,是否容易发生不正常爆炸现象的性能。汽油抗爆性的好坏程度用辛烷值来表示。提高汽油辛烷值使用最广泛的方法是在汽油中加入抗爆剂四乙铅。

汽油的牌号就是根据辛烷值来规定的。我国现采用研究法辛烷值确定汽油的牌号,分为90、93、97三个牌号。

选用汽油的牌号时,新国标90号汽油,不论货车还是轿车,均可使用。只有在90号汽油的抗爆性不能满足要求时,才用93或97号汽油。

2) 柴油

柴油是在543~623K(270~350℃)的温度下,从石油中提炼出来的,用于压燃式发动机(柴油机)中的石油燃料,分为轻柴油和重柴油两类。轻柴油适用于全负荷转速不低于960r/min的高速柴油机,重柴油适用于全负荷转速在300r/min以上的中速柴油机及300r/min以下的低速柴油机,汽车、拖拉机及工程机械使用的都是高速柴油机。

柴油的使用性能指标主要有发火性(十六烷值)、蒸发性(馏程和闪点)、雾化性(黏度)和低温流动性(凝点)。柴油机一般使用十六烷值为40~60的柴油。

柴油按质量分为优级品、一级品与合格品3个等级,每个等级的柴油按其凝点又可分为10号、0号、-10号、-20号、-35号和-50号6种牌号。10号柴油表示其凝点不高于10℃,依此类推。

选用高速柴油机所用柴油时,应选用十六烷值较高、凝点较低、黏度合适、不含水分和机械杂物的柴油。一般选用柴油的凝点应较当地最低气温低4~6℃,以保证在最低气温时不致凝固而影响使用。各号轻柴油的适用温度如下:10号柴油适合于有预热设备的高速柴油机使用;0号柴油适合于最低气温在4℃以上地区使用;-10号柴油适合于最低气温在-5℃以上地区使用;-20号柴油适合于最低气温在-5~-14℃的地区使用;-35号柴油适合于最低气温在-14~-29℃的地区使用;-50号柴油适合于最低气温在-29~-44℃的地区使用。

2.3.2 润滑油

润滑油的主要用途是减小或降低零件之间的摩擦和磨损,并冷却摩擦表面。润滑油料主要指发动机润滑油(俗称机油)、传动用润滑油(俗称齿轮油、黑油)和润滑脂(俗称黄油)等。

1) 发动机润滑油(机油)

机油有汽油机机油和柴油机机油之分。黏度是评价机油品质的主要指标,也是机油分类的主要依据。为了提高机油的品质,现代机油中都加有各种添加剂,如黏性添加剂、降倾(凝)点添加剂、抗磨损添加剂等。不同品质的机油,加有不同种类的添加剂。

按机油的特性和使用场合,汽油机机油分EQB、EQC、EQD、EQE和EQF5级(使用级);柴油机机油分ECA、ECB、ECC和ECD4级(使用级)。每一级机油按其黏度又分为若干牌号(黏度级)。

选用机油时,首先根据发动机的工作条件选用适当的机油品种——使用级,然后根据地区季节气温,结合发动机的性能和技术状况选用适当的机油牌号——黏度级。

2) 传动用润滑油(齿轮油)

齿轮油的主要作用是在齿轮的齿与齿之间的接触面上形成牢固的油膜,以保证正常润滑和减少磨损。此外,尚有冷却、清洗、密封、防锈和降噪等作用。它主要用于施工机械的变速器、主传动器、转向器及最终传动等装置摩擦副的润滑。

黏度是齿轮油的重要质量指标。我国《润滑剂和有关产品(L类)的分类》(GB/T7631.7—1995)规定的车辆齿轮油分为L—CLC、L—CLD和L—CLE3级。每个级别按黏度又分为不同牌号。

气温较高,选用黏度较大、倾点较高的牌号;气温较低,则选用黏度较小、倾点较低的牌号。

3) 润滑脂(黄油)

润滑脂是在润滑油中加入稠化剂等制成的,在常温下它是黏稠的半固体油膏。

由于润滑脂在金属表面上具有良好的黏附性,因此对外露、分散、不易加油以及润滑油容易流失、不宜使用液体润滑油等处,普遍采用润滑脂。另外,由于机件的运动产生离心力,使润滑油不能在摩擦副表面保留,或者转速低、负荷大以及要求密封等摩擦部位,也须使用润滑脂。

施工机械常用的润滑脂有钙基润滑脂、复合钙基润滑脂、石墨钙基润滑脂、钠基润滑脂、钙钠基润滑脂和锂基润滑脂6种。每种润滑脂又有若干个牌号。

针入度是表示润滑脂软硬程度的指标,是选用润滑脂的重要依据。

2.3.3 液力传动油

液力传动油又称自动变速器油(ATF油),主要用于液力变矩器、动力变速器等液压控制系统。它既用作传递动力的介质,又用作润滑剂、冷却剂和抗磨剂,要求在-40~170℃下工作。

我国生产的液力传动油有6号和8号两种牌号。8号液力传动油适用于轿车的液力传动装置;6号液力传动油适用于施工机械的液力传动装置。

2.3.4 液压油

液压油广泛用于汽车、工程机械的液压系统中,其作用为传力、润滑、冷却和防锈。黏度是液压油的重要使用性能之一,是选择液压油的首要因素。

液压系统运行故障的70%是由液压油引起的,因此,正确、合理地选用液压油,对于提高液压设备的工作可靠性,延长系统及元件的寿命,保证机械设备的安全、正常运行具有十分重要的意义。

2.3.5 制动(刹车)液

制动(刹车)液是专用于液压制动系统的液体。为了使传递压力均匀,并制动可靠,制动液应具有不可压缩的特点。

目前使用的制动液,按原料的不同分为合成型和矿油型两种类型。

合成型制动液适用于高速、大功率、强负荷、制动频繁的汽车和施工机械上。

矿油型制动液在我国各地区的冬季均能通用。它通常有7、9两个牌号。7号用于严寒地区,9号用于最低气温在-25℃以上的地区。但使用这类制动液时,需将制动系统的皮碗软管更换成耐油橡胶制品,以免受到腐蚀而使车轮制动失灵。

各种制动液绝对不能混用。因混合后会分层,失去制动作用。

2.3.6 减振器油

减振器油用于轮胎式施工机械的减振器上。对减振器油的主要质量要求是:有适宜的黏度、良好的抗氧化安定性、无腐蚀等性能。

目前使用的减振器油,按基础油分为矿油型和硅油型两种,质量指标大体相似。缺乏减振器油时,也可以用HVl5号低温液压油代用。

2.3.7 防冻液

防冻液又称不冻液,是用于发动机散热器内的一种防冻用液体,冬夏通用,可几年不换。防冻液具有较低的冰点、较高的沸点和良好的散热能力,以及不形成水垢、不腐蚀水套和散热系统的能力。

常用的防冻液有酒精—水型、甘油—水型和乙二醇—水型3种,它们可按一定比例混合而成。使用时,防冻液的冰点要比使用地区的最低气温低5℃。

酒精—水型防冻液价格低、配制简单,使用要注意安全,并定期测定酒精含量;甘油—水型防冻液因甘油防冰点效率很低,使用不经济;乙二醇—水型防冻液冷却效率高,但有毒,对金属和橡胶零件有腐蚀,价格较高。对防冻液的类型应根据其特点酌情选用。

对于上述工程机械运行材料,应根据工作条件、当地季节温度,并按机械使用说明书的规定来选用。

[**思考题**]

1. 现代公路工程机械由哪几部分组成?传动装置有几类?
2. 内燃机主要由哪些部分组成?简述其作用和工作原理。
3. 内燃机燃料供给系和汽油机燃料供给系有何区别?为什么?
4. 内燃机的主要性能指标有哪些?其含义是什么?
5. 工程机械底盘由哪些部分组成?简述各部分的作用和工作原理。
6. 工程机械轮式机械转向和履带式机械转向有何不同?
7. 工程机械常用的运行材料有哪些?他们的主要作用是什么?

第二篇 公路工程机械化施工

单元三　公路土石方路基工程施工

公路土石方路基的工程施工包括:用机械开挖路堑、填筑路堤,修建小型人工构造物,修建排水、防护加固工程。为了保证路基质量的压实、整修等工作,本单元从路基机械化施工整体出发,叙述有关路基机械化施工程序、综合作业方法等内容。

3.1　路基工程施工概述

3.1.1　路基施工的特点

在公路建筑中,路基工程数占有较大的比重,尤其在山区,仅路基土石方就占总工程量的60%~70%,每千米可达几万方或十几万方,需要集中大量的人力和设备,进行较长时间的施工作业。有的路段土石方又较分散,具有线长面狭的特点;个别路段工程则较集中而工作面又小,路基工程、防护工程、排水工程和小型构造物等的施工程序交错或互相牵制,过多的工程机械又不方便布置,因此,路基建筑往往成为整个公路施工进展的关键。

3.1.2　路基施工的程序和内容

路基施工包括下列程序:施工前的准备工作、修建小型人工构造物、路基土石方工程及路基工程的检查与验收。

1)施工前的准备工作

包括组织准备、物质准备与技术准备,其内容较多,它是关系整个施工过程进展的主要环节,也是施工前必须完成的主要任务。

2)修建小型人工构造物(小桥、涵洞、挡土墙等)

这项工程通常是和路基同时进行的,但要求人工构造物先行完工,以利于路基工程不受干扰地全面开展。

3)路基土石方工程

开挖路堑、填筑路堤、路基压实、整平路基表面、整修边坡、修建排水沟渠及防护加固工程。

4)工程检查与验收

在施工过程中每当一部分工程完成时,特别是隐蔽工程,应按施工标准及技术规范的要求进行检查与验收。中间验收的目的在于检查工程质量,及时发现所存在的问题,研究分析采取补救措施。在全部工程完成后,还应由施工单位会同使用、设计、质检和养护单位进行交工验收。

3.1.3　路基土石的分类

为了使机械化施工时正确地选择施工方式和施工机具,通常需要考虑土、石类材料的单位质量、含水率及坚实程度等。

各种土和岩石,按其开挖难易程度,分为若干类别,具体分类参见表3-1。施工中,路基土石方工程通常分路基土方施工和路基石方施工。因路基石方施工中,开挖石质路基,通常采取钻爆法。而路基土方施工,目前条件下,采用机械化施工,不同的工程机械其挖掘能力不同。土、石工程分级(表3-1)标出的土、石工程开挖的难易程度,主要用于机械化施工时选择工程机械参考。

土、石工程分级表 表3-1

等级	类别	土石名称	开挖方法 机械	开挖方法 人工	强度系数	对应十六级分类
Ⅰ	松土	砂类土、腐殖土、种殖土、未经压实的填土	机械能全部铲挖，普通装载机可以满载	铁锹挖，脚蹬一下到底的松散土	0.5~0.8	Ⅰ、Ⅱ
Ⅱ	普通土	坚硬的、可塑的粉质黏土、膨胀土、粉土，Q3、Q4黄土、稍密、中密角砾土、圆砾土、卵石土、压密的填土、风积沙	挖掘机、带齿尖口装载机可满载，普通装载机可直接铲挖，但不能满载	部分用镐刨松，再用锹挖，脚连蹬数次才能挖动	0.81~1.0	Ⅲ
Ⅲ	硬土	坚硬的黏性土、膨胀土，Q1、Q2黄土，稍密、中密碎石土、卵石土，密实的圆砾土、角砾土，各种风化成土状的岩石	挖掘机、带齿尖口装载机不能满载，大部分采用松土器松动方能铲挖装载	必须用镐先全部刨过才能用锹挖	1.01~1.5	Ⅳ

等级	分类	岩土名称及特征	钻1m所需时间 液压凿岩台车、潜孔钻机（净钻分钟）	钻1m所需时间 手持风枪、湿式凿岩合金钻头（净钻分钟）	钻1m所需时间 双人大眼（工天）	岩石单轴饱和抗压强度（MPa）	开挖方法	强度系数	对应十六级分类
Ⅳ	软石	块石土、漂石土，含块石、漂石30%~50%的土及密实的碎石土、卵石土，岩盐；各类较软岩、软岩及成岩作用差的岩石；泥质岩类、煤、凝灰岩、云母片岩、千枚岩		<5	<0.2	<30	部分用撬棍及大锤开挖或挖掘机、单钩裂土器松动，部分需借助液压冲击镐解碎或部分采用爆破法开挖	1.51~4.0	Ⅴ~Ⅵ
Ⅴ	次坚石	各种硬质岩；硅质页岩、钙质岩、白云岩、石灰岩、泥灰岩、玄武岩、片岩、片麻岩、正长岩、花岗岩	≤3	3~10	0.2~1.0	30~60	能用液压冲击镐解碎，大部分需要爆破法开挖	4.01~10	Ⅶ~Ⅸ

续上表

等级	分类	岩土名称及特征	钻1m 所需时间			岩石单轴饱和抗压强度（MPa）	开挖方法	强度系数	对应十六级分类
			液压凿岩台车、潜孔钻机（净钻分钟）	手持风枪、湿式凿岩合金钻头（净钻分钟）	双人大眼（工天）				
Ⅵ	坚石	各种极硬岩：硅质砂岩、硅质砾岩、石灰岩、石英岩、大理岩、玄武岩、闪长岩、花岗岩、角岩	>3	>10	>1.0	>60	可用液压冲击镐解碎，需用爆破法开挖	10以上	Ⅹ～ⅩⅥ

3.2 路基土方的开挖与填筑

路基土石方机械化施工的关键在于路堤填筑和路堑开挖。因为路堤填筑的质量关系到路基的稳定性和使用品质，并且影响到与路基相连接的路面和人工构造物的稳定性。而土方路堑开挖，从工艺看较为简单，但从施工技术使用和养护方面看却较复杂，因为路基发生的问题多数在路堑内。如塌方和翻浆的病害与路堑的开挖有密切关系。本节从综合角度对路堤填筑和路堑开挖机械化施工方式作一概述。

3.2.1 路堤填筑方式

1）水平分层填筑

机械化施工填筑方式按横断面全宽分成水平层次，一层一层往上填筑，如原地面不平，应从最低处分层填起，填一层经压实后再填另一层，这种填挖方法较为理想，压实质量易于保证，如图3-1a)所示。

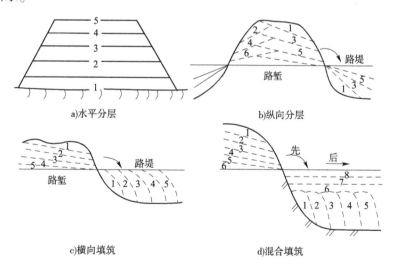

图3-1 路堤填筑方式
1～8-路堤填筑分层

2）纵向分层填筑

此法适于土方机械移挖(路堑)作填(路堤)，依纵坡方向逐层往上填，如图3-1b)所示。

3) 横向填筑

机械化施工从路基一端按横断面的全部高度,逐步推进填筑,此法不能分层压实,仅在陡坡、断岩或泥沼地段无法用上述办法自上而下分层填筑压实填土时才采用,并应尽量采用石质土(石块、碎石、卵石、砾石等)填筑,否则应设法在底部作推土分层压实工作。有时下层用横向填筑,上部仍用分层填筑以保量,如图3-1c)所示。

4) 混合填筑

有时下层填土无法用水平分层填筑压实时用横向填筑,上部仍用水平分层填筑压实以保证质量,如图3-1d)所示。

3.2.2 路堑开挖方式

机械化施工路堑开挖方式就是按设计要求进行挖掘,并将挖出来的土方运到路堤地段作填料,或者运往弃土地点。它虽然不像路堤填筑那样有填料的选择和分层压实等问题,但是,路堑是由天然地层构成的,天然地层在生成和演变的长期过程中,一般具有复杂的地质结构。处于地壳表层的路堑边坡,开挖暴露于大气中,受到各种自然的和人为因素的影响,比路堤边坡更容易发生变形和破坏。路堑边坡的稳定与施工方法有着密切的关系,例如,施工开挖边坡过陡,弃土堆距坡顶太近,施工中排水不良,支挡工程未及时做好,都会引起边坡失稳,发生坍滑。

机械化施工路堑开挖方式应根据路堑内深度和纵向长度,以及地形、土质、土方调配情况和开挖机械设备条件等因素确定,以加快施工进展和提高工作效率。

1) 横挖法

机械化施工从路堑的一端或两端按横断面全宽逐渐向前开挖,称为横挖法。这种挖法适用于较短的路堑。路堑深度不大时,可以一次挖到设计高程(图3-2);路堑深度较大时,可分成几个台阶进行开挖(图3-3),各层要有独立的出土道和临时排水设备。分层横挖使得工作面纵向拉开多层多向出土,可以容纳较多的施工机械,加快了开挖速度。若用挖掘机配合自卸汽车进行,台阶高度可采用3～4m。

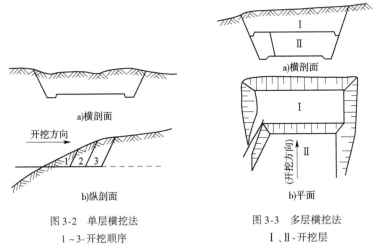

图3-2 单层横挖法　　　　　　图3-3 多层横挖法
1～3—开挖顺序　　　　　　Ⅰ、Ⅱ—开挖层

2) 纵挖法

机械化施工纵挖法就是沿路堑纵向将高度分成不大的层次依次外挖,它适用于较长的路堑。

如果路堑的宽度及深度都不大,可以按横断面全宽纵向分层挖掘,称为分层纵挖法

(图3-4)；如果路堑的宽度及深度都比较大，可沿纵向分层，每层先挖出一条通道，然后开挖两旁，称为通道纵挖法(图3-5)，通道可作为机械通行或出口路线，以加快施工速度；如果路堑很长，可在适当位置将路堑的一侧横向挖穿，把路堑分成几段，各段再采用上述纵向开挖，称为分段纵挖法。分段纵挖法适用于傍山长路堑。

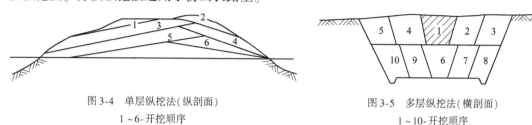

图3-4　单层纵挖法(纵剖面)　　　　图3-5　多层纵挖法(横剖面)
1~6-开挖顺序　　　　　　　　　　1~10-开挖顺序

3.3　路基土石方的填筑作业注意事项

机械化施工路基土石方开挖与填筑作业可利用土方工程机械，根据设计要求、现场状况和当时当地自然气候条件，采用合理的编组、严格的管理，进行大规模的路基机械施工。在填筑作业中要注意以下要点。

1）基本作业方式

机械化施工时路堤填筑应该做到"水平分层填筑"。水平填筑是为了避免层间的滑移。分层的含义是：路堤设计高度虽有一个固定的值，例如某段路堤设计高度为1.2m，施工时就不应当一次松铺1.4m或1.5m，压实后层厚刚刚1.2m，因为这样填筑后，虽然压实层的表面达到了压实度要求，但由于土的压实特性——"压实土层的密实度随深度递减"，路堤的下面就达不到压实度的要求，因此路堤填筑施工时，为了保证整体(上下层)都能达到压实度要求，必须根据所选压实机械的作用深度，正确地决定每层铺筑的厚度，一层一层地铺筑、整平、压实，使每层都压实到规定的密实度，最后达到路堤设计高度的要求。

2）填料性质不同时的填筑方法

(1) 勿混填——不同性质的填料应分别分层填铺。

(2) 水稳性好的材料应填在最上层；如果堤底可能受水浸，也用水稳性好的材料填于下层。

(3) 透水性好的材料应填在透水性差的材料下层，即透水性好的材料先铺。

3）接茬处理

两段交接处不在同一时间填筑，则先填地段，应按1:1分层留台阶。若两个地段同时填，例如流水作业施工法，则应分层相互交叠衔接，基本搭接长度不得小于2m。

[思考题]

1. 简述路基施工的特点、程序和内容。
2. 试述机械化施工时土、石工程分级的作用。
3. 叙述机械化施工时路堤填挖和路堑开挖方式各有哪几种。
4. 分析路基土方机械化施工时填筑与开挖作业的注意事项。

单元四 土方机械及路基土方机械化施工

公路建设土方工程机械化施工中,常用的土方工程机械有推土机、铲运机、挖掘机、装载机、平地机等。

4.1 推土机机械化施工

推土机是一种多用途的自行式施工机械,如图 4-1 所示,主要由发动机、底盘、液压系统、电气系统、工作装置和辅助装置等组成,它能铲挖并移运土、砂石等。在公路施工中,通常推土机完成路基基底的处理、路侧取土横向填筑高度不大于 1m 的路堤、沿公路中心纵向移挖作填完成路基挖填工程、傍山取土侧移修筑半堤半堑的路基。在稳定土拌和场和沥青混凝土搅拌厂,还经常用推土机完成松散集料的堆集任务。

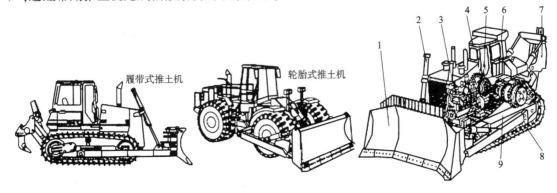

图 4-1 推土机的总体构造
1-铲刀;2-液压系统;3-发动机;4-驾驶室;5-操纵机构;6-传动系统;7-松土器;8-行走装置;9-机架

在公路机械化施工中,当土质太硬,铲运机或平地机施工作业不易切入土中时,可以利用推土机的松土作业装置将土耙松,或者利用推土机的铲刀直接顶推铲运机完成,以增加铲运机的铲土能力(即所谓的铲运机助推)。利用推土机协助平地机或铲运机完成施工作业,从而提高了这些机械的作业效率。

推土机的用途虽然十分广泛,但由于受到铲刀容量的限制。推运土的距离不宜太长,因而,它只是一种短距离的土方施工机械。运距过长时,运土过程受到铲下的土漏失的影响,会降低推土机的生产效率;运距过短时,由于换向、换挡操作频繁,在每个工作循环中这些操作所用时间所占比例增大,同样也会使推土机生产率降低。通常中小型推土机的运距为 80 ~ 100m;大型推土机的运距一般也不超过 150m。推土机的经济运距为 50 ~ 80m。

4.1.1 推土机的分类

推土机可按其行走方式、推土板的安装方式、操作系统及发动机功率进行分类。
按行走装置形式分为履带式和轮胎式两类;按推土板安装方式分为固定式和回转式两种;按推土板的操纵方式分为机械式和液压式两种;按发动机功率分为小型(37kW 以下)、中型(37 ~ 250kW)、大型(大于 250kW)3 种。

4.1.2 适用范围

推土机一般适用于季节性较强、工程量集中、施工条件较差的施工环境。主要用于 50 ~

100m 短距离作业,如路基修筑、基坑开挖、平整场地、清除树根、堆集石渣等,并可为铲运机与挖装机械松土和助铲及牵引各种拖式工作装置等作业。履带推土机是使用最广泛的一种推土机,它适宜于Ⅳ级(土的工程分级详见单元三)以下土的推运。当推运Ⅳ级和Ⅳ级以上土和冻土时,必须先进行松土。常见作业方式有直铲作业、侧铲作业、斜铲作业、松土器的劈开作业。

4.1.3 推土机的工作过程

1)推土机的技术操作

推土机操作手在进行作业时,不仅要按一定的方向驾驶推土机,而且应该会克服障碍,在没有道路的地方或疏松的土地上行驶,同时,还应会操纵铲刀完成铲土、运土、卸土3种作业过程(图4-2)。在推土时它的基本操作程序如下。

提起刀架,空驶到取土地点。

(1)铲土过程:放下刀架至一定的位置,边前进边推铲集土。

(2)运土过程:将铲集的土推送至用(弃)土地点(运土)。

(3)卸土过程:到用(弃)土地点后提升刀架,边退边卸(卸土)。

(4)空驶回程:提起刀架,空驶回到取土处。

a)铲土过程　　　　　　b)运土过程　　　　　　c)卸土过程

图4-2　推土机的基本作业

2)推土机的基本作业

因推土机有直铲、斜铲、侧铲、湿地推土机4种方式,故其基本作业有4种情况。下面以直铲推土机为主分别讲述。

(1)直铲推土机的基本作业

推土机的主要基本作业是完成铲土、运土、卸土3个工作行程和一个空载回驶过程。提高推土机作业工效的基本原则是:在铲土过程中以最短时间、最短距离铲满土;在运土过程中尽可能地减小损失,将较多的土移送到卸土地点;在卸土过程中应根据施工条件不同,采取不同的卸土方法,以达到施工技术要求和保证施工安全。

①推土机的铲土作业。推土机铲土作业,就是在此作业行程内,使铲刀切入土内一定的深度,并以最短的时间、最短的距离使铲刀前堆满土,并用铲刀推动。推土机铲土的深度,视土的类别而不同,一般Ⅰ级松土铲土深度大于20cm,铲刀的铲土角可以放得陡一些,为60°~65°;在Ⅲ级土壤内铲土深度可至10~15cm,其铲土角可用52°~57°;在Ⅳ级以上的黏性土铲土深度变动应在0~15cm,铲土角应调至45°,这样所得效果最好。

为了在最短的时间、最短的距离内铲满土或多铲土,一般常用接力式铲土推土法。这种铲土推土法是分次铲土、叠堆推运,分次的目的是使柴油机有喘息的时间。按铲土距离的不同,此法又分4次、6次接力铲土推土,如图4-3所示。

推土机第一次铲土时,应以最大可能切入土中,以刨削式铲土为好,从靠近填土处开始。铲土时,当柴油机稍有超负荷现象时即停止铲土,然后退回。推土机以同样的方法进行第二次

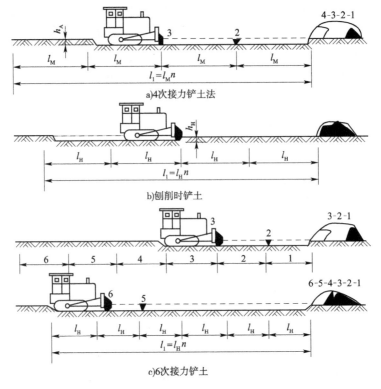

图 4-3 接力式铲土推土法

铲土,但第二次铲出的土并不向前推,而暂时留在开挖段的端部。继续第三次铲土,此时推土机带着第三次铲的土,沿着前进方向,并把第二次所留的土推送到填土处。这样可以使柴油机功率得到充分利用。此法若与沟槽推土法配合,可以减少土的漏损,大大提高推土效率。

②推土机的运土作业。在此作业行程中,为了尽可能地减少运土损失,常用的有沟槽运土(或推土)法、推土机并列推土法及铲刀加挡板法,如图 4-4~图 4-6 所示。推土机在运土作业中,在减少运土过程的损失时,还必须考虑运土距离的恰当配合,这样才能取得最佳经济效果。

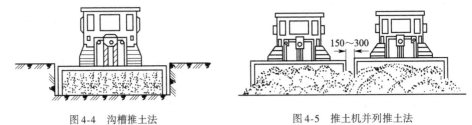

图 4-4 沟槽推土法　　图 4-5 推土机并列推土法

③推土机的卸土作业。此作业行程是以提升铲刀来进行的,卸土的方法视施工条件不同而不同。图 4-7 所示为推土机在分层填土时的卸土情况。推土机在前进中渐次地徐徐提升刀架来卸土;铲刀提升的高度应等于所填土层的厚度。卸土路程的长度为 4~6m。

图 4-8 所示为推土机自路侧取土坑或自路堑运土填筑路堤过程中,在推土机前进或停止后,将推土机铲刀慢慢地提升,以达到卸土的目的,有时又将铲刀重新放下,推土机倒退行驶将土拖平一下。

其他如自路堑取土推填堑沟、基坑,以及填筑路堤时,推土机卸土时应迅速提起刀架卸土,如图 4-9 所示。

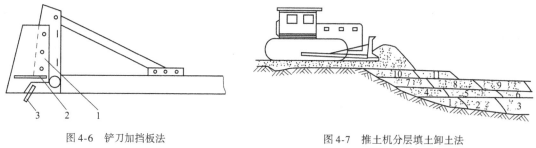

图 4-6 铲刀加挡板法　　　　图 4-7 推土机分层填土卸土法
1-挡板;2-肋条;3-刀片

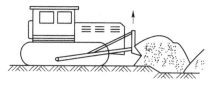 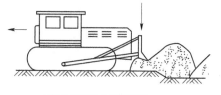

a)局部填土　　　　　　　b)提升刀架卸土推填摊平

图 4-8 推土机局部填土卸土法

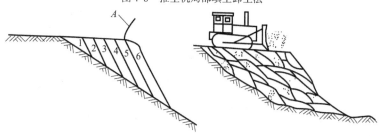

图 4-9 推土机推填边坡下沟槽等卸土法
1~6-填土顺序

（2）斜铲推土机的基本作业

斜铲推土机作业最适宜于傍山挖土填筑路基,以及在狭窄处回填沟渠、平整场地等工作,如图4-10所示。由于斜铲推土机的铲土、运土、卸土3个行程是同时连续进行的,其工作情况与平地机的工作基本相似。因此,在进行平整土面层等工作时,大都是采用低挡进行。

斜铲平面角的大小,根据所进行工作的对象不同而不同。一般在推土时为90°（直铲）,平土时为60°,填土时为40°。

斜铲推土在傍山取土时,应将铲刀调整为60°平面角,然后向坡平斜,并使其较坡面前端有下倾,以便在推土过程中坡上的土被内角切取后,就沿

图 4-10 斜铲推土法

刀片卸于坡外,形成一条行驶道。随着引道的加宽,当超过刀宽较多时,推土机在切取土后就要向外侧转向,卸土于坡下,一次完成全断面的推卸工作。这比直铲推土的效率要高。

（3）侧铲推土机的基本作业

在挖掘Ⅱ~Ⅳ级的实土堆、小丘、台地及冰冻土块时,使用一般的直铲、斜铲推土机去铲土是不能胜任的,因此必须把铲刀刀片调整为侧倾。一般在Ⅳ级实土上倾角为4°~8°,在斜坡上工作时调为5°。此时只用铲刀的一端进行作业。调整的倾角在7°~10°时,铲刀尖端就能掘进20cm深度,并使土在铲刀没有切土的一端下通过。在挖土之后,推土机以全部铲刀长取

土,并将其中一部分推向一方,经过几次推土,把峻峭的地形除去之后,再正面铲土、运土。如此之后再继续进行直铲铲土作业。

如何调整侧倾铲刀角度?有的推土机是采用液压油缸自动调整,而有的推土机采用螺杆调整却还需要用人力来进行。推土机在施工作业中,应尽可能不去调整铲刀,以免影响生产。

4.1.4 推土机的施工作业

1) 填筑路堤

利用推土机填筑路堤的作业方式,一般均为直接填筑。其施工方法有横向填筑和纵向填筑两种。在平原地区常采用横向填筑,在山区、丘陵以及傍山地段,多为纵向填筑。

(1) 横向填筑路堤

横向填筑路堤时,推土机在路堤的两侧或两侧取土坑取土,向路堤中心线推土。遇到这种工程,如用综合作业法单台推土机或多台推土机施工时,最好分段进行。这样可以增大工作面,方便管理,从而加快工程的进度。分段距离一般为20~40m,在每段中也可以按班(组)能力来划分。

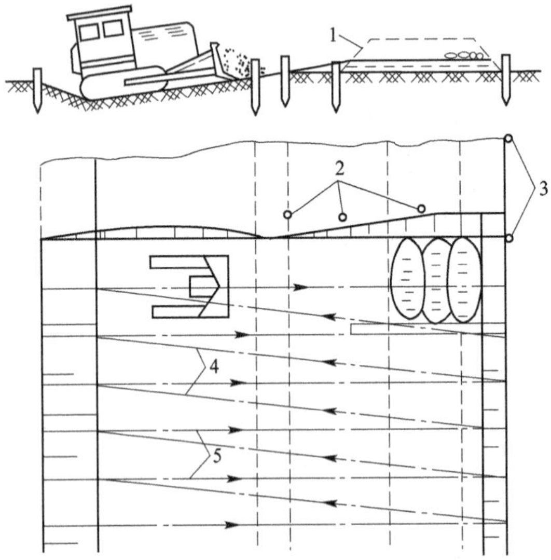

对于一侧取土时,每段一台推土机,推土机的作业线路可采用"穿梭"作业法进行(图4-11)。在施工过程中,推土机铲土后,可向路堤直送至路基坡脚,卸土后仍按原线路退回到挖土始点。这样,同一轨迹按沟槽运土法送两、三刀就可挖到0.7~0.8m深度。此后推土机作小转弯倒退,以便向一侧移位,仍按同法推侧邻的土。如此类推地向一侧转移直到一段路堤完工。然后,推土机反向侧移,推平取土坑上遗留的各条小土堤。

当推土机在两侧取土时,每段最好两台,并以同样的作业法,面对路中心线推土,但双方一定要推过中心线一些,并注意路堤中心的压实,以保证质量。图4-12为两侧取土的作业路线图。

图4-11 推土机从一侧取土坑取土填筑路堤
1-路堤;2-标定桩;3-间隔10m的标定杆;4、5-推土机"穿梭作业"运行路线

利用推土机横向填筑路堤时,路堤高以1.5m以下为宜。施工中应检查中心桩和边桩,然后确定取土、运土的位置和行驶路线,填筑路堤时,必须按施工要求分层填筑与压实,每层厚度为20~30cm。

当推土机单机推土填筑路堤高度越过1m时,应设置推土机出入坡度,坡度应不大于1:2.5,宽度与工作面宽相同,长度为5~6m。当填筑高度超过1m后,一般均采用铲运机来完成。

(2) 纵向填筑路堤

纵向填筑路堤作业方法,常用于"移挖作填"的工程中。其开挖深度与填筑深度可按设计高程规定,不受其他限制,只要挖方的土质适合填筑路堤即可。这种"移挖作填"的方法最经济,但应注意开挖部分坡度不能大于1:2,开挖中应随时注意复核路基高程和宽度,避免超挖或欠挖现象。在填土过程中,应根据施工地段、施工条件,按路堤填筑方式进行,同时注意分层

填筑厚度及压实问题。纵向填筑作业方法如图 4-13 所示。

2) 开挖路堑

用推土机开挖路堑,同样有两种情况:一种是在平地上开挖路堑;另一种是在山坡上开挖路堑,或移挖作填路堑。

(1) 横向开挖平地上开挖路堑

在平地上开挖线路堑时,如图 4-14 所示,其深度一般在 2m 以内为宜。推土机也是以路堑中线为界,两边用横向推土"穿梭"作业法进行,从路堑中开挖的土,推送到两边的弃土堆。如开挖深度是 2m 以上的深坑道时,则应与其他机械配合。对于上述的路堤和路堑也可采用推土机的"环行"作业法(图 4-14)进行。此时推土机可按椭圆形或螺旋路线运行,其填挖方式与上述相同。此法对填土层(或弃土堆)可以进行分层初步压实,同时推土机转向所耗时间较小,提高了工效。

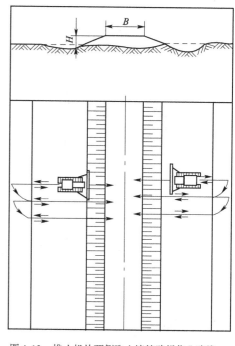

图 4-12 推土机从两侧取土填筑路堤作业路线
B-路基宽;H-路基高

使用任何开挖路堑的作业方法,都必须注意排水问题,不应将路堑中部凹下去,以免积水,开挖地段的表面最好均做成排水方向的坡度,以利泄水;另外,要避免超挖或欠挖。通常在挖出路堑的粗略外形后,再用平地机或推土机来整修边坡、边沟及整理路拱。

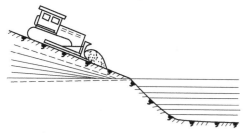

图 4-13 纵向"移挖作填"作业法

(2) 纵向开挖傍山半路堑

开挖傍山半路堑,一般应用斜铲推土机来进行,开挖工作宜由路堑边坡上部起,沿路中线行驶,而逐渐从上而下,分段分层,逐步将土推送下坡至填筑路堤处。如无斜铲推土机,可按图 4-15 所示进行。由于推土机在沿山边坡施工,为了安全,在施工过程中要经常处在坚实稳定的土地上行驶,填土时要保持道路的内侧(靠山一侧)低于外侧,行驶的纵坡不应超过推土机的最大爬坡角度(25°)。

推土机平面斜角的调整应根据土的性质进行,对Ⅰ、Ⅱ级轻质土可调至60°,Ⅲ、Ⅳ级土则取45°,铲土时系刀片的右边角使土沿山边方向推去。

推土机开挖山边半路堑时,如果山坡度不大(≤25°),也可用直铲式推土机进行,但在下坡送土时最好铲土数次,将土积聚成堆后,再将土一起堆送到边坡前沿,这样不但可以借助于下坡推土法以提高推土机的生产率,而且工作也较安全。必须注意:每次推送土时,铲刀应离边坡 1~2m,不准把铲刀放低靠在边坡尽头,同时过坡边缘的松土要经常保持稍高的土堆,以确保工作的安全。

开挖深路堑运土填筑路堤,事先要做好准备工作。首先要在开挖路堑的原地面线顶端各点和填挖相间的零点,都树起小标杆,同时挖平小丘,使推土机可以畅通,然后再依照以下步骤进行。

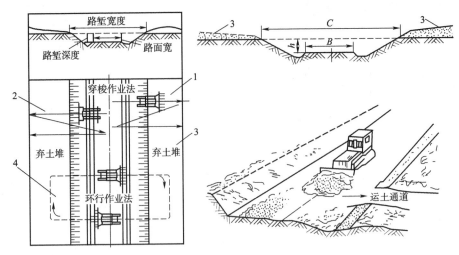

图 4-14 横向开挖平地上开挖路堑
1、2—第一、二台推土"穿梭"作业法;3—弃土堆;4—"环行"作业法
h—路堑深度;B—路面宽;C—路堑宽度

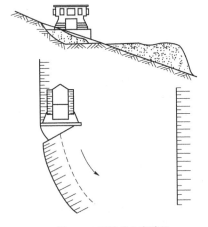

图 4-15 开挖傍山半路堑

斜坡上坡道:若能允许推土机从斜坡上坡道路驶上其最高点时,则推土机可以由路堑的顶点开始,逐层铲挖运土至路堤;然后自路堑坡脚填挖相间的零点起,逐层铲土运土,使斜坡上坡道坡度逐渐减缓,直至推土机在路堑斜坡上可以爬升,即停止开挖。转移在斜坡上行驶,以同样方法先以横向开挖方法,使上坡道坡度减缓后,则改用如上所述自路堑顶点纵向开挖点,进行移挖作填方式开挖深路堑的工作。

开挖时可用一两台推土机平行路中线进行纵向推填,等到把路堑挖到一半深度后,则用另外一两台推土机横向分层切削路堑斜坡。从斜坡上切下的土,仍由下面的推土机推送到填土区。这样一直挖填到路堑与路堤全部完成,如图 4-16 所示。

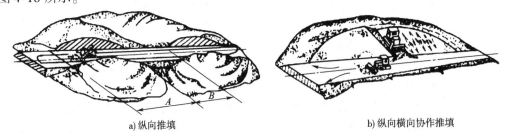

a) 纵向推填　　　　　　　　b) 纵向横向协作推填

图 4-16 推土机深挖路堑
A—挖方;B—填方

开挖路堑的程序和施工方法仍可按沟槽运土法开挖,同时可以利用地形坡度进行下坡推土。其开挖顺序如图 4-17 所示。

3) 辅助作业

(1) 平整场地

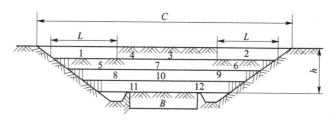

图 4-17 推土机在路堑上通行顺序的横断面图

1~12-开挖顺序

B-路基宽度;C-路堑宽度;h-路堑深度;L-刀架宽度

推土机也可用来推平场地。在进行推平场地时,一般使用斜铲推土机,在Ⅰ、Ⅱ级轻质土上平面角可调至60°前进。开始平整时,推土机应从已经平整过的、相当于设计高程的平坦部分开始。不能在倾斜不平的位置上就开始平整,否则推平到较远距离时就很容易造成一个倾斜面。在平整大面积场地时,最好应划分为若干区域来进行。

如果场地上是松散土,起伏不大,也可用直铲推土机把刀架放在地面上,以倒驶拖平的方法来进行。总之,场地的整平,不管是前进推平,还是后退拖平,在平整过程中,均应随时注意分块比平,以便及时纠正其不平度。

(2)路基涵洞土的回填

路基涵洞,在路基基底按设计位置安置后,可用斜铲推土机进行回填土工作。回填土作业时,可自其涵管的两侧交替回填,并尽可能地用分层填土法进行,以免压坏涵管(图4-18)。当用直铲推土机回填土时,推土机驶离卸土地点时,不要提升刀架,只要顺势后拖,以便摊平土。在涵洞上填土填至1m以上时,推土机才能在涵洞上行驶做压实工作。

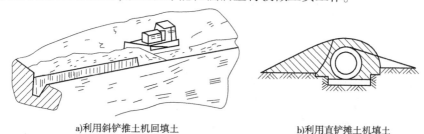

a)利用斜铲推土机回填土　　　b)利用直铲推土机填土

图 4-18 推土机回填土和摊平涵洞上土

4.1.5 生产率的计算及提高生产率的途径

1) 生产率计算

推土机用直铲进行铲推作业时的生产率 Q:

$$Q_1 = \frac{60qK_Y K_B}{T} \quad (\text{m}^3/\text{h}) \tag{4-1}$$

$$q = \frac{LHK_n}{2\tan\varphi_0 K_p} \quad (\text{m}^3) \tag{4-2}$$

$$T = \frac{s_1}{v_1} + \frac{s_2}{v_2} + \frac{s_1 + s_2}{v_3} + \left(\frac{2t_1 + t_2 + t_3}{60}\right) \tag{4-3}$$

以上式中:K_B——时间利用系数,一般为0.8~0.85;

K_Y——坡度影响系数,平地时,$K_Y = 1.0$,上坡时(坡度5%~10%),$K_Y = 0.5 \sim 0.7$,下坡时(坡度5%~15%),$K_Y = 1.3 \sim 2.3$;

q——推土机一次推运土的体积,按密实土方计量;
L——推土板长度(m);
H——推土板高度(m);
φ_0——自然坡度角(°),对于砂,$\varphi_0 = 35°$,黏土,$\varphi_0 = 35° \sim 45°$,种植土,$\varphi_0 = 25° \sim 40°$;
K_n——运移时,土的漏失系数,一般为 0.75~0.95;
K_p——土的松散系数,一般为 1.08~1.35;
T——每一工作循环的延续时间(mm);
s_1——铲土距离(m),一般土质,$s_1 = 6 \sim 10$;
s_2——运土距离(m);
v_1、v_2、v_3——分别为铲土、运土和返回时的行驶速度(m/min);
t_1——换挡时间(s),推土机采用不掉头的作业方法时,需在开行路线两头停下来换挡和起步,$t_1 = 4 \sim 5$。
t_2——放下推土板(下刀)的时间(s),$t_2 = 1 \sim 2$;
t_3——推土机采用掉头作业方法的转向时间(s),$t_3 = 10$,采用不掉头的作业方法时,则 $t_3 = 0$。

当推土机进行侧铲连续作业时,与平地机的作业方法相似,其生产率可参照平地机生产率公式进行计算。

推土机平整场地时生产率 Q_2 为:

$$Q_2 = \frac{60L(l\sin\varphi - b)K_B H}{n\left(\dfrac{L}{V} + t_n\right)} \quad (\text{m}^3/\text{h}) \tag{4-4}$$

式中:L——平整地段长度(m);
l——推土板长度(m);
n——在同一地点上的重复平整次数;
V——推土机运行速度(m/min);
b——两相邻平整地段重叠部分宽度,$b = 0.3 \sim 70.5$m;
φ——推土板水平回转角度(°);
t_n——推土机转向时间(min)。

2)提高推土机生产率的途径

从推土机生产率的计算公式中可以看出,要提高生产率首先应缩短推土机作业时的循环时间,提高时间利用系数,降低运送中的漏损等。

为了缩短一个循环作业的时间,推土机在铲土时应充分利用发动机的功率以缩短铲土距离。合理选择运距,使送土和回程距离最短,并尽量创造下坡铲土的条件。此外,应提前为下一工序做好准备,尽量做到有机配合。如当推土机接近推到卸土位置时,应边提刀边换挡后退,而在后退时就应选好下次落刀的位置。

为了提高时间利用系数,应消除不必要的非生产时间,正确地进行施工组织,合理地选择机型,在施工中应针对各种施工条件采用正确合理的操作方法,如遇硬土应先翻松再推运,这样可以提高时间利用率。为了减少土的漏损,运土时应采用土槽、土埂和双台并列推土等作业方法。这样不但可以提高运土效率,还可以增大铲刀前的土堆体积使生产效率提高。

总之,提高推土机的生产率因素是多方面的,只要根据施工条件,因地制宜,以及提高机械人员的技术素质,提高生产率是完全可以做到的。

4.1.6 国外推土机发展概况

发动机向大功率柴油机发展。目前,国外推土机最大柴油机功率有735.5kW(1 000马力),采用双发动机驱动。发动机功率大,制造成本低,油耗量少,驾驶方便及维修费用低。

行走方式向轮胎式发展。目前,虽以履带式行走方式的推土机居多,但是由于低压和超低压轮胎的出现,基本解决了轮胎不如履带附着力大的缺点,且这种行走方式产生的振动较小,有利于驾驶,零部件使用寿命较长,行走速度较快。所以,轮胎式行走方式正在逐步取代履带式行走方式。

铲刀操纵系统向液压发展。由于液压传动系统的结构紧凑、运动平稳、操作方便灵活、便于自动化,所以近年来随着液压技术的迅速发展,液压操纵系统的推土机已逐渐取代了机械操纵的推土机。

推土铲向回转式发展。由于回转式推土铲的应用范围广、适应性强,已逐步取代了固定式推土铲。

采用模拟遥控装置。美国 Caterpillar 公司用两台推土机串联或并联推土作业,仅一台需要驾驶员操纵,另一台由模拟遥控装置控制。串联时推土效率可提高近2倍;并联时幅宽加大,铲刀漏土损失减少,生产率可提高近4倍。

水陆两用推土机。为了适应低湿、沼泽地带土方作业的需要,水陆两用推土机应运而生。

采用爆破推土。这种推土机是利用内燃机燃烧室所产生的高压气体,经导向装置冲向铲前的土体,使土体松散并能吹走一部分,从而提高推土机的生产效率。

利用气垫作用的推土机。在推土机上安装一个大型空压机,供给高压气流,在推土板与土之间形成一层气垫。气垫起到了"润滑"推土板与土的作用,从而减少了推土板的各种阻力,使生产率提高。

铲运机是一种使用范围很广的土方施工机械,主要用于较大运距的土方工程,如填筑路堤、开挖路垫和大面积的平整场地等。由于它本身能完成铲装、运输和卸铺作业,并兼有一定的压实和平整能力,所以在公路工程施工中,铲运机是一种主要的土方施工机械。

4.2 铲运机机械化施工

铲运机是一种使用装在前后轮轴或在左右履带之间的带有铲刃的铲斗,在行进中顺序完成铲削、装载、运输和卸铺的铲土运输机械,如图4-19所示。

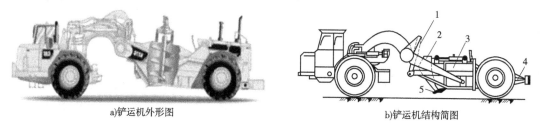

图4-19 铲运机
1-液压缸;2-斗门;3-斗体;4-尾架;5-刀片

铲运机主要用于中距离(100~2 000m)大规模土方转移工程。它能综合地完成铲土、装土、运土和卸铺4个工序,并能控制填土铺层厚度,进行平土作业和对卸下的土进行局部碾压等。铲运机适于Ⅰ~Ⅲ级土的铲运作业,在Ⅳ级土或冻土中进行铲运运作时,应预先进行松土;铲运机不能在混有大石块、树桩的土中作业。

铲运机广泛应用于公路、铁路、港口及大规模的建筑施工等工程中的土方作业。如在公路施工中,用来开挖路堑、填筑路堤、搬运土方等;在水利工程中,开挖河道、渠道、填筑土坝、土堤等;在农田基本建设中,进行土地整平、铲除土丘、填平洼地等;在机场、矿山建设施工中,进行土方铲削作业;在适宜的条件下,亦可用于石方破碎的软石工程施工。铲运机在井下采掘、石油开发、军事工程等场合,也得到了广泛的应用。

铲运机的适用范围,取决于运距、机种、道路状况和运输材料的性质等。铲运机根据运距、地形、土质来选用,其中经济适用运距和作业阻力是选择铲运机的主要依据。当运距在 100～600m 时,用拖式铲运机最经济;当运距在 600～2 000m 时,宜用轮胎自行式铲运机。当运距短,场地狭小时,可用履带自行式铲运机。铲运机适宜于在含水率较小的沙黏土上作业,而在干燥的粉土、沙加卵石与含水率过大的湿黏土上工作时,生产率则大为下降。

4.2.1 铲运机的分类

按铲斗容量分为:小容量($3m^3$ 以下)、中等容量($4～14m^3$)、大容量($15～30m^3$)和特大容量($30m^3$ 以上)4 种;按卸土方法分为强制式、半强制式和自由式 3 种;按操纵系统形式分为钢索滑轮式和液压操纵式两种;按行走方式分为:拖式、半拖式和自行式 3 种。

国产铲运机产品分类如表 4-1 所示。产品型号一般由类、组、型、特性、代号与主参数代号两部分组成。

铲运机产品分类(JB/T 9725—1999)　　　　表 4-1

类	组	型	特性	代号	代号含义	主参数	
						名称	单位
铲土运输机械	铲运机 C(铲)	履带式 N	—	C	履带机械铲运机	铲斗几何容量	m^3
			Y(液)	CY	履带液压铲运机		
		轮胎式 L(轮)	—	CL	轮胎液压铲运机		
			—	CT	机械拖式铲运机		
			Y(液)	CTY	液压拖式铲运机		

4.2.2 铲运机的适用范围

铲运机的适用范围主要取决于土质特性、运距、机器本身的性能和道路状况。铲运机根据运距、地形、土质来选用,其中经济运距和作业阻力是选择铲运机的主要依据。

1)铲运机的经济运距

铲运机的经济运距视类型不同而异。一般与斗容量的大小成正比,如表 4-2 和表 4-3 所示,但也不是绝对的。一般情况下,斗容量 $6m^3$ 以下铲运机的最短运距以不小于 100m 为宜,最长不应超过 350m,经济运距为 200～300m。斗容量 $10～30m^3$ 的自行式铲运机,最小运距不小于 800m,最长运距可达 1 500m 以上。

各种铲运机的适用范围表　　　　表 4-2

型 号	堆装斗容(m^3)		经济运距(m)		道路坡度(%)
	一般	最大	一般	最佳	
拖式铲运机	2.5～18	24	100～500	100～300	15～25

续上表

型　号		堆装斗容(m³)		经济运距(m)		道路坡度(%)
		一般	最大	一般	最佳	
自行式铲运机	单发动机 一般铲装	10～30	50	200～2 000	200～1 500	5～8
	链板装载	10～30	35	200～1 000	200～600	5～8
	双发动机 一般铲装	10～30	50	200～2 000	200～1 500	10～15
	链板装载	10～16	34	200～1 000	200～600	10～15

几种国产铲运机的使用条件　　　　表4-3

型　号		斗容量(m³)	牵引方式及动力 kW(马力)	操纵方式	卸土方式	切土深度(mm)	卸土深度(mm)	适用运距(m)
拖式铲运机	CT6	6～8	履带拖拉机 58.8～73.6(80～100)	机械式	强制式	300	380	100～700
	CTY7	7～9	履带拖拉机88.3(120)	液压式	强制式	300	380	100～700
	CTY9	9～12.5	履带拖拉机 132.4～161.8(180～220)	液压式	强制式	300	350	100～700
	CTY10	10～12	履带拖拉机 95.6～147.1(130～200)	液压式	强制式	300	300	100～700
自行式铲运机	CL7	7～9	单轴牵引车 132.4(180)	液压式	强制式	300	400	800～1 500

2) 铲运机对土的适应性

铲运机应在Ⅰ、Ⅱ级土中施工。如遇Ⅲ、Ⅳ级土应预松。在土的湿度方面,最适宜在湿度较小(含水率在25%以下)的松散砂土和黏土中施工,但不适宜于在干燥的粉砂土和潮湿的黏性土中作业,更不宜在地下水位高的潮湿地区和沼泽地带以及岩石类地区作业。

3) 铲运机对地形的适应性

铲运机在施工中,应尽可能利用地形下坡铲装和运输,以提高生产率。但是它与推土机不同。推土机下坡推土只要在允许范围内,坡度越大,效率越高。而铲运机一般铲装时的下坡角不应大于7°～8°,在这样的坡度上铲装效率最高,如坡度过大,铲下的土不易进入斗内,效率反而降低。

4.2.3　铲运机的工作过程

铲运机是一种循环作业式的土方施工机械,它的工作过程与推土机大致相同。

1) 钢索操纵式铲运机的工作过程

(1) 铲运过程

如图4-20a)所示的铲运过程中,首先升起铲斗门,放下铲斗,在铲斗的自重作用下,随着铲运机的前进,铲刀逐渐切入土中,被切下来的土层则被挤入斗内。

(2) 运输过程

如图4-20b)所示的运输过程中,当斗内装满土后,升起铲斗同时关闭斗门,铲运机运行到需要卸土区域。

(3)卸土过程

如图4-20c)所示的卸土过程中,首先放低铲斗,使斗口离地面一定距离(即铺土厚度),开启斗门,用卸土板将斗内土向外推卸,随着铲运机的行驶就在卸土地段卸铺一层土。

图4-20 钢索操纵式铲运机工作过程

(4)回驶过程

卸完土后,关闭斗门,升起铲斗,机械空驶到铲土地段进行下一循环的作业。

2)液压操纵式铲运机的工作过程

液压操纵式铲运机当机架前端抬升到最高位置时,铰链—连杆机构使斗门打开,此时铲斗翻转而卸土,即为卸土过程,此时斗底与水平面呈55°~60°角;当机架前端下降到某一位置,通过铰链—连杆机构使斗向后复位,斗门关闭,进入运输过程;当机架前再下降,铲斗前缘触地,斗门微开,可开始铲装,当切土开始后,机架前端再下降一些,斗内也再开大一些,这时就正式进入铲装状态,即铲装过程。铲装土层的厚薄是通过工作油缸控制机架前端的下降程度来决定的。其工作过程如图4-21所示。

图4-21 液压操纵式铲运机工作过程

从铲运机的铲装、运输、卸土、回驶4个操纵过程来看,由于铲运机运输距离长,消耗功率大,所以欲提高铲运机作业功效,其基本原则是尽力地做到以最短时间、最短距离,铲满铲斗,以提高铲满效率;在运输、卸土、回驶过程中,应保证安全、快速运行并提高卸土质量,以缩短全部工作循环的总时间。

4.2.4 铲运机的施工作业

1)铲运机的运行路线

在施工中,铲运机的走行轨迹(路线)因施工对象而异,常用的运行路线有以下几种。

(1)环形运行路线[图4-22a)]

铲运机自路线外的单侧或两侧取土坑取土填筑路堤,或挖掘路堑弃土于路堑两侧时可按环形路线运行。完成一个循环的铲土、运输、卸土、回驶4个过程中,有两次转向时间的消耗,这种运行路线,大多用于工作地段狭小、运距短而高度不大的填堤或挖堑工作,被目前现场施工所采用。

(2)"8"字形运行路线[图4-22b)]

它为两个环形连接而成,省去了两个急转弯。此运行路线中,重载上坡的坡道较缓,重载与空载行驶路程较短,一次循环运行中,可完成两次铲土和卸土工作,功效较高。机械左、右交替转变,可减少机械的磨损。其缺点是要有较大的施工工作面,地形要平坦,多机同时施工时容易互相干扰,一般施工中较少采用。

(3)"之"字形运行路线[图4-22c)]

它成锯齿状,无急转弯,效率高。这种运行路线适用于工作地段较长的施工对象,并适宜于机群工作。其主要缺点在于循环太大(填挖到尽头后再转弯反向运行),运土的距离较长;遇雨季难以施工,因而停工时间多,必须要有周密的施工组织才行。

(4)穿梭形运行路线[图4-22d)]

它较上述几种运行路线的优点是:全程长度短,空载路程少,一个循环运行中有两次装土和卸土作业,效率高。其缺点是:只适用于两侧取土,转弯时间多。

(5)螺旋形运行路线[图4-22e)]

它是穿梭形的变形。按此路线运行一圈有两次铲土与卸土,运距短,功效高。

铲运机在施工中应根据具体条件采用一定形式的运行路线。在布置运行路线时,应考虑采用以上几种运行路线。

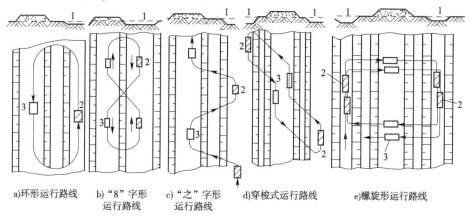

a)环形运行路线　b)"8"字形运行路线　c)"之"字形运行路线　d)穿梭式运行路线　e)螺旋形运行路线

图4-22　铲运机运行路线
1—取土坑;2—装土;3—卸土

2)铲运机的施工作业方法

(1)平整场地

作业时,铲运机应先在挖填区高差大的地段进行,以便铲高填低。待整个区域高程与设计高程高差在20~30cm以后,先沿平整区域中部(或一侧)平整出一条标准带,然后由此向外逐步扩展,直到整个区域达标为止。施工面较大时,可分块进行平整。

(2)填筑路堤

①纵向填筑路堤。纵向填筑应从路堤两侧开始,铺卸成层,逐渐向路堤中线靠近,并经常保持两侧高于中部,以保证作业质量和安全。

填筑路堤高度在2m以下时,多采用椭圆形运行路线;如运行地段较长时也可采用"之"字形路线。当填筑高度在2m以上时,多采用"8"字形作业路线,这样可使进出口的坡道平缓些。

填筑路堤两侧边时,应使铲斗沿路堤边线行驶,并留20~30cm的距离卸土。卸土时尽量放低铲斗,使卸下的土向边线推挤,从而保证两侧高、中间低的状况,如图4-23所示。

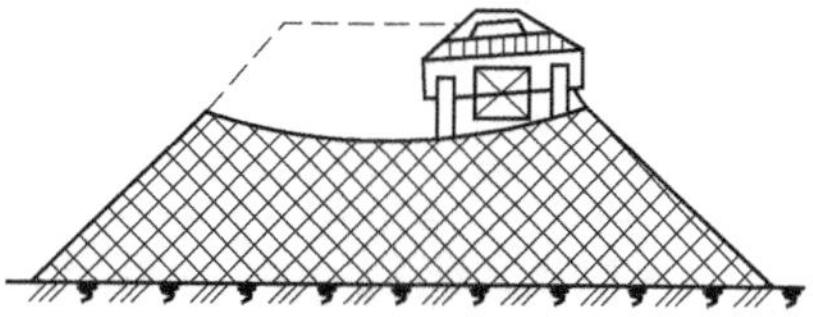

图4-23　纵向填筑路堤时由两侧向中间填筑

卸土时,应将土均匀地分布于路堤上,以便轮胎压实土方,保证路基的压实质量。

当路基填筑到1m以上时,应修筑进口上下坡道,进出口间距一般在100m以下,宽度不小于工地最窄工程机械行驶宽度。

②横向填筑路堤。可选用螺旋形运行路线施工,作业方法同纵向填筑路堤的施工方法。

(3) 开挖路堑

开挖路堑的作业方式有移挖作填、挖土弃掉式综合施工等。图4-24为综合作业方式的运行路线。

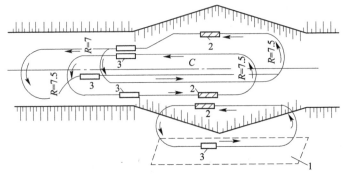

图4-24 综合作业方式的运行路线(尺寸单位:m)
1-弃土堆;2-铲土;3-卸土

铲运机开挖路堑,应先从路堑两边开始,如图4-25所示,以保证边坡的质量,防止超挖和欠挖;否则,将增加边坡修整作业量。

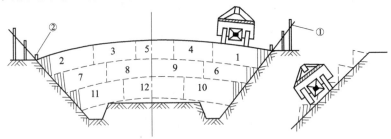

图4-25 铲运机开挖路堑的顺序
①-样板;②-坡顶桩
1~12-开挖顺序

(4) 傍山挖土(多用推土机和挖掘机进行)

如图4-26所示,它是修筑山区道路的挖土方法,施工前先用推土机将坡顶线推出,并修出铲运机作业的上下坡道,作业应按边坡线分层进行,保持里低外高的作业断面,如图4-26a)所示,若施工作业断面里高外低时,可先在里面铲装几斗,形成土坎,并使一侧轮胎位于土坎上,使铲运机向里倾斜,然后铲装几斗后,便可形成外高内低作业面,如图4-26b)所示。

(5) 铲挖基坑或管沟(少用)

用铲运机铲挖基坑或管沟时,其宽度应在4m以上。作业场地足够大时,可放外坡道。若

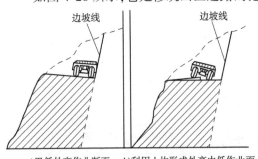

a) 里低外高作业断面　b) 利用土坎形成外高内低作业面

图4-26 铲运机傍山挖土

施工场地比较狭窄,则可设置内坡道,待中段土方挖完后,再用人工清除坡道。

4.2.5 铲运机生产率的计算及提高效率的途径

铲运机生产率 Q 可由下式计算:

$$Q_C = \frac{60 V K_n K_B}{t_T K_s} \quad (\text{m}^3/\text{h}) \tag{4-5}$$

式中:V——铲斗的几何容量(m^3);

K_n——土充满系数,见表4-4;

K_B——时间利用系数(0.75~0.8);

K_s——土的松散系数,见表4-5;

t_T——铲运机每一个工作循环所用的时间(min),由下式计算

$$t_T = \frac{L_1}{v_1} + \frac{L_2}{v_2} + \frac{L_3}{v_3} + \frac{L_4}{v_4} + n t_1 + 2 t_2 \tag{4-6}$$

式中:L_1、L_2、L_3、L_4——铲土、运土、卸土、回驶的行程(m);

v_1、v_2、v_3、v_4——铲土、运土、卸土、回驶的行程速度(m/min);

t_1——换挡时间(min);

t_2——每循环中始点和终点转向用的时间(min);

n——换挡次数。

铲运机铲斗的充满系数　　　　　　　表4-4

土的种类	充满系数 K_n	土的种类	充满系数 K_n
砂	0.6~0.7	砂土与黏性土(4%~6%)	1.1~1.2
湿砂(含水率12~15%)	0.7~0.9	干黏土	1.0~1.1

土的松散系数(K_s)　　　　　　　表4-5

土的种类和等级		土的松散系数 K_s		土的种类和等级		土的松散系数 K_s	
		标准值	平均值			标准值	平均值
I	植物性以外的土	1.08~1.17	1.10	III	—	1.24~1.30	1.25
	植物土、泥炭黑土	1.20~1.30	1.10	IV	除软石灰石外	1.26~1.32	1.30
II	—	1.14~1.28	1.20		软石灰石	1.33~1.37	1.30

从铲运机生产率计算公式可以看出,影响生产率的因素,有铲斗的充满系数 K_n,一个循环所用的时间 t_T、时间利用系数 K_B 和土的松散系数 K_s,除了土性质的自然因素外,主要是施工操作技术的熟练程度、操作方法和其他施工辅助措施等。对 t_T 的影响因素主要是施工组织、操作技术的熟练程度、操作方法和其他施工辅助措施等。对它的影响因素主要是施工组织、驾驶员的操作方法和技术熟练程度。为提高铲运机的生产率,一般可采用下列措施。

1)起伏式铲土法

开始铲土时,切土较深以充分利用发动机的功率,随着铲土前进,发动机负荷的增大,气转速逐渐降低,这时逐渐提斗减少切土深度,使发动机转速复原,而后再降斗切土(深度比第一次要浅些),如此反复进行几次,直至装满铲斗。此法可缩短铲土长度和铲土时间,对铲装沙土尤为有效。

2)跨铲法

如图4-27所示,先在取土场的第一排铲土道取土,在两铲土道之间留出铲运机一半宽度

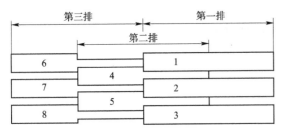

图 4-27 跨铲法铲土次序示意图

的一条土埂;第二排铲土道的起点与第一排铲土道的起点相距约半个铲土长度,其铲土方向对准第一排取土后留下的土埂。以后每排取土的方法,比照第一、二排的关系进行。这种铲装法,从第二排起,每次铲土的前半段铲土阻力将随着进斗土量的增加而减小,发动机的负荷比较均衡。所以在发动机功率不变的情况下,既缩短了铲装时间,又提高了铲装效率,在硬土中采用此法,可提高功效10%左右。

3) 快速铲土法

当铲运机以较高速度返回而进入铲土位置时,立即放斗切土,利用惯性铲装一部分土,待发动机负荷激增而转速降低时,再换一挡继续铲装,这样也可缩短铲装时间。

4) 硬土预松

对于坚硬的土,用松土机预先进行疏松,松土机必须配合铲运机的铲装作业逐层疏松,并使松土层深度与铲运机切土深度相一致,以免因疏松过深而影响铲运机的牵引力。

5) 下坡铲土法

利用铲运机向下行驶的重力作用,加大切土深度,缩短铲土时间。此法不仅适用于有坡度的地形,就是在平坦地段也可铲成下坡地形,铲土坡度一般为3°~15°。

6) 助铲法

在工程施工中,由于土质多变,地形多变,铲运机的机况也难于一致,往往出现铲运机自身的动力满足不了铲土的需要致使效率严重受到影响,尤其在硬土地段,刀片往往不易切入土层,造成铲斗装不满的"刮地皮"现象。为了解决这一问题,施工中往往用一台或多台机械,采用前拖、后推或两者兼而有之的方法来帮助铲运机进行铲土作业,这一方法称为助铲法,且以推土机后推助铲最为常见,如图4-28所示。

图 4-28 推土机为铲运机助铲

用推土机为铲运机助产,常见的方法有折回助铲法、穿梭助铲法和并列助铲法3种,如图4-29所示。

折回助铲法效率较低,因为推土机空驶行程过大。穿梭助铲法与并列助铲法的效率相近,但前者由于推土机需频繁掉头,履带单边磨损较大,因此,采用并列助铲法最为合理。

1台推土机所能助铲的铲运机台数可用下式确定:

$$n = \frac{T_铲}{T_助} \tag{4-7}$$

式中:n——1台推土机所能助铲的铲运机数量,通常取3,即1台推土机可为3台铲运机助铲;

$T_铲$——铲运机完成一个工作循环所需时间(min);

$T_助$——推土机完成一个助铲工作循环的时间(min),是参加助铲时间和完成转移时间的和,所谓转移时间是指推土机为铲运机A助铲结束,转而去铲运机B开始助铲所需的转场时间。

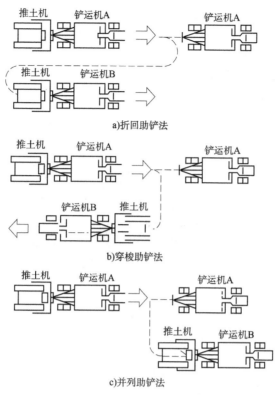

图 4-29 推土机为铲运机助铲的三种方法

4.2.6 国外铲运机发展概况

目前,国外铲运机正朝着大斗容量、大功率、高驶速的方向发展。铲运机单斗容量达 $30m^3$,双斗串联式的总容量达 $63m^3$。提高驶速,特别是运土和空返速度对提高铲运机的生产效率十分重要。为此,大型铲运机的行走装置由牵引式向自行式发展,行走方式向轮胎式发展。如美国通用公司的 S-11E 自行式铲运机,运输速度已达 41km/h。为适应大斗容量、高驶速对所需功率的要求,除了加大动力机功率外,现在有的铲运机后部装有辅助动力机,专供铲装土料和重载上坡行驶使用。有的将双斗串联的自行式铲运机,前、中、后多装一台动力机,总功率高达 353kW(480 马力)。

采用新结构改进工作部件也是提高铲运机效率的重要途径之一。铲斗内装配主动工作部件,如升运器、螺旋推进器、抛掷器等。这种结构不需推力,自行装载,可提高铲斗充满系数,减少牵引阻力,提高工作效率。美国大量生产的带升运器的铲运机较铲装式铲运机的作业成本降低20%。运用压缩空气、振动、超声波等新方法对土做功以提高功效。采用激光系统观察平整地段的高差,确定地面不平整度,可使铲运机工效提高 5%~10%,能量消耗降低 5%~6%。

4.3 挖掘机机械施工

挖掘机械简称挖掘机,是用来进行土方开挖的一种施工机械。挖掘机的作业过程是用铲斗的切削刃切土并把土装入斗内,装满土后提升铲斗并回转到卸土地点卸土,然后,再使转台回转,铲斗下降到挖掘面,进行下一次挖掘。按作业特点分为周期性作业式和连续式作业式两种,前者为单斗挖掘机,后者为多斗挖掘机。

单斗挖掘机在建筑、筑路、水利、电力、采矿、石油等工程以及天然气管道铺设和现代军事工程中,被广泛使用。单斗挖掘机的主要用途:在筑路工程中用来开挖堑壕,在建筑工程中用来开挖基础,在水利工程中用来开挖沟渠、运河和疏浚河道,在采石场、露天采矿等工程中用于剥离和矿山的挖掘等。此外,还可以对碎石进行装卸作业。更换工作装置后还可进行浇筑、起重、安装、打桩、夯土和拔桩等工作。各种类型的单斗挖掘机都可以根据需要更换正铲、反铲、拉铲和抓斗的任何一种。公路工程施工中以单斗反铲式挖掘机最为常见,如图4-30所示。

图4-30 挖掘机

4.3.1 单斗挖掘机的分类

单斗挖掘机按走行方式分为履带式、轮胎式、步履式和轨行式;按采用的动力不同分为内燃式和电动式等;按传动方式分为机械传动和液压传动(近年来,机械式逐步被液压式所取代);按工作装置不同分为正铲挖掘机、反铲挖掘机、拉铲挖掘机和抓斗挖掘机;按适应工作环境分为适于高原地区、寒冷地区、沼泽地区等。

4.3.2 挖掘机的使用范围

挖掘机是土石方工程施工的主要机械,它的特点是效率高、产量大,但机动性较差。因此,选用大型挖掘机施工时要考虑地形条件、工程量的大小以及运输条件等。在公路工程施工中,遇到开挖量较大的路堑和填筑高路堤等大工程量时,选用挖掘机配合运输车辆组织施工是比较合理的。

为了使挖掘机发挥最大效能,在使用挖掘机时应考虑最小工程量和最低工作面高度。在使用正铲挖掘机械时,工作面的最低高度如表4-6所列。使用正铲和拉铲挖掘机时最小工程量如表4-7所列;否则,很不经济。

正铲挖掘机工作面的最低高度　　　　　表4-6

工作面高度(m) 斗容量(m³) 土级别	1.5	2.0	2.5	3.0	3.5	4.0	5.0
Ⅰ~Ⅱ	0.5	1.0	1.5	2.0	2.5	3.0	—
Ⅲ	—	0.5	1.0	1.5	2.0	2.5	3.0
Ⅳ	—	—	0.5	1.0	1.5	2.0	2.5

正铲、拉铲挖掘机最小工程量表(单位:m³)　　　表4-7

铲斗容量(m³)	正铲挖掘机		拉铲挖掘机	
	工程量(m³)	土级别	工程量(m³)	土级别
0.5	15 000	Ⅰ~Ⅳ	10 000	Ⅰ~Ⅱ

续上表

铲斗容量(m^3)	正铲挖掘机		拉铲挖掘机	
	工程量(m^3)	土级别	工程量(m^3)	土级别
0.75	20 000	Ⅱ~Ⅳ	15 000	Ⅰ~Ⅱ
0.75	—	—	12 000	Ⅲ
1.00	15 000	Ⅴ~Ⅵ	15 000	Ⅰ~Ⅱ
1.00	25 000	Ⅰ~Ⅵ	20 000	Ⅲ
1.50	25 000	Ⅴ~Ⅵ	20 000	Ⅰ~Ⅱ

如果工程量较小,但又必须使用挖掘机施工时,可选用斗容量较小、机动性强的轮胎式全液压挖掘机。

挖掘机的主要工作条件为:工作物为Ⅰ~Ⅳ级土和松动后的Ⅴ级以上的土;可用于装载和开挖爆破后的石方以及不大于斗容的石块;机械传动的正铲挖掘机,其工作面只能在停机面以上,而机械传动的反铲挖掘机,其工作面只能在停机面以下,液压传动、液压操纵的正反铲挖掘机,其工作面不受这种限制。另外,拉铲挖掘机和抓斗挖掘机主要适用于Ⅰ~Ⅱ级土,挖掘对象注意是停机面以下;抓斗挖掘机还可以挖掘水下对象。

4.3.3 挖掘机的工作过程

各种单斗挖掘机都是循环作业式机械,第一工作循环包括挖掘、回转、卸料和返回4个过程。

1)正铲挖掘机

机械操纵式正铲挖掘机的工作过程如图4-31所示。

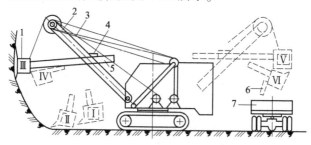

图4-31 机械操纵式正铲挖掘机
1-铲斗;2-动臂;3-铲斗提升钢索;4-斗柄座;5-斗柄;6-斗底;7-运土车辆
Ⅰ~Ⅳ-挖掘过程;Ⅴ、Ⅵ-卸料过程

①挖掘过程。先将铲斗下放到工作底部(Ⅰ)然后将铲斗向上提升,与此同时,斗柄也向前推压。于是就在工作面上挖出一层弧形的土层(称为弧形挖掘带),斗内就装满土(Ⅱ~Ⅲ)。

②回转过程。这是从挖土处转向卸土处的过程,先将铲斗退出工作面(Ⅳ),然后回转转台使动臂带着铲斗转到卸料处的上空(Ⅴ)。在此过程可适当调整斗的伸出量和高度,以适应卸料要求(这样可节省循环时间)。

③卸料过程。打开斗底卸料(Ⅵ)。

④返回过程。反向(也可正向)回转转台,使动臂带着空斗返回挖掘面,在此过程中,放下铲斗,斗底在惯性力作用下自动关闭(Ⅵ~Ⅰ)。

在上述过程中,动臂经一次调整好伸幅后,就不便再动。

2) 反铲挖掘机

图 4-32 所示为机械操纵式反铲挖掘机工作循环图。反铲挖掘机的工作特点是:先将铲斗向前伸出,并让动臂带着铲斗落在工作面上(I),然后将铲斗向内拉转(II),于是在动臂连同铲斗的重力及牵引钢索的拉力作用下,就在工作面上挖出一条弧形的挖掘带。待挖出的土层装满铲斗后,就将铲斗保持在装满状态下,连同动臂一起升起(III),再回转到卸料处上空。卸料是将斗底打开(斗底可打开的,IV),或将斗向前伸出,使斗口朝下卸料(斗底不能打开的,V)。

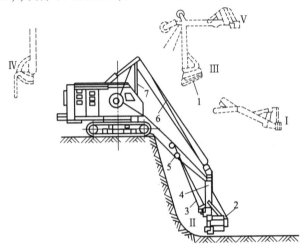

图 4-32 机械操纵式反铲挖掘机
1-斗底;2-铲斗;3-牵引钢索;4-斗柄;5-动臂;6-提升钢索;7-前支架

图 4-33 所示为液压式单斗挖掘机工作装置主要形式。

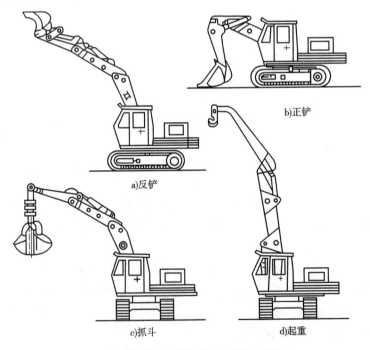

图 4-33 液压式单斗挖掘机工作装置主要形式

液压操纵的正、反铲挖掘机的铲斗都是以其斗柄铰装在动臂顶端转动,其斗底也由另一个双作用油缸来执行启闭动作,动臂是由另一个双作用油缸来控制其升降(改变伸幅)。在有的挖掘机上,铲斗本身还可由一个油缸来控制它相对于斗柄转动;有的动臂还可以分成上、下两节。图 4-34、图 4-35 分别为液压操纵的正反铲工作装置。

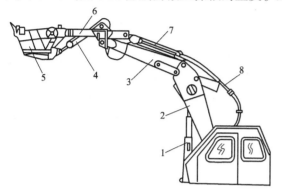
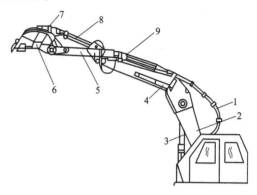

图 4-34 液压挖掘机正铲工作装置
1-动臂油缸;2-动臂;3-加长臂;4-斗底启闭油缸;5-铲斗;
6-斗柄;7-斗柄油缸;8-软管

图 4-35 液压挖掘机反铲工作装置
1-软管;2-动臂;3-动臂油缸;4-加长臂;5-斗柄;6-铲斗;7-斗底;8-斗底启闭油缸;9-斗柄油缸

液压挖掘机由于有上述一些特点,铲斗与动臂既可单独分别工作,又可配合共同工作,所以工作能力要比同级的机械操纵式高,而且正、反铲斗都能挖掘位于停机面上下的工作面,大大扩大了应用范围。图 4-36 所示为液压挖掘机正、反铲的工作情况。

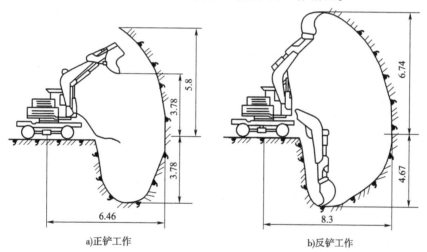

a)正铲工作　　　　　　b)反铲工作

图 4-36 液压挖掘机正、反铲工作情况(尺寸单位:m)

3)拉铲挖掘机

拉铲挖掘机的工作装置由一根较长的起重臂和一个箕形铲斗组成,如图 4-37 所示。铲斗由提升钢索悬架在起重臂的顶端,并由一根牵引钢索牵引着进行工作,为了卸料,另装一根卸料索,此索由牵引钢索拉紧时,可使铲斗斗口朝上或平置,进行铲装;放松索引钢索时,斗口即朝下,进行卸料。

拉铲挖掘机工作过程如下:如图 4-37 所示,首先,拉铲斗同时提升钢索 2 倒悬在起重臂 5 的顶端(Ⅰ),拉收和松放牵引钢索 3(1~2 次),使斗在空中摆动几下(视情况也可不必拉摆),然后趁铲斗外摆之势,共同放松提升索与牵引索,让铲斗顺势向外抛掷在工作面上(Ⅱ~Ⅲ)。铲斗落地后就收拉牵引钢索 3,于是铲斗在自重作用下切入土中,并在拖移过程中铲下土层,装入斗内;铲斗装满后,用提升钢索升起铲斗,同时适当放松牵引钢索,使铲斗斗底与水平面保持在8°～12°仰角的位置,不让土撒出。在铲斗提升到一定高度后就可将斗转到卸料处上空。卸料时只要制动提升钢索,放松牵引钢索,斗门就可朝下,卸出斗中土,卸料完毕仍从空中转回到挖掘处,至此就完成了一个工作循环。

4) 抓斗挖掘机

抓斗挖掘机(图4-38)的工作装置是一个具有双瓣或多瓣的抓斗1。它用提升钢索2绕过起重臂4的顶端导向滑轮悬着,斗瓣的启闭由另一根闭合钢索3来执行。为了不使抓斗在空中旋转而引起二根钢索的缠绕,另外装了一根较细的定位钢索5,该索一端固定在抓斗斗瓣的支撑杆上,另一端则系于起重臂的滑块上。随着斗的升降,定位钢索可拉着滑块在起重臂的导轨上上下滑移,使抓斗不致在空中旋转。

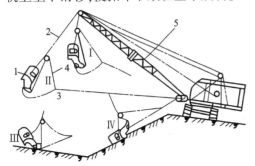

图4-37 拉铲挖掘机工作装置及工作过程
1-铲斗;2-提升钢索;3-牵引钢索;4-卸料索;5-起重臂

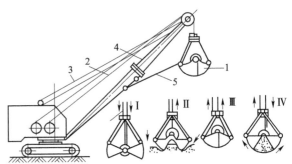

图4-38 机械操纵式抓斗挖掘机
1-抓斗;2-提升钢索;3-闭合钢索;4-起重臂;5-定位钢索

抓斗挖掘机的工作过程如下:如图4-38所示,首先固定提升钢索而放松闭合钢索,斗瓣即张开,然后同时放松两索,让张开的抓斗垂直地落在工作面上,于是它就在自重作用下切入土中(Ⅰ)。此后收紧闭合钢索,抓斗就在逐渐闭合的过程中抓满土料,从而完成挖掘过程(Ⅱ)。当抓斗完全闭合后,使提升钢索与闭合钢索以同一速度将闭合的斗提起(Ⅲ)。当斗提升到一定高度后,就将斗转到卸料处上空。卸料时只要固定提升钢索,时间放松闭合钢索,斗瓣即可张开,卸出斗中土(Ⅳ)。

近年来,抓斗挖掘机发展到液压操纵(图4-39)。这种抓斗配合用于正、反铲挖掘机的动臂上,把它作为具有斗柄的特殊形状的铲斗处理。抓斗的启闭工作由抓斗油缸来执行,斗柄与动臂都由各自的油缸来实现转动与升降,它可以用来挖掘停机面以上或以下的工作面。

4.3.4 单斗挖掘机的基本作业

1) 正铲挖掘机

正铲挖掘机的基本作业方法,一般视施工现场具体情况而定,按其开挖方式可分为侧向开挖和正向开挖两种。

(1) 侧向开挖

侧向开挖方式如图4-40所示。运输线位于挖掘机开行路线的侧面,与挖掘机

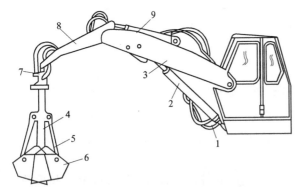

图4-39 液压操纵式抓斗挖掘机
1-软管;2-动臂油缸;3-动臂;4-抓斗油缸;5-斗瓣支撑杆;6-抓斗;7-可转接头;8-斗柄;9-斗柄油缸

的开行线平行。这种开挖方式的主要特点是：卸土时动臂回转角小于90°，避免了运输汽车的倒驶，缩短了工作循环时间，提高了生产率。

（2）正向开挖

正向开挖方式如图4-41所示。运输路线位于挖掘机开行路线的正面。这种开挖方式的主要特点是：在挖掘机进行前方挖土，使挖掘机的回转角度大于90°，增加了工作循环的时间，降低了挖掘机的生产率，此外，还使运输工具不容易开进，而要倒车进去，或者窄道上掉头，形成施工现场的拥挤，不能及时地让挖掘机卸料。因此这种方法只限于挖掘进口处时使用。

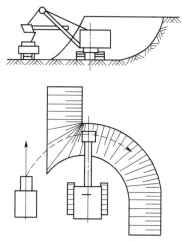

图4-40 正铲挖掘机侧向开挖法

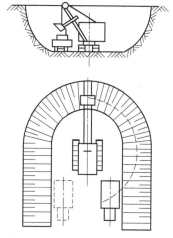

图4-41 正铲挖掘机的正向开挖法

2）反铲挖掘机

反铲挖掘机的开挖方法也有两种。

（1）沟端开挖法

图4-42a）所示为沟端开挖法，开挖时，挖掘机沿着沟端逐渐倒退，逐渐向后开挖。车辆可停置在沟侧，动臂只要回转40°~45°即可卸料。如所挖的沟宽为机械最大挖掘半径的2倍（即机械每停置一处，在180°的回转范围挖掘），车辆只能停置在挖掘机侧面，反铲要做90°回转才能卸料。

此法在挖掘较宽的渠道时，可分段进行，见图4-42b），挖掘机在倒退挖到尽头后，在该端调换方向，反向开挖毗邻一段。这种分段法施工，开挖每段时宽度不宜过大，以车辆能在沟侧行驶为原则，从而减少了每一工作循环所花费的时间，提高了机械生产率。

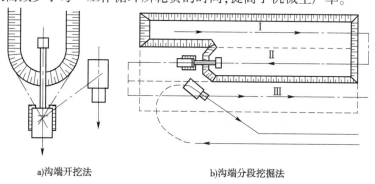

a)沟端开挖法　　b)沟端分段挖掘法

图4-42 反铲沟端开挖运行路线

Ⅰ~Ⅲ-开挖段

(2)沟侧开挖法

采用沟侧开挖法时,在开挖起始时车辆停于沟端,随后停置在沟侧。这样机械需要做90°回转卸料,每一循环所花费时间较多,每次挖掘宽度只能在其挖掘半径范围内。此法主要是机械沿沟侧行驶挖掘,车辆在未开挖处行驶,较省力,但开挖沟的边坡较大,如图4-43所示。

3) 拉铲挖掘机

拉铲挖掘机的开挖方法与反铲挖掘机的基本相同,不过其挖掘半径较大,而且挖得较深;此外,它可卸土于弃土堆的一边或两边。

(1)沟侧开挖

如图4-44a)所示,沟宽等于挖掘半径(当用甩斗法工作时,沟宽较挖掘半径稍大一些),此外,在弃土场工作时,可以将土甩到很远的地方。这种开挖方法主要用来取土填筑路基和挖掘基坑等。

(2)沟端开挖

如图4-44b)所示,沟的宽度可达到挖掘半径的2倍,这种开挖方式能够挖掘出陡峭的边坡,在侧面挖掘时,由于要防止边坡塌落,是不允许这样做的。这种开挖方式的主要优点是便于两面出土和运输。

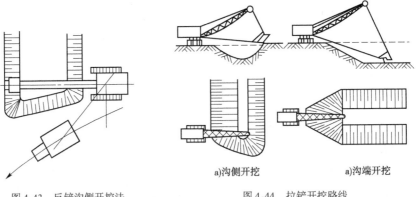

图4-43 反铲沟侧开挖法　　图4-44 拉铲开挖路线

4.3.5 挖掘机填挖路基的机械化施工作业

挖掘机施工时,不论是开挖路堑,还是填筑路堤,一般均需配合运输机械,二者作业方法基本相同。在开挖路堑时,其路堑的横断面,即为挖掘机的工作面,开挖时工作面要受到一定的限制,挖出的土用运输机械运出去。在路堤施工中,虽同样是用挖掘机或装载机在取土场或堆料场挖取土,用运输工具运去填筑路堤,但施工时不受工作面的限制。在移挖作填开挖路堑施工中,则是两者作业的结合。配合挖掘机的运输工具是多种多样的,可用标准轨或窄轨铁路运输,也可用自卸汽车运输。铁路运输的现场准备工作比较复杂,在土方量大的工程上才常用,在一般公路工程上常采用汽车运输。以下着重介绍汽车与挖掘机配合进行开挖路堑的施工作业。

1) 正铲挖掘机开挖路堑

在开挖路堑时,要尽量保证接近设计断面开挖,不超挖也不欠挖。图4-45所示为路堑纵断面图,图中注明了里程桩号及挖掘机开挖路堑时掘进道的位置。根据挖掘机性能、动臂及斗柄长度、挖掘半径、开行路线和车辆位置决定挖掘机工作面的大小,依据土的性质选定铲斗形式和施工方法,必要时还要围绕开挖地点,按照排水要求修筑截水沟和排水沟,然后开始施工。

用正铲挖掘机开挖路堑时,一般先采用正向开挖,按其横断面大小分层纵向掘进,然后根据路堑宽度要求选取侧向开挖或二者联合开挖。

（1）侧向开挖法开挖路堑

图 4-46 所示为侧向分层开挖时，挖掘机在横、纵断面上停放的位置和顺序，掘进道数目，运输道的设计，以及第一掘进道工作面的最大高度及挖掘进度等，视挖掘机的类型、车辆外形尺寸的大小来决定，但以尽可能小为原则。

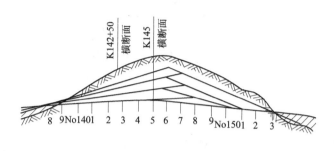

图 4-45　路堑纵断面及挖掘机掘进道示意图

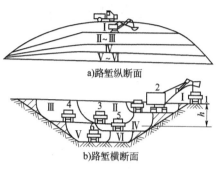

图 4-46　直通掘进侧向开挖广而深路堑示意图
Ⅰ～Ⅵ-挖掘机分层开挖时掘进道顺序
1～6-运输车辆停放位置、顺序；h-路堑深度

第一掘进道工作面的最大高度不应超出该类土和所用挖掘机所容许的高度，一般以停在路堑边沿的车辆能够装料即可，因此可以浅些；至于其他各次掘进道都可以按要求处于同一水平之上，如图 4-46 中的 Ⅱ 和 Ⅲ，Ⅴ 和 Ⅵ。这样可以利用前次挖好的掘进道作为运输道，以利挖掘机装卸工作。

各次掘进道完成后，退返或回头作反方向开挖原地的下一掘进道时，都可以根据具体情况来决定，但此时必须注意每一掘进道的排水工作。

每次挖掘机在路堑边坡上留下的"土角"，可以用拉铲挖掘机来进行修整，如图 4-47 所示。

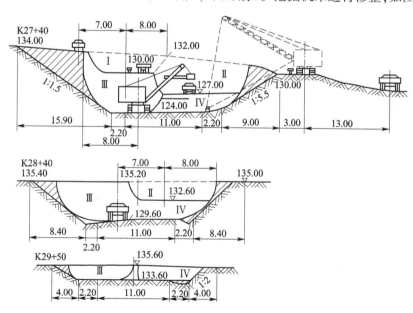

图 4-47　挖掘机工作断面示意图（尺寸单位：m）

为了使挖掘机开挖路堑时得到经济合理的使用，必须要有很好的施工组织设计。设计时可利用路堑横断面图，按比例尺寸把机械在工作面上的工作断面，路基上各个掘进道、桩号、挖

掘机和运输工具的相互位置、工作面曲线轮廓等明确地标在横断面图上。

（2）正向开挖法开挖路堑

图4-48及图4-49所示为正向开挖法开挖路堑。挖掘机是一次向前开挖全路堑至设计高程。装运土的运输工具,与挖掘机停驻地点按同一水平并列或在其后面。

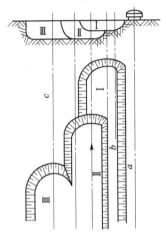 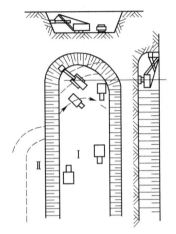

图4-48 挖掘机正向开挖法开挖路堑　　　　图4-49 正向开挖法挖掘机配合汽车运输道路布置
a-运土道路第一位置;b-运土道路第二位置;c-运土道路　　　　Ⅰ、Ⅱ-掘进道
第三位置;Ⅰ、Ⅱ、Ⅲ-掘进道

对于挖有陡坡的短路堑时,虽然也可以用正向开挖法施工,但对任何一种运输工具,通道的修筑都有很大的困难,而且生产率很低。正向开挖法除适应于松散土外,也适应于其他种类土,但必须要以路堑深度不超过挖掘机的最大开挖高度为宜。

为了使挖掘机发挥最大效能,在挖掘机施工时,对公路工程的工作面最小高度和最小工程量都有所规定,如表4-6、表4-7所示。

2）拉铲挖掘机开挖路堑

适用于开挖路堑、挖掘基坑以及自取土坑取土填筑路堤等,但不适用于岩石类土及结冰土厚层超过10cm的工作面。

拉铲挖掘机开挖路堑时,为了提高生产率,也要进行周密的施工组织设计,内容包括土方量的要求、动臂在平面上的转角、所有工作面的布置等情况。

在开挖路堑弃土于弃土堆时,如卸料半径能达到两侧弃土堆时,则挖掘机可停置在路堑中线上,如图4-50a)所示;反之,则采取两掘进道进行,挖掘机抛掷铲斗距离一般采用规定半径

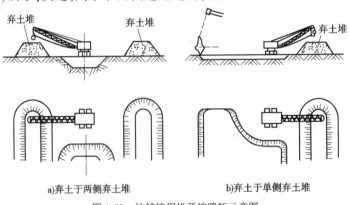

a)弃土于两侧弃土堆　　　　b)弃土于单侧弃土堆

图4-50 拉铲挖掘机开挖路堑示意图

的15%。在开挖一侧弃土的路堑时,挖掘机应沿路堑边缘行进,如图4-50b)所示,挖掘机行进时其履带至工作面边缘应保持1.0~1.5m距离以利安全。

工作面尺寸大小、形式,拉铲挖掘机运行方向,运输工具的行驶路线,弃土堆形状等均与反铲挖掘机施工图所规定的相同。至于在同一地点同期内保证拉铲挖掘机施工最小的工程量可见表4-7。拉铲挖掘机铲斗容量的选择,由所筑路堤和路堑等挖填高度而定,见表4-8。

填挖路堤路堑高度与拉铲挖掘机铲斗容量的关系　　表4-8

铲斗容量(m³)	填挖最大高度(m)			
	开挖路堑		填筑路堤	
	弃入弃土堆	卸入运输工具	一侧借土坑取土	两侧借土坑取土
0.35	3	4.5	1.5	3.0
0.53	3	5.5~6.0	1.5	3.0
0.75	4	7.5	2.0	3.5
1.00	4	7.0	2.0	3.5

3)正、反铲挖掘机填筑路堤

挖掘机由借土坑或取土场取土填筑路堤时,对挖掘机本身来说工作比较简单,只要按照挖掘机基本作业方式进行操作,并在所选定的取土场处开辟有利的工作面,且以最经济合理的施工方法挖出所要求的土,即可利用各种运输工具运去填筑路堤。而挖掘机如何与运输工具配合施工,则必须有很好的组织工作。

图4-51所示为正铲挖掘机配合汽车运输(一般均用自卸车)填筑路堤时汽车运行路线图。图中挖掘机在取土场按4个掘进道掘进取土,并在汽车装载土后按土性质及好坏,分两路运送。适用于填筑路堤的土即直接运到路堤卸土,卸土时应在边坡桩界内,分层有次序地进行,每层厚度25~35cm,卸完后可用推土机进行平整压实,压实也可用汽车本身进行,最后按压实度要求选用不同形式的压实机械压实;不适用于填筑路堤的土壤由另一路运送到弃土处。

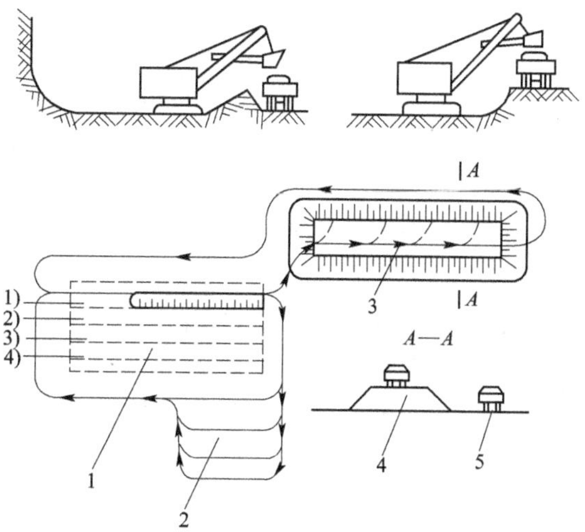

挖掘机与汽车配合作业时,所需汽车的数量,除与挖掘机、汽车的性能、生产率、运输距离、道路情况及驾驶人员的技术熟练程度等因素有关外,还必须和挖掘机配合修筑路

图4-51 挖掘机配合汽车运输的运行路线图
1-基坑;2-不适用泥土及废土堆;3-路堤;4-重载道路;5-空载道路

堤时的其他平整、压实等机械(如推土机、平地机、压实机械等)的工作量相平衡。这样才可以使所有参加施工的机械发挥最大工效。

为了有条不紊地组织施工,提高和发挥各机械最大效能,应采用机械化分段流水作业法施工,这样既可提高机械化程度,又可避免工地上各机械的相互干扰。

设计流水作业法施工组织时,应根据工程总量、路段长度、流水方向和速度及施工期限,并以挖掘机为本流水作业的主体机械,按主体机械的生产率(按路段工程总量算出主体机械数量)分别估算其他配合辅助机械(推土机、平地机、压实机械等)和设备的数量。

至于运输汽车数量的计算,可以通过预先的估算,得出概数,然后通过实践落实。其基本原理是:既要使汽车数量能满足挖掘机不中断地工作,又不要使汽车停置不用。所需汽车数量 N_T 可按下列公式进行估算:

$$N_T = \frac{T_1}{T_2} \tag{4-8}$$

式中:T_1——汽车一个工作循环所用时间(装车、重载行驶、卸土、空载行驶时间总和);
　　　T_2——挖掘机装满一车所用时间(汽车车厢和挖掘机铲斗斗容量之比乘以挖掘机一个工作循环所用时间)。

为了使汽车能更经济合理地配合挖掘机工作,汽车车厢的容量应为挖掘机铲斗斗容量的倍数,一般不应低于1:3~1:4。

图4-52为配合挖掘机自路堑取土填筑路堤流水作业机械配置技术操作平面运行路线图。

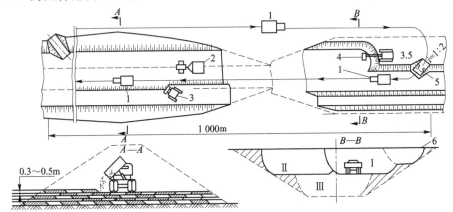

图4-52　挖掘机自路堑取土填筑路堤流水作业机械配置技术操作平面运行路线图
1-自卸汽车;2-压实机械;3-推土机;4-挖掘机;5-运输机械进出口;6-路堑堑沟

4)拉铲和抓斗挖掘机与汽车配合填筑路堤

对于拉铲挖掘机配合运输工具(汽车等)进行填筑路堤时,其运输道路的布置、运输工具的计算和正铲挖掘机基本上相同。图4-53所示为拉铲挖掘机与汽车运输配合装土工作图。由于拉铲挖掘机铲斗在卸土方式上不同于正铲,因此挖掘机驾驶员必须有熟练的操作技术,才能胜任。图4-54所示为拉铲挖掘机与推土机配合填筑路堤的两种施工方法示意图。

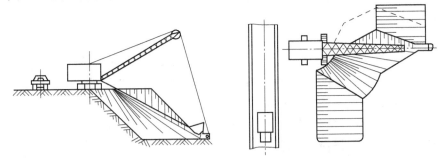

图4-53　拉铲挖掘机与汽车运输配合工作示意图

抓斗挖掘机虽也同样可采用上述方法进行施工,但由于这种挖掘机受土质的限制,特别对于坚实土,更难发挥其抓斗的特点,因而较拉铲挖掘机生产率为低,故直接用于修筑路基挖土不常见,而多数是用在正铲挖掘机挖得的土后,为搬运和装卸工作起配合作用。

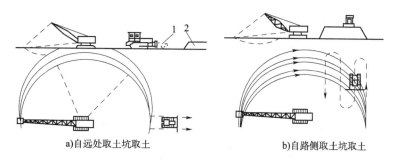

a) 自远处取土坑取土　　　　　b) 自路侧取土坑取土

图 4-54　拉铲挖掘机与推土机配合填筑路堤

1-拉铲挖掘机卸下的土堆；2-路堤

4.3.6 挖掘机生产率计算及其影响因素分析

单斗挖掘机的生产率 Q_w 主要取决于铲斗的容量、工作速度以及被挖土的性质，可按下式计算：

$$Q_w = qn \frac{K_H}{K_s} K_B \quad (\text{m}^3/\text{h}) \tag{4-9}$$

$$n = \frac{3600}{t_1 + t_2 + t_3 + t_4 + t_5}$$

式中：q——铲斗几何容量（m^3）；

n——挖掘机每小时工作次数；

t_1——挖掘机挖土时间（s）；

t_2——自挖土处转至卸土处的时间（s）；

t_3——调整卸料位置和卸土时间（s）；

t_4——空斗返回挖掘面时间（s）；

t_5——空斗放至挖掘面始点时间（s）；

K_H——铲斗充满系数（挖掘机铲斗充满系数最大值见表 4-9）；

K_s——土松散系数；

K_B——时间利用系数（0.7~0.85）。

铲斗充满系数 K_H 为铲斗所装土体积与铲斗几何斗容之比，因土的性质和工作装置的形式不同，其最大值如表 4-9 所示，挖掘机每小时挖土次数 n 可参考表 4-10。

挖掘机铲斗充满系数最大值　　　　表 4-9

工作装置形式	轻质松轻土	轻质黏性土	普通土	重质土	爆破岩石
正铲	1~1.2	1.15~1.4	0.75~0.95	0.55~0.7	0.3~0.5
拉铲	1~1.15	1.2~1.4	0.8~0.9	0.5~0.65	0.3~0.5
抓斗	0.8~1	0.9~1.4	0.5~0.7	0.4~0.45	0.2~0.3

挖掘机每小时挖土次数 n　　　　表 4-10

工作装置形式	斗容量（m^3）			
	0.25	0.5	1	2
正铲	215	200	180	160
反铲	175	150	145	—
抓铲	175	155	145	125
拉铲	160	150	135	—

提高挖掘机的生产率应从施工组织设计与技术操作过程两方面进行。

施工组织设计方面:与挖掘机配合运输的车辆应尽量达到挖掘机生产能力的要求,而装载的容量应为斗容量的倍数。此外,挖掘机装车时,应尽量采用装运"双放"法。这样可以使挖掘机装满一辆,紧接着又装下一辆。由于两车分别停放在挖掘机铲斗卸土所能及的圆弧线上,铲斗顺转装满一车,反转又可装满另一车,从而提高装车效率。运输车辆的行驶路线,在施工组织中应事先拟定好,避免不必要的上坡道。对于挖掘机的各掘进道,必须做到各有一条空车放送道;以免进出车辆相互干扰。各运行道应保持良好状况,以利运行。

施工技术操作过程方面:挖掘机驾驶员应具有熟练的操作技能,以缩短每一个工作循环的时间。挖掘机的技术状况、铲斗斗齿的锋利程度等,对挖掘机生产率都有影响。在施工中应注意斗齿的磨损情况,损坏后应及时修复或更换新齿。

4.4 装载机机械化施工

装载机是一种工作效率较高的铲土运输机械,它兼有推土机和挖掘机两者的工作能力,可进行铲掘、推运、整平、装卸和牵引等多种作业。其优点是适应性强,作业效率高,操纵简便,是一种发展较快的循环作业式机械。各种类型的装载机如图 4-55 所示。

a)高卸装载机　　b)滑移式装载机　　c)普通装载机

d)夹钳式装载机　　e)侧卸装载机

图 4-55　各种类型的装载机

装载机是一种广泛用于公路、铁路、矿山、建筑、水电、港口等工程的土方施工机械,它主要用来铲、装、卸、运土与砂石一类散状物料,也可对岩石、硬土进行轻度铲掘作业,如更换不同工作装置,还可以扩大其适用范围,完成推土、起重、装卸其他物料的工作。装载机可更换的不同工作装置如图 4-56 所示。

在公路、特别是高速公路施工中,它主要用于路基工程的填挖,沥青和水泥混凝土料场的集料、装料等作业。由于它具有作业速度快、效率高、操作轻便等优点,因而装载机在国内外得到迅速发展,成为公路建设中土石方施工机械的主要机种之一。

装载机的作业对象主要是:各种土壤、砂石料、灰料及其他筑路用散状物料等。

4.4.1 装载机的分类

国产装载机产品分类和型号见表 4-11。产品型号一般由类、组、型、代号与主要参数代号部分组成。

国产装载机产品分类和型号　　表 4-11

类	组	型	特性	代号	代号含义	主参数	
						名称	单位
铲土运输机械	装载机 Z(装)	履带式 N	—	Z	履带机械装卸机	装载能力	kN
			Y(液)	ZY	履带液压装卸机		
		轮胎式 L(轮)	—	ZL	轮胎液压铲运机		

例如：ZL150 表示轮胎式液压装载机，其额定载荷为 50kN。

装载机有单斗和多斗两种，由于多斗装载机在一般施工中少见，这里只介绍单斗装载机。单斗装载机的形式较多，通常按发动机功率、传动形式、行走系结构、卸载方式的不同进行分类。

1) 按发动机功率分类

装载机按发动机功率可为小型、中型、大型、特大型 4 种。

(1) 小型：功率小于 74kW。

(2) 中型：功率为 74~147kW。

(3) 大型：功率为 147~515kW。

(4) 特大型：功率大于 515kW。

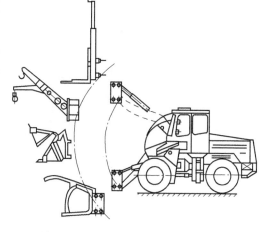

图 4-56　装载机可更换的不同工作装置

2) 按传动方式分类

装载机按传动方式可分为以下 4 种。

(1) 机械传动。

(2) 液力机械传动。

(3) 液压传动。

(4) 电传动。

目前，大中型装载机较多采用液力机械传动方式。

3) 按走行系统分类

装载机按走行系统可分为轮胎式和履带式。

(1) 轮胎式装载机：如图 4-57a) 所示。

(2) 履带式装载机：履带式装载机是以专用底盘为基础，装上工作装置并配装适当操作系统而成，如图 4-57b) 所示。履带接地面积大，接地比压小，通过性好；重心低，稳定性好；质量大，附着性能好，牵引力较相同载质量轮式装载机大；对路面要求不高。履带式装载机的缺点是：速度低，机动性差，行走时破坏路面，转移工作场地需平板车拖运。因此，它常用在工程量大、作业点集中、不经常移动、路面条件较差的场合。

4) 按卸载方式分类

装载机按卸载方式可分为前卸式、回转式、后卸式、侧卸式 4 种。

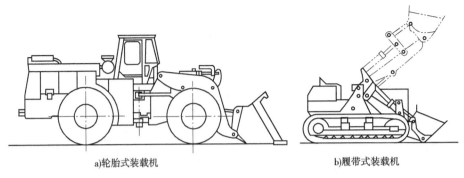

图 4-57 轮胎式和履带式装载机简图

(1)前卸式,如图4-58a)所示。装载机在其前端铲装和卸载,卸载时,装载机的工作装置需与运输车辆垂直,这种卸载方式调车费时,但因结构简单,工作可靠,驾驶员操纵视野好,故应用最为广泛。

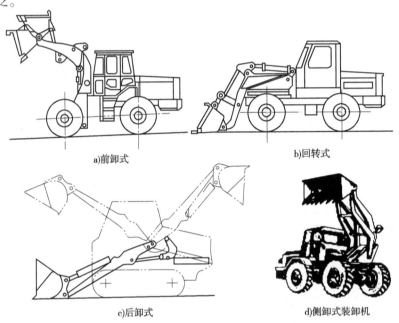

图 4-58 装载机的卸载方式

(2)回转式,如图4-58b)所示。回转式装载机的工作装置安装在可回转90°~360°的转台上,铲斗在前端装料后,回转至侧面卸载,装载机不需要调车,也不需要较严格的对车,作业效率高,适宜场地狭小的地区工作,但这种装载机需增设一套回转装置,使结构复杂,增加质量和成本,而且在回转卸载时,是偏心卸载,两侧轮胎受载不一,有一侧轮胎超载很大,侧向稳定性较差。因此,斗容不能过大。

(3)后卸式,如图4-58c)所示。装载机在前端装料,向后端卸料,作业时,装载机不需调车,可直接向停在其后面的运输车辆卸载,可节约时间,作业效率高,但卸载时,铲斗须越过驾驶室上空很不安全,因此应用面不大。

(4)侧卸式,如图4-58d)所示。除拥有前卸式全部功能外,还可侧面卸载物料,多用于隧道或特殊场地施工。

目前,使用最通用的是轮胎式、装载斗非回转、铰接式机架、无铲斗托架、反转六连杆机构前卸式、液力机械传动的单斗轮胎自行式装载机,如ZL50型轮胎式装载机。

轮式装载机因为具有用途广、机动性好、生产率高、作业成本低等优点，因此随着工程建设的发展需要，当今世界不但设计制造新型的大功率、大斗容量轮式装载机，同时，小型轮式装载机亦在大量发展。随着装载机不断向大型化、小型化和新型化的方向发展，相应地在动力系统、传动系统、制动系统、行走系统等各个方面都有所发展。

目前，我国对大、中型装载机的开发研究已步入世界先进行列，制造技术也较成熟，国内已完全有能力制造国产装载机，以替代进口设备。

4.4.2 适用范围和条件

装载机的适应范围主要取决于使用场所、土石料特性和工作环境，选用时应注意以下几点。

1）装载机的经济合理运距

装载机在运距和道路坡度经常变化的情况下，如果整个采、装、运作业循环时间少于3min时，自铲自运是经济合理的。

用轮胎式装载机代替挖掘机，与自卸汽车配合工作的合理运距见表4-12，它与设计年土石方生产量、设备斗容和装载量有关。加大装载机容量就可增加合理运距。

轮胎装载机与自卸汽车配合的合理运距　　　　表4-12

年生产量(10^4t)		10	30		50		80		100以上	
挖掘机斗容量(m^3)		2.25	2.25	4	2.25	4	2.25	4	2.25	4
自卸汽车载质量(t)		10	10	27	10	27	10	27	10	27
装载机质量(t)	2	470	170	260	110	160	80	110	71	65
	4	760	280	450	190	280	190	118	118	108
	5	920	350	540	240	340	230	155	155	143
	9.9		800	1 190	560	750	520	384	384	347
	16		890	1 330	630	830	570	432	432	387

2）装载机的斗容量与自卸汽车车箱容积的匹配

通常以2~4斗装满一车箱为宜，车箱长度要比装载斗宽大25%~75%，装载机铲斗45°倾斜卸载时，斗齿最低点的高度要比车箱侧壁高20cm~1m。

3）充分发挥装载机的效率

装载机作业循环时间，小型的不超过15s，大型的不超过20s，而且应考虑装载机走行与转弯速度。

4.4.3 装载机的工作过程

装载机的工作过程由铲装、转运、卸料和返回4个过程构成，并习惯地称之为一个工作循环。

（1）铲装过程：首先将铲斗的斗口朝前，并平放到地面上，如图4-59a）所示，机械前进，铲斗插入料堆，斗口装满物料；然后，将斗收起，使斗口朝上，如图4-59b）所示，完成铲装过程。

（2）转运过程：用动臂将斗升起，如图4-59c）所示，机械倒退，转驶至卸料处。

（3）卸料工程：先使铲斗对准停止在运料车厢的上空，然后将斗向前倾翻，物料即卸于车厢内,如图4-59d)所示。

(4)返回过程:将铲斗翻转成水平位置,机械驶至装料处,放下铲斗,准备再次铲装。

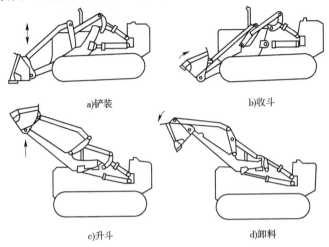

图4-59 单斗装载机的工作过程

4.4.4 装载机的铲装方法

1)一次铲装法

装载机直线前进,铲斗刀刃插入料堆,直至铲斗后壁与料堆接触,装载机才停止前进。当铲斗向上转至装满位置后,提升动臂至运输高度,如图4-60a)所示。一次铲装法是最简单的铲装方法,对驾驶员操作水平要求不高,但其作业阻力大,需要把铲斗很深地插入料堆,因而要求装载机有比较大的插入力,同时需要很大的功率来克服铲斗上翻的转斗阻力,因此,常用在

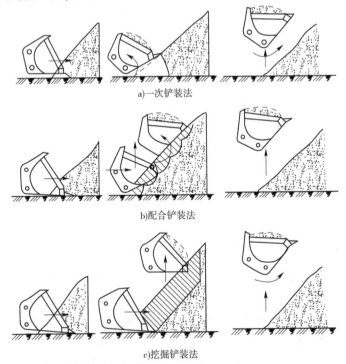

图4-60 装载机铲装方法

铲装密度小的松散物料,如沙、煤、焦炭等。

2) 配合铲装法

装载机在前进的同时,配合以转斗和动臂提升动作进行铲装作业,即当铲斗插入料堆不深(为0.2~0.5倍斗深)时,在装载机前进的同时,间断地操纵铲斗上翻,并配合动臂提升,直至装满铲斗,如图4-60b)所示。

采用配合铲装法,铲斗不需要插得很深,靠插入运动与斗刃转动、提升运动的配合,使插入阻力大大减小,斗也容易装满,是一种比较有效的作业方法,但要求驾驶员具有较高的操作水平。

3) 挖掘铲装法

当铲斗插入料堆一定深度时,装载机在前进的同时,配合以动臂提升,在斗刃离开料堆后,铲斗转至运输位置,如图4-60c)所示。

4.4.5 装载机施工作业

装载机用作装载设备向自卸汽车进行装载工作时,其技术经济指标在很大程度上与其施工作业方式有关,其广泛使用的施工作业方式有以下几种,如图4-61所示。

1) V形作业方式

自卸汽车与工作面布置呈50°~55°角,而装载机的工作过程则根据本身结构和形式而有所不同。

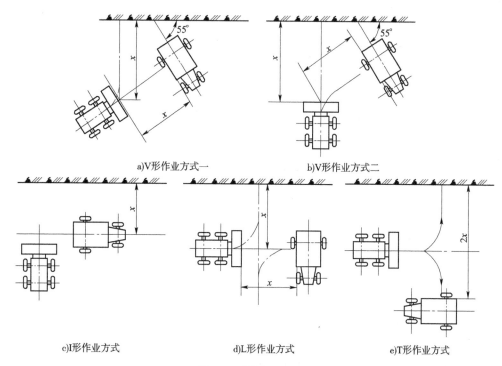

图4-61 装载机作业方式

履带式装载机和刚性车架后轮转向的轮胎式装载机采用这一方案时,装载机装满铲斗后,在倒车驶离工作面的过程中,车头转50°~55°,使装载机垂直自卸汽车,然后向前驶向自卸汽车并卸载;卸载后,装载机倒车驶离自卸汽车,然后,掉头驶向料堆,进行下一个作业循环,如图4-61a)所示。

带有铰接式车架的轮胎式装载机在采用这种方案时,其工作过程略有不同。装载机在工作面装满铲斗后,可直线倒车后退 3~5m,然后使前车架转动 35°~45°角,再前进驶向自卸汽车进行卸载,见图 4-61b)。

V 形作业方式,工作循环时间短,在许多场合得到广泛的应用。

2) I 形作业方式

自卸汽车平行于工作面,适时地作往复前进和后退,而装载机则穿梭地垂直于工作面作前进和后退,所以也称为穿梭作业法,如图 4-61c)所示。

装载机装满铲斗后,直线后退,在装载机后退一定距离并把铲斗举升到卸载位置的过程中,自卸汽车后退到与装载机相垂直的位置,装载机向前驶向自卸汽车并进行卸载;卸载后自卸汽车向前行驶一段距离,以保证装载机可以自由地驶向工作面,进行下一个作业循环,直到自卸汽车装满为止。这种作业方式省去了装载机的调车时间,对于不易转向的履带式和整体车架式装载机比较合适,但增加了自卸汽车前进和后退的次数,因此,采用这种作业方式,装载机的作业循环时间取决于装载机和与其配合作业的自卸汽车驾驶员的操作熟练程度。

3) L 形作业方式

自卸汽车垂直于工作面,装载机铲装物料后,倒退并调转 90°;然后向前驶向自卸汽车卸载,空载的装载机后退并调转 90°,然后向前驶向料堆,进行下次铲装,如图 4-61d)所示。这种作业方式在运距较小而作业场合比较宽广时,装载机可同时与两台自卸汽车配合工作。

4) T 形作业方式

自卸汽车平行于工作面,但距离工作面较远,装载机铲装物料后,倒退并调转 90°;然后再向相反方向调转 90°驶向自卸汽车卸料,如图 4-61e)所示。

以上 4 种作业方式在施工中经常用到,各有其优缺点,具体选用哪种方式,施工中必须具体问题具体分析,选取最有利于自己的施工方案。

4.4.6 装载机生产率计算

装载机在单位时间内实际可能达到的生产率 Q_z 可用下式计算:

$$Q_z = \frac{3\,600 q K_H K_B t_T}{t K_s} \quad (\text{m}^3/\text{h}) \tag{4-10}$$

$$t = t_1 + t_2 + t_3 + t_4$$

式中: q——装载机额定斗容量(m^3);

K_H——铲斗充满系数,见表 4-13;

K_B——时间利用系数;

t_T——每班工作时间(h);

K_s——物料松散系数;

t——每装一斗的循环时间(s);

t_1、t_2、t_3、t_4——分别为铲装、载运、卸料和空驶所用时间(s)。

装载机的充满系数 表 4-13

土石种类	充满系数	土石种类	充满系数
砂石	0.85~0.90	普通土	0.9~1.0
湿的土砂混合料	0.95~1.0	爆破后的碎石、卵石	0.85~0.95
湿的砂黏土	1.0~1.1	爆破后的大块岩石	0.85~0.95

4.5 平地机机械化施工

平地机(图4-62)是一种装有以铲土刮刀为主,配备其他多种可换作业装置,进行土地平整和整型连续作业的公路施工机械。平地机的铲土刮刀,比推土机的推土铲刀具有较大的灵活性,它能连续进行改变刮刀的平面角和倾斜角,使刮刀向任意一侧伸出,可以连续进行铲土、运土、大面积平地、挖沟、刮边坡等作业。平地机其他可换作业装置有耙子、推土铲刀、犁扬器、延长刮刀、扫雪器等。因此,平地机是一种多用途的连续作业式土方机械。

图4-62 平地机外形图

公路施工中,可用平地机进行路基基底处理,完成草皮或表层剥离;从路线两侧取土,填筑高度小于1m的路堤;整修路堤的断面;旁刷边坡;开挖路槽和边沟;在路基上拌和、摊铺路面基层材料。平地机可用于整修和养护土路,清除路面积雪。在机场和现代交通设施中的大面积、高精度场地平整工作中,更是其他机械所不可代替的。

除了具有作业范围广、操纵灵活、控制精度高等特点外,平地机在作业过程中空行程时间只占15%左右,因此,有效作业时间明显高于装载机和推土机,是一种高效的土方施工作业机械。

4.5.1 平地机的分类

平地机有自行式及拖式两种。自行式使用最为普遍,按行走轮数分为四轮式及六轮式两种;按转向方式分为前轮转向式、全轮转向式、后转向架转向式、铰接式4种;按驱动轮数分为两轮驱动式、四轮驱动式及六轮驱动式3种。

平地机按铲刀长度或发动机功率等分为轻、中、重型,见表4-14。

平地机分类 表4-14

类 型	铲刀长度(m)	发动机功率(kW)	质量(kg)	车轮数
轻型	≤3	44~66	5 000~9 000	四轮
中型	3~3.7	66~110	9 000~14 000	六轮
重型	3.7~4.2	110~220	14 000~19 000	六轮

平地机按工作装置(铲刀)和行走装置的操纵方式可以分为机械操纵和液压操纵两种,平地机大多采用液压操纵。

国产平地型号编制见表4-15。

国产地平地型号编制 表4-15

类	型	特性	产品名称及代号	主参数	
				名称	单位
铲土运输机械	平地机(P)	Y(液)	机械式平地机(P)	功率	PS(0.735)
			液压式平地机(PY)		

4.5.2 平地机的适用范围

平地机是一种能够从事多种作业的土方工程机械,其主要用途有:从路线两侧取土、填筑不高于1m的路堤;修整路堤的横断面;旁刷边坡;开挖路槽和边沟以及大面积平整等。此外,还可以在路基上拌和、摊铺路面材料;清除路肩上的杂草以及冬季道路除雪等。

4.5.3 平地机的基本作业

平地机是一种铲土、运土、卸土同时进行的连续作业机械。主要工作装置是刮刀,它可以调整4种作业动作,即刮刀平面回转、刮刀左右端升降、刮刀左右引伸和刮刀机向外倾斜,来完成刮刀刀角铲土侧移、刮刀刮土侧移、刮刀刮土直移和机身外刮土等作业。

1) 刀角铲土侧移作业

这种作业方法用于挖出边沟土来修整路型或填筑低路堤。

先根据土的性质调整好刮刀的铲土角和刮土角。平地机以一挡速度前进,让铲刀前置端下降切土,后置端抬升,形成最大的倾角,被刀角铲下的土层就侧卸于左右轮之间,如图4-63a)所示。刀的下倾角见表4-16。在运行过程中,随着铲土阻力大小可随时少量调整,但不要一次调整过多,以免造成沟道的波浪形而影响下一行程工作。

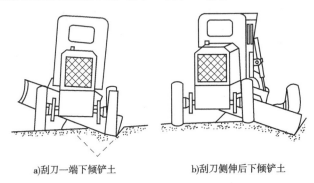

a)刮刀一端下倾铲土   b)刮刀侧伸后下倾铲土

图4-63 平地机刀角铲土侧移

为了便于掌握方向,刮刀的前置端应正对前轮之后,遇有特殊情况(例如行驶路线有障碍物),也可将刮刀的前置端侧伸于机外,再下降铲土。但必须注意,此时所卸土也应处于前轮的内侧,如图4-63b)所示,不被驱动后轮压上,以免影响平地机的牵引力。

平地机刀片安装角度表   表4-16

作业形式		刮刀安装角		
工序名称	作业内容	平面角α(刮土角)	铲土角γ	倾角β
铲土 (未装上升悬臂刀)	经犁松过的土	至30°	至40°	至11°
	经松土机翻过的土	30°~35°	至40°	至13°
	未经松碎的Ⅰ、Ⅱ类土	40°~45°	至35°	至15°
运土	重质土	40°~50°	至35°	至11°
	轻质土	35°~45°	40°	至13°
整修路基	削土	45°~55°	40°	至18°
	摊平并拌和压实	55°~90°	40°~60°	至30°

2) 刮土侧移作业

这种操作方法适用于移土修整路基、平整场地、回填沟渠、铺散或路拌路基路面材料等作业。

先根据施工对象的要求和土的性质调整好刮土角(一般为60°~70°)和铲土角(约45°),在平地机以二挡或三挡速度前进时,使刮刀的左右端同时放下并切入土中或其他材料中,于是

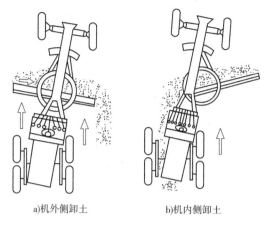

被刮起的土料就沿着刀面侧移卸于一侧留成土堤,此堤可能处于机械外侧或机械内侧(图4-64),视施工要求而定。例如移土填堤时,卸土于机械外侧或内侧均可,但回填沟渠时,必须卸土于机械外侧。因此,在施工中对平地机刮土角和侧伸的调整,以及刮刀左右端下倾度的掌握必须符合施工要求。

a)机外侧卸土　　b)机内侧卸土

图4-64　平地机刮土侧移

不论土卸于机外侧或机内侧,都不能让卸下的土处于平地机后轮的行驶轨迹上,否则既影响平地机的牵引力,又会使刮刀抬升,留下不平区。

为了达到上述要求,有时根据施工对象的不同,将刮刀侧伸或同时再将转盘侧摆,见图4-63b)。对于全轮转向平地机,也可将前后轮同时向一侧偏转,让平地机在机身斜置的情况下运行。

全轮转向的平地机特别适宜于弯道作业,此时前后轮可适应弯道情况配合转向,这样可以大大提高工作效率,如图4-65所示。

图4-65　全轮转向弯道工作情况

对于刮刀全回转的平地机,为了提高生产效率,当机械到达作业地段终端时,可将刮刀回转180°,使刮刀处于平地机行驶相反方向位置,让机械倒退施工,如图4-66所示。这种方式相似于"穿梭"作业法,它特别适宜于狭长地段的施工,可以提高生产率,因为用于回转刮刀的时间消耗要比平地机掉头的时间少得多。

3) 刮土直移作业

刮土直移作业,适用于平整度较小的场所,或者用来修整路形时最后平整工作,以及松散材料等作业,如图4-67所示。作业前先将刮刀的铲土角调大些,一般为60°~70°,再将刮刀平置(平面角为90°),平地机以二挡或三挡速度前进,刮刀两端等量下降,少量切土,于是被刮起的土堆积于刀前,大部分土被向前推送,很少量溢于两侧。对于溢出的少量土,可待最后阶段在刮刀切入原土层的情况下,以快速前进的方法,将它全部刮平。

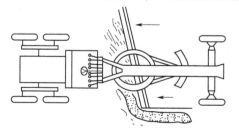

图4-66　刮刀全回转倒退作业

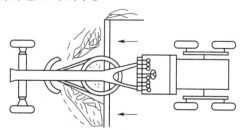

图4-67　平地机刮土直移作业

4) 机外刮土作业

这种作业多用于修整路基、路堑边坡和开挖边沟等工作。

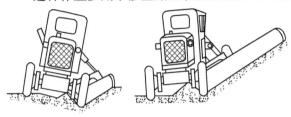

a) 刷边沟边坡　　b) 刷路基路堑边坡

图 4-68　平地机刮刀机外刮土刷边坡

工作前,首先将刮刀倾斜于机外,然后使其上端向前,平地机以一挡速度前进,放刀刮土,于是被刮刀刮下的土就沿刀卸于左右两轮之间,然后再将刮下的土移走,但应注意,用来刷边沟处的边坡时,刮土角应小些;刷路基或路堑边坡时,刮土角应大些,如图 4-68 所示。

4.5.4　平地机的施工作业

1) 修整路形

当推土机、铲运机等土方施工机械根据修筑路堤、路堑土方工程施工程序,在将近填筑至规定断面时,应随时复核,掌握路堤路堑高程和宽度,避免多填多挖或欠填欠挖现象。通常在填挖出路基粗略外形后,即开始修整路形、修刷边坡、开挖边沟和整理路拱;下一步工序就是开挖路槽,为铺筑路面做好准备。以上一切路堤路堑修整工作,一般均用平地机来完成。

平地机修整路形的施工作业内容是:按路基规定的横断面图要求开挖边沟,并将边沟内所挖出的土移送到路基上,然后修成路拱。

平地机修整路形的施工程序通常是从路的一侧开始前进,到达路段终了掉头后又从另一侧驶回来,这样一去一回叫一个行程。

图 4-69 所示为平地机修整路拱时的施工程序。首先平地机以较小的刮土角(视土的性质在 30°~40°),用刀角铲土侧移法从边沟挖出土,然后以较大的刮土角,用刮刀侧移法将松土自两边刮送到路中心,最后以平刀(刮土角 90°)或较大斜刀将中心的小土堆刮散或刮向路边,使之达到设计高程(按路基横断面图要求),铲土和送土需多少行程应视路基宽度、边沟大小、土的性质和机械类型而定。按正确的设计,一般一侧边沟所挖出的土方量应足够铺填同一侧路拱横坡所要求的填土量,最后平整一般只需两三个行程。

由于从边沟挖出的土是松的,平地机驶过后必然会压成一条一条凹槽,这样当平地机在第二层刮送土填铺路拱横坡时,就很难掌握正确的标准,而且并不容易把凹槽刮平。为了便于平地机的运送达到要求,在刮送第二层时,最好先让平地机轮胎在松土上来回压实一遍,这样铺散的土就平整一些。对于全轮转向平地机,如刮送一层时,就将前后轮都转向,让机身侧置,前后轮正好错开位置。此时平地机轮胎在一次行程的刮送工作中,就可将前一行程的松土全部碾压一遍,这样大大有利于第二层的刮送,并易

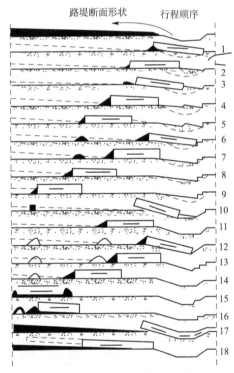

图 4-69　平地机修整路拱时的施工程序

于正确掌握路拱横坡的标准。

其实平地机在刮送了第一层土后,就基本上已达到修成路拱所需的土方量,因此经两遍刮送后即可转入修整路拱工作。施工人员先在经过平地机初压的路基上,按路基横断面要求用白灰放好样(太高削平、太低加土),平地机仍在路边向中心逐次轻刮一遍(少量送土),于是基本路形已形成,最后用平刀(90°水平角)将路中心的小土堤刮散,使之达到放样高程的标准,这样路基修整工作即告完成。接着,根据刮刀两侧卸出余土情况,调整成斜刀,使余土刮向一侧,以填补高程不足之处,或铺散在路边上。

2)修刷路堤或路堑边坡

在修整路形时,同时进行修刷边坡的工序,修刷边坡可用平地机机外刮土法进行。

当路堤边坡为1:1.5~1:0.5、高度在1.8m以内时,可用一台平地机进行工作,如图4-70a)所示。如果路堤高度达4m时,则可用两台平地机联合作业,此时平地机仍用机外刮土法进行工作,如图4-70b)所示。一台平地机在路堤上向下刮土,另一台平地机则在路基边缘沿着取土坑向上刮土。开始时,在路堤上的一台平地机应先行一步(先行10m以上),然后堤下的一台平地机再开始工作。这样不会因堤上平地机工作时所刮下的土散落而影响在堤下平地机的工作,同时也便于堤下平地机驾驶员按堤上平地机已刮成的边坡斜度为标准,把两个平面连成一个斜面。其他施工方法同上。

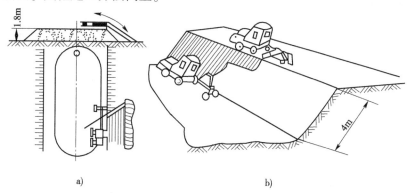

图4-70 平地机修刷边坡施工

3)开挖路槽

在修好路基上的路形、边沟、边坡以后,下一步修建的工序就是铺筑路面。在有些路面铺筑之前要先挖路槽。根据设计要求不同,开挖路槽方式有以下三种。

(1)把路基中间的土铲出挖成路槽,土就地抛弃。

(2)在路基两侧堆起两条路肩筑成中间的一条路槽,使用这种方法可以在修整路形时同时进行,而且可以和利用整型的余土或预留余土来堆填,所以这种方法比第(1)种经济。

(3)开挖路槽到一半深度时,再把挖起的土做成路肩,这样挖填土方量相等(必须事先通过设计计算),这种方法最为经济合理,目前一般采用此法。其缺点是开始计算不准,挖起的土填成路肩可能达不到设计高度。施工程序如图4-71所示。

4)路拌路面材料

路拌材料是修筑改良土路(石灰土路常常作为多层路面底层)和碎石级配路面的简便方法。它除了采用专门的路拌机械进行外,也可用平地机的刮刀来完成。

在路基上拌和材料有三种基本方法,如图4-72所示。

(1)修建石灰路面时土和石灰在路基上的拌和作业

如图4-72a)所示,经过耙齿耙松并用刮刀刮平的土层上,先用刀刮铺一层掺和料(石灰或水泥等),然后开始拌和。

第一次先将料向外刮。第一行程先用斜刀沿路边铲入,一直到触及硬土层为止,此时被铲出的土与掺和料就在路肩上列成一堆;在第二行程时,刮刀沿路中铲入,又把土和掺和料堆在另一路肩上堆成第二条料堤,这是初次拌和,所需铲刮次数视情况而定。

第二次拌和是将各列堆依次向路中心刮回。以后各次拌和依此类推,交替地向外与向内刮,直到拌好为止。最后将拌和料刮平再修成路拱,在修路拱时要像前述整修路形那样先用平地机驶压一遍,然后修成正确路拱。

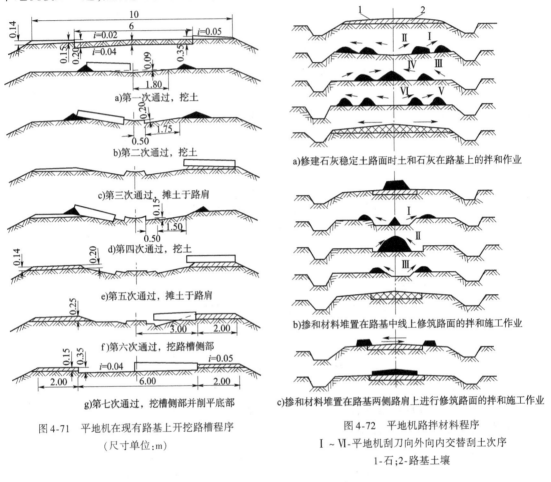

图4-71 平地机在现有路基上开挖路槽程序
(尺寸单位:m)

图4-72 平地机路拌材料程序
Ⅰ~Ⅵ-平地机刮刀向外向内交替刮土次序
1-石;2-路基土壤

(2)掺和材料堆置在路基中线上修筑路面的拌和施工作业

如图4-72b)所示,先把掺和材料堆置在路基中线上,然后再把材料堆置在翻松的土上面,在此情况下,应先翻松路基中的土。由于宽度较窄,因此料堆可不用先铺开,只需将料堆向两边铲刮成两半,这样一次就能完成初次拌和,以后按上述方法,向内向外交替刮拌,直至拌好为止。最后铺平路面,修成路拱。

(3)掺和材料堆置在路基两侧路肩上进行修筑路面的拌和施工作业

如图4-72c)所示,在这种情况下,不同的材料以长条料堆形式堆置在两侧的路肩上,此时,应先将一侧(大)粒料刮进行车道上并加以铺平,然后再把另一侧(小)粒料又刮进填铺在大粒料的上面,最后按在路基上拌和土与掺和料的方法进行拌和。

以上三种方法中,为维护工程车辆、机具的正常运行,方便平地机驾驶员的操作,在未专修车辆通行便道的施工地段和道路宽度受限(通常指小于10.0m)的情况下,常采用将掺和材料堆置在道路中线一侧或道路中线;反之,可堆置在道路两侧路肩上或分幅施工。同时还需注意,若填筑材料系场外已拌和均匀的掺料,即可按道路宽度和铺筑层高程标志,按上述方法直接进行摊铺、整平直至符合设计要求;若填筑材料系属路上拌和者,务须按填料地段长度、宽度、厚度计算出上料数量(需考虑压实系数),按各种掺料的设计、配合比,分别计算出各掺和料的数量,再分别采取上料、摊平直至各层材料在纵向大致均匀,然后在进行路拌时,则采取沿纵向边洒水边拌和直至各掺和料拌和均匀、含水率符合最佳含水率要求为止,再采用上述方法用平地机摊铺、整型达到设计要求。

4.5.5 平地机的生产率的计算

施工对象不同,计算方法各异。平地机修整路形时,作业有铲土、运土和整平三道工序。而三道工序作业行程数是不同的。铲土作业的行程数:

$$n_1 = \frac{A\varphi}{2A'} \tag{4-11}$$

式中:A——两侧取土坑的断面面积(m^2);

φ——两行程中的重叠系数(1.1~1.2);

A'——刮刀每次铲土面积(m^2)。

运土行程数:

$$n_2 = \frac{L_0 \varphi_2}{L_n} \tag{4-12}$$

式中:L_0——路基一侧需运土的平均距离;

L_n——平地机刮土刀一次可运送的距离,由刮刀调整的平面角而定;

φ_2——运土中两行程重叠系数(1.1~1.2)。

整平行程数:只考虑刮平,一般取 $n_s = 2~3$ 次。

由于平地机在修筑路基时,每走完一个行程有两次掉头,因此在完成 L 长的一段路基的全部整型工作时,所用时间为:

$$L_T = 2L\left(\frac{n_1}{v_1} + \frac{n_2}{v_2} + \frac{n_3}{v_3}\right) + 2t_1(n_1 + n_2 + n_3) \tag{4-13}$$

式中:v_1、v_2、v_3——平地机铲土、运土、整平三个过程的运行速度(km/h);

t_1——每次掉头时间(min)。

所以平地机修整路形的生产率为:

$$Q_p = \frac{1\,000 LAK_B}{2L\left(\frac{n_1}{v_1} + \frac{n_2}{v_2} + \frac{n_3}{v_3}\right) + 2t_1(n_1 + n_2 + n_3)} \quad (m^3/h) \tag{4-14}$$

式中:L——修整的路段长度(km)。

从上述公式中可以看出,平地每次的行程越长,所刮的土也越多,相对的行程次数减少,掉头也减少。因为平地机轴距大,每次掉头所需的时间较其他机械要长得多,所以应尽可能减少掉头次数。此外,工作过程中切土深度、平面角、铲土角以及切土宽度都视土质而定。其中,铲土角和平面角在刮刀调整后,在一个行程中是不变的,只有切土深度在一个行程中视土质进行调整。此外,只有因土质不同、运送距离不同时,才对铲土角和平面角进行调整。施工中如果只用一台平地机修整路形,就必须经常停车去调整各种角度,从而使非生产时间增加。如果选用 2~3 台平地机联合作业,分别承担不同的作业内容,这样工作中就不需再停车进行调整,可以大大提高工作效率。

[思考题]

1. 推土机、铲运机、平地机、挖掘机、装载机的工作装置有何不同?简述各机种的用途。
2. 试述直铲式推土机的工作过程(施工方法)。其基本作业方法有哪些?沟槽式、并列式及接力式推土法有何不同?如何利用推土机横向填筑路堤作业?
3. 简述铲运机强制卸土方法。铲运机机械化施工作业有哪些运行路线?各有什么特点?
4. 简述反铲单斗挖掘机的工作过程。利用反铲挖掘机开挖路堑应怎样组织?
5. 按卸载方式不同装载机分为几类?简述各类的应用范围和特点。
6. 简述装载机的工作过程及适用范围。装载机与自卸汽车配合作业方法有几种?
7. 简述平地机的用途与分类、基本作业动作。平地机可做哪些基本方式的施工作业?

单元五 路基压实机械化施工

在路基路面施工中,采用专用的压实机械进行压实是施工的关键工序之一。压实效果的好坏,直接关系到工程质量的优劣。压实机械与土方施工机械相比,其结构简单、性能单一,故本章主要介绍其分类、技术性能参数、不同类型压实机械的使用范围及几种比较特殊类型压实机械的工作原理。

5.1 压实机械

5.1.1 压路机的用途与分类

1)按压实作用原理分类

按压实作用原理的不同,压路机可分为静作用式、振动式、冲击碾压式和冲击夯实式,如表5-1所示。

压实机械的分类 表5-1

大类	按压实原理分	按压实轮数量、操作方式等分	种类
压路机	静作用压路机	光轮压路机	两轮(静作用)压路机
			三轮(静作用)压路机
		轮胎压路机	(自行式)轮胎压路机
			拖式轮胎压路机
	振动压路机	轮胎与钢轮铰接(单、双驱动)振动压路机	光面钢轮振动压路机
			凸块钢轮振动压路机
		串联式振动压路机	串联式单轮振动压路机
			串联式双轮振动压路机
		振荡式振动压路机	轮胎驱动振荡压路机
			串联式振荡压路机
		组合式振动压路机	轮胎—光轮组合振动压路机
			振动—振荡组合振动压路机
		手扶式振动压路机	(单轮)手扶式振动压路机
			双轮手扶式振动压路机
		拖式振动压路机	拖式(光轮)振动压路机
			拖式凸块轮振动压路机
	冲碾(非圆)压路机	三边轮冲碾压路机	三边轮冲击压路机
		四边轮冲碾压路机	四边轮冲击压路机
		五边轮冲碾压路机	五边轮冲击压路机
夯实机械	振动夯实机	振动平板夯实机	单向移动振动平板夯
			双向移动振动平板夯
		振动冲击夯实机	电动机振动冲击夯
			内燃机振动冲击夯
	爆炸夯实机		爆炸夯实机
	蛙式夯实机		蛙式夯实机

(1)静作用碾压机械

静作用碾压机械是依靠机械自重的静压力作用,利用滚轮的碾压层表面连续滚动,使被压实层产生一定程度的永久变形而达到压实目的。这类压实机械包括各种型号的光轮压路机(简称光面碾)、轮胎压路机(简称轮胎碾)、凸块压路机(简称凸块碾)及各种拖式压滚等。

①光轮压路机

光轮压路机是一种静作用压路机,按其质量可分为轻型、中型、重型和特重型四种。这种压路机由于单位线压力小,压实深度浅,适用于一般的公路工程。光轮压路机按质量不同其应用范围见表5-2。

光轮压路机按质量不同其应用范围　　　表5-2

按质量分类	加载后质量(t)	单位线压力(kPa)	应用范围
特轻型	>0.5~2.0	>800~2 000	压实人行道和修补沥青类路面
轻型	>2~5	>2 000~4 000	压实人行道、沥青表处层,公园小道,体育场和土路基
中型	>5~10	>4 000~6 000	压实路面、砾石、碎石基层,沥青混合料层
重型	>10~15	>6 000~8 000	砾石、碎石类基层,沥青混合料层的终压作业
特重型	>15~20	>8 000~12 000	压实大块石填筑的路基和碎石结构层

②静作用凸爪式压路机

静作用凸爪式压路机有较大的单位压力(包括凸爪的挤压力),压实深度大而均匀,并能挤碎土块,因而有很好的压实效果和较高的生产率。它广泛用于高填土路堤和黏性土的分层压实,但不适用非黏性土及高含水率黏土的压实。

③轮胎压路机

轮胎压路机机动性好,便于运输,进行压实工作时与轮胎同时变形,接触面积大,并有糅合的作用,压实效果好。适用于压实黏性土、非黏性土及沥青混合料的复压。

(2)振动碾压机械

振动式碾压机械(简称振动碾)是利用滚轮的振动机构,以一定的频率和振幅振动,并通过滚轮往复滚动传递给压实层,使压实材料的颗粒在激振力和静压力联合作用下发生振动位移而重新组合,使之提高密实度和稳定性,达到压实目的,这类机械包括各种拖式和自行式振动压路机。按振动轮内部结构可分为:复合振动、水平振荡、垂直振动三种形式。

①复合振动,是利用滚轮的振动机构,以一定的频率和振幅振动,并通过滚轮往复滚动传递给压实层,使压实材料的颗粒在水平和垂直全方位振动激振力和静压力联合作用下发生振动位移而重新嵌合,使之提高密实度和稳定性,达到压实目的,这类机械包括各种拖式和自行式振动压路机。

②水平振荡,是利用土力学中交变剪应变原理,采用激振结构使的压路机垂直方向的振动相互抵消,只保留水平"振荡"技术,使筑路材料颗粒重新排列成更加密实的压实层。由于振荡滚轮在作业时始终不离地面,可连续应用振荡产生的剪切作用与机械静载进行组合压实,因此,振荡压实不会碾碎筑路材料,能有效防止表层振松,且压实效果好,表面平整。

③垂直振动。激振结构使压路机水平方向的振动相互抵消,振动轮始终保持纯垂直方向振动,只产生垂直方向的激振力,压实影响深度更大,压实力可传至2m以下。这样能快速提高压实密度,压实效果极佳。安徽绿地的国产垂直自行式振动压路机LSV270最大工作质量达27t。

振动碾单位线压力大,振动力影响深,因此压实深度较大,压实遍数相应减少。振动碾种类繁多,应用广泛。光轮振动碾最适用于压实非黏性土(砂土、砂砾)、碎石、块石及不同类型、不同厚度的沥青混合料面层。这种压实机械在断开振动机构后还可作为静作用压实机械来进行整平作业。凸块式振动碾既可压实非黏性土，又可压实含水率不大的黏性土、细颗粒砂砾以及碎石土。

振动碾应用范围见表5-3，压实后的实际最大铺层厚度见表5-4。

振动压路机应用范围表　　　　　　表5-3

质量和形式	块石	砂砾石		粉土、粉质土、冰碛土		黏土	
		优良级配	均匀粒级	粉质砂粉质砾石冰碛土	粉土砂质粉土	低、中强黏粉土	高强度黏土
3t以下光轮		△	△	△	△		
3~5t光轮		●	●	△	△	△	
5~10t光轮	△	●	●	●	△	△	△
10~15t光轮	●	●	●	●	△	△	△
振动凸块式			△	△	●	●	●
振动羊足式			△	△	△	●	●

注：●表示适用；△表示可用。

各种振动压路机压实后的实际最大铺层厚度　　　　　　表5-4

压路机工作质量（括号内为振动办法质量）		路堤				底基层	基层
		岩石填方△	砂砾	粉土	黏土		
拖式振动压路机	6t	0.75	⊙0.60	⊙0.45	0.25	⊙0.4	⊙0.30
	10t	⊙1.50	⊙1.00	⊙0.70	⊙0.35	⊙0.6	⊙0.40
	15t	⊙2.00	⊙1.50	⊙1.00	⊙0.5	⊙0.8	—
	6t	—	0.60	⊙1.45	⊙0.30	0.4	
	10t	—	1.00	⊙0.70	⊙0.40	0.6	
自行式振动压路机	7(3)t	—	⊙0.40	⊙0.30	⊙0.15	⊙0.3	⊙0.25
	10(5)t	0.75	⊙0.50	⊙0.40	0.2	⊙0.4	⊙0.30
	15(10)t	⊙1.50	⊙1.00	⊙0.70	⊙0.35	⊙0.6	⊙0.40
	8(4)t凸块式	—	0.40	0.30	⊙0.20	0.3	—
	8(7)t凸块式		0.60	0.40	⊙0.30	0.4	
	15(10)t凸块式	—	1.00	⊙0.70	0.40	0.6	
两轮振动压路机	2t	—	0.30	0.20	0.10	0.2	⊙0.15
	7t	—	⊙0.40	0.30	0.15	⊙0.3	⊙0.25
	10t	—	⊙0.50	⊙0.35	0.2	⊙0.4	⊙0.30
	13t	—	⊙0.60	⊙0.45	⊙0.25	⊙0.45	⊙0.35
	18t凸块式	—	0.90	⊙0.70	⊙0.40	0.6	—

注：△表示仅适用于压实岩石填方而特殊设计的压路机；⊙为最为适用的标记。

(3) 冲碾式非圆滚轮压路机

冲击碾压式非圆滚轮压路机的压实是依靠冲击力、振动力和碾静重压力三者共同作用，压实作业过程是连续滚动冲击碾压。

冲碾式非圆滚轮压路机的工作原理是依靠非圆滚轮在连续滚动碾压时：①非圆压实轮质

心位于最高时坠落而发生的冲量;②非圆压实轮以一定速度旋转和跳动引起的振动;③非圆压实轮及整机静重在滚动过程中压实土基时做功。

冲碾式非圆滚轮压路机所使用的冲击、振动、碾压压实技术是一种用非圆滚轮、大功率、连续滚动冲击碾压压实技术。它具有压实深度大、运行速度快、施工工序少、工期短、成本低、应用范围广等优点,能够提高路基强度、稳定性和均匀性,防止不均匀沉陷造成的路面损坏。在连续滚动冲击碾压压实过程中,压实轮的势能和动能周期性转化为集中的冲击能作用于地面,达到连续破碎和连续压实的目的,对于路基压实度不足时补强压实效果尤佳,可以大幅度降低压实工程费用,提高压实功效。

冲碾式非圆滚轮压路机每次施压后,地面即被砸成波浪形,经3~5遍压实后,用平地机整平再冲碾,冲碾速度高,冲碾效果更好。

(4)夯实机械

夯实机械又可分为冲击(爆炸)夯实、振动夯实和冲碾式夯实三类,前两类压实作业过程都是间断循环式。冲击(爆炸)夯实是利用机械在运动过程中离开地面上升到一定高度,然后自由落下所产生的冲击力把材料层压实,这类机械包括各种内燃式和电动式夯土机等。振动夯实除具有冲击夯实力外,还有振动力同时作用于被压实层,这类机械包括振动平板夯和快速冲击夯等。而非圆滚轮压路机压实路面是依靠非圆滚轮在连续滚动碾压时压实轮质心位于最高时坠落而发生的冲量,既有冲击又有碾压,它的压实作用是连续的。

冲击式压实机械分爆炸式冲击压实、振动式冲击压实两类。冲击压实体积小,质量轻,主要用于狭窄工作面的铺层压实。振动式冲击压实用于非黏性砂质黏土、砾石、碎石的压实;而爆炸式冲击压实则适宜于黏土、砂质黏土和石灰土的夯实压实作业。

2)按行走方式分类

按行走方式分为拖式和自行式两类。

拖式压路机采用推土机、履带式工业拖拉机等施工机械或车辆牵引的碾压机械进行压实。这类压实机械主要有静力式、振动式光面碾、凸爪碾等。自行式压路机的类型如图5-1所示。

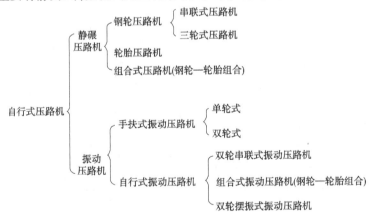

图5-1 自行式压路机的类型

3)按压实轮结构与作用形式分类

(1)根据压实轮结构形式,压路机可分为光轮式、凸块式、轮胎式和非圆滚轮式等。

(2)根据压实轮组合形式,压路机可分为轮胎—光轮组合式、振动—振荡组合式等。

(3)根据压实轮作用形式,振动压路机可分为振动式、振荡式和垂直振动式、冲击碾压式(非圆滚轮)等。

4) 按滚轮和轮轴数目分类

根据滚轮和轮轴数目,压路机有三种基本形式:二轮二轴式、三轮二轴式、三轮三轴式,如图 5-2 所示。

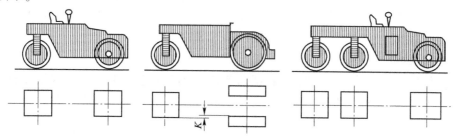

图 5-2 压路机按滚轮和轮轴数目分类

5) 按机重分类

根据工作质量的不同,压路机可分为轻型、小型、中型、重型和超重型(轻型≤4.5、中型为 5~8t、重型为 10~14t、超重型≥16t)。一般轻型机多为二轮二轴式,适用于压实人行道、简易路面和运动场地等;中型机有二轮二轴和三轮二轴式,前者多用于压实与压平各类路面,后者多用于压实路基、地基和初压铺砌层;重型机有三轮二轴和三轮三轴式,前者多用于最终压实路基,后者多用于最终压实和压平各类路面,尤其适合于压平沥青混凝土路面。

6) 按驱动轮数量分

根据驱动轮数量的不同,压路机可分为单轮驱动式、双轮驱动式和全轮驱动式。

7) 按传动机构形式分

根据传动机构形式的不同,压路机可分为机械传动式、液力机械传动式、液压机械传动式和全液压传动式。目前情况下,压路机的振动系统、转向系统一般都应用了全液压传动技术,因此压路机按照传动机构分类时,主要指的是行走系统的驱动形式。

8) 按转向方式分

根据转向方式的不同,压路机可分为前轮偏转转向式、双轮偏转转向式、单铰接转向式、单轮偏转与单铰接组合转向式和双铰接转向式等。其中,双轮偏转转向式、单轮偏转与单铰接组合转向式和双铰接转向式等结构形式的压路机可以实现蟹行功能。

表 5-5 为各种压路机的使用技术性能。

各种压路机的使用技术性能 表 5-5

压路机类型		应用技术性能		
名称	吨位(t)	最佳压实厚度(cm)	碾压次数	适用范围
自行式压路机	5	10~15	12~16	各类土及路面
	10	15~25	8~10	各类土及路面
	12	20~30	6~8	各类土及路面
拖式光轮压路机	5	10~15	8~10	各类土
拖式轮胎压路机	10	15~20	8~10	各类土
	25	25~45	6~8	各类土
	50	40~70	5~7	各类土
振动压路机	0.75	50	2	非黏性土
	6.5	120~150	2	非黏性土

5.1.2 几种常见形式的压路机简介

压路机较土方工程机械结构简单、性能单一，光面钢滚轮静碾压路机靠自重压实，其结构、工作原理等与其他行走机械类似，此处不作赘述。下面仅介绍凸爪碾、轮胎碾、振动碾、振荡碾、冲碾式压路机。

1) 凸爪碾压路机

光面钢滚轮压路机碾压实黏性土料，特别是高填土路基施工时，压实的深度比较小，土体表面容易形成硬壳，故光面碾压不适于压实黏性土，如在光面碾滚筒上加装若干个凸爪状物便成为非光面凸爪式压路机，如图 5-3 所示。

图 5-3 非光面凸爪式压路机外貌图

在非光面凸块式压路机中，有拖式凸爪碾[图 5-3a)]、自行式凸块碾[图 5-3b)、c)]等形式。凸爪碾上凸块的形状有正方形和呈梯形锥体状的，这样可减少凸块在插入和拔出时土的侧向移动。而且高速的(作业速度达 16~20km/h)凸爪碾，对土体尚能产生夯实和振实作用，提高了压实效果。从而得到密实的土体。

20 世纪 60 年代生产的凸爪碾大多是拖式的，近年来生产各类自行式铰接转向的凸爪碾，如图 5-3b)、c)所示，而且能兼用牵引车的动力来驱动滚筒内的振动机构，表面的凸块可制为装配式，光面与凸块选用装配式可互换，故使用性能更为完善。现今四个滚筒的自行式铰接转向的凸块碾特别受重视，其结构特点是：质量可达 25t 以上，滚筒内尚可加水或砂等配重；前方加装了推土板，可进行散土铺土作业；采用液压传动、全轮驱动和铰接转向等新技术；可高速运行(最高速度超过 20km/h)，操纵灵活而且牵引力大，故生产率高，能与大容量的土方运输车辆配套使用，实现综合机械化；凸块具有静压、夯实、揉搓和拌和等多种压实作用，因此对土质的适应性范围比较大。

2) 轮胎碾压路机

轮胎碾压路机如图 5-4 所示，一般以光面无花纹的充气轮胎为压实工具，利用碾的质量来压实土体。用弹性的轮胎碾压实土体与刚性光面碾的情况有所不同，最初在松土上碾压时，土体的沉陷量大，轮胎与地面的接触面积也大。经过反复多次碾压后，土体的强度得到提高，沉陷量便逐渐减小，接触面积也变小，因此接触压力增大，最后在碾压终了时更可达到设计接触压力。轮胎最终达到的接触压力随轮胎的负荷和轮胎内压力而定。加大轮胎内的压力，可提高接触压力强度。如果胎压不变，仅增大轮胎的负荷，接触压力不会

图 5-4 轮胎压路机外貌图

增大许多,但压实深度增大了,胎压的大小应根据土料性质和要求的密实度而定。过小的胎压不能产生需要的压强;如果胎压过大,就可能使土体表面产生剪力破坏,降低了土体表面的强度。与刚性碾相比,轮胎碾的压实效果较好。当压实终了时,由于轮胎碾与土体接触的面积要比刚性平碾的为大,如轮胎碾上有足够的压重,则它的压实深度就比平碾的为大。而且当轮胎碾滚过时,土体处于应力状态下的时间也要长些,因此可显著提高压实效果和减少碾压遍数。此外,轮胎碾的另一特点是可用改变轮胎气压的方法来调节接触压力的大小。因此,它适于各种性质的土体——黏性土和非黏性土的压实作业。

自行式轮胎碾有前后两轴,各装轮胎4~9只,一般前轴为转向轴,后轴为驱动轴。为了使所有轮胎辙迹盖满压实带的宽度,前后轮胎的辙迹是互相错开的,因此后轴轮胎数比前轴轮胎多一只。为了提高压实质量,使在不平整的地面上压实时也能保持机架的水平和每只轮胎的负荷均匀,一般采用三点支承式的液压悬挂。它的前轴轮胎是悬挂在相互连通的油缸上,每只轮胎均可独立上下移动。后轴分为两个轮组,可分别绕铰点摆动。也有采用气力悬挂的,可获得同样的效果。

轮胎碾适应土性质的范围广,对黏性土和砂砾料均能压实,而且压实的深度大,兼有静压和揉搓作用,压实效果好,压实遍数可少一些。国产YL30型自行式轮胎压路机,其自重20t,加载后可达30t,轮胎数为前5后6,压实宽度2.79m,爬坡能力20%,运行速度0~22.05km/h无级调速。

3) 振动压路机

振动碾(图5-5)因其具有压实效果好、生产效率高和节省能源等优点,在高等级公路路基路面压实中得到广泛应用。

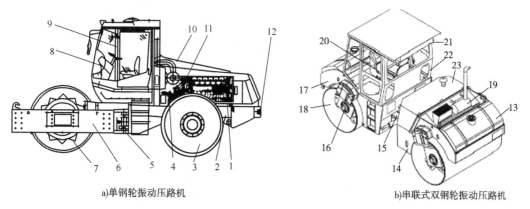

a) 单钢轮振动压路机　　　b) 串联式双钢轮振动压路机

图5-5　振动压路机整体结构

1-动力系统;2-后车架总成;3-后桥总成;4-液压系统;5-中心铰接架;6-前车架总成;7-振动轮总成;8-操纵系统总成;9-驾驶室总成;10-覆盖件总成;11-空调系统;12-电气系统;13-洒水系统;14-后车架;15-中心铰接架;16-液压系统;17-前车架;18-振动轮;19-动力系统;20-操纵台总成;21-空调;22-驾驶室;23-覆盖件

(1) 振动压实理论

振动碾的压实是依靠碾重静压力和振动力共同作用。振动力以压力波的方式向土体内传递,并能达到较大的深度。在振动作用下土颗粒间的摩擦力急剧降低,并在静压力作用下产生移动充填孔隙而达到密实状态。实验证明,振动碾对砂砾料以及含有大量石块的土压实非常有效,但对黏性土和料径均匀的粉砂的压实效果则较差。

目前,振动碾压实理论有共振、重复冲击、土颗粒运动内摩擦力减小等三种学说,即如果被压实土的固有频率和激振频率一致,则振动压实能达到最大的压实效果;振动在土体上产生周期性冲击作用,使土密实;由于土振动,土的内摩擦力急剧减小,使土的剪切强度下降,因此只要很小的作用力就能很容易压实;然而土的种类繁多,实际工况各异,影响压实过程的因素很多,各种学说对某些现象可圆满解释,而对另一些现象就无法说明,这还有待进一步试验研究。

在土的压实过程中,影响压实效果的因素主要有土的性质、含水率、颗粒级配、碾压速度、压路机整机质量、振动参数及碾压遍数等。多年来,国外生产振动压路机的公司通过大量试验和研究认为:

①进行土压实,压实设备的振动频率应比土的固有频率高几赫兹(Hz)。

进行沥青混合料压实,压实设备的振动频率要尽量高,但也不能过高,因为振动频率过高,将使机器受到损害,在 25~50Hz 之间有一个最佳值可供选择。

②如果其他因素(频率、振幅)不变,可增加振动压路机的整机质量。

土所受静、动压力的增加与压路机质量增加成正比,因此静荷载(线压力)是振动压路机的重要参数之一。

③在压实填石、颗粒状土时,压实速度对压实效果(特别是对厚层压实)有显著影响,压实土的速度以 2~4km/h 为好;压实沥青的速度以 8~10km/h 为宜,这样生产率高且不影响质量。

④在整个频率范围内,增加振幅,压实深度和压实效果将得到显著的改善。

进行大容量的土和厚层填石压实作业的振动压路机,采取高振幅并选择 25~28Hz 的振动频率最为合适。

⑤两轮振动碾,进行沥青面层的压实效果很好。

试验表明,当频率为 42~50Hz,振幅为 0.4~0.8mm 时压实效果最佳。

⑥在土处于最佳含水率,且土颗粒级配适宜时进行压实作业,能得到最好的压实效果。在压实时,沥青铺层温度高,所需碾压的遍数少,而当温度过低时,则难于达到满意的压实效果,甚至不能压实。

(2)振动压路机分类

按照行走方式振动压路机可分为拖式和自行式两类,见图 5-6。

①拖式振动压路机

a)拖式光面钢轮振动压路机　　b)拖式凸爪振动压路机

图 5-6　拖式振动压路机外形图

一般由履带式或轮式牵引车牵引作业,但它装有专用柴油机来驱动振动机构。拖式振动压路机分为拖式光面钢轮振动压路机[图 5-6a)]和拖式凸爪振动压路机[图 5-6b)]。

②自行式振动压路机

自行式振动压路机一般由振动滚筒和驱动单元两部分组成。它的行走和起振部分各自独立,分别驱动。行走部分采用机械传动或液力机械传动,而振动器的起振则普遍采用液压传动。现在的发展趋势是采用全液压传动。典型的自行式振动压路机有以下两种：

a. 胎与钢轮铰接式振动压路机（又称单钢轮振动压路机）

它的牵引单元为单轴轮胎牵引车，振动单元为装有液压振动器的振动光面碾（或凸爪碾），二者通过铰销连接，实现铰接转向，如图 5-7a）所示。由于采用轮胎驱动，与串联式双钢轮振动压路机的光面钢滚驱动相比，牵引力至少提高 1 倍，具有良好的驱动性能。但由于作业时，振动压实单元在前，驱动轮胎单元在后，因此振动滚筒所遇到的阻力仍然很大，现在有双驱的轮胎与钢轮铰接的振动压路机，即钢轮振动压实单元又是驱动单元。

b. 串联式双钢轮振动压路机

它有两只同样大小前后排列的光面滚筒，如图 5-7b）所示，一为驱动滚筒，另一为被拖动的振动滚筒。也有前后滚筒都是既驱动又振动的结构。转向方式，可分为铰接转向和滚筒转向两种，而且还有两滚筒均做成转向的，因而可实现斜行，形成一条更宽的压实带。新型的串联振动碾具有液压驱动、液压转向和液压振动的全液压传动特点，因此可实现无级调速和任选振动频率。

a）轮胎与钢轮铰接式振动压路机　　b）串联式振动压路机　　c）垂直振动压路机

图 5-7　振动压路机外形图

4）振荡压路机

1982 年，德国海姆公司（Hamm）根据瑞典乔戴纳米克咨询研究公司（Ceobynamik）提出的利用土力学中交变剪应变原理，使筑路材料颗粒重新排列而更加密实的压实新理论，开始研制振荡压路机。到目前为止，已制造出结构质量为 16t 的普通型（单钢轮、双驱动轮胎）、串联式（双钢轮）及组合式（单钢轮、多轮胎）振荡压路机等产品，分别适用于沥青混凝土路面、干硬性水泥混凝土路面和各种基层材料的压实作业。

振荡压路机振荡轮由压实滚筒、减振器和机架组成。振荡滚筒内安装三根轴：一根中心轴和两根偏心轴，如图 5-8 所示。由液压马达传出的动力驱动中心轴旋转，并通过中心轴经同步齿形带驱动对称布置的两根偏心轴转动，偏心轴转动产生的惯性偏心力使压实滚筒受交变转矩作用，滚筒发生振动，形成所谓"振荡"运动，并将"振荡"作用所产生的能量传给被压材料，对被压材料产生剪切作用并在机械重力的综合作用下使材料得以密实，达到理想的压实效果。

振荡压路机与传统的振动压路机相比，具有节省能源、减少机架及邻近地面的振动、改善驾驶员工作条件、延长机械使用寿命等一系列优点。在压实机理方面，由于振荡滚轮在作业时始终不离地面，可连续应用振荡产生的剪切作用与机械静载进行组合压实，因此振荡压实不会碾碎筑路材料，能有效防止表层振松，且压实效果好、表面平整。

5）冲碾式非圆滚轮压路机

冲碾式非圆滚轮压路机所使用的上下冲击、滚动碾压压实技术是一种用非圆形、大功率、连续滚动冲击压实技术，它具有运行速度快、施工工序少、工期短、成本低、应用范围广等优点，能够提高路基强度、稳定性和均匀性，防止不均匀沉陷而造成的路面损坏。连续滚动冲击压实

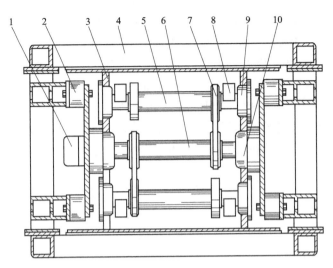

图 5-8 振荡压路机振荡轮

1-振荡电动机；2-减振器；3-振荡滚筒；4-机架；5-偏心轴；6-中心轴；7-同步齿形带；8-偏心块；9-偏心轴轴承；10-中心轴轴承座

过程中，压实轮的势能和动能周期性转化为集中的冲击能作用于地面，达到连续破碎和压实路面的目的，并可将破碎后的碎块直接压入地基，从而缩短路面维修工期，大幅度降低工程费用。

(1) 冲碾式非圆滚轮压路机基本构造

连续滚动冲碾压实的非圆滚轮压路机到目前已发展成十几种机具，压实轮分为 3、4、5、6 边形及实体、空体、可填式多种产品，如图 5-9 所示。

图 5-9 冲碾式非圆滚轮压路外形图

冲碾式非圆滚轮压路机压实装置结构如图 5-10 所示。破碎压实装置（即冲击装置）主要由压实轮组件、机架、连杆架、摆杆、行走车轮、连接头、防转器和液压缸组成。

(2) 冲碾式非圆滚轮压路机的压实原理

冲碾式非圆滚轮压路机的压实是依靠冲击力、振动力和碾静重压力三者共同作用（图 5-11），冲碾过程既可压实材料又可破碎旧沥青和水泥混凝土路面。

图 5-10 冲碾式非圆滚轮压路机结构示意图

1-牵引车；2-十字缓冲连接牵引机构；3-压实机机架；4-缓冲组件；5-举升机构；6-轮胎行走机构；7-非圆压实滚轮

冲碾式非圆滚轮压路机的工作原理：

①压实机质心位于最高时坠落而发生的冲量；

②压实轮以一定速度旋转和跳动引起的振动；

③压实轮静重在滚动过程中压实土基时做功。

冲碾式非圆滚轮压路机以其静止时的势能来标定，这个势能在轮体碾滚运动时产生动量，从而转化成很大的冲击力。如 6800-25 型冲击压路机质量为 15t，其势能 E 为 25kJ、冲击力为 250t，是压实轮质量的 16 倍。

冲碾式非圆滚轮压路机每次冲碾施压后,地面即被砸成波浪形,经3~5遍压实后,用平地机整平再冲碾,冲碾速度高,冲碾效果更好。

5.1.3 压实机械的生产率计算

碾压机械的生产率 Q 可由下式计算:

$$Q = \frac{1\,000Bhv}{n}k_B \quad (m^3/h) \quad (5-1)$$

式中:B——有铲压实宽度(m),等于碾宽减去搭接宽度(0.1~0.2m);

h——压实层的厚度(m);

v——压实作业速度(km/h);

n——压实遍数;

k_B——时间利用系数,根据现场作业条件确定:条件良好时,$k_B=0.6~0.8$;场地面积小,工作困难时,$k_B=0.4~0.6$。

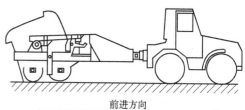
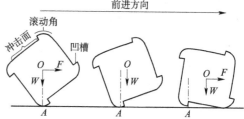

图5-11 冲碾式非圆滚轮压路机工作原理

5.2 路基的压实

5.2.1 路基压实

1) 压实的本质和意义

压实是用人工(不是天然)方法,使土体在压力作用下,克服土粒间的内聚力和摩擦力,破坏原有结构,使固体颗粒重新排列(大颗粒之间的间隙被小颗粒所填充,变得密实)达到新的平衡。压实的意义在于提高土的密实度(干密度),从而增强路基强度。土的密实度(干密度)是指单位体积土体内的干土粒的质量(g/cm^3),不包括土中水的质量。土在密实状态下抵抗外力而不被破坏的能力优于疏松状态,在日常生活和工程实践中是显而易见的。此处不再作深入的分析和解释。

水稳性是指路基抵御水侵害的能力。水对土路基的侵害形式有两种:浸泡和冻融。浸泡会使土变得松软,强度降低;冻融是指含在颗粒间的水当温度低于0℃时结冰,相同质量的水结冰后,固态下体积大于液态的体积,即所谓"冰膨"。体积大于液态水的冰膨胀会使土体中颗粒间的距离变大;当温度高于0℃后,冰变成水,然后会从土体中散失掉,因此使土体变成疏松状态,从而降低了强度。

路基的压实程度越高,它的强度和抵御水的侵害能力就越大。因此,路基的压实质量是提高公路土路基使用性能的决定因素。

2) 土的压实性

研究土的压实规律是为了合理地确定道路施工工艺。土的压实特性是道路施工实践的理论基础之一。下面扼要介绍土的压实特性及其对施工的指导意义。

(1) 压实作用深度

压实土层的密实度(干密度)随深度递减,通常表面50mm的密实度最高。土压实的这种特性的例证在日常生活中很容易找到:耕作土地,当行人反复从某一线段走过后,那里就成了

"人走出的路"。在人的重力(压力)作用下,疏松土变成了密实状态。然而,这种密实状态的土层并不很厚,只需用工具挖开表层的硬壳,便可发现下面的土仍是耕作层那样的疏松土。为什么压实土层的密实度会随深度递减呢?这里可以用"主动作用力消耗论"解释:因为土体表层土粒有效位移(小颗粒向大颗粒之间的间隙填充)的主动作用力,在逐次往下面层次传递过程中,必须克服土粒间位移的摩擦力和内聚力,所以越是往下层,可能产生有效移动的主动作用力越小,直到某层深时,主动作用力不足以克服土粒间的内聚力和摩擦力,压实作用也就到此层为止。

为保证路基的整体强度,使填筑路基的土层处处都能得到有效的压实,在路基填筑施工时,应根据压实机械的重量和作用模式(是否振动)及填筑材料(土质)的类型,合理确定松铺厚度,采用"分层填筑、分层压实"的施工工艺。

关于压实作用深度,目前存在下述观点。

①压实重量不变时,压实作用深度与土质条件有关:黏土有效压实深度小于沙土。这是因为黏土颗粒间的内聚力比沙土大,因此主动作用力的消耗随深度的增加较急剧。

②同种土质条件下,有效压实深度与压实质量有关:大吨位的压路机有效压实深度较大。其中的道理不言而喻,此处不再赘述。

③同吨位的压路机,压实同种类型的土,有效压实深度与压路机的作用模式(即静碾还是振动压实)有关,振动状态下的有效压实深度大于静力光面滚压。对于沙性土,振动状态的有效压实深度可达同吨位静力光轮压路机作用深度的1.5~2.5倍。这有两方面的原因:一是振动压实时,作用给土的力除了压路机自身质量G以外,还有惯性力(或称激振力)G_f,即主动作用力大于静碾状态;二是机械振动时,使土体发生振动。土体内大小颗粒的质量不同,质量不同的颗粒固有振频不同(固有振频与质量有关),因而受迫振动时的频率是不同的,于是振动时颗粒之间将发生时而贴紧,时而拉松的情形,产生某些颗粒间内聚力瞬时变小,从而给小颗粒向大颗之间间隙的移动创造了"契机"。人们把这种观点戏称为"契机假说"。

(2)压实土层的密实度与土体的含水率有关

水在土体中通常有三种形态存在,即液态、气态和固态。气态水(即水蒸气)在碾压过程中很容易被挤压出去散逸于大气中。液态水具有流动性,在碾压过程中很难被挤出土体,在压实后仍在土体中占据一定体积,会降低土压实后的密实度(干重度或干密度),这是水对压实过程的负面影响。模态水虽然占据一定体积,但已大大地失去了流动性,在固体颗粒表面裹覆成外衣形态。固体颗粒表面的"膜状外衣",对土压实过程有着正面的影响——它使土粒有效位移的摩擦阻力w_0大为减小,起到了一种"润滑剂"作用。综上所述,含水率太大或太小都会对压实过程产生不利影响。最合适的含水率称之为"最佳含水率",用w_0表示。所谓"最佳含水率"w_0是指:能使土体在同样压实条件下达到最大密实度(干重度或干密度)的含水率。

最佳含水率w_0的值不是一个固定不变的值。对于同一种土,最佳含水率w_0的值与压实质量有关:重吨位的压路机对应较小的值。这是因为重吨位压路机使土粒发生有效位移的主动作用力大,因而可以降低对"润滑"的要求。当压路机的吨位一定时,土的种类不同,最佳含水率w_0的值也不同。例如用6~8t的压路机测试,在此压实条件下各类土的最佳含水率w_0的值分别为:沙土$w_0=8\%\sim12\%$;黏土$w_0=19\%\sim23\%$;粉土$w_0=16\%\sim20\%$。欲使路基有较理想的压实效果,压实作业应在土最佳含水状态下进行。工程实践证明:自然状态下的土多数接近最佳含水率,所以在路基填筑施工中应及时碾压。

土的含水率不利于压实时,应采取措施予以调节。当土过干时,采用洒水后拌和或洒水渗透的方法使土的含水率增大;当土过湿时,通常采取挖开晾晒或掺入吸水好的干粉料,地下水位过高时,要采用挖沟排水的方法来降低土的含水率。

(3)压实遍数的有限性

土的含水率一定时,压实作用在质量不变的前提下土体的密实度(干密度)与压实遍数 n 的函数关系 $\delta = f(n)$ 是一个增函数,即随压实遍数的增多而增加。但其增长速率越来越小。工程实践证明,当 n 接近 10 时,随着 n 的增加,δ 不再增加。这是因为随遍数增加而增加的密实度,使土体中颗粒有效位移的阻力(摩擦力和内聚力)越来越大,当位移的阻力和主动作用力大小相等时,这种填充空隙的颗粒运动即告终止。

此压实特性告诉人们:工程实践中,用某吨位的压路机对路基碾压,压实遍数接近 10 遍,取样试验的结果仍然达不到工程标准要求时,不要企图采用靠增加遍数的方法达到压实要求,而应果断决策换用具有更佳压实效果的机械。

(4)压实作用强度的有限性

土在含水率和碾压遍数不变的前提下,压实土层的密实度(干密度)随压实质量的增加而增加;但作用压强超过土体强度时,密实度不但不会增加,反而由于土体结构将会破坏,使土体变得松散。这种现象在日常生活实际中也不难找到例证,例如用一个细杆会在土中捣出孔来。这是由于用杆对土压实时压强很大(由于单位接触面积小),其作用强度超过了土体强度,使土体遭到破坏所致。

该特性告诉人们:组织路基压实施工时,安排压实机械的顺序为:先用轻型压路机进行稳压,然后再用重型压路机进行复压和终压;或者用振动压路机碾压路基时,应该先用静力状态压实一两遍之后,再用振动状态进行碾压。以上这些工序的安排,是为了逐步提高路基强度,使之适应更大的压实作用强度而不致破坏土体。

3)路基压实标准

路基压实标准用压实度 K(也叫压实系数)表述。压实度 K 的定义式为 $K = \dfrac{\delta}{\delta_0}$,其意义为路基已经达到的密实度 d 与该种土在试验室条件下所能达到的最大密实度 δ_0 之比。请注意压实度和密实度虽然只有一字之差,但其含义和量纲是不同的。之所以用压实度作为标准,是因为各地用于填筑路基的土质有很大差异,它们所能达到的密实度(干密度)也就各不相同,很难一一列举工程所要求达到的密实度数值。因此取一些压实度 K 作为压实标准。

路堤的不同深度层次应达到的压实度是不同的。一般地区的公路从完工路基的最上方开始往下的 0.6m 之内,所要达到的 K 值大于 0.95;0.6m 以下所要求达到的 K 值大于 0.93。一些特殊地区(特旱区和特湿区)路基的压实标准在交通运输部颁布的标准中都可查到,路堑压实度也可查到。

现行的路基压实标准均采用新标准,即重型击实标准。新旧标准的不同之处在于求取 δ_0 的试验条件的差异。新标准的试验条件求取 δ_0 时,所用的击实功大,所以同样的土,在新旧条件下求取的 δ 值不同。虽然压实度 K 值一样(例如 0.95)按新标准施工时,路基压实的程度要比旧标准严格。这是由于汽车工业的发展,导致公路通行车辆的吨位增大后,对路的强度(承载能力)要求也相应提高了。

新铺的土方路基经压实是否达标,可按 $K = \dfrac{\delta}{\delta_0}$ 公式在施工现场和试验室求得 δ 值和 δ_0 值,经计算得出;也可用核子密度仪进行现场测量。对于碎石或卵石为主要材料铺填的所谓石方路基,通常用"车辙法"检测。其做法是用 12～15t 的静力作用式三轮压路机,在石方路基上行走,若见不到压路机走过的辙迹,即认为已达到压实标准。

5.2.2 压实作业参数

根据上述机理,在压实机械的选择和施工作业中就可根据施工组织形式、工程质量和技术要求、作业内容确定压路机的压实作业参数,以使压实质量和作业效率达到最佳。

就静力式压路机而言,压实作业参数主要有单位线压力、平均接地比压、碾压速度、碾压遍数及压实厚度等,轮胎式压路机还有轮胎气压,而振动压路机则还应有振频、振幅、激振力等。

1) 单位线压力

在选定机型时,其线压力不应超过碾压材料的强度极限,否则将引起土基破坏或石料的破碎。土的强度极限见表 5-6。一般石料强度和压路机单位线压力的关系见表 5-7。

碾压与夯实时土的强度极限　　　　表 5-6

土　类	土的极限强度					
	光面碾		轮胎碾		夯板(直径70～100cm)	
	kPa	kg/cm²	kPa	kg/cm²	kPa	kg/cm²
低黏性土(沙土、低液限黏土、粉土)	294～588	3～6	294～392	3～4	294～686	3～7
中等黏性土(粉质中低液土、中液限黏土)	588～980	6～10	392～588	4～6	686～1476	7～12
高黏性土(高液限黏土)	980～1470	10～15	588～784	6～8	1476～1960	12～20
极黏的土(很高液限黏土)	1470～1764	15～18	784～980	8～10	1960～2254	20～23

注:表中所列值均为最佳含水率下的土。

石料强度和压路机单位线压力的关系　　　　表 5-7

石料性质	软	中等	硬	极硬
石料名称	石灰岩砂岩	石灰岩砂岩 粗粒花岗岩	细粒花岗岩 正长岩、闪绿岩	闪绿岩、玄武岩 闪长岩、辉长岩
极限强度(kPa)	29.4～58.5	39.2～98	98～196	196 以上
路机单位线压力(kPa)	5880～6880	6880～7800	7800～9800	9800～12200

线压力与机械质量有关。一般地,土的含水率、铺层厚、压实度要求高的,选用重型机;反之,选用轻型机。不同土质选用振动压路机时,可参考表 5-8。面层材料碾压机型的线压力可按规范来确定。在压实各种路面材料选用静力式压路机时,可参考表 5-9。

振动压路机的选用　　　　表 5-8

	块石	沙、石		粉土、粉质土、非黏性土		黏土	
		优质级配	均匀粒级	粉质纱粉质石、冰石	粉土沙质粉土	低中强度黏土	高强度黏土
<3t 振动钢轮		△	△	△	△		
3～5t 振动钢轮		○	○	△	△	△	
5～10t 振动钢轮	△	○	○	○	○	△	△

续上表

	块石	沙、石		粉土、粉质土、非黏性土		黏土	
		优质级配	均匀粒级	粉质纱粉质石、冰石	粉土沙质粉土	低中强度黏土	高强度黏土
10～15t 振动钢轮	○	○	○	○			
凸爪式振动压路机			○	○	○	○	○

注：○-适用；△-可用。

选择碾压路面材料用静力式压路机的一些数据　　　表 5-9

路面铺筑层形式	各个碾压阶段所需压路机单位线压力(kPa)	各个阶段压路机行驶速度(km/h)	压路机质量(t)	压路机类型
泥夹碎石路面	2 940～3 720 4 900～6 800 7 840～11 760	1.5～2 1.5～2 3～4	5～8 7～8 12～15	二轮二轴 三轮二轴
沥青结合料表面处治泥夹沥青结合料	2 940～3 920	2～4	5～6 7～8	二轮二轴
沥青结合料浅贯入和深贯入路面	2 940～3 920 4 900～7 350	2～4	5～6 7～8	二轮二轴
沥青混合料路面	3 000～4 000 4 000～76 000 51 000～76 000	1.5～2 2.5～3 2～4	5～6 7～8 10～12	二轮二轴 三轮二轴 轮胎压路机
沥青碎石路拌路面	3 000～4 000 51 000～76 000	2～4	5～6 8～10	二轮二轴 三轮二轴

2) 碾压速度

压路机碾压速度的选择，受土或材料的压实特性、压路机的压实功能、工程技术和质量要求，以及压实层厚度、作业效率等因素的影响。例如，黏性土变形滞后现象明显，碾压速度不宜过高。又如，对铺筑层进行初压时，由于铺筑层变形大，压路机滚动阻力大，并且为使碾压作用传递深度大些，碾压速度也不宜过高。一般情况下，碾压速度高，作业效率高，但压实质量差；碾压速度低，压实厚度大，压实质量高，但作业效率低。

一般，压路机进行初压作业时，静光轮压路机适宜的碾压速度为 1.5～2km/h，轮胎式压路机碾压速度为 2.5～3km/h，振动压路机的碾压速度则为 3～4km/h。随着碾压遍数的增加，压路机进行复压和终压作业时，静光轮式压路碾压速度可增到 2～4km/h，轮胎式压路机碾压速度可增到 3～5km/h，振动压路机的碾压速度可增到 3～6km/h。

3) 碾压遍数

所谓碾压遍数是指相邻碾压轮迹重叠 0.2～0.3m，依次将铺筑层全宽压完为一遍，而不同地点如此碾压的往返次数。

碾压遍数和土质、含水率、铺层厚度、机械种类及质量等有关，一般压实遍数总要在 5～8 遍以上。在工地上为了决定最佳机种，合理的铺层厚度和压实遍数，要进行压实试验。试验时，选用有代表性的堆填材料堆成宽 5.0m、长 20m 左右的试验区段，就其 15cm、20cm、25cm、30cm 四种铺层厚度进行各种压实机械的压实试验，在不同压实遍数(如 1 次、2 次、3 次、5 次、

10次、15次)测量铺层的压实度和含水率,从而决定各机种的最佳压实遍数。路基所要求的压实度可参照表5-10。

路 基 压 实 度　　　　　　　表5-10

填挖类型	深度(cm)	路基压实度			
		高级路面	次高级路面	中级路面	低级路面
填方	0~80	0.95~0.98	0.90~0.98	0.85~0.95	0.80~0.90
	80~150	0.90~0.95	0.85~0.90	0.80~0.90	0.80~0.85
	150以下	0.85~0.95	0.80~0.90	0.80~0.85	0.80~0.85
零填方及0~30cm挖方		0.95~0.98	0.90~0.98	0.85~0.95	0.80~0.90

一般,在压实路基和路面基层时,需要碾压6~8遍;压实石料铺筑层时,需要碾压6~10遍;压实沥青混合料路面时,需要碾压8~12遍。采用振动压路机时,碾压遍数可相应减少。

一般,压实度和压实遍数的关系如图5-12所示。压实遍数为a时为最佳。不同机种对不同土质,在不同含水率时,其所需的碾压遍数是不同的。显然,小于a的碾压遍数,达不到压实度的要求,大于a的碾压遍数则效果甚微,应适当控制。对于含水率高的黏性土,若碾压过度,将出现弹性变形,强度反而降低。

4) 压实厚度

根据压路机作用力最佳作用深度,各种类型压路机均规定有适宜的压实厚度(表5-10)。压实厚度小,施工效率低,压实层表面易产生裂纹;压实厚度大,则铺筑层深部不易被压实。

压实厚度是以铺筑层松铺厚度来保证的,它们之间的关系为:松铺厚度 = 松铺系数 × 压实厚度。

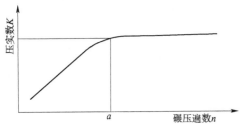

图5-12　压实度与碾压遍数的关系

所谓松铺系数是指压实干密度与松铺干密度的比值,需要通过试验的方法确定。根据施工作业方式和土的特性,土的松铺系数一般为1.3~1.6。

5) 振频和振幅

振频和振幅是振动压路机压实作业的重要性能参数。振频是指振动轮单位时间内振动的次数,其单位为Hz。振幅是指振动时振动轮离开地面的高度,其单位为mm。振幅参数一般是指标称振幅,即假设在完全弹性的表面上振动,振动轮完全自由地悬离地面的高度。实际振动压实时,实际振幅一般稍大于标称振幅。

振频高,被压实层表面平整度好;振幅大,作用在压实层上的激振力大。根据作业内容,振频与振幅相互协调,才能获得较理想的压实效果。一般,压实厚层路基时,应以低振频(25~30Hz)与高振幅(1.5~2.0mm)相配合进行振动压实,以期获得较大的激振力和压实作用深度,提高作业效率。压实薄层路面时,应以高振频(33~50Hz)与低振幅(0.4~0.8mm)相配合进行振动压实,以期获得单位距离内有较多的冲击次数,提高路面质量。

5.2.3　压实机械的选择

在进行压实作业之前,必须选择适当的压实机械。压实机械选择的主要依据是:被压实材料的种类、性质、颗粒组成、含水率和施工试验所确定的铺层厚度,还有施工条件、工程进度及所要求的压实度和各种压实机械的技术性能等。

5.2.4 压路机运行路线的选择

压实质量一靠碾压遍数,二靠碾压的均匀度来保证,而碾压的均匀度必须以机械正确的运行路线来保证。一般路基路面的碾压运行路线采用穿梭法(图5-13),大面积场地运行路线用螺旋法(图5-14)。

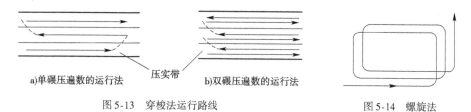

图5-13 穿梭法运行路线　　　　　　图5-14 螺旋法

机械在碾压过程中,压实轮经过的轮迹形成一条压实带。当机械由这一压实带转入另一压实带时,为保证碾压的均匀度,两带之间应有一定的重叠度(重叠部分的宽度)。

一般,对于路基填土碾压(或夯击)两碾压带的重叠度为15～20cm,在碾压路面时,两碾压带的重叠度,对于两轮两轴压路机为25～30cm,对于三轮压路机为主轮(后轮)宽度的1/3～1/2。

5.2.5 压路机的碾压程序

碾压程序和碾压遍数均由施工人员指定。一般程序是由边到中,由低到高。

由边到中,即在碾压道路时,以道路中心线为目标,从左右两边线开始,逐次压向中心,以保证一定的横坡度(形成路拱)。

由低到高,系指在碾压坡道时,应从坡底向坡上碾压,倒退时以原碾压带下行,在坡底转入新碾压带,再向上碾压,这样往复,以保证一定的纵坡度。在碾压设有超高的弯道时,由低的一侧向高的一侧碾压,以便形成单向超高横坡。

碾压道路是一种线性作业,从某一始点开始碾压完一段道路,形成一碾压面积后逐段延伸,直至碾压完整条道路为止。在形成碾压面积的过程中,为保证碾压的均匀度,必须注意碾压带的重叠度、碾压遍数和机械进退换向时停机点的变换。碾压面积推进的方法有矩形法和平行四边形法两种。

矩形法(图5-15):每一碾压区段的碾压面积(由于停机点的变换)近似矩形。在碾压区段①转移到碾压区段②时,开压的始点可以在同一边,亦可以在另一边。前者两次通过碾压宽度时,才压够要求的遍数;后者一次通过碾压全宽即压够要求的遍数。

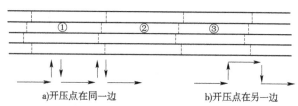

a)开压点在同一边　　b)开压点在另一边

图5-15 碾压面矩形推进法

平行四边形法(图5-16):每一碾压区段的碾压面积呈平行四边形,在碾压区段的转换中,开压始点不在同一边。此法采用碾压遍数为双数的运行路线。为了实现平行四边形的碾压段,压路机前进距离 L_1 和后退距离 L_2 之间有如下式的关系:

$$L_2 = \left(1 - \frac{2}{p \cdot n}\right) \times L_1$$

式中:n——碾压遍数;

p——路宽压实带分值。

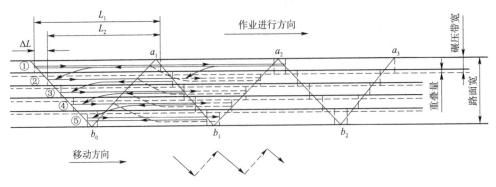

图 5-16 平行四边形推进法

平行四边形法碾压区段的形成和碾压遍数的关系如图 5-17 所示。只要适当选择 L_1 和 L_2 就可实现 4 的倍数的多遍压实。此法碾压有规律,压实遍数和均匀度易于控制,可利用自控装置辅助操纵压路机进行施工,压实质量高,适用于沥青面层的碾压。

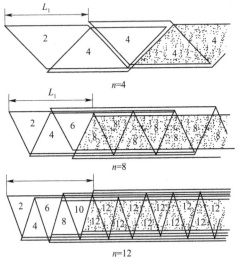

图 5-17 碾压区段的形成与碾压遍数的关系

此外,选用压路机时还应考虑压路机的结构形式,压实层的底基层强度和整体稳定性等因素。

一般而言,在单位线压力相同的情况下,压路机碾压轮直径小,单位作用力大,压实功能高;而碾压轮直径大的压路机,则能使压实层表面不易产生裂纹。在总质量相同的情况下,三轮压路机的单位线压力比两轮压路机大,压实功能也稍高。在其他情况相同的条件下,全驱动压路机能够提高压实质量。

5.2.6 路基的压实

为了提高工程质量,延长道路使用寿命,路基必须经过充分的压实。

对于石质路基,以选用重型振动压路机进行振动压实为宜。而静力式压路机对石质路基的压实效果不理想。对于土质路基,各种类型压路机均有较好的适应性,这里主要介绍土质路基的压实。

1) 路基压实作业的一般方法

首先,根据路基土质特性和所选用的压路机压实功能,确定适宜的压实厚度(表 5-11)。

几种类型压路机适宜的压实厚度　　　　表 5-11

压路机类型	适宜的压实厚度(cm)	碾压遍数	适应土种类
8~10t 静光轮压路机	15~20	8~12	非黏性土
10~20t 静光轮压路机	20~25	6~8	非黏性土
9~20t 轮胎压路机	20~30	6~8	亚黏土、非黏性土
30~50t 拖式静光轮压路机	30~50	4~8	各类土
2~6t 拖式凸爪压路机	20~30	6~10	黏性土
18t 拖式振动压路机	30~40	6~8	砂砾土、碎石
21t 振动压路	30~40	6~8	非黏性土

然后,测定土的含水率。含水率应控制在最佳含水率的±2%范围之内。表5-12为各类土的最佳含水率。土的含水率一般是由工程技术人员通过试验方法测定后,通知压路机驾驶员。驾驶员也可以通过简易方法判断土的含水率。通常"手握成团,没有水痕,离地1m,落地散开",即可说明土的含水率接近最佳含水率。

几种土的最佳含水率　　　　　　　表5-12

土的种类	沙土	亚沙土	粉土	亚黏土	黏土
最佳含水率(%)	8~12	9~15	16~22	12~15	19~23

其次,压路机驾驶员应在作业前,检查和调整压路机各部位及作业参数,保证压路机正常的技术状况和作业性能。

在压实作业中,压路机驾驶员应与工程技术人员配合,随时掌握和了解压实层的含水率及压实度的变化,遵从技术人员的指导。

路基的压实作业可按初压、复压和终压三个步骤进行。

(1)初压

初压是指对铺筑层进行的最初一两遍的碾压作业。初压的目的是使铺筑层表层形成较稳定、平整的承载层,以利压路机以较大的作用力进行进一步的压实作业。一般是采用重型履带式拖拉机或羊脚碾进行路基的初压,也可用中型静压式压路机或振动式压路机以静力碾压方式进行初压作业。

初压时,碾压速度应不超过1.5~2km/h。初压后,需要对铺筑层进行整平。

(2)复压

复压是指继初压后的5~8遍作业。复压的目的是使铺筑层达到规定的压实度。它是压实的主要作业阶段。

复压作业中,应尽可能发挥压路机的最大压实功能,以使铺筑层迅速达到规定的压实度。例如,增加压路机配重,调节轮胎气压,使单位线荷载和平均接地比压达到最佳状况;调整振频和振幅,使振动压实功能最佳。

复压作业,碾压速度应逐渐增大。静光轮压路机取2~3km/h,轮胎式压路机为3~4km/h,振动压路机为3~6km/h。

复压作业中,应随时测定压实度,以便做到既达到压实度标准,又不过度碾压。

(3)终压

终压是指继复压之后,对每一铺筑层竣工前所进行的一两遍碾压作业。终压的目的是使压实层表面平整。一般在分层修筑路基时,只在最后一层实施终压作业。

终压作业,可采用中型静力式压路机或振动压路机以静力碾压方式进行碾压,碾压速度可适当高于复压时的速度。

采用振动压路机或羊脚碾压路机进行分层压实时,由于表层会产生松散现象,因此可将该层10cm左右厚度算作下一铺筑层之内进行压实,这样就可不进行终压压实。

路基的压实作业,应遵循"先轻后重、先凸后光、先慢后快、先边后中、先低后高、先静后振"的原则。

①先轻后重,是指开始时先使用轻型压路机进行初压,然后再换重型压路机进行复压。

②先凸后光,是指开始时先使用凸爪式压路机进行反复滚压,然后再换成光面钢滚轮压路机进行碾压。

③先慢后快,是指压路机碾压速度随碾压遍数增加而逐渐加快。

④先边后中,是指碾压作业中始终坚持从路基两侧开始,逐渐向路基中心移动的碾压原则,以保证路基设计拱形和防止路基两侧的塌落。

⑤先低后高,是指纵坡碾压作业中从路基低处开始,逐渐向纵坡高处移动的碾压原则,以防止纵坡路基填土碾压作业开始碾压时被向下推移。

⑥先静后振,指开始时先使用静力式压路机进行稳压,然后再换振动压路机进行复压。

2) 边坡的碾压

路堤填土的坡面应该充分压实,而且要符合设计截面。如果边坡面层和路堤整体相比压得不够密实,下大雨时,由于表层流水洗刷和渗透,而发生滑坡、崩溃和路侧下沉等现象,因此,边坡碾压不可忽视。

边坡面施工有剥土坡面施工和堆土坡面施工两种方法。

剥土坡面施工,路堤堆土要加宽,经正常的填土碾压后,再将坡面没有压实的土铲除并修整坡面,如用液压挖掘机对坡面进行整形(图5-18)。

堆土坡面施工,系采用碾压坡面的方法,碾压机械可用振动压路机、推土机或挖掘机作业等。

坡面的坡度在1:1.8左右时,要先粗拉线放坡,用自重3t以上的振动压路机从填土的底部向上滚动,并振动压实(图5-19)。压路机下行时不要振动。压路机的上下运动,用装在推土机后的卷扬机来操纵。

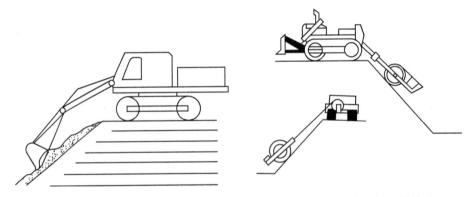

图5-18 用液压挖掘机对坡面整型　　图5-19 用振动压路机压实坡面

土质良好时,可以利用推土机在斜坡上下行驶碾压(图5-20)。对含水率高的黏性土,可使用湿地推土机进行碾压。

此外,坡面还可以利用装有夯板的挖掘机来拍实。若用人工拍实则应注意其压实度。

3) 台背回填的压实

桥梁、箱形涵洞等构筑物和填土相连接部分(图5-21),一般在行车后,连接部发生不同沉陷,使路面产生高差导致损坏,影响正常交通。究其原因,除基础地基和填土下沉外,碾压不足亦为其一,因此台背回填的压实工作必须认真做好。

台背回填用土最好采用容易压实的压缩性小的材料。当能用大型压实机械进行充分压实时,选用粒度分布良好者即可。

在压实施工中,将路堤端挖成一定的坡面(1:1.0~1:2.0 或更小):坡面呈台阶形,清理中间的废土,分层铺层厚度在20cm以下,底部用小型振动压实机(小型夯锤、振动夯板等),上部用轮胎压路机仔细压实。为使构筑物两侧受压均匀,在填土时,要从构筑物两侧平均薄填施压,不要一侧施压。若用大型机械压实时,必须有大的填场地,但构筑物侧仍应用小型机械。

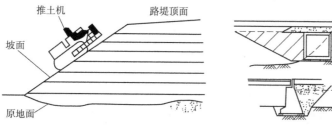

图5-20 用推土机压实坡面   图5-21 里填构造

4)路基压实作业中的注意事项

(1)碾压时,相邻碾压轮应相互重叠20~30cm。

(2)压实作业时,应随时掌握压实层的含水率,只有在最佳含水率时,压实效果才最好。

(3)保证当天铺筑,当天压实。

(4)碾压中,土体出现"弹簧"现象,应立即停止碾压,并采取相应措施,待含水率降低后再进行碾压。对于局部"弹簧"现象,也应及时处理,不然会造成路基强度不均匀,留下隐患。

(5)碾压时,若压实层表层出现起皮、松散、裂纹等现象,应及时查明原因,采取措施处理后再继续碾压。一般,土的含水率低,压路机单位线压力高,碾压遍数过多及土质不良等原因易造成上述不良现象。

(6)碾压作业中,应随时注意路基边坡及铺筑层土体的变化情况,出现异常,及时处理,以免发生陷车或翻车事故。一般,碾压轮外侧面距路缘不小于30~50cm,山区公路则距沟崖边缘不小于100cm。

(7)遇到死角或作业场地狭小的地段,应换用机动性好的小型压实机械,予以压实。切不可漏压,以免路基强度不均匀,留下隐患。

(8)每班作业结束后,应将压路机驶离新铺筑的路基,选择硬实平坦、易于排水的地段停放。

【拓展知识】软土地基处治及机机械化施工

1.常见不良地基土种类及其特点

(1)软黏土

软黏土也称软土,是软弱黏性土的简称。它形成于第四纪晚期,属于海相、泻湖相、河谷相、湖沼相、溺谷相、三角洲相等的黏性沉积物或河流冲积物,多分布于沿海、河流中下游或湖泊附近地区。常见的软弱黏性土是淤泥和淤泥质土。软土的物理力学性质包括如下几个方面。

①物理性质

黏粒含量较多,塑性指数I_p一般大于17,属黏性土。软黏土多呈深灰、暗绿色,有臭味,含有机质,含水率较高,一般大于40%,而淤泥也有大于80%的情况。孔隙比一般为1.0~2.0,其中孔隙比为1.0~1.5时称为淤泥质黏土,孔隙比大于1.5时称为淤泥。由于其高黏粒含量、高含水率、大孔隙比,因而其力学性质也就呈现与之对应的特点——低强度、高压缩性、低渗透性、高灵敏度。

②力学性质

软黏土的强度极低,不排水强度通常仅为5~30kPa,表现为承载力基本值很低,一般不超过70kPa,有的甚至只有20kPa。软黏土尤其是淤泥灵敏度较高,这也是区别于一般黏土的重要指标。

软黏土的压缩性很大。压缩系数大于$0.5MPa^{-1}$,最大可达$45MPa^{-1}$,压缩指数为0.35～0.75。通常情况下,软黏土层属于正常固结土或微超固结土,但有些土层特别是新近沉积的土层有可能属于欠固结土。

渗透系数很小是软黏土的又一重要特点,一般在10.5～10.8cm/s之间,渗透系数小则固结速率就很慢,有效应力增长缓慢,从而沉降稳定慢,地基强度增长也十分缓慢。这一特点是严重制约地基处理方法和处理效果的重要方面。

③工程特性

软黏土地基承载力低,强度增长缓慢;加荷后易变形且不均匀;变形速率大且稳定时间长;具有渗透性小、触变性及流变性大的特点。常用的地基处理方法有预压法、置换法、搅拌法等。

(2) 杂填土

杂填土主要出现在一些老的居民区和工矿区内,是人们的生活和生产活动所遗留或堆放的垃圾土。这些垃圾土一般分为三类,即建筑垃圾土、生活垃圾土和工业生产垃圾土。不同类型的垃圾土、不同时间堆放的垃圾土很难用统一的强度指标、压缩指标、渗透性指标加以描述。

杂填土的主要特点是无规划堆积、成分复杂、性质各异、厚薄不均、规律性差。因而同一场地表现为压缩性和强度的明显差异,极易造成不均匀沉降,通常都需要进行地基处理。

(3) 冲填土

冲填土是人为的用水力冲填方式而沉积的土。近年来多用于沿海滩涂开发及河漫滩造地。西北地区常见的水坠坝(也称冲填坝)即是冲填土堆筑的坝。冲填土形成的地基可视为天然地基的一种,它的工程性质主要取决于冲填土的性质。冲填土地基一般具有如下一些重要特点。

①颗粒沉积分选性明显,在入泥口附近,粗颗粒较先沉积,远离入泥口处,所沉积的颗粒变细;同时在深度方向上存在明显的层理。

②冲填土的含水率较高,一般大于液限,呈流动状态。停止冲填后,表面自然蒸发后常呈龟裂状,含水率明显降低,但下部冲填土当排水条件较差时仍呈流动状态,冲填土颗粒越细,这种现象越明显。

③冲填土地基早期强度很低,压缩性较高,这是因冲填土处于欠固结状态。冲填土地基随静置时间的增长逐渐达到正常固结状态。其工程性质取决于颗粒组成、均匀性、排水固结条件以及冲填后静置时间。

(4) 饱和松散砂土

粉砂或细砂地基在静荷载作用下常具有较高的强度。但是当振动荷载(地震、机械振动等)作用时,饱和松散砂土地基则有可能产生液化或大量震陷变形,甚至丧失承载力。这是因为土颗粒松散排列并在外部动力作用下使颗粒的位置产生错位,以达到新的平衡,瞬间产生较高的超静孔隙水压力,有效应力迅速降低。对这种地基进行处理的目的就是使它变得较为密实,消除在动荷载作用下产生液化的可能性。常用的处理方法有挤出法、振冲法等。

(5) 湿陷性黄土

在上覆土层自重应力作用下,或者在自重应力和附加应力共同作用下,因浸水后土的结构破坏而发生显著附加变形的土称为湿陷性土,属于特殊土。有些杂填土也具有湿陷性。广泛分布于我国东北、西北、华中和华东部分地区的黄土多具湿陷性(这里所说的黄土泛指黄土和黄土状土。湿陷性黄土又分为自重湿陷性和非自重湿陷性黄土,也有的老黄土不具湿陷性)。在湿陷性黄土地基上进行工程建设时,必须考虑因地基湿陷引起附加沉降对工程可能造成的危害,选择适宜的地基处理方法,避免或消除地基的湿陷或因少量湿陷所造成的危害。

(6) 膨胀土

膨胀土的矿物成分主要是蒙脱石,它具有很强的亲水性,吸水时体积膨胀,失水时体积收缩。这种胀缩变形量往往很大,极易对建筑物造成损坏。膨胀土在我国的分布范围很广,如广西、云南、河南、湖北、四川、陕西、河北、安徽、江苏等地均有不同范围的分布。膨胀土是特殊土的一种,常用的地基处理方法有换土、土性改良、预浸水,以及防止地基土含水率变化等工程措施。

(7) 含有机质土和泥炭土

当土中含有不同的有机质时,将形成不同的有机质土,在有机质含量超过一定含量时就形成泥炭土,它具有不同的工程特性,有机质的含量越高,对土质的影响越大,主要表现为强度低、压缩性大,并且对不同工程材料的掺入有不同影响等,对直接工程建设或地基处理构成不利的影响。

(8) 山区地基土

山区地基土的地质条件较为复杂,主要表现在地基的不均匀性和场地稳定性两个方面。由于自然环境和地基土的生成条件影响,场地中可能存在大孤石,场地环境也可能存在滑坡、泥石流、边坡崩塌等不良地质现象。它们会给建筑物造成直接的或潜在的威胁。在山区地基建造建筑物时要特别注意场地环境因素及不良地质现象,必要时对地基进行处理。

(9) 岩溶(喀斯特)

在岩溶(喀斯特)地区常存在溶洞或土洞、溶沟、溶隙、洼地等。地下水的冲蚀或潜蚀使其形成和发展,它们对结构物的影响很大,易于出现地基不均匀变形、崩塌和陷落。因此在修建结构物之前,必须进行必要的处理。

2. 软土地基机械化施工处理方案

(1) 置换法

①换填法

就是将表层不良地基土挖除,然后回填有较好压密特性的土进行压实或夯实,形成良好的持力层,从而改变地基的承载力特性,提高抗变形和稳定能力。

施工要点:将要转换的土层挖尽,注意坑边稳定;保证填料的质量;填料应分层夯实。

②振冲置换法

利用专门的振冲机具,在高压水射流下边振边冲,在地基中成孔,再在孔中分批填入碎石或卵石等粗粒料形成桩体。该桩体与原地基土组成复合地基,达到提高地基承载力、减小压缩性的目的。

施工注意事项:碎石桩的承载力和沉降量很大程度取决于原地基土对其的侧向约束作用。该约束作用越弱,碎石桩的作用效果越差。因而该方法用于强度很低的软黏土地基时必须慎重行事。

③夯(挤)置换法

利用沉管或夯锤的办法将管(锤)置入土中,使土体向侧边挤开,并在管内(或夯坑)放入碎石或砂等填料。该桩体与原地基土组成复合地基,由于挤、夯使土体侧向挤压,地面隆起,土体超静孔隙水压力提高,当超静孔隙水压力消散后土体强度也有相应的提高。

施工注意事项:当填料为透水性好的砂及碎石料时,是良好的竖向排水通道。

(2)预压法

①堆载预压法

在建造建筑物之前,用临时堆载(砂石料、土料、其他建筑材料、货物等)的方法对地基施加荷载,给予一定的预压期。使地基预先压缩完成大部分沉降并使地基承载力得到提高后,卸除荷载再建造建筑物。

施工工艺与要点:

a.预压荷载一般宜取等于或大于设计荷载。

b.大面积堆载可采用自卸汽车与推土机联合作业,对超软土地基的第一级堆载用轻型机械或人工作业。

c.堆载的顶面宽度应小于建筑物的底面宽度,底面应适当放大。

d.作用于地基上的荷载不得超过地基的极限荷载。

②真空预压法

在软黏土地基表面铺设砂垫层,用土工薄膜覆盖且周围密封。用真空泵对砂垫层抽气,使薄膜下的地基形成负压。随着地基中气和水的抽出,地基土得到固结。为了加速固结,也可采用打砂井或插塑料排水板的方法,即在铺设砂垫层和土工薄膜之前打砂井或插排水板,达到缩短排水距离的目的。

施工要点:先设置竖向排水系统,水平分布的滤管埋设宜采用条形或鱼刺形,砂垫层上的密封膜采用2~3层的聚氯乙烯薄膜,按先后顺序同时铺设。面积大时宜分区预压;做好真空度、地面沉降量、深层沉降、水平位移等观测;预压结束后,应清除砂槽和腐殖土层,应注意对周边环境的影响。

③降水法

降低地下水位可减少地基的孔隙水压力是,增加上覆土自重应力,使有效应力增加,从而使地基得到预压。这实际上是通过降低地下水位,靠地基土自重来实现预压目的。

施工要点:一般采用轻型井点、喷射井点或深井井点;当土层为饱和黏土、粉土、淤泥和淤泥质黏性土时,此时宜辅以电极相结合。

④电渗法

在地基中插入金属电极并通以直流电,在直流电场作用下,土中水将从阳极流向阴极形成电渗。不让水在阳极补充而从阴极的井点用真空抽水,这样就使地下水位降低,土中含水率减少,从而地基得到固结压密,强度提高。电渗法还可以配合堆载预压用于加速饱和黏性土地基的固结。

(3)压实与夯实法

①表层压实法

采用人工夯、低能夯实机械、碾压或振动碾压机械对比较疏松的表层土进行压实,也可对分层填筑土进行压实。当表层土含水率较高或填筑土层含水率较高时可分层铺垫石灰、水泥进行压实,使土体得到加固。

②重锤夯实法

重锤夯实就是利用重锤自由下落所产生的较大夯击能来夯实浅层地基,使其表面形成一层较为均匀的硬壳层,获得一定厚度的持力层。

施工要点:施工前应试夯,确定有关技术参数,如夯锤的重量、底面直径及落距、最后下沉量及相应的夯击遍数和总下沉量;夯实前,槽、坑底面的高程应高出设计高程;夯实时地基土的含水率应控制在最佳含水率范围内;大面积夯时应按顺序;基底高程不同时应先深后浅;冬季施工土已冻结时,应将冻土层挖去或通过加热法将土层融解;结束后,应及时将夯松的表土清除或将浮土在接近1m的落距夯实至设计高程。

③强夯

强夯是强力夯实的简称。将很重的锤头从高处自由下落,对地基施加很高的冲击能,反复多次夯击地面,地基土中的颗粒结构发生变化,土体变得密实,从而能较大限度地提高地基强度和降低压缩性。

其施工工艺流程为:

a. 平整场地。

b. 铺级配碎石垫层。

c. 强夯置换设置碎石墩。

d. 平整并填级配碎石垫层。

e. 满夯一遍。

f. 找平,并铺土工布。

g. 回填风化石渣垫层,用振动碾碾压8遍。

一般在大型强夯施土前,都应选择面积不大于400m^2的场地进行典型试验,以便取得数据,指导设计与施工。

(4)挤密法

①振冲密实法

利用专门的振动冲击式机械产生的重复水平振动和侧向挤压作用,使土体的结构逐步破坏,孔隙水压力迅速增大。由于结构破坏,土粒有可能向低势能位置转移,这样土体由松变密。

施工工艺:

a. 平整施工场地,布置桩位。

b. 施工车就位,振冲器对准桩位。

c. 启动振冲器,使之徐徐沉入土层,直至加固深度以上30~50cm,记录振冲器经过各深度的电流值和时间,提升振冲器至孔口;再重复以上步骤1~2次,使孔内泥浆变稀。

d. 向孔内倒入一批填料,将振冲器沉入填料中进行振实并扩大桩径。重复这一步骤直至该深度电流达到规定的密实电流为止,并记录填料量。

e. 将振冲器提出孔口,继续施工上节桩段,一直完成整个桩体振动施工,再将振冲器及机具移至另一桩位。

f. 在制桩过程中,各段桩体均应符合密实电流、填料量和留振时间三方面的要求,基本参数应通过现场制桩试验确定。

g. 施工场地应预先开设排泥水沟系,将制桩过程中产生的泥水集中引入沉淀池,池底部厚泥浆可定期挖出送至预先安排的存放地点,沉淀池上部比较清的水可重复使用。

h. 最后应挖去桩顶部1m厚的桩体,或用碾压、强夯(遍夯)等方法压实、夯实,铺设并压实垫层。

②沉管砂石桩(碎石桩、灰土桩、OG桩、低标号桩等)

利用沉管制桩机械在地基中锤击、振动沉管成孔或静压沉管成孔后,在管内投料,边投料边上提(振动)沉管形成密实桩体,与原地基组成复合地基。

③夯击碎石桩(块石墩)

利用重锤夯击或者强夯方法将碎石(块石)夯入地基,在夯坑里逐步填入碎石(块石)反复夯击以形成碎石桩或块石墩。

(5)拌和法

①高压喷射注浆法(高压旋喷法)

以高压力使水泥浆液通过管路从喷射孔喷出,直接切割破坏土体的同时与土拌和并起部分置换作用。凝固后成为拌和桩(柱)体,这种桩(柱)体与地基一起制成复合地基。也可以用这种方法制成挡土结构或防渗结构。

②深层搅拌法

深层搅拌法主要用于加固饱和软黏土。它利用水泥浆体、水泥(或石灰粉体)作为主固化剂,应用特制的深层搅拌机械将固化剂送入地基土中与土强制搅拌,形成水泥(石灰)土的桩(柱)体,与原地基组成复合地基。水泥土桩(柱)的物理力学性质取决于固化剂与土之间所产生的一系列物理—化学反应。固化剂的掺入量及搅拌均匀性和土的性质是影响水泥土桩(柱)性质以至复合地基强度和压缩性的主要因素。

施工工艺:钻进喷浆搅拌→提升搅拌喷浆→重复钻进喷浆搅拌→重复提升搅拌→当搅拌轴钻进、提升速度为 $0.65 \sim 1.0 \mathrm{m/min}$ 时,应重复搅拌一次→成桩完毕,清理搅拌叶片上包裹的土块及喷浆口,桩机移至另一桩位施工。

(6)加筋法

①土工合成材料

土工合成材料是一种新型的岩土工程材料。它以人工合成的聚合物,如塑料、化纤、合成橡胶等为原料,制成各种类型的产品,置于土体内部、表面或各层土体之间,发挥加强或保护土体的作用。土工合成材料可分为土工织物、土工膜、特种土工合成材料和复合型土工合成材料等类型。

②土钉墙技术

土钉一般是通过钻孔、插筋、注浆来设置,但也有通过直接打入较粗的钢筋和型钢、钢管形成土钉。土钉沿通长与周围土体接触,依靠接触界面上的黏结摩阻力,与其周围土体形成复合土体,土钉在土体发生变形的条件下被动受力。其主要通过受剪工作对土体进行加固,土钉一般与平面形成一定的角度,故称之为斜向加固体。土钉适用于地下水位以上或经降水后的人工填土、黏性土、弱胶结砂土的基坑支护和边坡加固。

③加筋土

加筋土是将抗拉能力很强的拉筋埋置于土层中,利用土颗粒位移与拉筋产生的摩擦力使土与加筋材料形成整体,减少整体变形和增强整体稳定。拉筋是一种水平向增强体。一般使用抗拉能力强、摩擦系数大而耐腐蚀的条带状、网状、丝状材料,例如镀锌钢片、铝合金、合成材料等。

(7)灌浆法

灌浆法是利用气压、液压或电化学原理将能够固化的某些浆液注入地基介质中或建筑物与地基的缝隙部位。灌浆的浆液可以是水泥浆、水泥砂浆、黏土水泥浆、黏土浆、石灰浆及各种化学浆材如聚氨酯类、木质素类、硅酸盐类等。根据灌浆的目的可分为防渗灌浆、堵漏灌浆、加固灌浆和结构纠倾灌浆等。按灌浆方法可分为压密灌浆、渗入灌浆、劈裂灌浆和电化学灌浆。灌浆法在水利、建筑、道桥及各种工程领域有着广泛的应用。

[**思考题**]

1. 压实机械有哪几类？各用在什么地方？
2. 轮胎式、振动式、冲碾式压路机各有什么碾压特点？
3. 根据已学知识，举例说明，在路基路面压实中，各类压实机械是如何配套使用的。
4. 压实作业时正确选择压实作业参数有何意义？如何选择？
5. 试述路基压实作业的基本步骤和应遵循哪几种压实原则及其意义。
6. 影响路基压实效果的因素有哪些？他们对压实效果有何影响？
7. 在路基机械化施工中压实效果采用什么标准检测？
8. 试述路基压实的常用方法。
9. 试述常见软土地基土的种类及其特点。
10. 针对不同的软基机械化施工处理方案有哪几种？

单元六　路基石方机械化施工

在公路路基修建过程中,除了需要填筑土方路堤、开挖土方路堑外,常常在路线通过山岭、丘陵及沿溪傍山地带时,会遇到集中或分散的岩层和大块石,此时修筑的关键是进行石方工程施工。路基石方机械化施工主要是利用挖、铲机械直接挖运或借助于石方工程机械打眼,安装炸药爆破后,利用挖装运机械开挖路堑、填筑路堤的施工。前者仅适用于石质疏松的风化石方工程,后者是石方施工的常用方法。

另外,在公路施工中,除了路基的挖填任务外,还需供应大量的块石与各种规格的碎石,这些石料是开采和加工出来的,对石料进行开采和加工的机械设备,称为石方工程机械。石方工程机械主要有空气压缩机、凿岩机、破碎机、筛分机和石料联合破碎筛分设备等。

6.1　常用的石方工程机械

6.1.1　空气压缩机

1) 空气压缩机的用途和分类

空气压缩机(简称空压机)是一种以内燃机或电动机作为动力,将自由空气压缩成高压空气的机械。由它制配的压缩空气是各种风动凿岩等机具的动力来源,可驱动凿岩机钻凿爆破眼孔;驱动气镐气锹疏松硬土、冻土和破除冰块;驱动带锯和圆锯进行木材的开采和加工以及驱动混凝土振捣器捣固混凝土等。因此,有时又将空压机称为二次动力机械。

空气压缩机的分类方法较多,一般按其工作原理的不同,可分为往复式和旋转式两大基本类型。

往复式又称活塞式,这种空压机是一种较早的产品,它是依靠活塞在汽缸中的往复运动来制配压缩空气的,目前在筑路工程中应用很普遍,其外貌见图6-1。

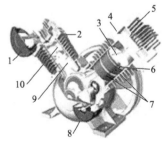

图6-1　活塞式空压机外貌及结构图

1-吸入过滤器;2-汽缸;3-活塞;4-气阀;5-高效冷却气缸盖;6-活塞环;7-制导圆环;8-曲轴箱过滤器;9-连杆;10-活塞销

图6-2　旋转式空压机外貌图

旋转式空压机是一种新型产品,目前使用较多的有旋转滑片式和旋转螺杆式两种。它们利用旋转的滑片或螺杆通过容积的变化将自由空气不断地吸入、压缩和排出。旋转式空压机具有体积小、质量轻、结构简单、维修方便等优点,是今后空压机的发展方向,其外貌见图6-2。

另外,按空气在一个循环内被压缩次数的不同,空气压缩机可分为单级式、双级式和多级式三种类型;按活塞工作面的不同,可分为单作用式和双作用式两种类型,双作用式空压机的活塞在汽缸中的往复运动都对气体有压缩作用,故压气量高于单作用式空压机;按压缩机安装方式的不同,可分为移动式、半固定式和固定式三种类型。

在筑路工程中,活塞式空压机使用极为广泛。因此,本节只介绍这种空压机。

2) 活塞式空压机的工作原理

空压机的工作原理是通过容积的变化将自由空气压缩成压缩空气。现将单级活塞式空压机的工作原理介绍如下。

图 6-3 所示为单级活塞式空压机的工作原理图。

当单级活塞式空压机的活塞由汽缸上止点向下止点移动时[图 6-3a)],汽缸内的容积增大,缸内压力下降,当汽缸内压力低于外界大气压力时,外界的空气在汽缸内外压力差的作用下,克服弹簧的张力推开进气阀而进入汽缸(这时出气阀关闭)。当活塞移到下止点时,汽缸内充满空气,其压力与外界大气相等。由于汽缸内外压力平衡,气门弹簧便将进气阀弹回而关闭,于是完成了吸气过程。

当活塞由下止点向上止点移动时[图 6-3b)],由于进、出气阀均关闭,汽缸内的空气受到压缩。随着活塞的上移,汽缸的容积不断变小,被压缩的空气压力也就越来越高。此过程为压缩过程。

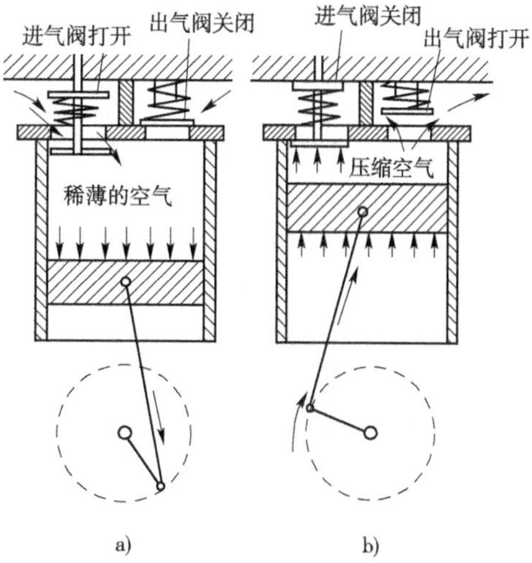

当被压缩的气体压力超过气门弹簧的张力与出气管内压力的合力时,出气阀就被顶开,压缩空气从出气管排出,直至活塞到达上止点为止。这时由于汽缸内的压缩空气绝大部分被排出,气压急剧下降,于是排气阀在其弹簧的张力下又将汽缸关闭。此过程为排气过程。

图 6-3 活塞式空压机工作原理图

活塞再由上止点向下止点移动时,新鲜空气又被吸入汽缸,开始下一个吸气过程。活塞式空压机就是这样吸气、压缩和排气周而复始地进行循环工作。

单级活塞式空压机制配出来的压缩空气温度较高,这是由于在压缩过程中,空气分子的剧烈运动和强烈摩擦所致。高温的压缩空气将影响其使用,因此,在大、中排气量而供气压力在 700kPa 以上的空压机上,几乎都是采用两级或多级压缩,在一、二级压缩之间增设冷却器,以降低压缩空气的温度。冷却器有水冷和风冷两种。水冷却器的结构较复杂,质量也大,故大多用在固定式空压机上;而移动式空压机多采用风冷却器。

多级压缩的工作原理和单级压缩一样,不同之处就是把空气的压缩过程分成两个或两个以上阶段,分别在几个汽缸中逐次完成气体压缩,使气压逐渐上升。图 6-4 所示为两级活塞式空压机的工作原理图。图 6-4a) 为二级压缩在两个单作用双作用的汽缸中进行;图 6-4b) 为二级压缩在一个双作用的汽缸中进行。

空气进入低压缸 3,被压缩到一定压力后就排入中间冷却器 5,使空气气温下降,然后再进入高压缸 7 进行再次压缩直至所需的气压后,排入储气筒储存。

多级压缩的优点是:可降低压缩空气的温度,使空压机得到正常的润滑,保证机器运转安全可靠;节省功的消耗,提高空压机的工作效率;提高空压机的压缩比,获得较高的气体压力。但由于增设了级间的冷却器,使空压机的整机结构变得较为复杂,故不宜级数太多,一般在工

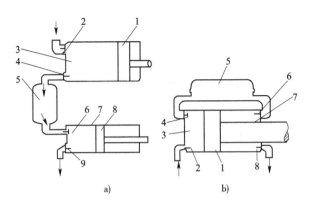

图 6-4 两级活塞式空压机工作原理图

1、8-活塞；2、6-进气阀；3-低压汽缸；4、9-排气阀；5-中间冷却器；7-高压汽缸

程上通常采用 2~3 级的压缩机。

3) 活塞式空压机的技术性能

空压机的主要性能指标为排气量和排气压力。排气量是以每分钟转变为压缩空气的自由空气的体积来计量的。排气压力是以储气筒中的气压为准，目前两级式的空压机的排气压力大多为 700~800kPa。

国产活塞式空压机的技术性能见表 6-1。

国产活塞式空压机的技术性能　　　表 6-1

数据指标 \ 型号	ZY8.5/7	2VY12/7	W6/7	W9/7	3L10/8	4L20/8
长(mm)	4 424	4 000	3 560	4 065	1 898	2 200
宽(mm)	1 988	1 700	1 840	1 840	875	1 150
高(mm)	2 483	2 050	2 115	2 175	1 813	2 130
前后轴距(mm)	2 522	2 020	1 900	1 985		
轮距(mm)	1 640	1 480	1 560	1 560		
最大拖行速度(m/s)	5.6	8.3	4	4		
最小转弯半径(m)	10	7	5	5		

4) 空压机的应用

压缩空气管路的敷设如图 6-5 所示。对临时性的移动式空压机，一般输气管采用高压胶管。但在工程量大而且集中、施工期较长的施工点，可以钢管作总输出的主气管。输气管口径的选择应根据所通过的总气量和输送距离而定，其原则是保证最远施工点有足够的气压（一般不低于 0.5~0.6MPa），以使风动工具能正常工作。输气管口径大小的选择可参照表 6-2。

在安装输气管道前，必须做好全工地管道设计，根据工作布点、位置来选定主气管安装路线。根据总气量的流量选定主气管管径大小，并备妥一切管道附件等才可开始安装。

输气管内径、长度关系表　　　表 6-2

空气消耗量(m³/min)(在 0.6MPa 的大气压下)	输气管长度(m)							
	10	25	50	100	200	300	400	500
	输气管内径(m)							
2	25	33	33	37	40	47	46	46

续上表

空气消耗量(m³/min)(在0.6MPa的大气压下)	输气管长度(m)							
	10	25	50	100	200	300	400	500
	输气管内径(m)							
3	25	33	37	40	46	49	49	54
4	33	37	37	43	49	54	54	58
5	33	37	40	46	54	58	58	64
6	33	40	43	49	58	64	64	70
7	33	40	46	54	64	70	70	76
8	37	43	49	58	64	76	76	76
9	37	43	49	58	64	76	76	82
10	40	46	52	58	70	76	82	82

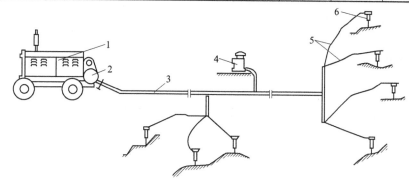

图 6-5 空气网道布置示意图
1-空压机;2-储气筒;3-主输气管;4-锻钎机;5-高压胶管;6-凿岩机

在安装过程中,其总的要求是尽量做到平、直,少用弯头和闸阀等管道附件,以减少气压损失。管道地带要尽量避开预知爆破点,必要时还要做好管道保护工作,以免在爆炸时损坏气管。

为了方便生产,避开露天工作,保证机械的安全生产,一般大型固定式的机械,如空压机、发电机、锻钎机和磨钻机等,均应搭盖机棚。机棚位置应根据工程施工点具体要求(包括机械安装),安设在爆破警戒线之外,并选择在傍山弯道上,借以挡险。

6.1.2 凿岩机

凿岩机是石质隧道和石料开采等石方工程钻炮眼的主要工具。另外,凿岩机还可以用来改作破碎器,用于破碎原有混凝土类的坚硬层,以便破除后重新修造。

1) 凿岩机的分类

凿岩机通常按其动力的来源,可分为风动、内燃、电动和液压式四种基本类型。

(1) 风动凿岩机

风动凿岩机(图6-6)是利用压缩空气作为动力,交替地进入凿岩机汽缸的两端,使汽缸中的活塞产生往复运动,冲击钢钎而进行凿岩。由于它质量轻、结构简单、工作可靠,因此在公路工程中使用很广泛。

风动凿岩机的类型一般有以下几种。

①手持式凿岩机,见图6-6a),其质量通常小于20kg,功率较小,适用于钻凿浅炮孔。由于操作时劳动强度大,已很少使用。

②气腿式凿岩机,见图6-6b),带有起支承和推进作用的气腿,其质量通常为22~30kg,它们一般能钻凿孔深2~5m、直径为34~42mm或带一定倾角的炮孔。

③伸缩式凿岩机,见图6-6c),带有轴向气腿,专用于钻凿60°~90°的向上炮孔,故也称为向上式凿岩机。一般质量为40kg左右,钻孔深度为2~5m,孔径为36~48mm。

④导轨式(柱架式)凿岩机,见图6-6d),其质量较大,有35~100kg,一般装在凿岩台车或柱架的导轨上工作。

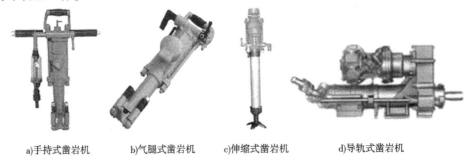

a)手持式凿岩机　　b)气腿式凿岩机　　c)伸缩式凿岩机　　d)导轨式凿岩机

图6-6　风动凿岩机

(2)内燃凿岩机

内燃凿岩机(图6-7)是利用可燃混合气在凿岩机汽缸内燃烧膨胀时所作的功,通过冲击塞去冲击钢钎而钻凿岩层。这种凿岩层由于携带方便,目前使用较广泛。

(3)电动凿岩机

电动凿岩机(图6-8)是利用小容量电动机的旋转直接带动冲击、回转机构进行凿岩作业的凿岩机具。一种方法是通过齿轮传动使一根带有偏心块的曲轴旋转,偏心块在旋转中所产生的离心力,迫使与曲轴铰接的冲击锤作直线往复运动,从而冲击钢钎钻凿岩层。另一种方法是借助曲柄连杆机构,将电动机的旋转运动变成活塞的往复运动,从而冲击钢钎钻凿岩层。

图6-7　内燃凿岩机　　　　图6-8　电动凿岩机

电动凿岩机具有能量利用率高、设备配套简单、振动小、噪声小、成本低等优点。它适用于交通不便,搬迁频繁的石方工程。

(4)液压凿岩机

液压凿岩机(图6-9)是在气动凿岩机的基础上发展起来的。它们的共同特点,都是利用压差作用迫使活塞在缸体内作高速往复运动,在活塞冲程终了时冲击钎尾。液压凿岩机以高压油为驱动动力。

图6-9 液压凿岩机

液压凿岩机按钎头凿岩方式的不同,可分为冲击旋转和旋转式两种;按液压技术使用程度的不同,又可分为部分液压式和全液压式两种。

一般液压凿岩机是由柄体(缸盖)、缸体和机头三部分组成。因其体积较大,常与专用液压台车或台架配套使用。

与风动凿岩机相比较其优点是:动力消耗少,能量利用率高,高效液压凿岩机的能耗只有同级气动凿岩机的1/4～1/3,但凿岩速度是气动凿岩机的2～4倍,而且噪声低,冲击能量高,转矩大,能量传递特性好,主要零件及钎具使用寿命长;按照不同的工作条件,可以调节冲击功、频率、转矩、转速和推力等参数,以实现最优钻进;动力单一,不需要配备空压机和管道等设备;液压凿岩机的运动件在油液中工作,无须加润滑油,维护工作少,所以正常工作的液压凿岩机的凿孔综合成本比气动凿岩机低。

由于其具有明显的优越性,在不久的将来,凡是有条件采用凿岩机设备的施工部门都会采用各种相适应的液压凿岩设备。

所有类型的凿岩机,它们的工作都是在旋转过程中进行冲击钢钎。如果将机头加以改装,使之只冲击不旋转,便成了破凿机具(又称风镐)。

2) 凿岩机的工作原理

(1) 风动凿岩机的工作原理

风动凿岩机实际上是一只双作用的活塞式风动工具。它的工作原理如图6-10所示。压缩空气从储气筒经管路进入凿岩机的柄体,再通过配气机构的作用交替地进入汽缸2的两端;同时,汽缸相应的两端也由于配气机构的作用而排气。在压力差的作用下,活塞1就在汽缸中往复运动,冲击钢钎3而进行凿岩作业。

当配气机构将汽缸上端的进气门A和下端的排气门D同时开启时,汽缸上端进气,下端排气,于是压缩空气便推动活塞下行,冲击钢钎4而凿击岩层,将其击碎一小块,岩层也就出现一个凹坑,其深度为h,此过程称之为工作行程,或简称凿岩冲程。

当凿岩机的工作行程完毕后,配气机构将原来开启的汽缸上端进气门A和下端排气门D关闭,而将其下端进气门C和上端排气门B同时开启,改变了原来的气路方向。这时,汽缸下端进气,上端排气,于是压缩空气就推动活塞上行,为下次的凿岩冲程做准备,此过程称之为返回行程,简称回程。

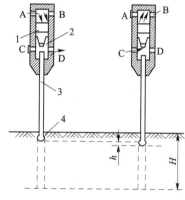

图6-10 风动凿岩机工作原理
1-活塞;2-汽缸;3-钢钎;4-钎头
A-上进气门;B-上排气门;C-下进气门;D-下排气门

活塞在汽缸内往复一次,就完成了冲程和回程一个工作循环。同时在回程中,通过钢钎的回转机构将钢钎回转一个小角度,以便下一行程可沿岩层的另一个纵断面凿击。这样,当钢钎回转一圈时,它就在岩层上按钎头的横断面尺寸凿进一个深度为h的圆孔,在钢钎进行下一转圈凿岩时,再凿进另一个 h 深的圆孔。这样,活塞的不断往复运动,钢钎就如此周而复始地钻凿岩层,直到所需要的深度为止。

在凿击岩层的过程中,炮眼内的石粉会越积越多,形成粉垫影响凿击效能。为此,凿岩机还装有专门用来冲洗炮眼的冲洗设备,冲洗设备有干式和湿式之分。干式冲洗设备就是借压缩空气沿缸壁内的气道,经活塞杆和钢钎的中心孔,直达炮眼底,以吹洗孔底的石粉。这种清洗作业,要在凿击一小段时间后就吹洗一次。由于在工作中频繁的吹洗石粉,现场粉尘飞扬,影响工人的身体健康,因此现在都已改用湿式冲洗。

根据上述的工作原理,风动凿岩机必须由下列几部分组成:汽缸—活塞组件、配气机构、钢钎回转机构、操纵阀以及清洗设备等。它的实际构造比较复杂,各型风动凿岩机的详细结构有专门的书籍介绍,这里只对其工作原理进行叙述。

(2)内燃凿岩机的工作原理

内燃凿岩机是以内燃机作为原动力,利用可燃混合气在汽缸内燃烧膨胀时所作的功,推动冲击活塞去冲击钢钎而进行凿岩作业。内燃凿岩机由二冲程的单缸汽油机、空气压缩机和凿岩装置三部分组成。其工作原理与风动凿岩机相似,这里不在赘述。

(3)液压凿岩机工作原理

液压凿岩机主要由供油及配油系统、储能系统、能量转换系统、减振及支承系统,以及作业工具系统等部分组成。

液压凿岩机以液压泵泵出液压油的静压力作为原动力,液压油经油管路进入凿岩机的柄体,再通过配油机构的作用交替地进入油缸的两端;同时,油缸相应的两端也由于配油机构的作用而回油。利用液压油在油缸内的静压力所作的功,在进、回油液体压力差的不平衡作用下,活塞就在油缸中往复运动,推动冲击活塞去冲击钢钎而进行凿岩作业。周而复始,自动进行连续凿岩打击。

3)凿岩机的使用

鉴于目前公路工程上常用的是风动凿岩机,故这里仅介绍此种凿岩机的技术使用。

风动凿岩机在施工之前需根据其使用台数的总耗风量、修整钢钎钻头所用的锻钎机与磨钻机所需的耗风量,来选择与之匹配的空压机。选择空压机时,其容量应略大于以上两项耗风量之和。

为了使钻凿出来的炮眼位置正确,需有正确的操作方法。一般的操作方法是:开始时应扶正凿岩机,少开风门。开眼后再开大风门,对正炮眼的中心线,用力将凿岩机压住钢钎。

施工中遇到卡钎现象,切勿在运转中硬拔,应关闭风门,用手转动凿岩机体,使钢钎转动几下,再顺势向后拉。

凿岩机在使用时注意:清洗、润滑工作;零件的磨损情况,尤其是钢钎尾端部,需及时修整或换新,否则会明显降低凿岩工效;活动钻头和钻杆在钻孔中需配套使用,打眼时应先用较短的钻杆和较大的钻头开眼,以后逐步加长钻杆并改用较小的钻头,所以钻头应先大后小,逐渐减至所需的孔径,而钻杆则应先短后长,逐渐加长至所需的深度。

为了安全生产,防止石块落下砸坏机器,对空压机、锻钎机及磨钻机等大型固定设备,均应搭盖机棚,机棚要搭在爆破警戒线之外。

6.1.3 破碎机

1)概述

用凿岩机在岩层上凿出炮眼,放进炸药,经爆破后所得的是一些大小不等的石块,不能用来铺筑路面和制配混凝土材料。为了获得各种规格的碎石，还必须将大的块石破碎成碎石。破碎机就是一种用来破碎石块的机械。石料的破碎方法有压碎、冲碎、碾碎、击碎和折碎（图6-11）。

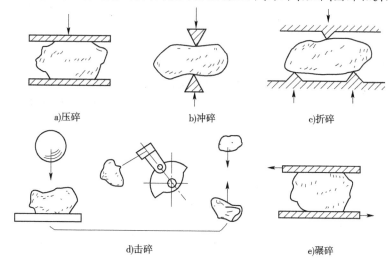

图6-11　石料的破碎方法示意图

在实际破碎过程中，通常是几种方法的综合使用。破碎前的块石尺寸 D 与最后加工成成品的碎石尺寸 d 之比，称为破碎比 i，即：

$$i = \frac{D}{d} \tag{6-1}$$

破碎比 i 是评定破碎工作情况的参数，可用来衡量对石块的加工程度。当所供石料和所需成品石料尺寸一定时，若选用的 i 值大，则破碎次数就多；反之破碎次数就少。

破碎机按其结构的不同可分为颚式、锥式、锤式和滚筒式四大类（图6-12）。

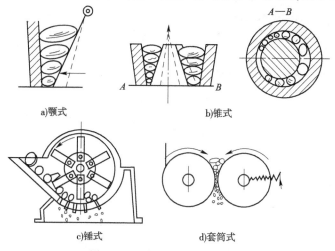

图6-12　破碎机的分类结构示意图

破碎机根据加工前石块尺寸和加工后石块尺寸的大小，又有粗碎机、中碎机、细碎机和磨碎机之分（表6-3）。

按石块加工前后的尺寸分类的破碎机　　表6-3

名　称	石块加工前尺寸（mm）	石块加工后尺寸（mm）
粗碎机	500~1 200	100~200

续上表

名　称	石块加工前尺寸(mm)	石块加工后尺寸(mm)
中碎机	100～500	30～100
细碎机	20～100	3～20
磨碎机	3～5	<0.7

　　颚式破碎机如图6-12a)所示,是利用活动颚板相对固定颚板的往复摆动对石块进行破碎的。这种破碎机可用于粗碎和中碎,它的优点是结构简单、外部尺寸小、破碎比较大($i=6～8$)、操作方便,因此,目前使用最为广泛。

　　锥式破碎机如图6-12b)所示,是利用一个置于固定锥孔体内的偏心旋转锥体的转动,使石块受挤压、碾磨和弯折等作用而被破碎的。这种破碎机可用于中碎和细碎。由于它没有空回行程,故生产率高,动力消耗小。但因其结构较复杂、体积大、移动不方便,所以只宜用于固定的大型采石场。

　　圆锥式破碎机(图6-13)工作时,电动机的旋转通过皮带轮或联轴器、传动轴和圆锥部在偏心套的迫动下绕一固定作旋摆运动,从而使圆锥破碎机的破碎壁时而靠近又时而离开固装在调整套上的轧石壁表面,使矿石在破碎腔内不断受到冲击、挤压和弯曲作用而实现岩石的破碎。锥式破碎机分粗碎、中碎和细碎圆锥破碎机三种。

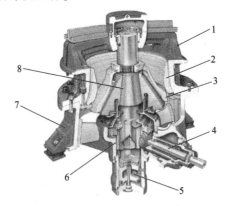

图6-13　圆锥式破碎机外貌及原理图
1-上架体;2-定锥衬板;3-动锥衬板;4-水平轴;5-液压缸;6-偏心索;7-下架体;8-主轴

　　锤式破碎机如图6-14所示,是利用破碎锤来破碎石块的。破碎锤交错地安装在壳体内的一根横轴上,当原动机带动横轴在破碎腔内高速旋转时,加入壳体内的石块就被高速运动的锤子打击、冲击、剪切、研磨作用而粉碎。石块从壳体上口加入,被击碎后的石料成品从壳体的卸料隙口卸出。这种破碎机的结构较为简单、质量轻、体积小,能破碎硬度较大的石块。但由于其生产率不高,且石料成品的规格大小不一且含有很多的石屑和石粉等废品,故用于养路工作的备料。

　　锤式破碎机(图6-14)由箱体、转子、锤头、反击衬板、筛板等组成。

　　锤式破碎机的特点:
　　(1)工作锤头采用新工艺铸造,耐磨、耐冲击;
　　(2)可据客户要求,调节需要的粒度;

图6-14　锤式破碎机外貌

(3)锤破机体结构密封,解决了破碎车间的粉尘污染和机体漏灰问题;

(4)整体设计造型美观,结构紧凑,易损件少,维修方便,是升级换代产品。

双滚筒式破碎机如图 6-12d)所示,是利用两个反向转动的平衡滚筒的相对运动将石料进行破碎的。它的结构较简单,石料成品细而均匀。但因其进料尺寸不能过大而破碎比较小,因此,很少单独使用,一般用于配合颚式破碎机作次碎工作。

双滚筒式破碎机结构如图 6-15 所示。其齿轮传动装置的主要结构由固定滚筒、活动滚筒、传动轴、机体、底架、罩壳、长齿轮罩壳等部分组成,机器动力由电动机上的三角皮带轮传出,再通过一对中间减速齿轮,使固定滚筒旋转,再借助固定轧辊滚筒另一端的一对长齿轮驱动活动滚筒,两滚筒成相对运动而挤压物料。

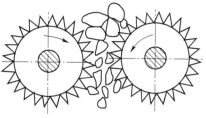

图 6-15 双滚筒式破碎机外貌及原理图

出料粒度的调节:两滚筒之间装有楔形或垫片调节装置,楔形装置的顶端装有调整螺栓。当调整螺栓将楔块向上拉起时,楔块将活动滚筒顶离固定滚筒,即两滚筒间隙变大,出料粒度变大,当楔块向下时,活动滚筒在压紧弹簧的作用下两轮间隙变小,出料粒度变小。垫片装置是通过增减垫片的数量或厚薄来调节出料粒度大小的。当增加垫片时两滚筒间隙变大,当减少垫片时两滚筒间隙变小,出料粒度变小。

2)颚式破碎机的工作原理及总体结构

在筑路工程中,使用最广泛的是颚式破碎机。根据其活动颚板摆动形式的不同,它又可分为单摆式和复摆式两种类型。现将它们的工作原理叙述如下。

(1)单摆颚式破碎机

单摆颚式破碎机(图 6-16)的动颚板 2 悬挂在横轴 3 上,其下端以横轴为中心可以前后摆动,板上的各点轨迹是一个圆弧。动颚板的往复摆动是靠其背后的连杆——肘板机构来实现的。

连杆—肘板机构是由偏心轴 4、连杆 5、前肘板 9 和后肘板 8 组成。连杆悬挂在偏心轴上,其下端分别肘撑着前、后肘板的一头,前、后肘板的另一头分别肘撑于动颚板的后下部和调整机构 6 上。动颚板的下端被一根带弹簧的拉杆 7 拉住。

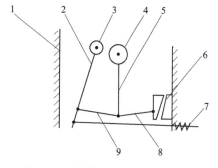

图 6-16 单摆颚式破碎机工作简图
1-定颚板;2-动颚板;3-横轴;4-偏心轴;5-连杆;6-调整机构;7-拉杆;8-后肘板;9-前肘板

当原动机通过传动装置带动偏心轴旋转时,驱使连杆 5 上下运动,并通过前肘板 9 迫使动颚板作前后摆动,对斗内的石块进行破碎。

单摆颚式破碎机由于卸料口的摆幅较大,因此破碎比较小,石料成品的规格大小不均,但其破碎力较大,可用于坚硬和中硬石块的粗碎工作。

(2)复摆颚式破碎机

复摆颚式破碎机(图6-17)的动颚板2是直接悬挂在偏心轴3上的,它没有单独的连杆,肘板也只有一块,因此,其结构较单摆式简单。动颚板下端的背部也是被一根带弹簧的拉杆5拉住。

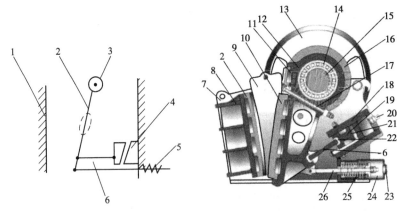

图6-17 复摆颚式破碎机结构图及工作简图

1-定颚板;2-动颚板;3-偏心轴;4-调整机构;5-带弹簧的拉杆;6-肘板;7-侧板;8-前箱组件;9-侧衬板;10-动颚板;11-护板;12-动泵;13-皮带轮;14-轴承;15-偏心轴;16-轴承座;17-动颚拉杆螺栓;18-机架后箱焊件;19-固定调整斜块;20-滑块锁紧拉杆;21-调整滑动斜块;22-肘板座;23-顶丝座墙头;24-顶丝座;25-弹簧;26-弹簧拉杆

当偏心轴3旋转时,直接驱使动颚板2既前后又上下作椭圆形的摆动。由于动颚板的摆动轨迹成椭圆形,石料便在冲压和碾搓两种运动的作用下被破碎,并自动将石料向卸料口的方向推进。因此,复摆式较单摆式破碎机破碎效果好,破碎比也大,成品较均匀,适用于破碎湿黏石料,再加上结构较简单,故筑路工程上几乎全采用这种破碎机。它的缺点是由于动颚板在破碎石料时受搓碾作用,故磨损较大,能量消耗也较大。

3) 颚式破碎机的使用

(1) 生产率的计算

颚式破碎机的生产率是按每小时生产出石料成品的吨数来计算的。其计算公式见式为:

$$Q = 60bLSn\beta\gamma \tag{6-2}$$

式中:Q——破碎机生产率(t/h);

b——卸料隙口宽度(m);

L——卸料隙口长度(m);

S——动颚行程(单摆式)或偏心距(复摆式)(m);

n——偏心轴转速(r/min);

β——供料强度;

γ——石料重度(t/m^3)。

从式(6-2)可以看出,当破碎某一石料时,除容重γ是个常数外,其他几项参数均是可变参数,它们将影响破碎机的生产率。

破碎机卸料隙口尺寸的大小,影响其破碎比。若破碎比小,则破碎的次数就少,破碎机的生产率就高。供料强度β对破碎机的生产率影响很大,因此,石块的加入应保持均匀且经常保持斗满。偏心轴的转速n越高,动颚板每分钟摆动的次数越多,则破碎机的生产率也就越高,但其转速过高会造成来不及卸料,生产率反而会降低,因此,偏心轴的转速应按说明书的规定调整到有效的范围内。

(2)技术使用

破碎机工作时振动很大,为了延长机器的使用寿命和保护工人的身体健康,需在机体与基础之间安置木垫或橡胶块之类的缓冲材料。对于移动式的破碎机,工作时应用木块把机架垫起来,使轮子悬空不受冲击负荷的影响。

破碎机启动时应是空斗,故停机前需将石料卸空。加料时,应将石料从料口正面均匀地加入,避免侧面加料而引起单边负荷的剧增。要经常检查卸料口的宽度,如发现有变化应及时调整,以保证石料成品的规格统一。

为了提高破碎机的生产率,还需经常检查活动齿板齿面的磨损情况。当齿面磨损严重时,其生产率会降低20%~30%,而石粉却增加15%~20%。一般来说,活动齿板的下部较上部磨损快,当发现其下部磨损严重时,为了延长其使用寿命,可掉头再使用。若上下齿面都磨损严重时,则应及时更换新的活动齿板。

在工作中,若发现由于石料的堵塞而造成动颚板的停摆,应立即切断动力,清除斗内的石料后方可再启动。

4)石料联合破碎筛分设备

在石料加工量较大的破碎工程中,为了提高生产率和节约劳动力,将石料的供给、破碎、中间传送和筛分的各个环节联合起来,组装成为石料的联合破碎筛分设备(图6-18),以利于实现石料破碎和筛分的机械化和自动化。

按照对石料破碎与筛分的工艺流程形式的不同,这种设备可分为单级破碎筛分和双级破碎筛分两种。

单级破碎筛分设备可分为开式流程和闭式流程两种。前一种的工艺流程是:给料器→破碎机→斗式升运机械或皮带输送机→筛分机→不同规格的碎石与石屑成品。后一种的工艺流程是在前一种流程基础上,增加了将筛分后的不合规格的料由溜槽或输送机再送入原破碎机中进行第二次破碎的过程。单级破碎筛分设备由一台颚式破碎机,一台斗式升运机和筛子组成,可由使用单位自行装配。

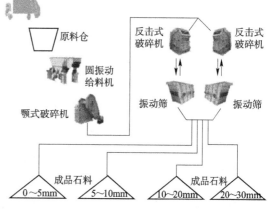

图6-18 石料破碎筛分联合设备示意图

两级破碎筛分设备是闭式循环的,其流程如下:石料→给料器→一级破碎机→皮带输送机或斗式升运机→筛分机→大块碎石→二级破碎机→中、小碎石成品→出料输送机。这种破碎筛分设备可以提高破碎比,一次就可生产多种规格的碎石成品。

石料破碎筛分联合设备生产线主要由振动给料机、颚式破碎机、反击式破碎机、振动筛、皮带输送机、集中电控等设备组成,如图6-18所示。

石料联合筛分设备基本流程:大块石料经料仓由振动给料机均匀地送进颚式破碎机进行粗碎,粗碎后的石料由皮带输送机送到反击式破碎机进行进一步破碎;细碎后的石料由皮带输送机送进振动筛进行筛分,筛分出几种不同规格的石子,满足粒度要求的石子由成品皮带输送机送往成品石堆;不满足粒度要求的石子由皮带输送机返料送到反击式破碎机进行再次破碎,形成闭路多次循环。成品粒度可按需求进行组合和分级,为保护环境,可配备辅助的除尘设备。

石料联合筛分设备自动化程度高,成套生产线除了对设备的开机停机及日常维护之外,几乎不需要人工操作。其生产效率高,运行成本低,产量大,收益高,成品石子粒度均匀、粒形好,符合高速用料要求。

破碎筛分联合设备由于各级破碎设备匹配合理,以及严谨的空间交叉布局,因此它具有占地面积小、经济效益高、碎石料品质好、石粉产出率低等特点,同时配有先进的电控操作系统,确保了整个流程出料通畅,运行可靠,操作方便,高效节能。

6.2 路基石方爆破机械化施工

6.2.1 路基石方工程施工概述

在路基工程施工中,除了需要修筑路堤和开挖路堑外,当线路通过山区、丘陵及傍山沿溪路段时,还会遇到集中或分散的岩石地区,这样就必须进行石方施工。此外,在路面和其他附属工程中,还需要大量的块石、片石和碎石,而这些石料都需要开采与加工。目前,石方工程多采用机械化施工,利用各种凿岩机具进行钻孔、爆破、清理与加工,这不但降低了人工的劳动强度,而且加快了施工进度,提高了作业效率。特别是随着施工技术的不断革新,药孔逐步由浅孔、小孔径发展到深孔、大孔径,并实现了微差爆破、综合爆破,同时改进了炸药的配剂和混合工艺,使施工效率进一步提高。

目前,由于机械化的高度发展,对于路堑或半路堑的岩石地段,一般采用大孔径的深孔爆破,并采用微差爆破方法,使多至一二百个炮孔顺序起爆,以提高爆破威力。其特点是:从凿岩到运渣填方,可以全盘机械化,它的效率比大爆破高1倍多。爆破出的石料可按规定需要作材料,减少加工费用,可避免超炸,不影响边坡稳定。

近几年来,国外还采用了预裂爆破或光面爆破措施,使爆破后的坡面尺寸和平整度符合或接近设计要求。

1)爆破的基本概念

所谓爆破就是利用炸药爆炸时产生的热量和高压,使岩体和周围介质受到破坏和移位。为了爆破某一岩体,可在岩体内或表面放置一定数量的炸药,这种炸药称为药包。药包在均质的岩体内爆炸时,其爆炸力是向四周扩散的,紧靠药包部分的岩石,受到的冲击挤压力最大,随着离药包距离的增大,其作用力也逐渐减弱,按照岩体受爆炸波冲击的破坏程度不同,可把爆炸作用范围,由近而远划成四个作用圈,即压缩圈、抛掷圈、松动圈和振动圈。其中,压缩圈范围内的岩石受到极度压缩而粉碎。抛掷圈内的岩石由于受爆炸波的冲击较大,岩石被压缩成小块,如果岩体的抵抗力不足,就会被抛掷出去。松动圈内的岩石由于受爆炸波影响较小,岩体破裂而产生松动现象。振动圈内由于受爆炸波影响很小,所以岩体只受振动。这些作用圈的半径分别被称为压缩、抛掷、松动和振动半径。前三个圈统称为破坏圈,其半径称破坏半径。

2)炸药

炸药是不稳定的组合物(化学的化合物或物理的混合物),在轻微的外界作用下,能起激烈的化学变化,发出高温气体,用以作"功",此项瞬息的反应现象称为爆破。引起爆炸必须给予一定数量的"能"作为原动力引起炸药爆炸,其过程称为起爆。

引起爆炸分解的原动力,包括机械能(冲击、撞击、摩擦)、热能(火光、加热)、电能(灼热、电火花),以及另一种炸药的爆炸能(雷管、远距离爆轰)。

炸药的种类很多,公路石方施工爆破中常用的炸药有两种。

(1)起爆炸药

它是一种爆炸速度极高的烈性炸药,爆速可达 2 000～8 000m/s,主要用作制造雷管和速燃导火索,常用的有雷汞、叠氮铅等。

(2)爆破炸药

用以对岩石或其他介质进行爆破的炸药,要求它的敏感性低,要在起爆炸药强力的冲击下才能爆炸,工程常用的有如下几种。

①黑色炸药

它是由硝酸钾、硫黄和木炭组成的混合物,对火星和冲击极敏感,易燃烧爆炸,怕潮湿,其威力低,适用于石料开采。

②硝酸炸药

它是由硝酸铵、梯恩梯和少量木粉组成的混合物,对冲击或摩擦不敏感,吸湿能力强,受潮后不能充分爆破。常用的硝酸炸药有以下几种。

a.岩石铵梯炸药。有1号和2号两种,特点是威力大,适用于没有煤尘和沼气爆炸危险的矿井和岩石爆破。

b.露天铵梯炸药。有1号、2号、3号三种。这种炸药爆炸后产生的有毒气体较多,只能在露天爆破工程中使用。

c.铵油炸药。它的爆炸威力稍低于2号岩石铵梯炸药,但抛掷效果好,起爆较难,易受潮。但制造方便,成本低,是目前露天爆破中使用最多的一种。

③胶质炸药

它是由硝化甘油和硝酸铵的混合物,混入一定数量的木粉和稳定剂制成的。特点是对冲击、摩擦和火星都很敏感。但抗水性较强,爆炸威力大,适用于水下和硬岩石爆破。

④梯恩梯

呈结晶粉末状,淡黄色,压制后呈黄色,熔铸块呈褐色,不吸湿,爆炸威力大。但本身含氧不足,爆炸时产生有毒的一氧化碳气体,不宜用于地下作业。

3)起爆器材

雷管是常用的起爆材料,按照引爆的方式不同,可分为火雷管和电雷管。电雷管又分即发、延期和毫秒雷管。工业上按雷管内起爆药量的多少分为10种号码的雷管。一般多使用6号和8号两种。

4)起爆方法

(1)电力起爆。通过电爆网路起爆的称为电力起爆,电雷管的连接方式有串联、并联和混联三种。

(2)火花起爆。利用导火索燃烧引爆雷管,从而使药包爆炸。

(3)传爆线起爆。传爆线的索芯用高级烈性炸药制成,但着火较困难。使用时须在药室外的一段传爆线上捆扎一个8号雷管来起爆,传爆网路与药包的连接方式有并联、串联和并串联等。

6.2.2 钻爆法施工程序

在路基石方工程中,凿岩工程采用机械设备,如利用各种形式的凿岩机来进行钻孔爆破工程,由浅孔到深孔以后发展到大爆破钻爆法施工;同时还改进了炸药的配制和混合工艺,钻爆法施工大大提高了工效。

石方钻爆法施工主要有炮孔位置的选择、凿孔、装药、引爆和清方等工序。

1) 挖露和炮孔位置的选择

"挖露"就是清理现场,去除岩层上面土层,使开挖的岩石暴露出来,便于下道工序进行。

炮孔位置的选择是十分重要的,因为炮孔的位置、方向和深度都会直接影响爆破效果。选择孔位时应注意岩石的结构,避免在层理和裂缝处凿孔,以免药包爆炸时气体由裂缝中泄出,使爆破效果降低或完全失效。

炮孔应选在临空面较多的方位,或者有意识地改造地形,使第一次爆破后,为第二次爆破创造较多的临空面。其他爆破参数应根据工点的具体情况和实践经验来确定。

(1) 最小抵抗线 W 的确定

抵抗线过大,爆破后会使岩块过大,且容易残留炮根;过小会导致岩石飞散和炸药的消耗量增加。一般为梯段高度的 70%~80%。

(2) 炮孔深度

采用台阶式爆破时,炮孔的深度,应使爆破后的地面尽量与原地面平齐。较硬的岩石易留炮根,因此炮眼的深度(L)应大于岩层厚度(H)。软岩石可小于台阶高度。

坚石:$L = (1.0 \sim 1.15)H$;

次坚石:$L = (0.85 \sim 0.95)H$;

软石:$L = (0.7 \sim 0.9)H$。

(3) 炮孔距离和行距的确定

两孔之间的距离为孔距 a,它的大小与起爆方法和最小抵抗线有关。

火花起爆时:$a = (1.4 \sim 2.0)W$;

电力起爆时:$a = (0.8 \sim 2.3)W$。

采用多排炮孔时,炮孔应按梅花形交错布置。两排炮孔之间的行距 b 约为 $0.86a$。

2) 凿孔

选孔工作完成后,即可进行凿孔。要根据爆破强度、爆破现场、装药方式选择合适的眼形。目前,公路工程中,爆破的方法有炮眼法、圆柱药包法、坑道药包法、蛇穴法等。凿孔的技术要求与采用的爆破方法有关。目前使用的有浅孔爆破和深孔爆破两种。

(1) 浅孔爆破

一般爆破的岩石数量不大,孔径在 5cm 以下,孔深不超过 75cm。多用手提式凿岩机凿孔。孔成一行或多行平行排列,可用电力或速燃引爆使各药包同时爆炸。这种爆破适用于工程量不大的路堑开挖,以及采石工程对大块岩石的再爆破等。其用药量多按炮孔深度和岩石性质而定。一般装药深度为孔深的 1/3~1/2。

(2) 深孔爆破

对孔深大于 75cm,孔径大于 5cm 的炮孔进行爆破时,通称为深孔爆破。钻凿大型炮孔多采用冲击式钻机或潜孔钻机。因一次爆破的石方量大,从而加快施工进度,如果有适当的装运机械配合,则可以实现全面机械化快速施工,是今后石方开挖的发展方向。

3) 装药

就是把炸药按照施工要求装入凿好的药孔内。装药的方式根据爆破方法和施工要求不同有以下几种。

(1) 集中药包

炸药完全装在炮孔的底部,这种方式对于工作面较高的岩石,崩落效果较好,但不能保这种方式可以使岩石均匀破碎。

(2) 分散药包

炸药沿孔的高度分散装置,这种方式可以保证岩石破碎均匀,适用于高作业面的开挖段。

(3) 药壶药包

它是在炮孔的底部制成葫芦形的储药室,以增大装药量。这种方式适用于岩石量大而集中的石方施工。

(4) 坑道药包

药包装在竖井或平硐底部特制的储药室内。

4) 药孔的堵塞

药孔堵塞一般可用干沙、滑石粉、黏土和碎石等。堵塞物的捣实,切忌使用铁棒,一般用木棒或黄铜棒。棒的直径为炮孔直径的 0.75 倍,下端稍粗,约为炮孔直径的 0.9 倍。在棒的下端开有供导火索穿过的纵向导槽。

5) 现场组织与引爆

爆破是比较危险的,飞溅的石块很容易伤害工作人员、行人和施工机械等,所以必须要进行严格的组织,确保爆破安全。

根据爆破规模,确定专人现场指挥。对于大型的爆破要通知公安、武警等有关部门协助维持现场秩序,保证爆破安全。

在确保安全后,进行引爆。引爆是利用起爆炸药制成的雷管,将引火剂或导火索从炮孔的外部引入炮孔的储药室。目前,工程中引爆的方法有火花法、电力法和遥控法三种,目前遥控法用得最多。

6.2.3 清方工程

当石方爆破后,必须根据施工要求和石料的利用情况分次清理。如外挖路堑无填方工程时,可用挖掘机或装载机清理石料,由运输车辆运出施工现场,以利下一次爆破。如是傍山筑路半挖半填,则爆破的碎石可以作填方用,此时可用推土机或装载机清方。由于路基土石方爆破施工不同于采石场和矿山开挖,一方面场地狭小,机械设备的布置和使用受到限制,另一方面要求机械设备的能力大、效率高,又要机动灵活和有一定的越野性能和爬坡能力。因此,在选择清方机械时要考虑以下技术经济条件:

(1) 工程期限所要求的生产能力;

(2) 工程单价;

(3) 爆破岩石的块度和岩堆的大小;

(4) 机械设备进入工地的运输条件,以及爆破时机械撤离和重新进入工作面的方便程度等。

对以上各条应综合考虑,不能孤立地只考虑某一方面。如果只考虑爆破的块度,便于正铲挖掘机的挖装,则对于某些结构的岩石来说,可能会大大增加爆破费用;反之,降低了爆破费用,又会使块度增大,使挖掘机无法铲装。因此,清方机械的选配是比较复杂的。

一般来说,正铲挖掘机的适应性比较强,但进出工地比较缓慢。轮式装载机机动灵活,另外相同功率的正铲挖掘机和装载机相比,装载机可以铲装较大块度的石块,而且可以用较少的斗数,装满载重量相等的运输工具,但装载机的卸载高度不如挖掘机。此外装载机可以自行铲运,挖掘机则不能。就经济性来说,运距在 30~40m 以内,用推土机推运较为经济;40~100m

时用装载机自铲自运,100m 以上用挖掘机配合自卸汽车比较经济。

[思考题]

1. 试述活塞式空压机的工作原理。空压机上为何安装自动调节系统？它们是什么？是如何工作的？
2. 按动力的来源凿岩机分为哪几种基本类型？试述各种类型凿岩机的工作原理。
3. 破碎机按其结构有哪几类？各使用在什么地方？试述各种类型破碎机的工作原理。
4. 试述单、双级石料破碎筛分联合设备的工艺流程及性能特点。
5. 简述爆破的基本概念。
6. 路基石方机械化施工程序是什么？采用哪些机械？
7. 石方爆破的施工程序是什么？爆破时应注意什么？

单元七　稳定层机械化施工

在我国,公路路面基层常采用半刚性基层。在一般公路半刚性基层施工中,常采用小型机具与人工配合进行路拌施工。高等级公路的修建对基层的施工质量要求越来越高,传统的施工工艺已难以保证施工质量。近年来,半刚性基层材料拌和机械的开发与使用已取得了重大进展,使高等级公路路面基层施工水平上了一个新台阶。半刚性基层材料拌和机械常被分为路拌机械和厂拌设备两大类。

7.1　基层的作用及结构类型

7.1.1　公路断面结构层

1) 路面面层

路面面层是直接承受车轮荷载和自然因素(降雨、气温)作用的部分,因此都用强度较高的材料铺筑。为了保护面层,延长其使用寿命,常在面层上铺磨耗层和保护层。

2) 磨耗层

磨耗层是在表面加铺的一层很薄的表层,一般只有 1.5~3m 厚,它是用来保护面层的,直接承受着车轮的磨损,而使面层不直接受车轮的冲击、磨损和自然因素侵蚀的影响。

3) 保护层

在磨耗层上再加一层,以减少磨耗层的磨损,其厚度只有 0.5cm 左右。

4) 基层

基层是在面层下的主要承重层。基层主要承受由面层传来的车辆垂直荷载,并把它扩散到垫层和土基中,故基层应有足够的强度和刚度,由于车轮荷载水平力作用沿深度递减得很快,对基层影响很小,故对基层的耐磨性可不予重视。

5) 底基层

底基层是在沥青路面基层下铺筑的次要承重层,或在水泥混凝土路面基层下铺筑的辅助层。

6) 垫层

垫层是在路基与基层(或底基层)之间加铺的一层材料。多在路基强度不够或水位较高的地质条件下采用,垫层多用砾石、砂、炉渣和石灰土等铺筑。

7.1.2　基层、底基层的材料类型

基层、底基层可分为结合料稳定类基层和无机结合料的粒料类基层。

结合料可分为有机结合料和无机结合料。用有机结合料沥青(液体石油沥青、煤沥青、乳化沥青、沥青膏浆)为结合料与土按一定的配比拌和均匀,并摊平碾实形成的基层称为沥青土基层。无机结合料稳定类基层称为半刚性或整体性基层,它通常包括水泥稳定类、石灰稳定类和综合稳定类基层。半刚性基层材料的显著特点是整体性强,承载力高,刚度大,水稳性好,而且较为经济。半刚性基层是修筑二级以上公路采用的重要基层形式。

粒料类基层可分为嵌锁型和级配型。嵌锁型包括泥结碎石、泥灰结碎石、填隙碎石等。级配型包括级配碎石、级配砾石、符合级配的天然沙砾、部分砾石经轧制掺配而成的级配砾、碎石等。级配碎石或级配砾石可修筑基层或底基层,级配碎石也可用作沥青面层与半刚性基层之间的联结层。

7.2 稳定土基层材料机械化施工

各种类型稳定土的机械施工方法大同小异,所需配备的机械设备也基本相同。本节就以石灰稳定土为例,较为详细地介绍其施工工艺。稳定土施工方法有两种基本方法——路拌法和厂拌法。这两种施工方法,其工艺及所需配套的设备有所不同:路拌法施工的主导设备是稳定土拌和机,厂拌法施工的主导机械是稳定土厂拌设备。路拌法施工机动灵活,工程造价较低(设备运转费用较低),但这种施工方法的拌和均匀性不如厂拌法,因为路拌法仅能保证稳定土混合料上、下方的均匀性,在线路长度方向混合料的均匀性只能靠稳定摊铺和刮布的均匀性予以保证,而稳定剂在集料上部刮布分散的均匀性仅靠人工凭感观加以控制,所以很难做到集料上部的稳定剂有可靠的均匀性分布。因此采用路拌法施工,可能会出现局部区域稳定剂含量不符合工程要求的现象。厂拌法施工,稳定土质量均匀,性能可得以保证,但施工费用比路拌法高。我国交通部门规定"高等级公路的路面基层必须以厂拌法施工为主"。当然,我们从这个规定中也能领悟到:路拌法施工并未强令禁止,二级及二级以下公路基层、底基层和高等级公路的底基层,采用路拌法施工也还是允许的。鉴于此,本节以石灰稳定土为例介绍稳定土路拌法和厂拌法两种施工方法。

1) 路拌机械

路拌机械有代表性的是稳定土拌和机。这种机械把土、无机结合料(石灰、粉煤灰、水泥)、细料(砂、土)、集料(碎砾石、炉渣)等材料,按照施工配合比,在路上直接拌和。

稳定土拌和机可分为履带式和轮胎式两种。履带式稳定土拌和机的特点是附着力大,整机稳定性好,但其机动性差,不便于运输,且履带行走对路面有破坏作用。轮胎式稳定土拌和机(图7-1)在应用了低压宽基轮胎后,整机稳定性和附着性都有很大的提高,因其机动性好,目前在施工中多被采用。

a) 后置式   b) 中置式

图7-1 轮胎式稳定土拌和机

稳定土拌和机按工作装置在拌和机上的位置可分为前置式、后置式[图7-1a)]和中置式[图7-1b)]三种。前置式稳定土拌和机多见于路拌机生产的初期,但因其在作业面上产生轮迹,所以逐渐被淘汰,目前已基本上不生产了。后置式稳定土拌和机是目前应用最广泛的机种,其特点是不产生轮迹,更换转子及拌和刀方便,且易于维修、保养,转弯半径小。中置式稳定土拌和机特点是稳定性较后置式拌和机好,更换拌和转子和刀具均不方便,不易于维修保养,且转弯半径较后置式拌和机大。

稳定土拌和机按转子的旋转方向可分为正转和反转两种(图7-2)。正转稳定土拌和机的切削方向是转子由上向下切削(即顺切)。这种切削方式,拌和阻力较反转的小,因此与反转式稳定土拌和机相比,在功率相同的条件下,其拌和宽度和拌和深度都更大一些,但正转式稳定土拌和机只适用于拌和松散的稳定材料。

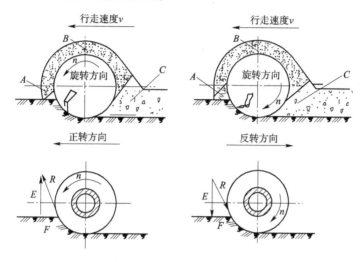

图7-2 稳定土拌转子正转和反转切削示意图

反转式稳定土拌和机的切削方向是转子由下向上切削(即逆切)。这种拌和方式是在转子的前方拌和,材料堆积得多且集中,因此机械可对所拌的材料实现反复拌和与破碎,所以其拌和质量要比正转式好。但是由于拌和阻力大,消耗的功率也大,因此反转式稳定土拌和机的功率普遍比正转式稳定土拌和机的功率大。

普通稳定土拌和机功率在220~300kW之间,拌和宽度在2.0~2.4m之间,拌和深度为200~400mm,工作速度为0~3km/h,行走速度一般为8~20km/h。目前国外生产的稳定土拌和机最大功率为551.5kW,其最大工作宽度为4.2m,最大拌和深度400mm。

目前,许多施工单位使用我国自己生产的稳定土拌和机,代表性的机型有:WB230、WB220、WBL20、LD160B等。我国从国外引进最多的机型是德国BOMAG公司制造的MPH—100型全液压轮胎式拌和机,工作装置为后置式。MPH—100稳定土拌和机的特点是操作方便、作业质量好、速度快、效率高、功率大、拌和能力强。该机拌和转子上按螺旋线分布排列70只铲形刀具,通过切、撞、拌、磨的作用实现均匀拌和。日本SAKAI株式会社生产的PM—170型稳定土拌和机也是一种全液压轮胎式拌和机,但工作装置为中置式。该机拌和转子上装有12个刀盘,拌和刀片通过压板和螺栓固定在刀盘上,与MPH—100(BOMAG)型拌和机所用的铲形刀不同,PM—170型拌和机用的是弯刀,刀头部镶有硬质合金,除了增强刀具的耐磨性之外,还可以破碎沥青混凝土路面。

2)厂拌设备

稳定土厂拌设备是将土、碎石、砾石或碎砾石、水泥、石灰粉煤灰、水等材料按施工配合比在固定地点拌和均匀的专用生产设备。

厂拌设备一般由供料系统(包括各种料斗)、拌和系统、控制系统(包括各种计量器和操纵系统)、输送系统和成品储存系统五大部分所组成(见图7-3)。

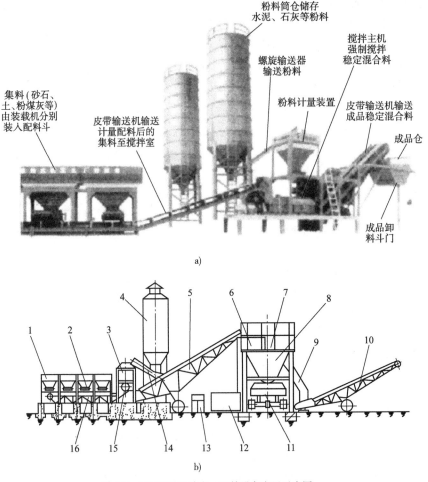

图7-3 WBC500型稳定土厂拌设备布置示意图

1-配料料斗;2-皮带给料机;3-粉料仓;4-粉料筒仓;5-斜置集料皮带输送机;6-搅拌机;7-平台;8-混合料储存仓;9-溢料管;10-堆料皮带输送机;11-自卸汽车;12-供水系统;13-控制柜;14-螺旋输送机;15-叶轮给料机;16-水平集料皮带输送机

各种料斗均装有限制不合格料进入的筛子,料斗的下部装有带式送料机,带式送料机的速度和送料门大小可调整,以控制送料量。

拌和设备还装有流量计控制供水量,如需加入乳化沥青,则装有沥青流量计。叶轮供料器也是一种机械式供料器,以转速来控制供料量。

拌和筒为封闭的筒式制件,厂拌设备采用卧式拌和筒,有单轴和双轴之分,轴上装有浆式螺旋拌和器,可将料拌和均匀并强制送出拌和筒。

输送系统的输送机以皮带式输送机为主,也有螺旋式输送机,靠螺旋将料强制自筒内送出。操纵控制系统有控制柜和控制室,一般多为控制室,这种控制系统的操作人员工作环境好,有利于安全生产和操作人员的健康。

稳定土厂拌设备生产作业时,所用的无机结合料,通过皮带输送机、垂直提升机被输送到大仓中,再经螺旋输送器将其送入小仓中。此时,小仓中的无机结合料通过叶轮供料器被送到斜皮带输送机上。同时,各料斗中的其他物料经料门卸出并经皮带式输送机送至水平皮带输送机上,水平皮带输送机再将各种材料送至斜皮带输送机上,这样就通过斜皮带输送机将按设计要求配比的各种材料送入到拌和筒内,同时水箱中的水也被泵入拌和筒内。拌和筒中的螺旋搅拌器将各种料搅拌均匀后并强制送至储料仓,拌和好的成品料通过储料仓的溢流管送到堆料输送机上或直接卸到运输车上。自卸运输车将成品送至施工现场。

目前,国产稳定土厂拌设备已逐渐形成了系列产品。

3) 两类拌和机械的比选

路拌机的特点是所需配套设备少,占地小,机动灵活,故其施工成本低。厂拌设备与路拌机相比,前者级配精度高,拌和质量好。

为了适应大规模工程建设的需要,稳定土厂拌设备也逐渐向大型化和自动化方向发展。现今厂拌设备的生产率可达1 200t/h以上;电机装机总功率达200kW;拌和级配误差:集料可控制在≤5%,粉料可控制在≤3%,稳定剂可控制在≤2%。稳定土厂拌设备的控制方式也发生了很大变化,已由手动控制发展到电子程序控制并应用数字显示、自动计量等技术。

厂拌设备虽然有诸多优点,但其与路拌机相比也有不足之处,由于厂拌设备安装在固定地点作业,又因其装置多,整机庞大,所以厂拌设备占地面积大;对于较远的施工现场,就要配置较多的运输车辆和装卸机械才能将成品料运至施工现场,否则将影响施工质量和施工进度。厂拌设备拌和出高质量和高产量的成品料,如没有配套的运输车辆和摊铺机械,就不能充分发挥其优越性。由上述可见,使用稳定土厂拌设备修筑的道路要比使用路拌机修筑的成本高。因此这两种稳定土拌和设备各有利弊,要根据工程建设的实际情况选择。

4) 稳定土摊铺机

稳定土厂拌设备拌制出来的稳定土,由自卸汽车运至预先准备好的路基上,按施工技术要求进行摊铺。摊铺工作是修筑路面中繁重而重要的工作之一。稳定土摊铺机(图7-4)就是摊铺稳定土的专用机械。它可将已拌制好的基层材料按一定的技术要求(横断面形状和厚度)迅速而均匀地摊铺在已准备好的路基上,并给予初步的捣实和整平。利用摊铺机进行施工,既大大地缩短了摊铺时间,减轻了工人的劳动强度,又可提高基层的质量。

a) 稳定土摊铺外貌图

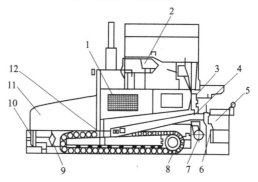
b) 稳定土摊铺机组成部分简图

图7-4 稳定土摊铺机

1-发动机;2-转向盘;3-大臂提升油缸;4-大臂;5-整平板;6-振捣器;7-螺旋摊铺器;8-履带;9-刮板输送器;10-推辊;11-料斗;12-闸门

摊铺机一次可完成摊铺、捣实和成形三道工序,因此,它是一种较理想的路面施工机械。稳定土厂拌设备、自卸汽车和压路机进行联合作业,就可以完成基层施工的全部工作。

稳定土摊铺机的工作过程:自卸汽车载着混合料倒退到使其两后轮碰及摊铺机的前推滚时,将变速器置于空挡,升起车箱向摊铺机料斗内卸料。这时摊铺机开始工作,混合料由刮板输送器向后刮送至摊铺室内,再由螺旋摊铺器将其横向摊开。随着摊铺机推着汽车一起向前缓慢行驶,边卸边摊。这些摊铺开来的混合料先被后面的振捣器初步捣压,接着又被熨平器按需铺筑的厚度和宽度进行成形处理,直至汽车卸料完毕为止。汽车卸完料便驶开,更换另一辆载着混合料的汽车按上述同样的方法进行卸料和摊铺作业。混合料摊铺完后,接着压路机进行碾压。

7.3 稳定土基层材料机械化施工技术

各种类型稳定土的机械施工方法大同小异,所需配备的机械设备也基本相同。本节就以石灰稳定土为例,较为详细地介绍其施工工艺。稳定土施工有两种基本方法——路拌法和厂拌法。这两种施工方法,其工艺及所需配套的设备有所不同:路拌法施工的主导设备是稳定土拌和机,厂拌法施工的主导机械是稳定土厂拌设备。路拌法施工机动灵活,工程造价较低(设备运转费用较低),但这种施工方法的拌和均匀性不如厂拌法,因为路拌法仅能保证稳定土混合料上、下方的均匀性,在线路长度方向混合料的均匀性只能靠稳定摊铺和刮布的均匀性予以保证,而稳定剂在集料上部刮布分散的均匀性仅靠人工凭感观加以控制,所以很难做到集料上部的稳定剂有可靠的均匀性分布。因此采用路拌法施工,可能会出现局部区域稳定剂含量不符合工程要求的现象。厂拌法施工,稳定土质量均匀,性能可得以保证,但施工费用比路拌法高。我国交通部门规定"高等级公路的路面基层必须以厂拌法施工为主"。当然,我们从这个规定中也能领悟到:路拌法施工并未强令禁止,二级及二级以下公路基层、底基层和高等级公路的底基层,采用路拌法施工也还是允许的。鉴于此,本节以石灰稳定土为例介绍稳定土路拌法和厂拌法两种施工方法。

7.3.1 石灰稳定土路拌法施工工艺

石灰稳定土基层属整体性半刚性材料,尤其在后期灰土的刚度很大,为避免灰土层受弯拉而断裂,并使其在施工碾压时能压稳而不起皮,灰土层厚度不宜小于0.1m,为便于拌和均匀和碾压密实,用12~15t压路机碾压时,厚度不宜大于0.15m;用15~20t压路机碾压时,压实厚度应大于0.2m,且采用先轻后重碾压次序(分层铺筑时,下层宜稍厚)。碾压后的压实度要求见表7-1。

石灰土基层、底基层压实度要求表 表7-1

层位	公路等级 压实度	高速公路和一级公路	其他公路
基层		—	97 98
底基层		96 95	95 93

石灰稳定土基层施工在最低温度0℃之前完成,如次年直接铺筑沥青路面时,视南、北方气候不同,应在冰冻前1~2个月完工,并尽量避免在雨季施工。

石灰稳定土基层的耐磨性差,当施工中断,临时开放交通时,可采取封土保护、封油撒沙等临时性保护措施。

石灰稳定土基层施工流程如图 7-5 所示。

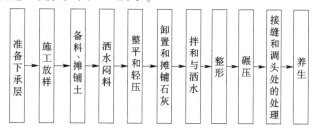

图 7-5　石灰稳定土基层施工流程

1) 准备工作

(1) 准备下承层

当石灰稳定土用作基层时,要准备底基层;当石灰稳定土用作底基层时,要准备土基,无论土基还是底基层,都必须按规范规定进行验收。凡验收不合格的路段,必须采取措施,使其达到标准后,方可铺筑石灰稳定土层。

在槽式断面的路段,两侧路肩上每隔一定距离(如 5~10m)应交错开挖泄水沟(或做盲沟)。

(2) 测量

在底基层或土基上恢复中线,直线段每 15~20m 设一桩,平曲线段每 10~15m 设一桩,并在对应断面的路肩外侧设指示桩。在两侧指示标桩上,标出石灰稳定土层边缘的设计高程。

(3) 备料

备料应根据各段石灰稳定土层的宽度、厚度及预定的压实度(换算为压实密度),计算各路段需要的干集料用量,根据料场集料的含水率和运料车辆的吨位,确定每车料的摊铺面积及堆放距离。

①集料。采备集料前,应先将树木、草皮和杂土清除干净,并在预定采料深度范围内自上而下采集集料,不宜分层采集,不应将不合格材料采集在一起。如分层采集集料,则应将集料先分层堆放在一场地上,然后从前到后(上下层一起装入汽车),将料运到施工现场。料中的超尺寸颗粒应予筛除。对于塑性指数小于 15 的黏性土,机械拌和时可视土质和机械性能确定土是否需要过筛。人工拌和时,应筛除 1.5cm 以上的土块。

②石灰。石灰宜选在公路两侧宽敞、邻近水源且地势较高的场地集中堆放。预计堆放时间较长时,应用土或其他材料覆盖封存。石灰堆放在集中拌和场地时,宜搭设防雨棚。石灰应在使用前 7~10d 充分消解,每吨石灰消解需用水量一般为 500~800kg。消解后的石灰应保持一定的湿度,以免过干飞扬,但也不能过湿成团,消石灰宜过孔径 10mm 的筛,并尽快使用。

2) 运输及摊铺

(1) 运料

运料时,要注意对预定堆料处先洒水,使其湿润,但不应过分潮湿而造成泥泞;集料装车时,应控制每车料的数量基本相等;在同一料场供料的路段,由远到近将料按计算的距离(间距)卸置于下承层中间或一侧。卸料距离应严格掌握,避免料不够或过多;料堆每隔一定距离应留有缺口;集料在下承层上的堆置时间不宜过长。运送集料较摊铺集料工序宜只提前 1~2d;在同一料场集料作石灰稳定土时,如路肩用料与稳定土层用料不同,应采取培肩措施,先将两侧路肩培好。路肩料层的压实厚度应与稳定土层的压实厚度相同。在路肩上,每隔 5~10m 应交错开挖临时泄水沟。

（2）摊铺集料

在摊铺集料时，应预先通过试验确定集料的松铺系数。人工摊铺混合料时，其松铺系数可参考表 7-2。摊铺集料前，应先在未堆料的下承层上洒水使其湿润，但不应过分潮湿而造成泥泞。对能封闭交通的道路，摊铺集料应在摊铺石灰的前一天进行。摊料长度应与施工日进度相同，以次日施工需要量为准。对不能封闭交通或在雨季施工的道路，宜在当天摊铺集料。用平地机或其他合适的机具将集料均匀摊铺在预定的宽度上，表面应力求平整，并有规定的路拱。在人工摊铺的集料层上，用 6~8t 两轮压路机碾压一两遍，使其表面平整，并有一定密实度。摊铺过程中，应注意将土块、超尺寸颗粒及其他杂物拣除，如集料中有较多土块，也应进行粉碎。松铺材料层的厚度应符合预计要求（松铺厚度 = 压实厚度 × 松铺系数）。必要时，应进行减料或补料工作。

混合料松铺系数参考值　　　　　表 7-2

材料名称	松铺系数	说　明
石灰土	1.53~1.58	现场人工摊铺土和石灰，机械拌和，人工整平
石灰土	1.68~1.70	路外集中拌和，现场人工摊铺
石灰土、砂砾	1.52~1.56	路外集中拌和，现场人工摊铺

（3）摊铺石灰

摊铺石灰时，如黏性土过干，应事先洒水闷料，使土的含水率略小于最佳值。细粒土宜闷料一夜；中粒土和粗粒土，视细土含量的多少，可闷 1~2h。按计算的每车石灰的纵横间距，用石灰在集料层上作卸置石灰的标记，同时画出摊铺石灰的边线，用刮板将卸置的石灰均匀摊开，石灰摊铺完后，表面应设有空白位置。测量石灰的松铺厚度，根据石灰的含水率和松密度，校核石灰用量是几台合适。

3）拌和与洒水

①集料应采用稳定土拌和机拌和，拌和深度应达到稳定层底。设专人跟随拌和机，随时检查拌和深度，并配合拌和机操作员及时调整拌和深度，除直接铺在土基上的一层外，严禁在拌和层底部留有"素土"夹层。拌和应适当破坏（1cm 左右，不应过多）下承层的表面，以利上下层的黏结。通常应拌和两遍以上（如使用的是生石灰粉，宜先用平地机或多铧犁将白灰翻到集料层中间，但不能翻到底部），在进行最后一遍拌和之前，必要时先用多铧犁紧贴下承层表面翻拌一遍。直接铺在土基上的拌和层也应避免"素土"夹层。

②在没有专用机械的情况下，如稳定的是细粒土和中粒土，也可用农用旋耕机与多铧犁或平地机相配合拌和，但其拌和效果较差。先用旋耕机拌和，后用多铧犁或平地机将底部"素土"翻起。再用旋耕机拌和第二遍，多铧犁或平地机将底部料再翻起，并随时检查调整翻犁的深度，使稳定土层全部翻透。严禁在稳定土层和下承层之间残留一层"素土"，同时应防止翻犁过深，过多破坏下承层的表面。还可以用缺口圆盘耙与多铧犁或平地机相配合，拌和石灰稳定细粒土、中粒土和粗粒土（但其拌和效果较差）。用平地机或多铧犁在前面翻拌，用圆盘耙跟存后面拌和，即采用边翻边耙的方法。圆盘耙的速度应尽量快，使石灰与集料拌和均匀。共翻拌 4~6 遍，开始的两遍不应翻犁到底，以防石灰落到底部，后面的几遍翻犁到底。随时检查调整翻犁的深度，使稳定土层全部翻透。

③洒水量与采用的拌和机械性能有关。当采用高效率的专用拌和机时，所需拌和时间短，洒水量应使集料达最佳含水率。若采用普通路拌机械拌和细粒土，洒水量应使集料的含水率略高于最佳含水率。在拌和过程中，及时检查含水率。若含水率不够时，用喷管式洒水车补充

洒水,使混合料的含水率等于或略大于最佳值(视土类而定可大1%左右)。水车起洒处和另一端调头处都应超出拌和段2m以上。洒水车不应在正进行拌和的及当天计划拌和的路段上调头或停留,以防局部水量过大。拌和机械应紧跟在洒水车后面进行拌和,尤其在纵坡大的路段上更应配合紧密,减少水分流失。

④在洒水过程中,要人工配合拣出超尺寸颗粒,清除粗细石料"窝",以及局部过湿之处。拌和完成的标志是:混合料色泽一致,没有灰条、灰团和花面,没有粗细石料"窝",且水分合适均匀。

⑤拌和石灰加黏土的稳定碎石或沙砾时,应先将石灰拌和均匀,然后均匀地摊铺在碎石或沙砾层上,再一起进行拌和,用石灰稳定塑性指数大的黏土时,由于黏土难以粉碎,宜采用两次拌和法。即第一次加70%~100%预定剂量的石灰进行拌和,闷放一夜,然后足石灰用量,再进行第二次拌和。

4) 整形与碾压

(1) 整形

混合料拌和均匀后,先用平地机初步整平和整形。在直线段,平地机由两侧向路中心进行刮平。在平曲线段,平地机由内侧向外侧进行刮平。需要时,再返回刮一遍。用拖拉机或轮胎压路机快速碾压一两遍,以暴露潜在的不平。在用平地机整平前,应先用齿耙把低洼处表层5cm以上耙松,避免在较光滑的表面产生薄层找补的情况,用平地机整形后再碾压一遍。对于局部低洼处,应用齿耙将其表层5cm以上耙松,并用新拌的石灰混合料进行找补平整,再用平地机整形一次,每次整形都要按照规定的坡度和路拱进行。特别要注意接缝处的整平,接缝必须顺适平整。

(2) 碾压

整形后,当混合料处于最佳含水率±1%时(如表面水分不足,应适当洒水),立即用12t以上三轮压路机、重型轮胎压路机或振动压路机在路基全宽内进行碾压。碾压时应遵循先两边后中间(平曲线段先内侧后外侧)、先轻后重、先慢后快、互相搭接的原则。碾压时后轮应重叠1/2轮宽,后轮必须超过两段的接缝处,后轮压完路面全宽即为一遍。碾压一直进行到要求的密实度为止,一般需6~8遍,压路机的行进方式同路基碾压。碾压过程中,石灰稳定土的表面应始终保持湿润。如表面水蒸发得快应及时补洒少量的水。如有"弹簧"、松散、起皮等现象,应及时翻开重新拌和,或用其他方法处理,使其达到质量要求。在碾压结束之前用平地机再终平一次,使其纵向顺适,路拱和超高符合设计要求。终平应仔细进行,必须将局部高出部分刮除并扫出路外,对于局部低洼之外,不再进行找补,留待铺筑面层时处理。

5) 养生

①石灰稳定土在养生期间应保持一定温度,不应过湿。养生期一般不少于7d,养生方法可视具体情况采用洒水、覆盖沙层、低塑性土或沥青膜等。在养生期间石灰土表层不宜忽干忽湿,每次洒水后,应用两轮压路机将表层压实。洒水多少视气候而定。用覆盖沙层养生时,要求沙层厚度为7~10cm,厚度均匀,并保持整个养生期内沙的潮湿状态。石灰稳定土层碾压结束1~2d后,其表层较干燥(如灰土的含水率不大于10%,石灰粒料土的含水率在5%~6%之间)时,可以立即喷洒透层材料,做下封层或铺筑面层,但初期应禁止重型车辆通行。

②在养生期间未采用覆盖措施的石灰稳定土上,除洒水车外,应封闭交通。在采用覆盖措施的石灰稳定土层上,不能封闭交通时,应限制车速不得超过30km/h。如石灰稳定土分层施工时,下层石灰稳定土碾压完后,可以立即铺筑另一层石灰稳定土,不需专门的养生期。

③养生期结束后,应立即喷洒透层沥青或做下封层,并在5~10d内铺筑沥青面层。在喷洒透层沥青后,应撒布3~8mm或5~10mm的小碎(砾)石,小碎石不完全覆盖,均匀覆盖约60%的面积,露黑。如喷洒的透层沥青能透入基层,运料车辆和面层混合料摊铺机在上行驶不会破坏沥青膜时,可以不撒小碎石。如为水泥混凝土面层时,也不宜让基层长期暴晒开裂。

6)施工中应注意的问题

(1)接缝和"调头"处的处理

两工作段的搭接部分,应采用对接形式。前一段拌和后,留5~8m不进行碾压。后一段施工时,将前段留下的未压部分,一起进行拌和。拌和机械及其他机械不宜在已压成的石灰稳定土层上调头,如必须在上进行调头,应采取措施(如覆盖10cm厚的沙或沙砾)保护调头部分,使石灰稳定土表层不受破坏。结束后,将沙或沙砾除去。

(2)纵缝的处理

石灰稳定土层的施工应尽可能避免纵向接缝,对于不能中断交通的路段,可采用半幅施工方法。必须分两幅施工时,纵缝必须垂直相接,不应斜接。

一般情况下,纵缝可按下述方法处理。在前一幅施工时,在靠中央一侧用方木或钢模板做支撑,方木或钢模板的高度与稳定土层的压实厚度相同。混合料拌和结束后,靠近支撑木(或板)的一条带,应人工进行补充拌和,然后进行整形和碾压。在铺筑另一幅时,或在养生结束时,拆除支撑木(或板)。第二幅混合料拌和结束后,靠近第一幅的一条带,亦应做此处理。

(3)路缘处理

如石灰稳定土层上为薄沥青面层,基层每边应较面层宽20cm以上。在基层全宽喷洒透层沥青或设下封层,沥青面层边缘以三角形向路肩抛出6~10cm。如设路缘块时,必须注意防止路缘块阻滞路面表面水和结构层中的水。

(4)用石灰稳定低塑限指数的沙、粉性土的处理

用石灰稳定低塑限指数的沙性土和粉性土时,碾压过程中容易起皮松散,成型困难,施工时要大量洒水,并分两阶段碾压。第一阶段,洒水后用履带拖拉机先压2~3遍,达到初步稳定。第二阶段,待水分接近最佳含水率时,再继续用12t以上压路机压实。当缺少履带机式机械时,洒水后先用轻型压路机碾压两遍,然后覆盖一层素土,继续用12t以上压路机压实,养生后将素土层清除干净。

7.3.2 稳定土厂拌法施工工艺

石灰稳定土可以在中心站用多种机械集中拌和,如强制式拌和机,双转轴桨叶式拌和机等,集中拌和有利于保证配比的准确性和拌和的均匀性。

1)备料

大土块要粉碎,最大尺寸不应大于15mm。集料的最大粒径和级配都应符合要求,需要时,应先筛除集料中不符合要求的颗粒。配料应准确,含水率要略大于最佳含水率。在潮湿多雨地区施工时,还应采取措施保护集料,特别是使细集料(含土)和石灰免遭雨淋。

2)拌制

在正式拌制稳定土混合料之前,必须先调试所用的厂拌设备,确定各料斗闸门的开启刻度和供料小皮带机的转速,使混合料的颗粒组成和含水率都达到规定的要求。集料的颗粒组成发生变化时,还应重新调试设备。应根据集料和混合料的含水率要求调整加水量。

3）运输

已拌成的混合料应尽快运送到铺筑现场。混合料装料、运输不离析。如运距远、气温高，则车上的混合料应加以覆盖，以防水分过多蒸发。

4）摊铺及碾压

路面下承层为石灰稳定土时，应先将下承层表面拉毛，再摊铺混合料。摊铺应采用沥青混凝土摊铺机、水泥混凝土摊铺机或稳定土摊铺机摊铺混合料。在没有以上摊铺机的情况下，可以用摊铺箱或自动平地机摊铺混合料。用摊铺机或摊铺箱摊铺时，要求拌和设备与摊铺机的生产能力相协调，如拌和设备的生产能力较低，则应用最低速度摊铺，以减少摊铺机停机待料的情况。在摊铺机后面应设专人消除粗、细集料离析现象，特别是局部粗集料"窝"应该铲除，并用新混合料填补。摊铺后应用振动压路机、三轮二轴式压路机和轮胎压路机进行碾压。用平地机摊铺混合料时，根据摊铺层的厚度和要求达到的压实下密度，计算每车混合料的摊铺面积。将混合料均匀地卸在路幅中央，路幅宽时，可将混合料卸成两行，用平地机将混合料按松铺厚度摊铺均匀，平地机后面应及时消除粗集料"窝"和粗集料带（补充细混合料并拌和均匀）。整形、碾压及接缝处理，与路拌法相同。

5）横向接缝处理

①用摊铺机摊铺混合料时，每天的施工缝应做成横向接缝。摊铺机应驶离混合料末端。

②人工将末端混合料处理整齐，紧靠混合料放两根方木，每根长度为稳定土层宽的 1/2，方木的高度与混合料的压实厚度相同，整平紧靠方木的混合料。

③方木的另一侧回填约 3m 长、高度高出方木的沙砾或碎石。

④将混合料碾压密实。

⑤在重新开始摊铺混合料之前，将沙砾（或碎石）和方木除去，并将下承层顶表清扫干净并拉毛。

⑥摊铺机返回到已压实层的末端，重新开始摊铺混合料。

⑦如压实层末端未用方木作支撑处理，在碾压后末端成一斜坡，则在第二天开始摊铺新料之前，应将末端斜坡挖除，并挖成一横向（与路中心线垂直）垂直向下的断面。挖的混合料加水到最佳含水率拌匀后仍可使用。

6）纵向接缝

应尽量避免纵向接缝。在不能避免纵向接缝的情况下，纵缝必须垂直相接，严禁斜接。并按下述方法处理。当前一幅摊铺时，在靠后一幅的一侧用方木或钢模板做支撑，方木或钢模板的高度与稳定土层的压实厚度相同。养生结束后，在摊铺另一幅之前，拆除支撑木（或板）。

养生及路缘处理方法同路拌法。

[思考题]

1. 公路断面的结构层主要由哪几部分组成？
2. 基层、底基层稳定土材料的类型主要有哪些？
3. 试述稳定土基层材料拌和机械化施工设备的分类及其各自的性能特点。
4. 试述稳定土摊铺机的工作过程。
5. 分析路拌法施工与厂拌法施工的要求和各自特点。
6. 分别叙述路拌法与厂拌法施工的工艺流程及注意事项。

单元八　沥青路面机械化施工

8.1　沥青路面施工主导机械

所谓主导机械,是指在成套机械中,起主要作用,完成施工过程的主要工序的机械。主导机械在很大程度上,决定着施工方式、方法、施工进度,并且在较大程度上决定着这一套机械的生产效率。沥青路面施工的主导机械为摊铺与拌和设备。

8.1.1　沥青混合料拌和设备

沥青混合料拌和设备可将碎石、砂、矿粉和沥青按一定配比拌和成均匀的混合料。根据工艺流程可分为传统式和滚筒式。按生产能力可分为:小型(<50t/h)、中型(50~100t/h)、大型(150~350t/h)和超大型(>400t/h)四种。大型及超大型属固定式,中型多为半固定式,小型为移动式。无论何种拌和设备,其拌制工序为:冷集料按级配定量供给,即集料的粗配与供给;冷集料烘干并加热到工作温度;热集料筛分、存储,并按质量第二次精确称量、供给(传统式);沥青熔化、脱水,并加热到工作温度;矿粉定量供给;沥青定量供给;各种配料均匀搅拌;混合料成品出料和暂时储存。

以上各工序,除了沥青溶化、脱水和加热在沥青储存仓和专用加热器中进行外,其余工序(包括所用沥青的储存和保温)都由沥青混合料搅拌设备来完成。因此,沥青混合料搅拌设备应由下列组成部分:冷集料的定量供给和输送装置;集料的烘干与加热装置;热集料转输装置;热集料筛分装置;矿粉的储存和定量供给装置;热集料与矿粉临时储存仓;沥青保温罐;沥青定量供给系统;矿料各组分的精确称量装置;搅拌器;混合料成品储存仓。为了保证环境清洁,还必须设有除尘装置。

1)传统式拌和设备

半个多世纪以来,世界各国所使用的沥青混合料拌和设备都是采用先将集料粗配、烘干、加热,然后再筛分、精确称量,最后加入矿粉和沥青,强制搅拌成沥青混合料的工艺形式。这种工艺形式的搅拌设备称为传统式沥青混合料拌和设备。在传统式沥青混合料拌和设备中集料的烘干与加热是连续进行的,而混合料的拌制则有间歇(即周期式或循环式)进行和连续进行两种。前者称为传统间歇式沥青混合料拌和设备,后者称为传统连续式混合料拌和设备。两者的组成部分基本相似,只是搅拌器的结构以及矿粉与沥青的供给形式有所区别。

图8-1为传统间歇式沥青混合料拌和设备的基本结构示意图。这种拌和设备的工艺流程如图8-2所示:

(1)不同规格的冷砂石料→冷集料定量给料装置1的各料斗按容积进行粗配→冷集料输送2转输→干燥滚筒3烘干加热(火焰逆流烘干并加热到足够温度)→热集料提升机4转输→热集料筛分机5筛分→热集料临时储存斗暂时储存(以上过程为连续进行)→热集料计量装置6精确称量→搅拌器9搅拌;

(2)矿粉→矿粉储存仓→定量给料装置7→搅拌器9搅拌;

(3)沥青→沥青保温罐8→沥青定量装置→搅拌器9搅拌。搅拌好的混合料成品→直接运往工地或送往混合料成品储存仓10;

(4)干燥滚筒3与热集料筛分机等所产生的粉尘→除尘装置11将粉尘分离出来→矿粉

定量给料装置7回收再用。

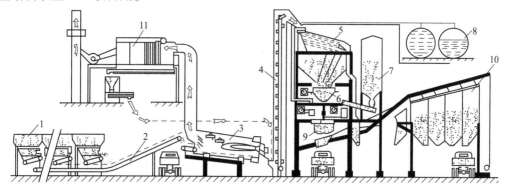

图8-1 传统间歇式沥青混合料拌和设备的基本结构示意图

1-冷集料定量给料装置;2-冷集料皮带输送机;3-干燥滚筒;4-热集料提升机;5-热集料筛分机;6-热集料计量装置;7-矿粉储存仓和定量给料装置;8-沥青保温罐;9-沥青混合料搅拌器;10-沥青混合料成品储存仓;11-除尘装置

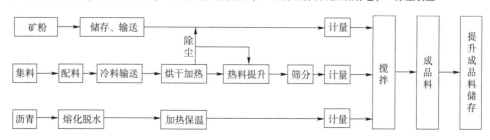

图8-2 传统间歇式沥青混合料拌和设备的工艺流程图

图8-3所示为传统连续式沥青混合料拌和设备的基本结构示意图。它与传统间歇式的主要区别在于热集料不是经过筛分按质量精确称量,而是集中在热集料储存斗5中,通过容积式定量给料装置被连续地送入搅拌器9中。与此同时,矿粉储存仓7中的矿粉也通过定量给料系统,连续地被送入搅拌器9中;同样,沥青保温罐中的沥青也由定量供给系统8的沥青定量泵连续定量地喷入搅拌器9中。干燥滚筒中产生的粉尘经过除尘装置11,其中被分离出来的粗粒粉尘进入热集料提升机4中,回收再用。

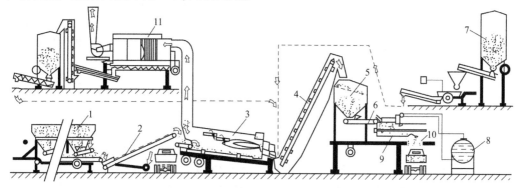

图8-3 传统连续式沥青混合料拌和设备的基本结构示意图

1-冷集料定量给料装置;2-冷集料皮带输送机;3-干燥滚筒;4-热集料提升机;5-热集料筛分机和储存斗;6-热集料定量给料器;7-矿粉储存仓和定量供给装置;8-沥青保温罐和定量供给装置;9-连续作业式沥青混合料搅拌器;10-沥青混合料成品储存仓;11-除尘装置

搅拌器9的进料是连续进行的,搅拌和出料也是连续进行的。拌制好的混合料成品暂存在成品储存仓10中待用,也可以直接送往工地。

传统式沥青混合料拌和设备的一个很大缺点是在工作过程中产生大量粉尘,造成环境的严重污染,污染程度一般都超过了各国环境保护法容许的范围。除非大大改进除尘设施,提高净化程度,使逸出的粉尘控制在环保法的容许范围内。否则,这种拌和设备的使用就要受到限制。但要提高除尘效果,使之达到很高的净化标准,势必大大增加除尘设施的投资,这种投资通常可达到拌和设备总造价的30%~40%,从而使这种拌和设备的成本剧增。此外,传统式沥青混合料拌和设备的组成部分较多,结构复杂,设备庞大,建设投资也大,能耗也高。

2) 滚筒式拌和设备

为了解决粉尘污染和能耗高的问题,20世纪60年代末,国外开始重新研究搅拌工艺,1969年美国研制出一种滚筒式沥青混合料拌和设备。这种设备的工艺特点是,集料烘干、加热及同沥青的搅拌是在同一个滚筒内完成的,即集料烘干与加热后未出滚筒就被沥青裹覆,从而避免了粉尘的飞扬和逸出。这种拌和设备的工艺过程与传统式拌和设备相比,具有结构简单、投资少、能耗低和污染少等优点。故自70年代以来,滚筒式拌和设备得到迅速发展,其一般结构如图8-4所示。

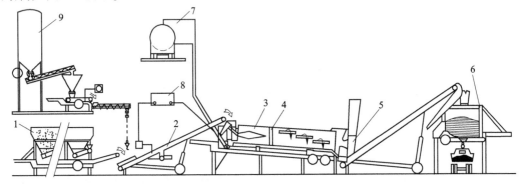

图8-4 滚筒式沥青混合料拌和设备的基本结构示意图

1-冷集料定量给料装置;2-冷集料输送机;3-干燥搅拌筒;4-料帘;5-除尘装置及烟囱;6-成品料储存仓;7-沥青供给系统;8-控制中心;9-矿粉供给系统

不同规格的集料分别装入冷集料定量给料装置1的各料斗中,按照事前调整好的级配关系先送到冷集料输送机2上,然后转输到干燥搅拌筒3中。冷集料输送机的转速是可变的,以便改变集料的供给量,在它上面还装有重力传感器,通过电子秤可测出进入滚筒内的冷集料质量。此外,冷集料在进入滚筒之前,还可通过测试仪器测出其含水率,测试结果随时输入自动控制中心8的计算机里,换算出集料的实际质量,并且沥青供给系统7根据集料的实际质量随时自动调节沥青的流量,从而达到准确控制配合比的目的。

与传统式的基本相似,在其输出管路上所装的沥青流量计,可测出沥青的瞬时和累计流量,此信息也传送到自动控制中心,以便适应干集料实际质量变化而自动调节沥青的流量。

矿粉供给系统9也与传统式基本相似,从矿粉筒仓卸下的矿粉通过皮达电子秤连续计量后送到冷集料输送机2上,会同冷集料一起输入滚筒内,或者经由专设的管道输送到滚筒内。

进入滚筒内的冷集料由安装在滚筒进料端的喷燃器烘干和加热,沥青在滚筒全长1/3~1/5(靠近进料端)处喷出。随着滚筒旋转,筒内矿料不断地被提升和自由跌落,在料成品从滚筒卸出后,经过输送机送入成品储存仓6中待运。如果所用输送机是皮带式的,则要求其耐高温且不黏结混合料。混合料成品储存仓一般都有保温层或保温设备。其工艺流程见图8-5。

滚筒式沥青混合料拌和设备与传统式的相比,其优点是:对空气污染少,设备组成工艺较简单。例如,可省去热集料提升机、筛分机、热集料储存仓、矿料秤和专门的搅拌器等。因此,

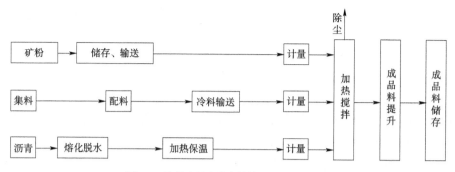

图 8-5 滚筒式沥青混合料拌和设备工艺流程

投资省、维护费用低、能耗少。其缺点是:集料的加热采用顺流式,热利用率低,拌制好的混合料含有较多的残余水份,且温度也较低。

目前,欧美各国所生产的滚筒式沥青混合料拌和设备基本上都是采用可形成料帘的干燥—搅拌筒、矿料自动称量供给装置、集料含水率测定装置、电子计算机控制沥青配比的自动调节装置,以及燃烧系统的油—风自动调节装置等现代化装置。例如,法国 Ermont 公司的 TSM 型,英国 Parker 公司"Drum—Mix"系列产品以及美国 IOWA 公司 ADM 型系列产品都大同小异地采用了上述这些组成部分。

这种滚筒式沥青混合料拌和设备的干燥—搅拌筒稍加改装,即可用作旧沥青路面材料的再生设备,近年来应用较多。

3) 沥青混合料拌和设备的生产率计算

沥青混合料拌和设备的生产率是按每小时拌制混合料的吨数计算的。

对于间歇式:

$$Q_j = \frac{nG_j K_B}{1\,000} \quad (t/h) \tag{8-1}$$

式中:G_j——每拌制一份料的质量(kg);

　　n——每小时拌制的份数;

　　K_B——时间利用系数,$K_B = 0.8 \sim 0.9$。

每小时拌制的份数为:

$$n = \frac{60}{t_1 + t_2 + t_3} \tag{8-2}$$

式中:t_1——搅拌器加热时间(min);

　　t_2——混合料搅拌时间(min);

　　t_3——成品料卸料时间(min)。

对于连续式:

$$Q_L = \frac{60 G_L K_B}{1\,000 t} \quad (t/h) \tag{8-3}$$

式中:G_L——搅拌器内的料质量(kg);

　　t——拌和时间(混合料在搅拌器内的停留时间)(min)。

拌和时间与拌制的混合料种类、搅拌器桨叶端部圆周速度以及所采用的搅拌器形式(间歇式或连续式)有关。当桨叶端部的圆周速度 $v = 2.3 \sim 2.5 \text{m/s}$ 时,搅拌时间应取为:对间歇式,$0.5 \sim 1.25 \text{min}$;对连续式,$1.5 \sim 3 \text{min}$。低值对应于粗粒混合料,高值对应于砂粒混合料。

当拌制粗粒混合料时,通常取 $v=1.5\sim1.8\text{m/s}$,因而拌和时间将大于上述低限值。此时,可降低驱动功率和减小摩擦元件的磨损。

4)新型拌和机简介

目前对沥青混合料的拌制工艺有两个改进方向:振动搅拌和无尘搅拌。

振动搅拌。拌制工艺过程中所采用的各组成部分除了搅拌器外都与传统式拌制工艺的相同。原苏联曾在实验室研究中采用过筒式振动搅拌器进行有关试验,而在生产实践中又采用了带振动壳体与轴的间歇作业的叶桨式搅拌器。叶桨在旋转的同时与振动器壳体一起振动,可使混合料中材料颗粒产生很大的加速度,以破坏沥青的凝聚,有利于沥青裹覆在矿料表面上。在振动中,所有沥青都转变成薄膜状态,能很好地包裹矿料颗粒,而沥青膜本身的厚度也更加均匀。所有这些都促使沥青混合料的成品质量提高,因而延长了沥青混凝土路面的使用寿命。振动搅拌比传统式搅拌虽然有许多优点,但是由于振动大大降低了搅拌器零件的使用寿命,所以这种振动搅拌方法直到目前仍未得到推广使用。

无尘拌制沥青混合料有两种方法:

(1)在集料被烘干、加热之前,先用双轴叶桨搅拌器将冷集料与热沥青按份搅拌,制成半成品料,然后再进行加热活化、热拌成成品料。

(2)集料在一个干燥—搅拌筒内被烘干、加热后,就加入热沥青并搅拌成成品料。前一种方法是沥青裹覆在湿集料上,后一种方法是沥青在同一容器内裹覆在热集料上。这两种方法都使集料中的粉尘不易飞扬出来,因而被称为无尘搅拌。下面介绍采用这两种搅拌方法有关设备的工艺。

德国 Wibau SL 型沥青混合料拌和设备(1969 年研制成功)的拌和工艺分两阶段。第一阶段为半成品料的冷拌阶段;第二阶段为成品料的活化与热拌阶段。

半成品料冷拌阶段。湿冷集料先按容积计量,测得其含水率后再按质量计量,折算其干料质量。然后和计量后的矿粉、沥青按份一起送入冷拌机中进行搅拌。搅拌时再加入一种能促进沥青与矿料结合的添加剂。在此搅拌过程,热沥青遇到湿冷矿料,就被冷凝成裹有细粒料和矿粉的小珠、小球,而粗集料则很少被沥青裹覆。所以这个过程只能拌成很不均匀的半成品混合料。此半成品混合料卸出后可以立即转输到活化机中,也可暂时储存起来。

成品料的活化—热拌阶段,此阶段就是将半成品混合料置于一个干燥滚筒中,从加料端喷入火焰,使筒内的半成品混合料在被连续提升与前移的过程中被加热:沥青被二次熔化、加热;集料也同时被烘干、加热。于是,沥青就均匀地裹覆在矿料的大小颗粒上,拌成均匀的混合料成品。据试验,半成品混合料堆置一段时间(甚至数月)后再进行活化—热拌,同立即进行活化—热拌相比,其马歇尔稳定度是相同的。这种工艺拌和出来的沥青混合料温度可达 110℃以上。

英国 CoatmasterDFE 型无尘沥青混合料拌和设备的工艺特点是,集料在投入干燥搅拌筒之前先加入适量的水,让过湿的集料在被烘干、加热的过程中,产生大量的水蒸气,使集料处在"沸腾"状态,从而促进沥青对集料的良好裹覆。

湿冷集料容积初配后,由皮带输送机送往称重料斗,称出每份配料的质量(测出含水率后折算),然后储入存料斗中,并同时加入适量的水(它与集料中原有含水率不同,是用来"沸腾"产生水蒸气的)。集料在进入干料—搅拌筒后,就喷入计量好的热沥青,并通入热气(由火焰产生的)。在此过程,集料被烘干、加热,同时也使水份加热沸腾成水蒸气,促使沥青与集料均匀地搅拌成混合料成品。此后将筒体倾斜(切断供热后),让混合料成品卸到运输车辆上。当拌制加矿粉的混合料时,矿粉计量后可经由集料输送器一起送入料斗,以免矿粉在加热开始时被从烟囱中吹走。

可以形成料帘的滚筒式沥青混合料搅拌设备的工艺过程。滚筒式沥青混合料拌和设备的普通结构形式如前所述。这种工艺过程虽然可大大减少粉尘飞扬,但有如下缺点:喷入滚筒内的沥青接近火焰,在高温作用下易老化变质,影响混凝土强度;成品料的温度提不高(为110~130℃);成品料有较多的残余含水率(有时高达2%)。

针对上述缺点,法国Ermont公司曾在1973年研制成(在1976年获得专利)TSM型可形成料帘的滚筒式沥青混合料拌和设备。其特点是在普通型的干燥—搅拌筒上做了某些改进,使集料在移动到离进料口1/4~1/3处时能形成一个矿料密集的料帘,以挡住火焰,只让热气穿过。其具体情况是,在滚筒内该处增设一阻料环(图8-4),使矿料运动到此处时形成一个圆形帘屏,将滚筒隔为两个区域。料帘以前较短,有喷燃器的火焰喷入,为矿料的加热区;料帘以后较长,沥青在该区喷入,为搅拌区。这种结构由于有料帘屏的存在,使火焰不致直接接触或辐射到沥青上,从而可以加大火焰,提高矿料的温度,使集料中的水分得到充分的蒸发,减少残余含量(可控制在0.5%以下),同时也可提高混合料成品的温度(可提高到150~170℃)。由于有料帘挡住火焰,沥青也不致老化变质。

5) 国内外沥青混合料拌和设备的主要技术性能

西安筑路机械厂与英国Parker公司共同开发的LB1000型沥青混合料拌和设备,每锅容量1 000kg,生产率60~100t/h,集料种类四种。称量系统采用高能电磁振动给料器、皮带给料器、高效率振动筛、电子称系统,严格保证了各种料的精确配比。拌和锅中的拌和桨采用双轴双臂式强制搅拌,拌和均匀。干燥筒转动平稳,密封好,合理的叶片排列可使高温气体与集料充分进行热交换。一级除尘选用高效率多管旋风除尘器,二级除尘采用文丘里湿式除尘器,含尘量符合国家标准要求,全自动化的热沥青加热器可使沥青储存及管道系统保持恒温,施工不受气候影响。

意大利MARINI公司为了适应各种工况的不同要求,研制了多种形式的强制间断式和滚筒连续式的拌和设备,共有26种型号,生产能力从1t/h到400t/h。表8-1列出了MARINI公司部分拌和设备的生产率。

MARINI公司部分拌和设备的生产能力(单位:t/h)　　　表8-1

型　号	3%含水率,沥青混合料140℃	5%含水率,沥青混合料140℃
M95E160	95	72
M95E190	95	95
M95E190	121	105
M121E220	121	121
M160E2200	160	150
M160E250	160	160

美国Caterpillar—CMI公司滚筒式沥青混合料拌和设备技术性能见表8-2。

拌和设备生产能力(单位:t/h,含水率5%)　　　表8-2

型　号	沥青混合料115℃	沥青混合料137℃
UDM—60	100	85
UDM—700	160	145
UDM—1200	330	300
UDM—1900	450	359
PDM—936	560	495

8.1.2 沥青混合料摊铺设备

沥青混凝土摊铺机是摊铺沥青混凝土路面的专用机械。它可将已拌制好的沥青混合料按一定的技术要求(横断面形状和厚度),迅速而均匀地摊铺在已整好的路基或底基层上,并给予初步捣实和整平。这既大大增加了铺筑路面的速度、节约了成本,又提高了路面的质量。

1) 沥青混凝土摊铺机的用途和分类

沥青混凝土摊铺机广泛适用于公路和城市道路的建设和养护,还用于机场、港口、停车场等工程施工。沥青混凝土摊铺机的分类:

(1)按行走装置分类

沥青混凝土摊铺机按行走装置分为轮胎式和履带式。

轮胎式摊铺机(图8-6)一般为全桥驱动,其前轮为实心光面轮胎,实心的目的是为了防止因料斗内混合料质量的变化引起前轮的变形,而影响到摊铺厚度的变化;后轮为充气或充气液二相轮胎,可提高其爬坡及附着能力。轮胎式摊铺机可获得较大的行驶速度,机动性好,在弯道上摊铺可实现较平滑过渡。

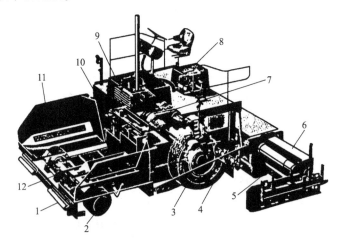

图 8-6 轮胎式沥青混凝土摊铺机

1-推滚;2-前轮;3-驱动轮(后轮);4-螺旋分料器;5-振捣器;6-整平装置;7-传动系统;8-操纵台;9-发动机;10-料斗闸门;11-料斗;12-刮板输送器

履带式摊铺机(图8-7)的履带为无履刺式。履带式摊铺机可获得较大的牵引力,接地比压低,对路基不平度敏感性较差。但其行驶速度较低,在弯道处摊铺会形成锯齿状。在喷洒有黏层油的路面上铺筑改性沥青混合料或 SMA 时,宜使用履带式摊铺机。

(2)按动力传动系统分类

按动力传动系统分为液压式、机械式和液压机械式三种。

液压式摊铺机的行走、供料、分料、整平装置和振捣器的振动、整平装置的延伸等均采用液压传动。目前摊铺机向着全液压的方向发展,并广泛采用机电液一体化技术。

机械式摊铺机的行走、供料、分料采用机械传动,结构复杂,操作不便。由于传动链多,且中心距较大,调速性和速度匹配性较差。

液压机械式摊铺机的结构是机械式和液压式摊铺机的综合。因而,结构特点和使用性能介于二者之间。

(3)按摊铺宽度分类

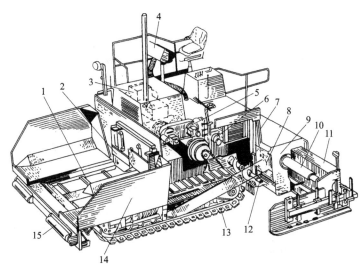

图 8-7 履带式沥青混凝土摊铺机

1-刮板输送器；2-闸门；3-发动机；4-操作台；5-带差速器和制动器的变速器；6-轴承集中润滑装置；7-升降液压油缸；8-大臂（牵引臂）；9-振捣熨平装置框架；10-伸缩油缸；11-振捣熨平装置；12-螺旋分料器；13-履带行走装置；14-料斗；15-顶推辊

按摊铺宽度分为小型、中型、大型和超大型四种。

小型摊铺机摊铺宽度一般小于3.6m，主要用于沥青混凝土路面的养护和低等级路面的摊铺。

中型摊铺机摊铺宽度一般为4～5m，主要用于二级以下公路的修筑和养护作业。随着自动调平系统的应用，该机型也可用于一级公路的摊铺。

大型摊铺机摊铺宽度在5～10m之间，主要用于高等级路面的摊铺，传动形式以液压机械式和全液压式为主。具有自动找平系统，摊铺质量高。

超大型摊铺机摊铺宽度在10m以上，主要用于高速公路的施工，路面纵向接缝少，整体性好。

(4) 按熨平板的延伸方式分类

按熨平板的延伸方式分为机械加长式和液压伸缩式两种。

机械加长式熨平板：它是用螺栓把基本（最小摊铺宽度的）熨平板和若干加长熨平板组装成所需作业宽度的熨平板。其结构简单、整体刚度好、分料螺旋（采用机械加长）贯穿整个摊铺槽，使布料均匀。因而大型和超大型摊铺机一般采用机械加长式熨平板，最大摊铺宽度可达 8 000～12 500mm。

液压伸缩式熨平板：靠液压缸伸缩无级调整其长度，使熨平板达到要求的摊铺宽度。这种熨平板调整方便省力，在摊铺宽度变化的路段施工更能显示出其优越性。但与机械加长式熨平板相比，其整体刚性较差，在调整不当时，基本熨平板和可伸缩熨平板间易产生铺层高差，并因分料螺旋不能贯穿整个摊铺槽，可能造成混合料不均而影响摊铺质量。因而，采用液压伸缩式熨平板的摊铺机最大摊铺宽度不超过8 000mm。

(5) 按熨平板的加热方式分类

按熨平板的加热方式分为电加热、液化石油气加热和燃油加热三种形式。

电加热：由摊铺机的发动机驱动的专用发电机产生的电能来加热，这种加热方式加热均匀、使用方便、无污染，熨平板和振捣梁受热变形较小。

液化石油气（主要用丙烷气）加热：这种加热方式结构简单，使用方便，但火焰加热欠均匀,污染环境,不安全,且燃气喷嘴需经常清洗。

燃油(主要指轻柴油)加热:燃油加热装置主要由小型燃油泵、喷油嘴、自动点火控制器和小型鼓风机等组成,其优点是可以用于各种工况,操作较方便,燃料易解决,但同样有污染,且结构较复杂。

2) 沥青混凝土摊铺机的构造和工作原理

沥青混凝土摊铺机主要由一台特制的轮胎式或履带式基础车、工作装置以及操纵机构等部分组成(图8-6、图8-7)。沥青混凝土摊铺机核心部分就是工作装置。

(1) 沥青混凝土摊铺机工作装置

工作装置(图8-7)由顶推辊15、料斗14、刮板输送器1和闸门2、螺旋分料器12、振捣熨平装置9等组成。沥青混凝土摊铺机的工作装置以纵轴线为对称轴分为左右完全相同的两半,既可以以同速度供料工作,又可以以不同速度调节左右两边的供料强度,以利于摊铺工作。

顶推辊15位于料斗14的前下方,在自卸卡车位于空挡卸料时,边进行摊铺工作边推着自卸卡车前进并受料。

料斗14置于机械前面,用来接受汽车卸下的混合料。它由底板与左右侧壁组成,前面敞开,后面以闸门2作为后壁,其横截面有梯形和箱形两种。料斗的两侧壁连同其毗连部分(斗底)都可由其下面的油缸向中央顶翻,以便将料斗内的混合料向中央倾卸。

刮板输送器位于料斗下面,用来将料斗内的混合料连续向后输送到摊铺室内,它由一块与斗底共用的底板3和两副装在链条1上的许多刮板2所组成(图8-8)。链条的转动就使刮板2沿底板3向后移动,将斗内混合料向后刮送,一直送到摊铺室内卸下。左右两副刮板独立操纵,可控制在同速或不同速下运转。

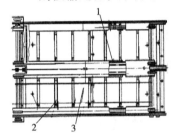

图8-8 刮板输送器
1-链条;2-刮板;3-底板

闸门有左右两扇,可以独立升降,以控制向后输送混合料的强度。闸门开启的大小有标志,驾驶人员可在驾驶室内观察到。

现代摊铺机一般设有供料电控系统,可根据摊铺室内混合料高度的变化成比例地调整供料强度。

螺旋分料器是由两根大螺距、大叶片、螺旋方向相反的螺杆组成。它们同向旋转时能将混合料自中间向两侧推移。

振捣器是左右两块矩形板,由液压驱动的偏心轴来驱动做上下振动,对所铺混合料进行初步振实。

整平装置(熨平板)紧贴在振捣器之后,分左右两块,由竖板与箱形纵截面的底座组成。用来熨平混合料并做成所需路拱。箱形底座中装有电加热器(远红外加热器),以便冬季施工时加热混合料。

螺旋分料器,振捣器与整平装置三者的左右外侧都可接加长段,以便摊铺更宽的路面。

(2) 自动调平系统

现代摊铺机都设有自动调平系统(图8-9),可根据道路不平度的变化随时调节两大臂牵引点的垂直高度,使摊铺的路面平整度符合技术要求,而不受路基不平度的影响。自动调平系统包括纵坡调平自动控制系统和横坡调平自动控制系统。

其工作情况如下:

摊铺机工作时,当左侧路面不平使左牵引臂的牵引点升降时,安装在左牵引臂上的纵坡传感器也随之升降，改变了传感器的传感臂与基准线之间的初始夹角（一般为45°），从而产生高度偏差信号，并经驱动电路推动左侧电磁阀，使调平油缸带动牵引臂的牵引点升降，直到整平装置恢复原来的工作仰角，传感器也回到原位。此时偏差信号消失，油缸停止调节。

右侧的调节与左侧相似，不同之处是它用横坡传感器检测横坡坡度的变化，只要有坡度偏差，右侧调平油缸便进行调节，直到横坡度恢复设定值。

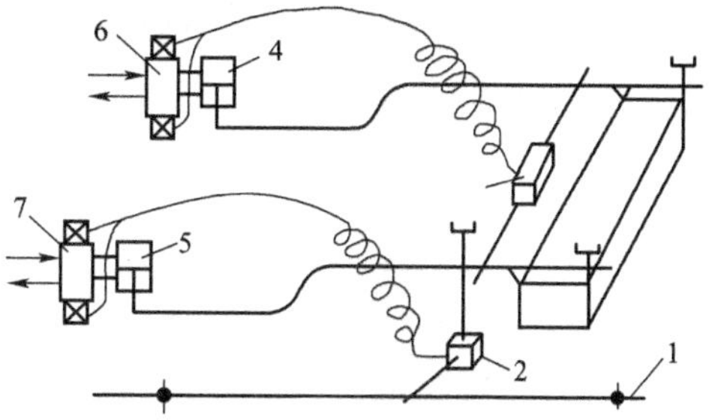

图 8-9 开关式自动调平系统布置图
1-基准线；2-纵坡传感器；3-横坡传感器；4、5-调平油缸；6、7-电磁阀

(3) 沥青混凝土摊铺机的工作原理

作业前，首先把摊铺机调整好，并按所铺路段的宽度、厚度、拱度等施工要求，调整好摊铺机的各项有关机构和装置，使其处于"整装待发"状态；装运沥青混合料的自卸车对准接收料斗 14 倒车，直至汽车后轮与摊铺机料斗前的顶推辊 15 相接触，汽车挂空挡，由摊铺机顶推其运行，同时自卸车车箱徐徐升起，将沥青混合料缓缓卸入摊铺机的接收料斗 14 内；位于接收料斗 14 底部的刮板输送器 1 在动力传动系统的驱动下以一定的转速运转，将料斗 14 内的沥青混合料连续均匀地向后输送到螺旋分料器 12 前通道内的路基上；螺旋分料器 12 则将这些混合料沿摊铺机的整个摊铺宽度向左右横向输送，分摊在路基上。分摊好的沥青混合料铺层经熨平装置 9 的振捣梁初步捣实，振动熨平板的再次振动预压、整形和熨平而成为一条平整的有一定密实度的铺层，最后经压路机终压而成为合格的路面（或路面基层）。在此摊铺过程中，自卸车一直换空挡由摊铺机顶推着同步运行，直至车内混合料全部卸完才开走。另一辆运料自卸车立即驶来，重复上述作业，继续给摊铺机供料，使摊铺机不停顿地进行摊铺作业。

3) 沥青混凝土摊铺机生产率的计算

沥青混合料摊铺机的生产率以每小时的吨数来计量，它按下列公式计算：

$$Q = hBv_0\rho K_B \quad (t/h) \tag{8-4}$$

式中：h——铺层厚(m)；
B——摊铺带宽(m)；
v_0——摊铺工作速度(m/h)；
ρ——沥青混合料密度(t/m³)；
K_B——时间利用率，$K_B = 0.75 \sim 0.95$。

受料斗的容量按下式计算：

$$V = \frac{Qt_d}{60k_f\rho} \quad (m^3) \tag{8-5}$$

式中：Q——摊铺机的生产率(t/h)；
t_d——汽车卸料于受料斗的时间(min)，$t_d = 2 \sim 2.5 \text{min}$；
k_f——斗的充满率，$k_f = 0.6 \sim 0.7$。

刮板输送器的生产率按下式计算：

$$Q_f = 60bh\rho v_f \quad (t/h) \tag{8-6}$$

式中：b——刮板输送器的宽度(m)；
h——闸门的开度(m)；
v_f——刮板输送器的线速度(m/min)。

刮板输送器的生产率应有储备量,即它要大于机械的总生产率,一般 $Q_f = 1.5Q$。
螺旋摊铺器的生产率按下式计算:

$$Q_s = 3\,600\,\frac{\pi D}{4}\rho S n_s k_1 k_2 \quad (\text{t/h}) \tag{8-7}$$

式中:D——螺旋直径(m);
　　　S——螺距(m);
　　　n_s——螺旋的转速(r/s);
　　　k_1——横截面充满系数,$k_1 = 0.3 \sim 0.6$;
　　　k_2——由于滑转和挤压而引起生产率下降的系数,$k_2 = 0.9 \sim 0.95$。
螺旋摊铺器的生产率应不小于 $0.7Q$。一般螺距 $S = D$,而 $D = 0.3 \sim 0.4\text{m}$。

8.2　施工前的准备工作

施工前的准备工作主要有确定料源及进场材料的质量检验、机械选型与配套、拌和厂选址、修筑试验路段等项工作。

8.2.1　确定料源及进场材料的质量检验

1) 沥青材料

目前,我国高等级公路路面所用的沥青大部分从国外进口,如京津塘高速公路、广佛高速公路、西三一级公路、济青一级公路等。主要采用新加坡的壳牌(shell)、埃索(Esso)、BP等公司的沥青或阿尔巴尼亚沥青。有一些工程,如沪嘉高速公路、沈大高速公路则采用国产的基本满足重交通道路沥青技术要求的稠油沥青。近几年来,对国产稠油沥青在高等级公路工程中的应用研究及工程实践证明,用满足重交通道路石油沥青技术要求的单家寺、欢喜岭、克拉玛依稠油沥青铺筑的高级沥青面平整、坚实、无明显车辙,早期的裂缝基本消除或大大减小,路用性能达到或超过进口沥青,因而可以取代进口沥青。

当然,国产沥青目前也还有不少问题需要解决,如包装及运输,有的品种质量不稳定等。在全面了解各种沥青料源、质量及价格的基础上,无论是进口沥青还是国产沥青,均应从质量和经济两个方面综合考虑选用。对进场沥青,每批到货均应检验生产厂家所附的试验报告,检查装运数量、装运日期、定货数量、试验结果等。对每批沥青进行抽样检测,试验中如有一项达不到规定要求时,应加倍抽样试验,如仍不合格,则退货并索赔。沥青材料的试验项目有:针入度、延度、软化点、薄膜加热、蜡含量、比重等。有时根据合同要求,可增加其他非常规测试项目。

2) 石料

确定石料料场,主要是检查石料的技术标准能否满足要求,如石料等级、饱水抗压强度、磨耗率、压碎值、磨光值及石料与沥青的黏结力,这些都是料场取舍的关键条件。实际中,有些石料虽然达到了技术标准要求,但不具备开采条件,在确定料场时也应慎重考虑,对各个料场采取样品,制备试件,进行试验,并考虑经济性等问题后确定。

碎石受石料本身的结构与加工设备(鄂式或锤式轧石机)的影响较大,应先试轧,检验针片状含量及级配情况。对进场石料也要进行上述项目的检验,以防其他不合格料场的材料入场。

3) 砂、石屑及矿粉

砂的质量是确定砂料场的主要条件。进场的砂、石屑、矿粉应满足规定的质量要求。

8.2.2 拌和设备的选型及场地布置

1) 拌和设备选型

通常,根据工程量和工期选择拌和设备的生产能力和移动方式(固定式、半固定式和移动式)。而且,其生产能力应和摊铺能力相匹配,不应低于摊铺能力,最好高于摊铺能力5%左右。高等级公路沥青路面施工,应选用拌和能力较大的设备。生产能力大的设备,其单位产品所消耗的人工、燃料和易损配件等费用较低。当然,生产能力大的设备,价格(一次性投资)也较高,但它们之间并不成比例关系。一般来说,生产能力增大一倍,设备的价格不会超过其原价的1/3。如果一台生产能力大的设备使用寿命按10年计算(10年折旧完),在这10年使用期中,仅燃料节约一项就可补偿购买大型设备所增加的投资及因此所付的利息。但是如果生产能力超过原材料的供应能力和摊铺机的摊铺能力,搅拌设备不能满负荷工作,也会造成浪费。目前,沥青混合料设备种类很多,小的每小时产量只有几吨、十几吨,大的每小时可生产400t以上。近年来,国外研制的大型拌和设备可达800~1 000t/h。目前应用较多的是生产率在300t/h以下的拌和设备。

2) 拌和厂的选址与布置

沥青混合料拌和设备是一种由若干个能独立工作的装置所组成的综合性设备。因此,不论哪一类型拌和设备,其各个组成部分的总体布置,都应满足紧凑、相互密切配合又互不干扰各自工作的原则。

(1) 固定式沥青混合料拌和厂

沥青混合料拌和厂一般包括原材料存放场地,沥青储存、熔化及加热设备、搅拌设备、试验室及办公用房(有的还有宿舍)等。在设计时首先要选择厂址和确定场地面积。

沥青混合料拌和厂工作时会产生较大的粉尘与噪声等污染,因此,厂址不宜选在目前和将来的居民区,但是又要满足拌和对供电和给排水的要求。厂址离施工工地以在2h运距之内为佳;此外,厂址还应处于主交通干线或至少有7m宽路面道路的旁边。

在选择好厂址后,就要估算场地面积。该面积应能容纳工厂的所有设施,并根据其生产能力来估算,表8-3所列数据可供参考。

沥青混合料拌和厂场地面积参考表　　　　表8-3

生产能力(t/h)	搅拌器容量(间歇式)(kg)	场地面积(m³)
60~70	1 000	6 500
90~110	1 500	9 000
120~140	2 000	12 000
150~240	3 000	18 000
240~350	4 000	25 000

场地形状以矩形为佳,场地内的各项设施和布置应协调。一般说来,设备的主体应布置在中央位置,办公楼、宿舍和试验室等房舍应位于厂进口处,并沿路边建造。砂石料堆场或储存仓设在后边(相对于厂进口方向),既要便于向搅拌设备供料,又要便于车辆从外面运进和卸下砂石料;砂石料的储存量以能供应3~5d的工作需要为宜,因此其场地应有足够的面积,且最好用水泥混凝土墙隔成几个区域,每个区域宽5~7m,长20~30m,墙高2.5~3m。矿粉仓、沥青库和燃料罐等生产供应设施可设置于砂石料场的同侧或另侧,并应以便于向主设备供送所需材料为准。配电间应安置在较偏僻而又安全的地方。秤量矿料及成品的地磅要设置在车

辆的进出口处。此外,在厂的四周和场地内还要留有绿化带和设置花坛的地方。

(2)半固定式沥青混合料拌和设备

半固定式沥青混合料拌和设备总体布置的原则是,将各个组成部分分别安装在多辆平板挂车上,能够以最短的时间和最少的劳力迅速拆卸、转运和重新安装,并投入生产。所用平板挂车都是为适应不同组成部分的安装和运输而特别设计制造的。

半固定式沥青混合料拌和设备一般分成干燥机组、搅拌机组和辅助机组三大部分,即由冷集料给料装置及输送机、干燥筒组成的干燥机组;从热集料提升机直到搅拌器间各部分组成的搅拌机组;由矿粉供给系统、沥青供给系统和除尘装置等共同组成的辅助机组。并且,按照这样的分组,将搅拌设备安置在相应的车辆上,使其便于拆装、转移和投入使用。

半固定式沥青混合料拌和设备的各平板挂车都带有支腿,在工作时由支腿支撑着全重,以避免轮胎受压,同时增加工作时设备的稳定性。

(3)移动式沥青混合料拌和设备

移动式沥青混合料拌和设备一般都是小型的,且大多是用来拌制沥青碎石混合料。因此,其各组成部分较为简单,可以全部安装在一辆特制的平板挂车上。

8.2.3 施工机械检查

施工前对各种施工机具应做全面检查。

①拌和与运输设备的检查。沥青混合料拌和设备在开始运转前要进行一次全面检查,注意连接的紧固情况,检查搅拌器内有无积存余料、冷料运输机是否运转正常和有无跑偏现象,仔细检查沥青管道各个接头,严禁吸沥青管有漏气现象,注意检查电气系统,对于机械传动部分,还要检查传动链的张紧度。检查运输车辆是否符合要求,保温设施是否齐全。

②洒油车应检查油泵系统、洒油管道、量油表、保温设备等有无故障,并将一定数量沥青装入油罐,在路上先试洒,校核其洒油量。每次喷洒前应保持喷油嘴干净,管道畅通,喷油嘴的角度应一致,并与洒油管呈15°~25°的夹角。

③矿料撒铺车应检查其传动和液压调整系统,并应事先进行试撒,以确定撒铺每一种规格矿料时应控制的间隙和行驶速度。

④摊铺机应检查其规格和主要力学性能,如振捣板、振动器、熨平板、螺旋摊铺器、离合器、刮板送料器、料斗闸门、厚度调节器、自动找平装置等是否正常。

⑤压路机应检查其规格和主要力学性能(如转向、启动、振动、倒退、停驶等方面的能力)及滚筒表面的磨损情况。

8.2.4 修筑试验段

沥青路面大面积施工前,采用计划使用的机械设备和混合料配合比铺筑试验段。通过试验段的修筑,主要研究合适的拌和时间与温度(拌和前进行流量测定,建立料仓开度与流量的关系);摊铺温度与速度;压实机械的合理组合,压实温度及压实方法;松铺系数;合适的作业段长度。在试验段中,抽样检测每种沥青混合料的沥青含量、矿料级配、稳定度、流值、空隙率、饱和度、密实度等。沥青混合料压实12h后,按标准方法进行密实度、厚度的抽检(一般每种混合料取6处)。

通过试验段修筑,优化拌和、运输、摊铺、碾压等施工机械设备的组合和工序衔接,提出混合料生产配合比;明确人员的岗位职责。最后提出标准施工方法。现就其中两个主要问题讨论如下。

1) 生产配合比的确定

按实验室所作的配合比经试拌后,混合料的各种指标有时不满足要求,因此结合试拌与试铺,进行必要的调整,方可作为生产配合比。调整混合料配比时应以前次试验为基础,针对出现的问题采取相应的措施进行局部调整。下面是对试拌混合料时一般性调整的指导原则。

(1) 空隙率与稳定度均较低

系沥青含量过多或细料偏多或两者兼有所致。提高空隙率的方法有多种,其中之一是在混合料中添加粗矿料以提高 VMA(矿料间隙率)值。提高空隙率的另一种方法是降低沥青含量。但应注意,只有当混合料的沥青含量超出一般规定,而减少沥青含量又会使沥青膜低于要求厚度,且不影响路面耐久性时,方可使用此种方法。在混合料中增加表面粗糙且有棱角的矿料可提高 VMA 值及摩阻力。但有些石料的破裂面非常光滑(如石英类岩石),如果使用此类矿料来提高稳定性是比较困难的。

(2) 空隙率低、稳定度满足要求

系沥青含量偏多或主集料够但级配中间料断挡太长所致。空隙率低易出现泛油现象,尤其当主集料被压碎时,将会引起失稳和泛油。因此,空隙率低的混合料,即便是稳定度暂时可以满足要求,也应该用上面所述的方法进行调整。

(3) 空隙率满足要求、稳定度低

对此,可能是混合料级配不佳、矿料本身强度不足、沥青与矿料黏结性差等造成,可根据具体情况进行调整。

(4) 空隙率高、稳定度满足要求

空隙率高常会使透水性提高。所以,即使混合料的稳定度满足要求,也要将空隙率调低些。通常采用的方法是适当增加细料。

(5) 空隙率高、稳定度低

对于空隙率高而稳定度低的混合料,需要按前面阐述的方法调低空隙率。如果经调整后,仍然不能同时改善空隙率和稳定度两项指标时,则要按照开始所述的方法,重新选择矿料。

2) 机械组合要求

高等级公路路面的施工机械应优先选择自动化程度较高和生产能力较强的机械,以摊铺、拌和为主导机械并与自卸汽车、碾压设备配套作业,进行优化组合,使沥青路面施工全部实现机械化。目前常见的问题是摊铺与拌和生产能力不配套,不能保证连续作业,从而影响施工进度和质量。特别是摊铺能力远大于拌和能力,使摊铺机频繁停机影响了摊铺质量。运输车辆数的确定可根据第一章所述的排队论法或下节所述的方法确定。压实机械的配套,根据碾压温度及摊铺进度确定合理的碾压长度,然后配备压实机具。表 8-4 为交通运输部第一公路工程总公司承担京津塘高速公路某段沥青路面施工机械的配套情况。

配套示例　　　　　表 8-4

机械名称	产地及型号	性　能
沥青混合料拌和设备(1 套)	美国 ADM6422	连续式 120t/h
沥青混合料拌和设备(1 套)	意大利 MARINI	间歇式 80t/s
摊铺机(1 台)	德国 VOGELE1700	自动压实自动传感 1 000m²/h
摊铺机(1 台)	德国 HOES	自动压实自动传感 1 000m²/h

续上表

机械名称	产地及型号	性　能
摊铺机(1台)	美国 BSF420	自动压实自动传感 1 000m²/h
压路机(3台)	国产 CC21	双轮双振
压路机(3台)	国产 YL—9/15	轮胎式
锯缝机(1台)	国产	
自卸汽车(14台)	太脱拉 TS15SI	15t 后卸式

8.3 沥青混合料的拌和与运输

8.3.1 拌和与运输的一般要求

1) 试拌

沥青混合料宜在拌和厂制备(传统式与滚筒式拌和设备的工艺流程见8.1.1节)。在拌制一种新配合比的混合料之前,或生产中断了一段时间后,应根据室内配合比进行试拌。通过试拌及抽样试验确定施工质量控制指标。

①对间歇式拌和设备,应确定每盘热料仓的配合比。对连续式拌和设备,应确定各种矿料送料口的大小及沥青、矿料的进料速度。

②沥青混合料应按设计沥青用量进行试拌,试拌后取样进行马歇尔试验,并将其试验值与室内配合比试验结果进行比较,验证设计沥青用量的合理性,必要时可作适当调整。

③确定适宜的拌和时间。间歇式拌和设备每盘拌和时间宜为 30~60s,以沥青混合料拌和均匀为准。

④确定适宜的拌和与出厂温度。沥青(均指石油沥青,以下同)的加热温度宜为 130~160℃,加热不宜超过 6h,且当天加热宜当天用完,不宜多次加热,以免老化。砂石加热温度为 165~180℃,矿粉不加热。沥青混合料(指石油沥青混合料,下同)出厂温度宜控制在 130~160℃。

2) 沥青混合料的拌制

根据配料单进料,严格控制各种材料用量及其加热温度。拌和后的沥青混合料均匀一致,无花白、无离析和结团成块等现象。每班抽样做沥青混合料性能、矿料级配组成和沥青用量检验。每班拌和结束时,清洁拌和设备,放空管道中的沥青。做好各项检查记录,不符合技术要求的沥青混合料禁止出厂。

3) 沥青混合料的运输

沥青混合料用自卸汽车运至工地,车箱底板及周壁应涂一薄层油水(柴油:水为1:3)混合液。运输车辆上应加以覆盖,运至摊铺地点的沥青混合料温度不宜低于130℃,运输中尽量避免紧急制动,以减少混合料离析。

8.3.2 拌和与运输的生产组织

沥青混合料的生产组织包括矿料、沥青供应和混合料运输两方面,任何一方面组织不好都会引起停工。

1) 拌和

(1) 材料供给

所用矿料符合质量要求,储存量应为平均日用量的5倍,堆场应加遮盖,以防雨水。研究表明:矿料含水率的多少对设备生产能力的影响很大,矿料的含水率大则意味着烘干与加热费时,生产能力降低,燃料消耗率增加。例如干燥滚筒生产能力为50~80t/h时,含水率为5%~8%的矿料,含水率每增加1%,干燥能力下降约10%,每吨产品的燃油消耗率将增加10%。矿粉和沥青储存量应为平均日用量的2倍。

(2)拌和设备的运行

启动前要拉动信号,使各岗位人员相互联系,确认准备就绪时才能合上电闸。对各组成部分的启动,应按料流方向顺序进行。待各部分空运转片刻,确认工作良好时,才可开始上料,进行负荷运转。

通常用装载机将不同规格的矿料投入相应的料仓,在拌和设备运行中要经常检查砂石料仓储料情况。如果发现各斗内的储料不平衡时,应及时停机,以防满仓或储料串仓。检查振动筛的橡皮减振块,发现有裂纹时,要及时更换,储料仓中的存料要过半后才可开始秤量。矿粉要根据用料情况上料,防止上料过多或卡住机器。防止沥青从保温箱中溢出,必要时可用工具在箱内搅动,以免沥青溢出。

拌和设备在停机之前应先停止供给砂石料并少上矿粉,使滚筒空转3~5min,待筒内出完余料再停止筒的转动。在筒空转时还应加大喷燃器的风门,尽快驱除筒内的废气,并使筒冷却,然后关闭喷燃器的油门和燃油泵的总油门。停机后矿粉仓和矿粉升运机内不得有余料,在停止搅拌前应先停止喷沥青,将进入搅拌器内的余料干拌几分钟后放净,以便刷净搅拌器内的残余沥青。

拌和设备在每次作业完毕后都必须立即用柴油清洗沥青系统,以防止沥青堵塞管路。

2)运输

沥青混合料成品应及时运往工地。运前应查明具体位置、施工条件、摊铺能力、运输路线、运距和运输时间,以及所需混合料的种类和数量等。拌和设备时开时停会造成燃料的浪费,并影响混合料的质量。车辆数量必须满足拌和设备连续生产的要求,不因车辆少而临时停工。在生产中所用运输车辆数量 n 视拌和设备生产能力 $G(t/h)$、车辆的载重能力 $G_0(t)$ 及运输时间等因素而定,可按下式计算:

$$n = \alpha \frac{t_1 + t_2 + t_3}{T} \tag{8-8}$$

式中:t_1——重载运程时间(min);

t_2——空载运程时间(min);

t_3——在工地卸料和等待的总时间(min);

T——拌制一车混合料所需的时间(min),$T = \frac{60G_0}{G}$(min);

α——储备系数,视交通情况而定,一般取 $\alpha = 1.1 \sim 1.2$。

要组织好车辆在拌和设备处装料和工地卸料的顺利,尤其要计划好车辆在工地卸料时的停置地点。装料时必须按其载质量装足,安全检查后再启运。

为了精确控制材料,载料车出厂时应进行称量,常用磅秤或使用拌和厂的自动称量系统。有些拌和厂还随机称量每辆料车的空车自重,且要求磅房保存这种空重的永久性记录。电子自动打印质量卡已在许多地方采用,卡片一般记有毛重、空重和净重。

为了不因特殊事故或其他原因而使设备停工,拌和设备应有足够的混合料成品储存仓。

8.3.3 拌和质量检测

1）拌和质量的直观检查

质检人员必须在料车装料过程中和开离拌和厂前往摊铺工地途中经常进行目测。仔细的目测有可能发现混合料中存在的某些严重问题。

沥青混合料生产的每个环节都应特别强调温度控制。这是质量控制的首要因素。目测经常可以发现沥青混合料的温度是否符合规定。料车装载的混合料中冒黄烟往往表明混合料过热；若混合料温度过低，沥青裹覆不匀，装车将比较困难。此外，如运料车上的沥青混合料能够堆积很高，则说明混合料欠火，或混合料中沥青含量过低。反之，如果热拌混合料在料车中容易坍平（不易堆积），则可能是因为沥青过量或矿料湿度过大所致。

2）拌和质量测试

（1）温度测试

直观检验固然很重要，但检验人员必须进行测定。沥青混合料的温度通常在料车上测出。较理想的方法是使用有度盘和铠装枢轴的温度计，将枢轴从车箱一侧的预留孔中插入混合料中，使之达到足够的深度（至少15cm），混合料直接与枢轴接触，可测出料温。也可用手枪式红外测温计。这是一种测量表面反射温度的仪器。由于红外测温计仅能测出材料表面温度，故其温度读数对于料车中间的材料便不可能准确。为了解决这一问题，检验人员应在混合料从拌和机或聚料斗出料口卸出时，就应用这种仪器进行测定。红外测温计能迅速获得全面的数据，但使用时应经常校准。

（2）沥青混合料的取样和测试

沥青混合料的取样与测试是拌和厂进行质量控制最重要的两项工作。取样和测试所得到的数据，可以证明成品是否合格。因此，必须严格遵循取样和测试程序，确保试验结果能够真实反映混合料的质量和特性。作为称职的检验人员，必须能采集有代表性的样品，进行现场试验室试验，并解释试验数据。

取样和测试程序及要求一般由合同规范规定。主要包括抽样频率、规格和位置，以及要做的试验等方面的内容。取样时，首先应确保所取样品能够反映整批混合料的特性。测试的主要内容是马歇尔稳定度、流值、空隙率、饱和度、沥青抽提试验、抽提后的矿料级配组成，必要时进行残留稳定度测定（饱水72h，60℃的稳定度与60℃的稳定度之比乘100%）。测试频率在我国目前做法不一，有些地方的施工合同规范规定每天从沥青混合料拌和机中抽样制备4个试件（与工地桩号联系），或者每250t混合料不少于1次，进行上述内容的测定，并于6h内将测定结果报告试验监理工程师。我们认为，按生产量确定抽样频率是比较合理的。

（3）检测记录

检验人员必须保留详细的检验记录。这些记录是确定沥青混合料是否符合规范要求，能否付款的依据。因此，记录必须清楚、完整和准确。这些记录还将成为施工和工程用料的历史记录。所以，检验记录也就成为日后研究和评价该项工程的依据。

为了能够反映实际情况，这些记录和报告必须在进行所规定的试验或测量的当时抓紧时间填写。每项工程都必须记日志。应记录：工程编号、拌和厂位置、拌和设备的类型和型号、原材料来源、主要工作人员姓名以及其他数据。还应记录日期和当天的气象情况及拌和厂的主要活动和日常工作。对异常情况，特别是对沥青混合料可能产生不利影响的情况必须进行说明。

3)拌和质量缺陷及原因分析

造成沥青混合料拌和质量缺陷的原因十分复杂,检验记录表列出出现问题的现象及可能原因,它能帮助拌和厂技术人员有效地控制生产质量,也作为日后研究分析和评价工程质量的依据。

8.4 沥青混合料的摊铺技术

摊铺作业是沥青路面施工的关键工序之一。常包括下承层准备、施工放样、摊铺机各种参数的调整与选择、摊铺机作业等主要内容。下面,在介绍摊铺沥青混合料一般要求的基础上,对上述主要内容进行详细讨论。

8.4.1 摊铺沥青混合料的一般要求

摊铺时应先检查摊铺机的熨平板宽度和高度是否适当,并调整好自动找平装置。有条件时,尽可能采用全路幅摊铺,如采用分路幅摊铺,接茬应紧密、拉直,并宜设置样桩控制厚度。双层式沥青混凝土面层的上下层铺筑宜在当天内完成,如间隔时间较长,下层受到污染的路段铺筑上层前应对下层进行清扫,并浇洒黏层沥青。摊铺时,沥青混合料温度不应低于100℃,摊铺厚度应为设计厚度乘以松铺系数,沥青混合料的松铺系数通过试铺碾压确定,也可按沥青混凝土混合料1.15~1.35,沥青碎石混合料1.15~1.30取值。细粒式取上限,粗粒式取下限。摊铺后应检查平整度及路拱,发现问题及时修整。

施工气温在10℃以下或冬季气温虽在10℃以上,但有大风时,摊铺时间宜在上午9时至下午4时进行,做到快卸料、快摊铺、快整平、快碾压,摊铺机的熨平板及其他接触热沥青混合料的机具要经常加热。在摊铺沥青混合料前,应对接茬处已被压实的沥青层进行预热,沥青混合料摊铺后,在接茬处用热夯夯实、热烙铁熨严,并使压路机沿接茬加强碾压。

雨季施工时,应注意气象预报,加强工地现场和拌和厂联系,现场应缩短施工路段,各工序要紧密衔接。运料汽车和工地应备有防雨设施,做好基层及路肩的排水工作。下承层潮湿时,不得摊铺沥青混合料,对未经压实即遭雨淋的沥青混合料,要全部清除,更换新料。

8.4.2 准备工作

1)下承层准备

在铺筑沥青混合料时,它的下承层(即前一层)无非是基层、连接层或面层下层。虽然下承层完成之后,已进行过检查验收,但在两层施工的间隔,很可能因某种原因,如雨天、施工车辆通行或其他施工干扰等,会使其发生程度不同的损坏,如基层可能出现弹软和松散或表面浮尘等,因此,需进行维修。沥青类连接层下层表面可能泥泞污染,必须清洗干净。下承层表面出现的任何质量缺陷,都会影响到路面结构的层间结合强度,以至于路面整体强度。特别对桥头及通道两端基层发现沉陷,则应在两端全宽范围内进行挖填处理(一定深度与湿度范围内重新分层填筑与压实),并在两端适当长度内,线形略向上抬起0~3cm,使线形"饱满"。对下承层缺陷处理后,即可洒透层油或黏层油。

2)施工放样

施工放样包括高程测定与平面控制两项内容。高程测定的目的是确定下承层表面高程与原设计高程相差的确切数值,以便在挂线时纠正到设计值或保证施工层厚度。根据高程值设置挂线标准桩,借以控制摊铺厚度和高程。对无自控装置的摊铺机,不存在挂线问题,但应根据所测高程值和本层应铺厚度综合考虑确定实际厚度,用适当垫块或定位螺旋调整就位,为便于掌握铺筑宽度和方向,还应放出摊铺的平面轮廓线或设置导向线。

高程放样应考虑下承层高程差值(设计值与实际高程值之差)、厚度和本层应铺厚度。综合考虑后定出挂线桩顶的高程,再打桩挂线。当下承层厚度不够时应在本层内加入厚度差并兼顾设计高程;如果下承层厚度够而高程低时,应根据设计高程放样,如果下承层的厚度与高程都超过设计值时,应按本层厚度放样。若厚度和高程都不够时,应按差值大的为标准放样。总之,不但要保证沥青路面总厚度,而且要考虑高程不超出容许范围。当两者矛盾时,应以满足厚度为主考虑放样,放样时计入实测的松铺系数。挂线的技术及有关事项将在自动找平装置运用中详述。

3) 摊铺机施工前检查

摊铺机在每日施工前,必须对工作装置及其调节机构进行专门检查,即检查刮板输送器、闸门和螺旋摊铺器(即供料系统)的状况是否良好,有无黏附沥青混合料(包括受料斗),振捣梁的底面及其前下部是否磨损过大,行程及运动速度是否恰当,它与熨平板之间的间隙以及离熨平板底面的高度是否合适;熨平板底面有无磨损、变形和黏附混合料,其加热装置是否良好;厚度调节器和拱度调节是否良好;各部位有无异常振动;采用自动调平装置时要检查装置是否良好。

上述各项都必须进行试运转检查,遇有故障应及时消除与调整,确认工作装置及其调节机构均处于良好状态之后,方可允许正式投入施工。

8.4.3 摊铺机参数的调整与选择

摊铺机参数包括结构参数和运行参数两大部分。在摊铺前,根据施工要求需调整和选择摊铺机的结构参数有:熨平板宽度和拱度;摊铺厚度与熨平板的初始工作迎角。运行参数主要指摊铺速度。

1) 熨平板宽度与拱度的调整

为了减少摊铺次数,每一条摊铺带的宽度应该按该型号摊铺机的最大摊铺宽度来考虑。宽度为 B 的路面所需横向摊铺的次数 n 按下式计算:

$$n = \frac{B - x}{b - x} \tag{8-9}$$

式中:B——路面宽度(m);

b——摊铺机熨平板的总宽度(m);

x——相邻摊铺带的重叠量(m),一般 $x = 0.025 \sim 0.08$m。

公式(8-8)的意义是,路面的宽度应为摊铺机总摊铺宽度减去重叠量后的整倍数。如果 n 值不能满足整数时,则尽可能在减少摊铺次数的前提下,使所剩的最后一条摊铺带的宽度不小于该摊铺机的标准摊铺宽度。实在不足时只好采用切割装置(截断滑靴)来切窄摊铺带。

每一条摊铺带应尽可能宽,这样不仅可减少机械通过次数,还可减少路面的纵向接茬,有利于质量的提高。在确定摊铺带宽度时应注意:上下铺层的纵向接茬应错开30cm以上,摊铺下层时,为了便于机械的转向,熨平板的侧边与路缘石或边沟之间应留有10cm以上的间距;在纵向接茬处应有一定的重叠量(平均为 2.5 ~ 5cm);接宽熨平板时必须同时相应地接长螺旋摊铺器和振捣梁,同时检查接长后熨板底板的平直度和整体刚度。

熨平板宽度调整之后,要调整其拱度。各种型号摊铺机的调拱机构大致相同,调整后可在标尺上直接读出拱度的绝对数值(mm)或横坡百分数。调整好拱度后要进行试铺校验,必要时再次调整。一些大型摊铺机,常设计有前后两副调拱机构。这种双调拱机构,其前拱的调节量略大于后拱。这样有利于改善摊铺层的表面质量和结构致密的均匀性。如果调整不当,将出现表面致密度不均的缺陷。经验表明,前拱过大,混合料易向中间带集中,于是出现两侧疏松,中部紧密并被刮出亮痕和纵向撕裂状条纹;反之,前拱过小,甚至小于后拱,混合料被分向两侧,于是将出现中间疏松,两侧紧密并刮出亮痕和纵向撕裂状条纹。只有前后拱符合规定时,才能获得满意的摊铺效果。一般人工接长调控宽度的熨平板,其前后拱之差为3~5mm,液压伸缩调宽的熨平板,差值为2~3mm。

2) 摊铺厚度的确定和熨平板初始工作迎角的调整

摊铺工作开始前要准备两块长方垫木,以此作为摊铺厚度的基准。垫木宽5~10cm,长与熨平板纵向尺寸相同或稍长,厚度为松铺厚度。将摊铺机停置于摊铺带起点的平整处后,抬起熨平板,把两块垫木分别置于熨平板两端的下面,如图8-10所示。如果熨平板加宽,垫木则放在加宽部分的近侧边处。

垫木放好后,放下熨平板,让其提升油缸处于浮动状态。然后转动左右两只厚度调节螺杆,使它们处于微量间隙的中立位置。此时,熨平板以其自重落在垫木上。

熨平板放置妥当后,接着调整其初始工作迎角。此迎角视机型、铺层厚度、混合料种类和温度等因素的不同而异,各机型在使用说明书中都有规定。

多数摊铺机上装有手动调整机构,用以调整初始工作迎角。调节得正确与否,只能通过实际摊铺的厚度去检验。每调整一次,必须在5m范围内作多点厚度检验,取其均值,与设计

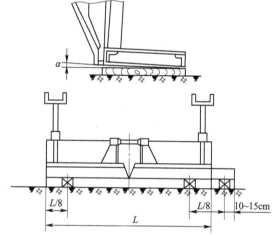

图8-10 摊铺厚度的确定方法

值比较。一次调整之后,在测定均值之前,不得作任何调整。对于凹凸不平较大的下承层,几处测量仍难求得正确的厚度值时,可从摊铺的面积和所使用的混合料数量求出每平方米所用混合料的质量,以此与规定的密度作比较,就可确定摊铺厚度要不要再次调整。所铺的实际平均厚度可按下式计算:

$$h = \frac{100G}{\gamma A} \quad (\text{cm}) \tag{8-10}$$

式中:G——已用混合料的质量(t);

A——铺筑面积(m²);

γ——未最终压实的混合料密度,一般取2t/m³。

摊铺厚度还直接与刮板输送器的生产能力有关。在实际施工过程中,如果知道刮板输送器的生产能力,又知道最大摊铺宽度,就可方便地调整摊铺厚度。

具有自动调平装置的摊铺机,在机器结构上可以靠改变熨平板侧臂安装位置来获得有限级(如三级)的初始工作仰角,每一级初始工作仰角适应一定范围的摊铺厚度。同时,依靠电子液压调平装置来控制工作仰角的瞬时变化,以保证摊铺平整度。

对液压伸缩熨平板,由于基本熨平板与左右伸长熨平板不在同一纵向位置上,当初始工

仰角改变时，两者的后缘距地面高度会变得不一致。所以在调整工作迎角之后，要使用同步调整机构，调整左右伸长熨平板的高度，使其后缘与基本熨平板后缘处于相同高度。

3）布料螺旋与熨平板前缘距离的调整

现代摊铺机的熨平板前缘与布料螺旋之间的距离是可变的。它主要根据摊铺厚度、混合料级配及油石比、下承层强度与刚度、矿料粒径等条件，对这一距离进行适当调整。当摊铺厚度较大、矿料粒径也大、沥青混合料温度偏低，或发现摊铺层表面出现波纹则宜将距离调大；在石灰稳定土、水泥稳定土、二灰及二灰土基层上摊铺厚度较小的沥青层时，宜将距离调小；一般摊铺条件下（厚度10cm以下的中、粗粒式沥青混合料，矿料粒径约30cm，正常摊铺温度），宜将距离调至中间位置。

熨平板前缘与布料螺旋之间的距离变化会引起熨平板前沿堆料高度的变化，影响摊铺质量。因此，这一调整是在其他项目调整全部完成后进行。

4）振捣梁行程调整

绝大多数摊铺机在熨平板之前设有机械往复式振捣梁，由一偏心轴传动。偏心轴一般由一台液压电机驱动，往复运动的行程可进行有级或无级调整，视摊铺厚度、温度和密实度而定，通常在4~12mm之间。一般情况下，薄层、矿料粒径小宜短行程，反之，摊铺厚度大、温度低、矿料粒径大时，宜长行程，摊铺面层只能选用短行程。

5）熨平板前刮料护板高度的调整

有些摊铺机熨平板前装有刮料护板，其作用在于保持熨平板前部混合料的堆积高度为定值。因此，刮料护板的高度调整得当，有助于提高摊铺质量。国外研究表明，当摊铺厚度小于100cm时，刮料护板底刃应高出熨平板底板前缘13~15mm，对于液压伸缩调幅的熨平板，此值要稍减小。如果摊铺厚度增加，或混合料粒径增大，刮料护板要适当提高。反之，摊铺层减薄、混合料中细料多或油石比较大时，应适当降低刮料护板高度。为确保在熨平板全宽范围内料堆高度一致，刮料护板底刃必须平直，且与熨平板底边缘保持平行。

6）摊铺机作业速度的选择

摊铺机的作业速度对摊铺机的作业效率和摊铺质量影响极大。正确选择作业速度，是加快施工进度、提高摊铺质量的重要手段。现代摊铺机都具有较宽的速度变化范围，从零值到每分钟数米之间，可进行无级调节。如果摊铺机时快时慢、时开时停将导致熨平板受力系统平衡变化频繁，会对铺层平整度和密实度产生很大影响；过快使铺层疏松、供料困难，停机会使铺层表面形成台阶状，且料温下降，不易压实。

选择摊铺速度的原则是保证摊铺机连续作业。首先要考虑供料能力，包括沥青混合料拌和设备的生产能力和运输车辆的运输能力。供料能力应使摊铺机在某种速度下连续作业。因此，合理的摊铺速度可根据混合料供给能力、摊铺宽度和厚度按下式求得：

$$V = \frac{100Q}{600bh\gamma} \quad (\text{m/min}) \tag{8-11}$$

式中：Q——混合料供给能力(t/h)；

　　　h——压实后的摊铺厚度(cm)；

　　　b——摊铺宽度(m)；

　　　γ——沥青混合料压实后的密度（一般取2.35t/m³）。

如以$\gamma=2.35$t/m³代入公式(8-10)，则该式可写成：

$$V = \frac{Q}{1.4bh} \quad (\text{m/min}) \tag{8-12}$$

根据摊铺机的标准宽度或加宽后的宽度 b 和沥青混合料搅拌设备的生产能力 Q,以不同的摊铺厚度 h 值代入公式(8-11),就可列出一张相应摊铺速度的关系表,以供摊铺作业时查阅。

实际上,摊铺速度还因所用混合料种类、温度及铺筑的层次不同而有所区别。一般面层下层的摊铺速度较快,约为 10m/min,而面层上层的摊铺速度较慢,为 6m/min 以下。这是为了使面层能获得足够的密实度和平整度。对于薄层罩面,更要慢些。因为机械前进速度慢,铺层可得到较多的振捣次数。一般摊铺机每前进 1m,振捣梁的振捣次数不少于 200 次。在现代沥青混合料摊铺机中,不论是机械式的有级变速,或液压式的无级变速,摊铺工作速度以及振捣梁的频率都能满足工作要求。

8.4.4 摊铺机作业

1) 熨平板加热

每天开始施工前或停工后再工作时,应对熨平板进行加热,即使夏季热天也必须如此。因为 100℃ 以上的混合料碰到 30℃ 以下的熨平板底面时,将会冷黏在板底上,这些黏附的粒料随板向前移动时,会拉裂铺层表面,使之形成沟槽和裂纹。如果先对熨平板进行加热,则加热后的熨平板可对铺层起到熨烫的作用,从而使路表面平整无痕。但加热熨平板不可火力过猛,以防过热。过热除了易使板本身变形和加速磨损外,还会使铺层表面烫出沥青胶浆和拉沟。因此一旦发现此种现象应立即停止加热。

在连续摊铺过程中,当熨平板已充分受热时,可暂停对其加热。但对于摊铺低温混合料和沥青砂,熨平板则应连续加热,以使板底对材料经常起熨烫的作用。

2) 摊铺机供料机械操作

摊铺机供料机械包括刮板输送器和向两侧布料的螺旋摊铺器两部分。两者的工作应相互密切配合,工作速度匹配。工作速度确定后,还要力求保持其均匀性,这是决定路面平整的一项重要因素。

刮板输送器的运转速度及闸门的开启度共同影响向摊铺室的供料量。通常刮板输送器的运转速度确定后就不大变动了,因此,向摊铺室的供料量基本上依靠闸门的开启高度来调节。在摊铺速度恒定时,闸门开度过大,使得螺旋摊铺室中部积料过多,形成高堆,造成螺旋摊铺器的过载并加速其叶片磨损。同时也增加熨板的前进阻力,破坏熨平板的受力平衡,使熨平板自动向上浮起,铺层厚度增加。如果突然关小闸门或暂停刮板输送器的运转,掌握不好,又会使摊铺室内的混合料突然减少,中部形成下陷状(料的高度降低),其密实度与对熨平板的阻力减小,同样会破坏熨平板的受力平衡,使熨平板下沉,铺层厚度减小。

摊铺室内最恰当的混合料量是料堆的高度平齐于或略高于螺旋摊铺器的轴心线,即稍微看见螺旋叶片或刚盖住叶片为度。料堆的这种高度应沿螺旋全长一致,因此要求螺旋的转速配合恰当。

闸门的最佳开度,应在保证摊铺室内混合料处于上述的正确料堆高度状态下,使刮板输送器和螺旋摊铺器在全部工作时间内都能持续工作,但由于基层不平以及其他复杂的原因,为保证摊铺室内混合料维持标准高度,刮板输送器与螺旋摊铺器不可避免地要有暂停运转和再启动的情况发生。不过这种情况越少越好,因为过多地停转与再启动会造成其传动机构过快磨损,最好使它的运转时间占其全部工作时间的 80%~90%。为了保持摊铺室内混合料高度经常处于标准状态,最好的办法就是采用闸门自控系统。

无论是手操纵还是自控供料系统供料,都要求运输车辆对摊铺机有足够的持续供料量。如果出现摊铺机停机待料,此时为了避免受料斗里的混合料温度降低而凝结在斗内,必须把它送空。而经常这样做,除了会造成铺层出现波浪外,还会加速刮板输送器的磨损。因此,从这个角度上考虑,也要求汽车能不断地及时供料,使摊铺机能顺利地连续顶推车辆卸料及摊铺作业。

3) 摊铺方式

摊铺宽度的确定方法已如前述。摊铺时,先从横坡较低处开铺。各条摊铺带的宽度最好相同,以节省重新接宽熨平板的时间(液压伸缩式调宽较省时)。

使用单机进行不同宽度的多次摊铺时,应尽可能先摊铺较窄的那一条,以减少拆接宽次数。

如果为多机摊铺,在尽量减少摊铺次数的前提下,各条摊铺带的宽度可以有所不同(即梯队作业方式),梯队间距不宜太大,宜5~10m之间(国内也有10~75m,美国15.2~30.5m),以便形成热接茬。如为单机非全幅作业,每幅不宜铺筑太长,应在铺筑100~150m后掉头完成另一幅,此时一定要注意接好茬。也有人认为,为减少横向施工接茬,每条摊铺带在一天施工中应尽可能长些,最好一个施工班一条接茬,具体可结合实际而定。在铺筑面层时最好是单机或双机全幅铺筑,如为单机时,中间纵向接茬处要切割涂油,使两次摊铺混合料紧密、平整相接。

4) 接茬处理

(1) 纵向接茬

两条摊铺带相接处,必须有一部分搭接,才能保证该处与其他部分具有相同的厚度。搭接的宽度应前后一致;搭接施工有冷接茬和热接茬两种。

冷接茬施工是指新铺层与经过压实后的已铺层进行搭接。搭接(重叠)宽度为3~5cm,过宽了会使接茬处压实不足,产生热裂。过窄会在接茬处形成斜坡。新摊铺带必须与前一条摊铺带的松铺厚度相同。在摊铺新铺层时,对已铺的摊铺带按茬处边缘应铲修垂直。碾压新摊铺带时,也要先将其接茬边缘铲齐。

热接茬施工一般是在使用两台以上摊铺机梯队作业时采用的,此时两条毗邻摊铺带的混合料都还处于压实前的热状态,所以纵向接茬易于处理,且连接强度较好。毗邻摊铺带的搭接宽度为2~5cm。不管采用冷接法或热接法,摊铺带的边缘都必须齐整,这就要求机械在直线上和弯道上行驶始终保持正确位置。为此,可沿摊铺带一侧敷设一根导向线,并在机械上安置一根带链条的悬杆,驾驶员只要注视所悬链条对准导向线行驶即可。

(2) 横向接茬

前后两条摊铺带横向接茬质量的好坏对路面的平整度影响很大,它比纵向接茬对汽车行驶速度和舒适性的影响更大。

处理好横向接茬的一个基本原则是:要将第一条摊铺带的尽头边缘锯成垂直面,并与纵向边缘成直角。

8.4.5 自动找平装置的运用

所有摊铺机都装有浮动式熨平板。浮动式熨平板具有自动找平功能,不会机械地复现下承层表面的波形,这种具有"滤波"的作用随摊铺机的结构、类型不同而不同。一般轮式摊铺机优于履带式摊铺机。轮式摊铺机带有台车式的双前轮,较之单前轮结构的自调功能好;履带式摊铺机的支重轮架为弹性摆动式悬挂,优于刚性悬挂;熨平板侧臂越长,自调平功能越佳。

实际工作中,工作环境对浮动式熨平板的干扰因素错综复杂,很少有规律可循。因此,单纯依靠自动调平功能来"滤波",不可能完全消除各种干扰因素的影响,必须外加调整。用人工转动调整手轮,通过螺杆传动来改变熨平板的工作迎角,用以改善平整度,其效果在很大程度上取决于工人的经验和熟练程度,实际上这种方式无法满足高等级公路施工摊铺质量的要求。而自动找平装置的诞生解决了这个问题。

运用自动找平装置,需要有一个准确的基准面(线),常用的基准面(线)控制有基准线钢丝法、滑橇法和平均梁法。基准线钢丝法的优点是可在大范围内相对准确地控制设计高程、纵横坡、厚度和平整度,但采用此法操作中各环节都必须从严要求。

1)纵坡基准的选择

使用自动调平装置必须事先选好纵坡基准。基准有专设的弦线或现成参照物,如已铺好的路面结构层、路缘石等。

(1)弦线基准及敷设

当下承层高低不平,边侧又无平坦的基准作参考时,可在边侧专门设计符合设计纵坡的参考弦线(细钢丝或尼龙线),让传感器的触件沿着弦线移动。参考弦线要在施工前设好,它由弦线、铁立杆、弹簧秤和张紧器等组成,如图8-11所示。

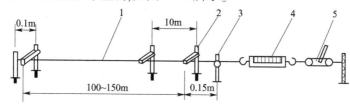

图 8-11 基准线的敷设示意图
1-尼龙线或钢丝;2-铁立杆;3-标杆;4-弹簧秤;5-滑车式张紧器

钢丝可使用:直径为 2~2.5mm 的弹簧钢丝,每段的长度以 200m 为宜。总长度应满足两三天的施工用量。钢丝的优点是不受外界因素变化的影响,缺点是张紧度显示得不明显,易出现松弛现象。为此,要作脚踩试验。200m 长钢丝的张紧力一般需 800~1 000N。

尼龙线的缺点是遇水会伸长,所以在遭受露水、雨水或受潮后都要再次张紧。每天早晨上班前要复查其张紧度,必要时再行张紧。但是尼龙线柔软,使用起来十分方便,所以使用者较多。每根尼龙线长 150~200m,立杆间距 10m 时,其张紧力需 300~400N。

基准线的敷设情况如图8-11所示。两根立杆的间距一般为 5~10m,在弯道处的间距要短些。标桩3是用来测定拉线的高程,所以它应设在立杆附近,以便于检查,其数量视坡度变化程度而定。敷设基准线时将其一端固定,另一端通过弹簧秤4连接于张紧器5上。有时基准线的两头都装有弹簧器,便于张力的调整。

敷设基准线时,除了应按规定的纵坡保证各支点都处于正确的高程位置外,还要注意其纵向走向的正确性,最好使每根立杆与路中线的距离相等。这样,就兼作导向线。对敷设好的基准线必须复核其高程的正确性,如果高程不正确,非但失去使用自动调动装置的意义,而且会出现不平整或纵坡不合要求的铺层。另外,为了避免施工过程中可能发生碰撞,最好在各立杆上做出醒目的标志。

(2)利用现成表面作基准

现成的基准面有较平整的下承层或路缘石,甚至坚实的边沟等。作为传感器的接触件有滑橇、平均梁(图8-12和图8-13)等,应视所参考的基准面种类而定。对于底层的铺筑,视原基层平整情况,可采用长短不一的平均直梁(图8-12之9、10)或带小脚或小滚轮的平均梁。以铺好的路面作基准大多用于摊铺纵向邻接的摊铺带,此时由于已铺路面较平整,可采用滑撬作接触件(图8-13)。纵坡如属冷接茬施工,小滑撬应置放在离路边缘30~40cm处较为可靠,因为冷接茬的基准是碾压后的路面,而路边缘可能会因碾压有所变形。如果是热接茬施工,小滑撬可放置在未碾压路面的边缘处。

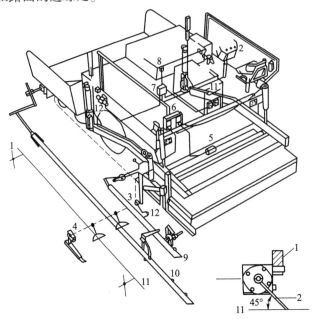

图8-12 沥青混合料摊铺机的比例—脉冲自动调平装置

1-连接自动调平装置的插座;2-开关(手动/自控);3-带弓的纵坡调平传感器;4-带滑撬的纵坡调平传感器;5-横坡传感器;6-控制系统;7-分配箱;8-熔断丝箱基准参考部分;9-2m长的平均梁;10-7m长的平均梁;11-压力表机械部分;12-垂直调整的角位移传感器

2) 纵向传感器的安置、检查与调整

纵向传感器的安装位置一般在牵引点上或熨平板上或在牵引点与熨平板之间(图8-14)。在安装妥善后要将它调整在其"死区"的中立位置("死区"的范围一般在工厂内已调整好,不必再调整)。调整之前要先检查左右牵引臂铰点的高度是否一致,其适当的高度应是油缸行程处于中心位置。调整时要将牵引臂的铰销锁住。传感器处于中立位置时其信号灯不亮,如果信号灯亮,则表明它还未处在中立位置,要再次调整。调好后,拔出牵引臂锁销,将传感器的工作选择开关拨到"工作"位置。此后接上电线,打开电源开关进行约10min的预热。等到摊铺机摊铺到10~15m,铺层厚度达到规定值时,就可让自动调平装置投入工作。

3) 横坡的控制

一般情况下,铺层的横坡由横坡控制系统配合一侧的纵坡传感器来控制。但是如果二次摊铺的宽度较大(6m以上),由于熨平板的横向刚度降低,容易出现变形,使摆锤式横坡传感器的检测精度降低,因此常改用左右两侧的横坡控制系统。当路面的横坡变化过多过大时,也常如此。横坡控制系统包括横坡传感器、选择器和控制器等。

直线段摊铺时,只要给定设计的横坡值,就能实现自动控制。在弯道上摊铺时,因横坡在变化,难以实现自动控制。为了正确的操作,可事先在弯道路段每5m打一标桩,将各桩处的坡度值记入表格内,并画一曲线图;如果转弯半径很小,两桩的间距可适当缩小(最小为1m),

进出弯道处要有标桩,不过其间距可较大些。操作人员根据图表在进入某标桩之前约 2m 处提前调整横坡选择器(因为横坡的实际变化滞后于调整动作)。

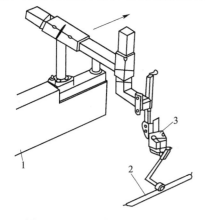
图 8-13 滑撬与传感器安装示意图
1-熨平板端闸板;2-滑撬;3-传感器

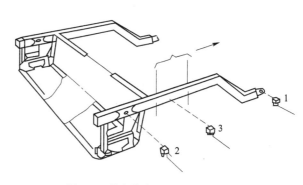
图 8-14 纵向传感器的安装位置示意图
1-牵引点位置;2-熨平板位置;3-牵引臂上的某个位置

8.4.6 摊铺过程的质量检验及缺陷分析

1)质量检验

(1)沥青含量的直观检查

如果混合料又黑又亮、料车上的混合料呈圆锥状或混合料在摊铺机受料斗中"蠕动",则表明沥青含量正常;如果混合料特别黑亮,料车上的混合料呈平坦状或沥青混合料从集料中分离出来则表明沥青含量过大(或集料没有充分烘干,表面上看起来沥青太多);如果混合料呈褐色、暗而脆、粗集料没有被完全裹覆、受料斗中的混合料不"蠕动",则表明沥青含量太少(或过热、拌和不充分)。

(2)混合料温度

沥青混合料在正常摊铺和碾压温度范围内,往往冒出淡蓝色蒸汽。沥青混合料产生黄色蒸汽或缺少蒸汽说明温度过高或过低。

通常在料车到达工地时,测定混合料的温度,有时在摊铺机后测定。每天早晨要特别注意做这项检查,因此时下承层表面温度和气温都比较低。平时只要混合料似有温度较低现象或初次碾压,前压路机跟不上时,则应测定温度。

测量铺层的温度时,应将温度计的触头插进未压实的面层中部,然后把触头周围轻轻用足踏实。目前也有许多地方采用电子点温计测定。

(3)厚度检测

摊铺机在摊铺过程中,应经常检测虚铺厚度。

(4)表观检查

未压实混合料的表面结构无论是纵向或横向都应有均匀、密实、平整、无撕裂、小波浪、局部粗糙、拉沟等现象,否则,应查明原因,及时处理。

2)摊铺中的质量缺陷及防治对策

摊铺中常见的质量缺陷主要有:厚度不准、平整度差(小波浪、台阶)、混合料离析、裂纹、拉沟等。产生这些质量缺陷的原因有:机械本身的调整、摊铺机的操作和混合料的质量等方面,如表 8-5 所示。

铺层各缺陷产生的原因　　　　表 8-5

原因	铺层缺陷	裂纹	拉沟	小波浪	混合料离析
混合料	0.074mm 以下石料过多	○			
	温度不当	○			
	沥青含量过多或减少		○	○	
	矿粉含量不足		○	○	
	集料的尺寸与摊铺厚度不协调		○	○	
	砂未完全烘干	○			
摊铺机的操作	受料斗两翼板的积料过多				○
	受料斗两翼板翻动过速				○
	供料系统速度忽快忽慢			○	
	机械猛烈起步和紧急制动	○			
	摊铺速度快慢不匀			○	
	行走装置打滑			○	
摊铺机的调整	熨平板的工作迎角调整过量		○	○	
	振捣梁与熨平板相互位置调整不当		○		
	振捣梁、熨平板底面磨损		○		
	刮料护板安装不当	○		○	
	各部分的驱动链条松紧度未调好			○	
	发动机调整器未调好				

为了防止和消除在施工过程中可能发生的各种质量缺陷,应注意以下几点:

①波浪形基层的摊铺,不必考虑摊铺厚度的均一性,实际的混合料用量应比理论计算的要多。在波浪地段,即使摊铺得很平整,在碾压后仍会出现与基层相似的波形。因此对有大波浪的基层应在其凹陷处预先铺上一层混合料,并予以压实。在平整度较差的地段摊铺连接层和面层时,应预先测好各点铺层的高程,把厚度调节器调整到与各点高程相适应的位置。但要求达到更高平整度时,最好采用自动调平装置。

②摊铺机的操作及本身的调整对摊铺质量影响很大。摊铺机速度的改变会导致摊铺厚度的变化。为了保持恒定的摊铺厚度,当速度变快时,厚度调节器应稍微向右(增加厚度方向)转动。当速度减慢时,则稍微向左(减小厚度的方向)转动。其调整量还应根据混合料种类的不同而不同。转动厚度调节器时,每次不应超过 1/4 圈,一般尽量避免转动它(除非发现了严重的凹凸与波浪),因为利用熨平装置的自动调平能力可能比转动厚度调节器去调整更好些。

振捣梁捣实混合料,同时混合料对熨平板有一定支承的作用,如果工作不正常,会改变混合料的支承能力,从而使摊铺厚度发生变化,铺层出现不平。振捣梁的底面比熨平板底面低得太多时,熨平板的边缘容易黏附混合料,这样熨平板底面就不能全部用来压实混合料,否则使铺层易形成裂纹和拉沟。如果振捣梁的底面过高时,熨平板底板容易磨损。振捣梁的底面应调整到比熨平板底面低 0.4~0.5mm 为宜。

熨平板底面磨损或严重变形时,铺层容易产生裂纹和拉沟,故应及时更换。有时熨平板的工作迎角太小,也会使铺层的两边形成裂纹或拉沟。在这种情况下,可调整熨平板的前缘拱度,并在试铺过程中多次调整,直至能铺出良好的铺层为止,如果多次调整仍不能消除上述缺陷就应该更换熨平板的底板。

③沥青混合料的性质也是影响摊铺质量的主要原因之一。混合料的性质不稳定,易使摊铺厚度发生变化。如温度过高,沥青量过多,矿粉掺量过多等都会使铺层变薄。混合料中的沥青与矿粉过量会减小其承载能力,所以熨平板的工作迎角应增大,使铺层增厚一些。这种混合料还容易受温度的影响。一般温度应控制在 140~160℃ 的范围内,当高于此范围时,混合料变软而支承力大大降低。温度过低时,混合料又会变硬。此外,在混合料搅拌以及运输过程中,如管理不当都会使其性质发生变化,从而影响铺层厚度。所以,此时应根据混合料性质的变化而及时改变熨平板的工作迎角。此种变化可从铺层厚度的突然变化中觉察到。含沥青、矿粉及小于 0.074mm 的石屑较多的混合料都是很难摊铺的,在摊铺过程中,铺层厚度变化也较频繁,亦应给以予足够的重视。

当矿料中的大颗粒尺寸大于摊铺厚度时,在摊铺过程中该大颗粒将被熨平板拖着滚动,使铺层产生裂纹、拉沟等。所以应严格控制矿料粒径,使其最大粒径小于摊铺厚度的一半。

混合料的配比不当,会产生全铺层的裂缝。因为振捣梁在摊铺过程中对混合料进行捣实的同时,还要将它向前推移,如果混合料的大颗粒过多,就会出现全铺层的大裂缝。为了消除这种裂缝,有时可将熨平板加热进行热熨,但大多数情况需要改变混合料的配比。

④其他因素。轮胎摊铺机气压超限(一般为 0.5~0.55MPa),摊铺机易打滑,气压过低,机体会随受料质量的变化而上下变动,使铺层出现波浪。履带式摊铺机履带松紧超限将导致摊铺速度发生脉冲,进而使铺面形成搓板。履带或轮胎的行驶线上因卸料而撒落的粒料未清除,该部分摊铺厚度易突变。被顶推的料车制动太紧,使摊铺机负荷增大,或料车倒退撞击摊铺机或单侧轮接触、另侧脱空等会引起速度变化或偏载,使铺面出现凸棱。施工中往往第一、二车料质量较差,注意取舍或调剂使用。自动熨平装置运用中,挂线不紧,中间出现挠度,会引起铺层波浪。采用冷接茬法摊铺时,其纵向接茬由于密实度不够,行车不久往往会产生坑洼和裂缝。因此必须注意接茬的重叠量,并在前一条摊铺带未被弄脏或变形之前就摊铺后一条。以上这些因素,若在施工中加以注意,缺陷是能够避免的。

8.5 沥青混合料的压实技术

压实是沥青路面施工的最后一道工序,若采用了优质的筑路材料,精良的拌和与摊铺设备及良好的施工技术,便可摊铺出较理想的混合料层,而良好的路面质量最终要通过碾压来体现。如果碾压中出现任何质量缺陷,必将前功尽弃。因此,必须重视压实工作。

压实的目的是提高沥青混合料的强度、稳定性以及疲劳特性。研究表明,在渠化交通条件下,若压实不足,会出现车辙。10.2cm 厚的沥青混凝土路面,其压实度为 95%,当其渠化交通进一步压实至 100% 时,将产生 5mm 的车辙深度;标准压实度相应的空隙率增加 1%,疲劳寿命将要降低约 35%,压实度每降低 1%,沥青混合料的渗透性提高两倍。压实不足,导致空隙率增大,从而加速沥青混合料的老化;过压将会使矿料破碎。压实度降低或空隙率过小,易出现泛油和失稳,影响路面的强度与稳定性。因此,必须合理地进行碾压。

压实工作的主要内容包括碾压机械的选型与组合、压实温度、速度、遍数、压实方式的确定及特殊路段(弯道与陡坡等)的压实。

8.5.1 碾压机械的选型与组合

1) 常用沥青路面压实机械

目前,沥青路面最常用压路机有静作用光轮压路机、轮胎压路机和振动压路机等形式。

(1)静作用光轮压路机

静作用光轮压路机可分为三轮二轴式(三轮式)和二轮二轴式(双轮式)。6~8t 二轮二轴光面钢滚轮压路机由于质量轻,仅用于初压、预压或作为辅助设备。但二轮二轴式压路机的结构与 8~12t 或 12~16t 三轮二轴压路机的结构比较,具有更好的压实适应性,能在摊铺层上横向碾压,产生更均匀的密实度。三轮二轴压路机主要用于终压消除轮迹。

也有三轮三轴串联式光面钢轮压路机。三轮三轴式压路机有三个等宽的碾压滚轮,分装在刚性机架的前中后三根轴上,后轮为驱动轮,直径较大,中、前轮均为从动轮,直径较小。也有制成三个均为驱动轮的形式,该种压路机大多为重型,适用于压实沥青混凝土路面,且在作业时可以被压层表面的不平度自动地重新分配各滚轮上的负荷,压平料层的凸起部分,主要用于要求平整度高的高等级公路路面的压实作业。

(2)轮胎压路机

轮胎压路机根据其大小,可装 5~11 个光面橡胶轮,这些橡胶轮通常具有改变轮胎压力和搓揉压力的性能,其工作质量一般为 21~27t。轮胎压路机可用来进行接缝处的预压、坡道预压、消除裂纹、薄沥青摊铺层的压实等作业。但沥青玛蹄脂路面不允许用轮胎压路机碾压,以防沥青玛蹄脂被"搓揉"上浮。

(3)振动压路机

现在沥青混合料路面的压实度要求高,工作质量为 14~18t 的自行串联式双钢轮振动压路机成为必备主力机型。在当今沥青混合料压实中,使用得最广泛。

不论何种机械,只有经过适当地选择和运用,才是有效的。

2)选型与组合

应结合工程实际,根据材料级配、摊铺厚度及环境因素,选择压路机种类、大小和数量,同时应考虑摊铺机的生产率、混合料特性、摊铺厚度、施工现场的具体条件等因素,来选择压路机的型号组合搭配。压路机的型号组合搭配一旦选定,通常在摊铺前期通过试铺、试压来确定所需压路机的台数。一般要求压路机尽可能跟随摊铺机实施压实。

选择压路机质量和振幅,应与摊铺层厚度相适应。摊铺层厚度小于 6cm,最好使用振幅为 0.35~0.6mm 的中小型振动压路机(2~6t),这样,就可避免材料出现推料、波浪、压坏集料等现象。在压实较厚的摊铺层(厚度大于 10cm)时,使用高振幅(可高达 100mm)的大、中型振动压路机(12~14t)。压路机的选择还必须考虑施工现场的具体情况,若有陡坡、转弯的路段应考虑压路机操作的机动灵活性。

总之,为了达到最佳压实效果,通过试铺、试压来确定所需压路机型号的最佳组合和所需的台数。通常在摊铺前期通过轮胎压路机或静力式光面钢滚轮压路机与振动压路机不同组合的方式进行碾压。碾压机具组合可以参考表 8-6。

碾压机具组合参考表　　表 8-6

碾压流程	型　号	台　数	轮宽(m)	碾压速度(km/h)
初压	2Y/10 双轮压路机	2	1.25	3.6
复压	YL9—16 轮胎压路机	1	2	5.0
	YZC14 双钢轮串联振动压路机	2	2×2.135	3~6
终压	2Y8/10 双轮压路机	2	1.25	3.6

8.5.2 压实作业的程序及一般要求

压实程序分为初压、复压和终压三道工序。初压的目的是整平和稳定混合料,同时,为复压创造有利条件,是压实的基础,因此要注意压实的平整性;复压的目的是使混合料密实、稳定、成型,混合料的密实程度取决于这一道工序,因此必须与初压紧密衔接,且一般采用重型压路机;终压的目的是消除轮迹,最后形成平整的压实面,因此,这道工序不宜采用重型压路机在高温下完成,否则,会影响平整度。当然,为保证压实表面的平整、密实及外形规则,碾压作业亦应按一定的要求进行,并对未压实的边角辅以小机具压实。

1) 压实程序

初压时用 6~8t 双轮压路机或 6~10t 振动压路机(关闭振动装置)压两遍,初压温度为 110~130℃,初压后检查平整度、路拱,必要时予以修接。如在碾压时出现推移,可待温度稍低后再压;如出现横向裂纹,应检查原因,及时采取措施纠正。

复压时用 10~12t 三轮压路机、10t 振动压路机或相应的轮胎压路机进行,宜碾压 4~6 遍至稳定和无明显轮迹,复压温度为 90~110℃。

终压时用 6~8t 振动压路机(关闭振动装置)碾压 2~4 遍,终压时温度为 70~90℃。

2) 压实方式

碾压时压路机应由路边压向路中,这样就能始终保持压路机以压实后的材料作为支承边,三轮式压路机每次重叠宽度宜为后轮宽的 1/2,这种碾压方式,可减少压路机前推料、起波纹等。双轮压路机每次重叠宜为 30cm。压路机压实速度可参考表 8-7。

碾 压 速 度 表 8-7

压路机类型 \ 最大碾压速度	初压(km/h)	复压(km/h)	终压(km/h)
钢轮压路机	1.5~2.0	2.5~3.5	2.5~3.5
轮胎压路机	—	3.5~4.6	—
振动压路机	静压 1.5~2.0	振动 5~6	静压 2~3

3) 应注意的其他问题

在碾压过程中,为了保持正常的碾压温度范围,每完成一遍重叠碾压,压路机就要向摊铺机靠近一些。这样做,也可避免在整个摊铺层宽度,在相同横断面换向所造成的压痕。变更碾压道时,要在碾压区内较冷的一端,并在停止压路机振动的情况下进行。

压路机作业中,在平缓路段,驱动轮靠近摊铺机,以减少波纹或热裂缝(单轮驱动压路机)。碾压中,要确保压路机滚轮湿润,以免黏附沥青混合料。有时可采用间歇喷水,但应防止用水量过大,以免使混合料表面冷却。

压路机每碾压一遍的末尾,若能稍微转向,就可将摊铺机后面的压痕减至最小。压路机不得在新铺混合料上转向、掉头、左右移动或突然制动和从刚碾压完毕的路段进出。碾压后的路面在冷却前,任何机械不得在路面上停放,并防止矿料、杂物、油料等落在新铺路面上。路面冷却后才能开放交通。

8.5.3 接缝处的碾压

沥青路面的各种施工缝,由于压实不足易产生病害,施工时必须十分注意,保证其紧密、平顺。接缝压实的程序是先压横向接缝后压纵向接缝。

1) 横向接茬碾压

横缝应与路中线垂直。相邻两幅及上下层的横向接缝应错位 1m 以上。对于高等级道路，中、下面层横缝可斜接，但上面层应做成垂直的平接缝。平缝切齐后应在缝口涂黏层沥青。接缝时先在已压实的部分覆盖一些热混合料，使之预热软化，以加强新旧混合料的黏结，在开始碾压前将所覆盖的混合料清除，换用新的热混合料摊铺，然后趁热用压路机沿接缝边缘碾压密实。

在条件许可的地方，可使用较小型压路机对横向接茬采用横向碾压（条件受限制的地方，也可采用纵向碾压）。横向碾压开始时，使压路机轮宽的 10～20cm 置于新铺的沥青混合料上碾压，这时压路机质量的绝大部分处在压过的铺层上。然后逐渐横移直到整个滚轮进入新铺层上。需要的话，开始时先用压路机静压，然后振动碾压。

2) 纵向接茬碾压

(1) 热料层相接（梯队作业时）

纵缝应尽可能采用热接缝。施工时应将已铺混合料部分留下 10～20cm 宽暂不碾压，作为后摊铺部分的高程基准面，最后作跨缝碾压以消除缝迹。

这种接缝的压实方法是：先压实离中心热接茬两边大约为 20cm 以外的地方，最后压实中间剩下来的一窄条混合料。这样，材料就不可能从旁边挤出，并形成良好的结合。

(2) 热料层与冷料层相接

半幅施工时不能采用热接缝时，应加设挡板或采用切刀切齐。摊铺另半幅前必须将缝边缘清扫干净，并浇洒少量黏层沥青。

对这种接缝可采用两种方法碾压。第一种方法是压路机位于热沥青混合料上，然后进行振动碾压，这种碾压方法，是把混合料从热边压入相对的冷结合边，从而产生较高的结合密实度。第二种方法是在碾压开始时，只允许轮宽的 10～20cm 在热料层上，压路机的其余部分位于冷料层上，碾压时，过量的混合料从未压实的料中挤出，这样就减少了结合边缘的料量，这种方法产生的结合密度较低。在这两种碾压过程中，压路机的碾压速度都应很低。

8.5.4 特殊路段的碾压

特殊路段的碾压指弯道、交叉口、路边、陡坡等处的压实作业。

1) 弯道或交叉口的碾压

应选用铰接转向式压路机作业，先从弯道内侧或弯道较低一边开始碾压（以利于形成支承边）。对急弯应尽可能采取直线式碾压（即缺角式碾压），并逐一转换碾压道，对缺角处用小型机具压实。压实中注意，转向同速度相吻合，尽可能用振动碾压，以减少剪切力。

2) 路边碾压

压路机在没有支承边的厚层上碾压时，可在离边缘 30～40cm（较薄层时，预留 20cm）处开始碾压作业。这样，就能在路边压实前，形成一条支承侧面，以减少沥青混合料碾压时铺层塌边。在以后碾压留下的未压部分时，压路机每次只能向自由边缘方向推进 10cm。

3) 陡坡碾压

在陡坡处碾压时，压路机的很大部分作用力将向下坡方向，因而增加了混合料顺坡下移的趋势。为抵消这种趋势，除了下承层的表面必须清洁、干燥、喷洒黏层沥青外，压实时应注意：先采用轻型压路机预压（轮胎压路机不宜用作预压）。无论是上坡还是下坡，压路机的从动轮始终朝着摊铺方向，即从动轮在前，驱动轮在后（与一般路段碾压时相反）。这样做，从动轮起到了预压作用,从而使沥青混合料能够承受驱动轮所产生的剪切力。如果采用振动压路机,则应先静碾,待混合料达到稳定后,方可采用低振幅的振动碾压。

在陡坡处碾压时,压路机的启动、停止、变速要平稳,避免速度过高或过低,混合料温度不宜过高。

8.5.5 提高压实质量的关键技术

1) 碾压温度

碾压温度的高低,直接影响沥青混合料的压实质量。混合料温度较高时,可用较少的碾压遍数,获得较高的密实度和较好的压实效果;而温度较低时,碾压工作变得较为困难,且易产生很难消除的轮迹,造成路面不平整。因此,在实际施工中,要求在摊铺完毕后及时进行碾压。一般来说,沥青混合料的最佳压实温度为110~120℃之间(国外也有人认为最佳碾压温度为120~150℃,这与沥青材料性能及压实设备有关),最高不超过160℃。所谓碾压最佳温度是指在材料允许的温度范围内,沥青混合料能够支承压路机而不产生水平推移,且压实阻力较小的温度。

摊铺机后面的碾压作业段长度,由混合料的种类和压实温度来确定。一般来说,压路机尽可能靠近摊铺机进行碾压。达到了密实度后,再以最少的碾压遍数进行表面修整时,压路机可离摊铺机稍稍远一点。

若碾压时混合料温度过高,会引起压路机两旁混合料隆起、碾压后摊铺层裂纹、碾轮上黏起沥青混合料(尽管用水喷洒)及前轮推料等问题。而碾压温度过低时(50~70℃),由于混合料的黏性增大,导致压实无效或起副作用。研究表明:当沥青混合料的摊铺初始温度每提高10℃,碾压时间就可缩短近16%;而最低碾压温度每降低10℃,碾压时间需延长近30%。可见沥青混合料温度较高时,有利于缩短碾压时间,加快施工速度。

压实质量与压实温度有直接关系,而摊铺后混合料温度是在不断变化的,特别是摊铺后4~15min内,温度损失最大(1~5℃/min),因此必须掌握好有效压实时间,适时碾压。有效压实时间的长短与混合料冷却速度、压实厚度等因素有密切关系。影响冷却速度的因素有气温、湿度、风力和混合料下承层的温度等,凡遇气温低、湿度大、风力大以及下承层的温度低等情况,都会使有效压实时间缩短,并增加碾压困难。当沥青层厚增大25%时,其有效压实时间将会增大近50%。对较薄层沥青碾压时,反而要比厚沥青层压实困难些,这主要是因为较薄层的沥青混合料温度降低速度要比厚层快得多,从而使其有效压实时间大大缩短。

2) 选择合理的压实速度与遍数

合理的压实速度,对减少碾压时间,提高作业效率有十分重要的意义。在施工中,保持适当的恒定碾压速度是非常必要的。一般速度控制在2~4km/h,轮胎压路机可适当提高,但不超过5km/h。速度过低,会使摊铺与压实工序间断,影响压实质量,从而可能需要增加压实遍数来提高压实度。碾压速度过快,会产生推移、横向裂纹等。

国外有关资料指出:振动压路机压实沥青混合料的速度为8~10km/h(但美国沥青学会建议不超过4.8km/h),可获得较高的压实质量和经济效益。表8-8所列三组对比试验表明,在不同碾压温度条件下,当碾压遍数相同,而碾压速度不同时(5km/h和10km/h两种速度),沥青混合料的压实度平均值相差很小,仅为1%。

选择碾压速度的基本原则上:在保证沥青混合料碾压质量的前提下,最大限度地提高碾压速度,从而减少碾压遍数,提高工作效率。

压实度、碾压速度和碾压遍数的关系　　　　　表 8-8

试验编号	碾压遍数		碾压速度(km/h)	压实度(%)	孔隙率(%)	碾压温度(℃)
	振压	静压				
1	2	1	5	97.9	3.9	115~130
	2	1	10	97.0	5.0	
	4	1	5	97.8	3.7	
	4	1	10	97.5	4.0	
2	2	1	5	99.0	3.0	155~170
	2	1	10	98.1	3.4	
	4	1	5	98.8	3.5	
	4	1	10	97.8	3.1	
3	2	1	5	99.0	2.7	80~115
	2	1	10	97.0	4.1	
4	4	1	5	97.1	4.3	120~140
	4	1	10	97.3	4.4	

3) 选择合理的振频和振幅

目前，越来越多的振动压路机被用来碾压沥青混合料，为了获得最佳的碾压效果，合理地选择振频和振幅是非常重要的。

振频主要影响沥青面层的表面压实质量。振动压路机的振频比沥青混合料的固有频率高一些，则可获得较好的压实效果。试验表明，对于沥青混合料的碾压，其振频多在 42~50Hz 的范围内选择。

振幅主要影响沥青面层的压实深度。当碾压层较薄时，宜选用高振频、低振幅；而碾压层较厚时，则可在较低振频下，选取较大的振幅，以达到压实的目的。

对于沥青路面，通常振幅可在 0.4~0.8mm 范围内进行选择。

4) 混合料特性

沥青混合料的特性对压实质量亦有较大影响，表 8-9 中列出了影响的原因、后果及对策，在碾压作业中可供参考。

沥青混合料特性对压实作业的影响　　　　　表 8-9

原因			后果	对策
矿料	表面光滑		粒间磨擦力小	使用轻型压路机和较低的混合料温度
	表面粗糙		粒间磨擦力大	使用重型压路机
	强度不足		会被钢轮压路机压碎	使用坚硬矿料，使用充气轮胎压路机
沥青	黏度	高	限制颗粒运动	使用重型压路机，提高温度
		低	碾压过程中颗粒容易移动	使用轻型压路机，降低温度
	含量	高	碾压时失稳	减少沥青含量
		低	降低了润滑性，碾压困难	增加沥青含量，使用重型压路机
混合料	粗矿料过量		不易压实	减小粗矿料用量，使用重型压路机
	砂子过量		工作度过高，不易碾压	减小砂用量，使用轻型压路机
	矿粉过量		混合料软黏，不易碾压	减小矿粉用量，使用重型压路机
	矿粉不足		黏性下降，混合料可能离析	增加矿粉用量

8.5.6 压实质量的控制与检测

压实质量控制包括施工前、施工过程中的质量管理与质量控制,以及各施工工序间的检查及工程交工后的质量检查验收。城市主要道路、高速公路及一级公路沥青路面应加强施工过程质量控制,实行动态质量管理。

压实质量的检测应根据有关合同文件(技术规范)的规定及要求进行。主要检测项目有压实度、厚度、平整度、粗糙度,而且要求表观密实均匀。当沥青混合料碾压成型后,其缺陷一般很难修整。对一些较大缺陷,如厚度不足、平整度太差、松散、泛油等应及时返工。而对厚度不足或平整度太差缺陷,往往要求纠正是十分重要的,要努力把缺陷降到最低程度,最好不出现返工现象。

厚度和压实度一般可通过钻取芯样的办法来检测。核子密度仪目前作为辅助检测手段,国内许多施工单位使用后认为,该仪器的测量准确性还值得进一步探讨。有时也在工地通过钻取芯样检测沥青混合料的级配及沥青用量等,检测、试验方法及检测结果应符合国家相关技术规范的要求。

8.6 改性沥青 SMA 路面施工技术

SMA 是一种间断级配的沥青混合料,是由沥青玛蹄脂填充碎石骨架组成的骨架嵌挤型密实结构混合料。改性 SMA 混合料是从沥青混合料采用改性沥青 SBS 和矿料级配两方面来改善工程质量的一种路面材料,即沥青采用改性沥青,矿料级配采用间断级配。其主要优点是提高了路面抗车辙、抗老化、抗裂、抗滑和水稳性等路用性能,延长了使用寿命,减少了使用过程中的养护维修费用。

8.6.1 改性 SMA 混合料的特点

(1)SMA 是一种间断级配的沥青混合料,其中 5mm 以上粗集料所占比例高达 70% ~ 80%,矿粉用量达 8% ~ 13%。

(2)沥青混合料用量多,高达 6.5% ~ 7.0%,黏结性要求高。采用改性沥青,以提高低温变形能力及矿料的黏结力。

(3)为加入较多沥青,可增加矿粉用量,同时使用纤维作为稳定剂,通常采用木质素纤维,用量为沥青混合料的 0.3%;也可采用矿物纤维,用量为沥青混合料的 0.54%。

8.6.2 SMA 混合料的拌和与储存

SMA 与普通密级沥青混凝土的最大不同之处是 SMA 是间断级配,粗集料粒径单一、量多,细集料很少,矿粉用量多。为此,应该注意拌和过程中可能出现粗集料接不上、细集料常溢仓、矿料供不上的问题。解决这一问题的方法是,施工前进行试拌,先根据石料的干湿度初步确定各冷料仓的理论供料比例,然后检测与实际生产配合比的用料比例是否一致,若误差较大应再进行调整,调整时注意出料温度的变化。配比调整完成后,严禁操作人员随意改变冷料仓的放料比例。

加料采用拌和器上面的观察窗,由人工直接将纤维投入拌和斗中。投入的纤维必须预先加工成小袋包装,每拌和一斗投入一包。聚乙烯塑料在集料干拌时熔化,塑料本身也是改性剂,必须在粗集料进入拌和斗的同时投入纤维。利用粗集料拌和的打击力将纤维打散。为了准确控制投放纤维的时间,在拌和斗外安装一只准确反映粗集料进入拌和斗的信号,目的是防止错过时间。为了使纤维分散均匀,一般需要增加干拌时间 5~10s,湿拌时可不再增加拌和时间。

SBS 改性沥青及 SMA 混合料拌和以后,不能像普通沥青混合料那样储存太长时间。这是因为储存的时间太长使混合料表面形成硬壳,而且 SMA 的沥青用量要比普通的沥青混合料沥青用量多,时间长了,会发生沥青的析漏,造成沥青用量不均匀。因此,当天拌好的混合料必须当天使用完。

用于 SMA 的矿粉要储存在室内并注意防潮,堆放细集料时要加盖雨棚,集料堆放时采取分离措施,防止混仓,以提高混合料的质量。

8.6.3 SMA 混合料的运输与摊铺

运料车的车厢底部及侧面要涂刷油水混合物,以防黏料。运输过程中为了保温,需加盖篷布。经测定,加盖棉篷布的装料车 2h 后温降不超过 10℃,此外,为保证一定距离的连续摊铺,还应适当增加运料车辆。

为了保证路面的平整度,按照规范要求做到缓慢、均匀、连续不间断地摊铺。摊铺过程中不得随意变换速度或中途停顿。根据拌和设备的产量调整摊铺机的摊铺速度。为尽量减少摊铺机的停顿次数,运料车的安排要有一定的富余。施工时在摊铺机前至少要有 3 台以上的运料车等候。换言之,宁可运料车等候摊铺机,也不能摊铺机等候运料车。

SMA 混合料摊铺层的可压实余地很少,松铺系数要比普通混合料小很多。

8.6.4 SMA 路面碾压

SMA 必须采用刚轮碾压,不允许采用轮胎压路机碾压。因为轮胎压路机的搓揉将使玛蹄脂上浮,造成构造深度降低,甚至泛油。至于振动压路机的使用,需根据碎石的抗压碎能力及沥青混合料的情况和油石比的大小,并通过试验路段的摊铺来确定。如果使用振动压路机碾压,应采用"高频低幅"的方法碾压,且压实遍数不宜太多,防止过度碾压。因为过度碾压会使混合料变成如同含水率很大的弹簧土路基,所以只能通过控制碾压遍数的方法控制压实度。一般初压用 10t 钢碾紧跟在摊铺机后面压一两遍,复压用钢轮碾压机静压三四遍,或使用振动压路机振动碾压两三遍。最后用较宽的钢轮碾终压一遍即可,碾压速度不超过 4~5km/h。

8.6.5 SMA 路面的施工温度

SMA 路面的施工与普通的沥青混合料路面的施工相比,除了在施工温度上提高(15~20℃)之外,基本上没有什么区别,见表 8-10。

SMA 路面施工温度 表 8-10

工 序	正常施工温度范围(℃)	测量部位
改性沥青现场加热温度	165~170	沥青加热罐
集料加热温度	190~200	热料提升斗
SMA 混合料出厂温度	175~185	运料车
混合料最高温度(废弃温度)	不高于 195	运料车

续上表

工序	正常施工温度范围(℃)	测量部位
混合料储存温度	降低不超过10	储存罐及运料车
摊铺温度	不低于160	摊铺机
初压开始温度	不低于130	摊铺层内部
碾压终了温度	不低于120	碾压层内部
开放交通温度	不高于60	路面内部或路表面

为保证施工温度,施工时应注意以下环节:

(1)由于SBS改性沥青的黏度增大,保证较高的施工温度成了施工最主要的关键问题。如果温度不够,混合料就可能不均匀,摊铺就会不平整,碾压达不到密实,施工质量就会受影响,因此在低温条件下施工更应该受到重视。

(2)由于加入的冷矿粉及纤维数量很大,温度不够时就不能完全分散均匀,所以集料的烘干温度要提高到200℃以上。

(3)改性沥青SMA混合料在运输过程中必须加盖棉篷布,以防止混合料表面形成硬壳。

(4)混合料的摊铺、碾压要在尽可能高的温度下进行,一气呵成,所有施工工序必须在混合料温度下降到120℃以前全部结束。

8.6.6 SMA路面接缝

横向接缝处理是否得当,对路面平整度影响很大。为了提高平整度,一般采用切割成垂平面的方法,每天施工完工后,稍停一停,在其尚未冷却之前,就切割好,用水将接缝处冲洗净。第二天涂刷黏层油,即可接着摊铺新的混合料,方法与普通沥青混凝土接缝处理基本相同。

【拓展知识】浇筑式沥青混凝土应用性能及施工工艺

1. 浇筑式沥青混凝土铺装施工工艺

浇筑式沥青混凝土铺装施工包括浇筑式沥青混合料生产、运输、摊铺、撒布碎石等全过程施工技术控制。浇筑式沥青混凝土意义为"流动路面",其含义是浇筑式沥青混凝土具有流动性,摊铺时不需要碾压,只需要简单的摊铺整平即可完成施工。浇筑式沥青混凝土属于密级配沥青混凝土,混合料具有细集料含量高,矿粉含量高,沥青含量高等特点,较多的沥青含量使集料处于悬浮状态,它与热压沥青混凝土不同的是其空隙率很小,而且内部空隙不连续,浇筑式沥青混凝土不透水,在层内不会出现水损害。浇筑式沥青混凝土有较高的沥青含量,具有较好的抗低温开裂能力,同时又具有良好的密水性、耐久性、整体性等特点。

浇筑式沥青混凝土的空隙率很小,而且内部空隙不连续,防止水渗透能力强,水不会渗透到桥梁主体结构中,有效地保护了桥梁主体结构不受侵蚀,延长了使用寿命,其经济效益十分显著。

浇筑式沥青混凝土具有整体性好及变形能力强的优点,能够确保铺装层与桥面板的有效黏结,优良的变形性能能较好地适应桥梁结构的变形,提高铺装层与桥面板的黏结强度和抗剪切性能,延长路面的使用寿命,养护、维修和管理费用降低,路面全寿命周期成本降低,经济效益和社会效益显著。

浇筑式沥青混凝土已应用于山东胜利黄河大桥、天津子牙河大桥、安庆长江大桥、上海东海大桥、长沙三汊矶大桥、重庆嘉陵江嘉华大桥和重庆菜园坝长江大桥、重庆长江大桥复线桥、重庆朝天门大桥钢桥面和水泥桥面铺装以及重庆渝邻高速公路隧道铺装等,并取得了良好的应用效果。

随着国家交通建设事业的快速发展,其结构的耐久性及路面的使用功能越来越受到重视,其中浇筑式沥青混凝土良好的抗低温开裂能力、密水性、耐久性等特点,受到越来越多用户的欢迎,浇筑式沥青混凝土必将在未来得到更为广泛的应用。在此背景下,本工艺将会得到不断的完善和更新,其应用前景将十分广阔。

浇筑式沥青混凝土是在高温状态下(220~260℃)进行拌和,混合料摊铺时流动性大,依靠自身的流动性摊铺成型,无须碾压,沥青、矿粉含量较大,空隙率小于1%的一种特殊的沥青混合物。这种材料基本上无空隙,不透水,耐侵蚀性好,耐冻融循环能力强,是最为耐久的一种沥青混合物;耐磨性优良;变形能力强,低温时不易产生裂纹;施工时无需碾压,可以在低温环境下进行施工。因此这一材料在高速公路路面、大跨径桥梁桥面铺装、隧道内铺装,水工坝体心墙等防水结构,人行道等领域应用十分广泛。

2. 浇筑式沥青混凝土应用概述

浇筑式沥青混凝土(GA)其本身具有流动性,浇筑式摊铺,一般不需要碾压,只需要简单的摊铺整平即可完成施工。德国于1917年开始研究开发浇筑式沥青混凝土,并将浇筑式沥青混凝土大量应用于建筑物防水层、铺面工程和大桥桥面铺装中。

在丹麦、英国等其他国家也采用了浇筑式沥青混凝土铺装结构。在日本,浇筑式沥青混凝土也广泛应用于桥面铺装工程中,如日本著名的本四桥、门崎高架桥、大鸣门桥、东京湾跨海大桥等均采用浇筑式沥青混凝土铺装。由于浇筑式沥青混凝土具有防水、耐久、抗滑等特点,还广泛应用于高速公路、地下停车场、港口码头以及大型仓库的地坪等。

我国最早采用浇筑式沥青混凝土铺装体系的为香港青马大桥和江阴长江大桥,当时引进的是英国技术(Mastic Asphalt)。2003年8月,国内引进浇筑式沥青混凝土技术,并将其应用于山东胜利黄河大桥钢桥面铺装中。我国后来借鉴日本和德国的技术,引进了浇筑式沥青混凝土(Gussasphalt)和SMA的组合方案,浇筑式沥青混凝土作为铺装下层,同时兼备防水层和铺装下层的作用。铺装结构图如图8-15所示。

在国内采用浇筑式沥青混凝土和SMA组合方案铺装的典型桥梁有:山东胜利黄河大桥(整桥翻修)、重庆石板坡长江大桥、天津子牙河大桥、安徽安庆长江大桥、长沙三汊矶大桥、重庆菜园坝长江大桥、重庆朝天门长江大桥、贵州北盘江大桥、沈阳尚小桥等。

3. 浇筑式沥青混凝土性能

浇筑式沥青混凝土铺装的最大优点在于与钢板连接成一体,随钢板变形,所以不会出现其他形式铺装的裂纹。

浇筑式混合料的耐低温性能很好,最低-35℃的浇筑式混合料的劈裂和低温的小梁弯曲试验,效果要比普通沥青混合料好得多,而且有一种温度越低效果越好的趋势。

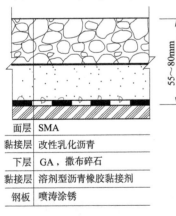

图8-15 浇筑式沥青混凝土铺装结构图

浇筑式沥青混凝土所用的混合料一般为普通沥青、TLA湖天然沥青或两者的混合物(一般掺加25%~30% TLA湖天然沥青)以及改性沥青,沥青用量很高(7%~9%)。矿质集料中矿粉含量高(20%~30%),因此在拌制沥青混合料时矿粉需要加热,拌和温度很高(180~

220℃),拌和时间较长(2~3min),同时在运输过程中也需要搅拌。因此浇筑式沥青混凝土具有矿粉含量高、沥青含量高、拌和温度高等"三高"特点,较多的沥青及细集料含量使粗集料处于悬浮状态,它与热压沥青混凝土不同的是其空隙率很小,而且内部空隙不连通。因为浇筑式沥青混凝土在结构上的上述特点,所以决定了有以下优点:

(1)它几乎是无空隙的,因而无需压实便能达到其最终强度,它不会出现因压实不足而产生的缺陷和病害。

(2)它既不透水,也不吸水,对含Cl^-离子的溶液及经常性潮气作用之类的气候影响因素几乎不敏感,因而不会出现水损害问题。

(3)因为其呈黏弹性,所以对冲击及颠簸不敏感。

(4)由于它是无空隙的,混合料在气候因素影响下不易老化,因而它有较好的耐久性(使用寿命达20年以上)。

(5)浇筑式沥青混凝土沥青含量较高,因此具有良好的抗低温开裂能力。

在德国,浇筑式沥青混合料的评价指标为贯入度和贯入度增量,混合料的施工和易性主要依靠工程人员的主观判断,存在较大的误差;日本在引进浇筑式沥青混凝土铺装技术后,将刘埃尔流动性、贯入度和贯入度增量、动稳定度、低温弯曲试验结果分别作为评价浇筑式沥青混合料施工和易性、高温抗车辙能力和低温抗裂性能的技术指标;而我国则基本上沿承了日本的试验方法和评价手段。实际上,用贯入度试验和车辙试验来评价浇筑式沥青混合料的高温抗车辙性能均有一定的不合理性,如贯入度试验结果离散很大、车辙试验结果与实际使用效果相关性不好等。

在全球范围内,浇筑式沥青混合料所用的混合料多为基质沥青或普通改性沥青与天然沥青(如湖沥青和岩沥青)复合改性而成,近年来德国开始采用聚合物改性沥青。天然沥青的硬度可以有效提高浇筑式沥青混凝土路面抗高温车辙能力,但同时也降低了其低温变形能力,而且,天然沥青资源有限,随着天然沥青用量的不断提高和天然沥青储量的不断减少,天然沥青的价格会越来越高,甚至出现资源枯竭的现象。因此,不含天然沥青的改性沥青混合料,对于推广浇筑式沥青混凝土的应用、充分发挥浇筑式沥青混凝土的性能优势,具有重要的意义。

长期以来,国内道路铺装工作者认为,虽然浇筑式沥青混凝土具有普通沥青混凝土无法比拟的低温能力,但高温性能却有待改进。这种观点导致了浇筑式沥青混凝土在我国难以推广应用,使用于铺装上面层的案例更是屈指可数,且使用于上面层的路段或部位往往不直接承受车辆荷载的作用。而实际上,在德国等国家,采用双层浇筑式沥青混凝土作为铺装方案的案例很多,且有良好的使用效果。当然,我们国家的气候和交通条件与国外有较大差异,但不能因此排除在我国大面积使用浇筑式沥青混凝土的可能性,尤其是近年来,越来越多的桥梁使用浇筑式沥青混凝土作为铺装下面层,而且都有相当不错的使用效果。

4. 浇筑式沥青混合料的施工

1)施工前准备

(1)在浇筑式摊铺之前,应保持防水层清洁干燥,必要时应用吹风机进行吹风和干燥,对油迹的污染,应及时擦洗,绝对不允许有油污的存在。

(2)由于浇筑式摊铺机根据垫块和侧限挡板高度控制铺装层的平整度,因此,应进行精确测量,准确定位侧限挡板的高度。

(3)运输车在进入施工现场前,应对其轮胎及底板进行清洗,防止运输车污染桥面。现场施工人员应穿上鞋套,以保证施工现场的清洁。

(4)应保证材料及时供应,加强对施工机械的检查以及人员的调配,防止因材料、人员或机械产生人为冷接缝。

(5)浇筑式沥青混凝土摊铺,因为其劳动强度大,环境温度高,应充分做好安全防护工作,配备必要的劳保用品。

2)浇筑式沥青混合料的拌和

(1)由于浇筑式沥青混合料拌和温度高,搅拌时间长,因此对拌和楼的拌和能力和耐高温能力有很高的要求。同时,浇筑式沥青混合料所用沥青含量比较高,混合料容易黏附在设备上,每次生产完后,待设备还没完全冷却时,应对黏附的混合料进行彻底清理,在生产前应对运料小车、储罐或卸料斗清理并涂刷隔离剂。

(2)拌和工艺:将加热后的集料称量并加入矿粉,干拌10~20s使矿粉充分升温并排除矿粉中的水分,并使集料温度降低,再加入沥青后,拌和60~90s。

(3)浇筑式沥青混合料拌和后放入专用的拌和运输车中保温拌和和运输。

(4)混合料拌和温度控制:如果矿粉未加热,则石料加热温度应为300℃左右,混合料拌和后出料温度按220~250℃目标控制。如果矿粉加热,则石料温度为250~300℃。

3)浇筑式沥青混合料的运输

(1)采用专用运输车。从拌和楼生产出来的浇筑式沥青混合料还需不断搅拌和加温,以免混合料发生离析和温度降低而无法施工。浇筑式沥青混合料使用专门的运输设备Cooker。Cooker主要由三部分构成:沥青混凝土搅拌系统、加热系统和搅拌罐储存系统,如图8-16所示。

(2)在施工前,应对搅拌罐进行清理,对搅拌和加热系统进行仔细检查,避免Cooker装入混合料后发生故障,致使混合料滞留搅拌罐中。

(3)在Cooker初次进料之前,应将其温度预热至160℃左右,装入Cooker中的混合料应保持不停地搅拌,同时应让混合料升温至220~250℃。应尽量避免浇筑式沥青混合料在高温的Cooker车中停留太长时间,但在Cooker中的搅拌时间至少应在40min以上。

图8-16 Cooker车运料示意图

在从运输混合料的Cooker车中出料时必须对加热温度进行调节,以避免混合料硬结。同时还须减慢搅拌速度,不让空气中的氧气进入浇筑式沥青中,以减少混合料的氧化。

4)浇筑式沥青混合料的摊铺

浇筑式沥青混合料是自流成型无须碾压的沥青混合料,摊铺时使用浇筑式专用摊铺机,具体施工工艺如下:

(1)边侧限制。

浇筑式沥青混凝土在220~250℃摊铺时具有流动性,需设置边侧限制,防止混合料侧向流动。边侧限制采用约30mm厚、200mm宽的钢制或木制挡板,设在车道连接处的边缘。根据钢板表面平整度的情况,用不同厚度的铁片或木片调节,以达到保证铺装表面平整的目的,如图8-17所示。

(2)厚度控制。

在摊铺之前,根据钢板表面情况进行测量放样,确定一定间隔某一点的摊铺厚度,然后调整导轨的高度及边侧限制板,从而确定摊铺厚度。摊铺机整平板有自动的水平设备控制,按照侧限板高度摊铺规定厚度的路面。

(3)摊铺。

运至现场的浇筑式沥青混合料应对其温度进行测量,符合设计要求后,方可摊铺。

Cooker 倒行至摊铺机前方,把混合料通过其后面的卸料槽直接卸在桥面板上。摊铺机的布料板左右移动,把浇筑式沥青混合料铺开。摊铺机向前移动把沥青混合料整平到控制厚度。

浇筑式沥青混合料温度较高,其较好的流动性容易封闭部分空气,空气膨胀会产生气泡,应及时将气泡戳掉,使其与下层能有较好的结合,如图 8-18 所示。

图 8-17　Cooker 车卸料图

图 8-18　摊铺机摊铺作业图

5)碎石撒布

(1)紧随摊铺机后面,采用自行式碎石撒布机撒布适宜粒径的预拌沥青碎石。

(2)铺装面层为其他需热碾压的沥青混凝土时,应撒布粒径 4.75~9.5mm 或 9.5~16mm 并预拌 0.5%~1%沥青的碎石。撒布量根据现场试验确定,以撒布 50%~70%面积为宜,撒布量宜为 5~10kg/m²。

(3)采用人工用滚筒进行碾压(图 8-19),使碎石能较好地嵌入浇筑式内。

(4)边限拆除。

图 8-19　人工滚筒碾压图

拆除边侧限制之前,让铺装层冷却,留下一个轮廓清晰的边侧连接。摊铺机行走速度应尽可能放慢,以便与拌和运输能力相匹配(整平能力适当低于拌和能力)。

浇筑式沥青混凝土自20世纪90年代后期进入我国桥面铺装市场以来,整体使用情况较好,但在江阴大桥钢桥面铺装中也出现了一定的车辙和开裂病害。总的说来,浇筑式沥青混凝土仍然是我国桥面铺装中的新型材料,需要我国桥面铺装研究人员多加重视。

浇筑式沥青混凝土铺装的施工工艺并不复杂,除需要使用浇筑式专用摊铺机和专用运输车外,其余与普通沥青混凝土铺装都差别很大。由于摊铺温度很高,自身具有一定的流动性,施工中应注意根据环境温度的变化控制摊铺温度,防止出现自身的流淌及皱皮现象。

[思考题]

1.简述传统间歇式沥青混合料拌和设备的拌制工序及所需相应的设备。

2. 沥青混合料拌和设备分为哪几类？各类的工作原理和特点是什么？

3. 沥青混凝土摊铺机的类型有哪些？各有何特点？沥青混凝土摊铺机工作装置由哪几部分组成？

4. 试述沥青混凝土摊铺机的工作原理。

5. 沥青混合料路面在施工前有哪些准备工作？

6. 沥青混合料在拌和和运输过程中要注意哪些问题？

7. 沥青混合料在摊铺前应做哪些准备工作？

8. 沥青混合料在摊铺时应如何保证质量？如何进行质量检验？

9. 沥青混合料路面的压实应注意哪些问题？如何提高沥青混合料路面的压实质量？

10. 简述 SMA 混合料的特点以及拌制、运输、摊铺的要求。如何控制 SMA 混合料路面的施工质量？

11. 简述浇筑式沥青混凝土的性能、拌制和摊铺的特点。

单元九　水泥混凝土路面机械化施工

9.1　水泥混凝土路面施工主导机械

水泥混凝土路面是将水泥、砂、碎石和水按适当比例配合,拌和后经摊铺、振捣、整平和养生而成为一块板状的路面。水泥混凝土路面和沥青混凝土路面相比,具有承载能力大,稳定性好,使用寿命长,平整度好,养护费用低等优点。适用于重载、高速、交通量大的道路。水泥混凝土路面机械主要有:搅拌设备、输送设备、摊铺机、整面机、切缝机、真空脱水设备等。

影响水泥混凝土路面内在质量和外观质量的主要工序是混凝土的拌和与摊铺振捣成型两个工序。拌和工序担负着配料和搅拌等工艺的实施,直接影响着水泥混凝土混合料的品质和生产率。摊铺机成型工序担负着摊铺、密实、提浆、抹光等工艺的实施,既影响水泥混凝土路面的内在质量,又反映水泥混凝土路面的外观技术水平,且该工序也具体体现了路面铺筑的生产率。因此,拌和与摊铺成型设备是水泥混凝土路面施工的主导机械设备。

9.1.1　拌和设备

水泥混凝土拌和设备,可分为水泥混凝土搅拌机和水泥混凝土搅拌站(楼)两大类。混凝土搅拌机按其结构形式可分为鼓筒式、双锥反转出料式和强制式三种。

1)水泥混凝土搅拌机

水泥混凝土搅拌机是将一定配合比的水泥、砂子、碎石(集料)和水等拌制成水泥混凝土的机械。

(1)搅拌机的用途、分类和型号

水泥混凝土搅拌机的用途是机械化地拌制水泥混凝土,其种类较多,分类方法和特点如下。

①按作业方式分类:

按作业方式分有间歇作业式和连续作业式两种。

间歇作业式的供料、搅拌、卸料三道工序是按一定的时间间隔周期进行的,即按份拌制。由于拌制的各种物料都经过准确的称量,故搅拌质量好。目前大多采此种类型的作业方式。

连续作业式的上述三道工序是在一个较长的筒体内连续进行的。虽然其生产率较循环作业式高,但由于各料的配合比、搅拌时间难以控制,故搅拌质量较差。目前使用较少。

②按搅拌方式分类:

按搅拌方式分有自落式搅拌、强制式搅拌两种。

自落式搅拌机就是把混合料放在一个旋转的搅拌鼓内,随着搅拌鼓的旋转,鼓内的叶片把混合料提升到一定的高度,然后靠自重撒落下来。这样周而复始地进行,直至拌匀为止。这种搅拌机一般适用于拌制塑性和半塑性混凝土。

强制式搅拌机是搅拌鼓不动,而由鼓内旋转轴上均置的叶片强制搅拌。这种搅拌机拌制质量好,生产效率高;但动力消耗大,且叶片磨损快。一般适用于拌制干硬性混凝土。

③按装置移动方式分类:

按装置移动方式分有固定式和移动式两种。

固定式搅拌机是安装在预先准备好的基础上,整机不能移动。它的体积大,生产效率高。多用于搅拌楼或搅拌站。

移动式搅拌机本身有行驶车轮,且体积小,质量轻,故机动性能好。适用于中小型临时工程。

④按出料方式分类:

按出料方式分有为倾翻式和非倾翻式两种。

倾翻式靠搅拌鼓倾翻卸料,而非倾翻式靠搅拌鼓反转卸料。

⑤按搅拌鼓的形状不同分类:

按搅拌鼓的形状不同,有梨形、鼓筒形、双锥形,圆盘立轴式和圆槽卧轴式五种。前三种系自落式搅拌;后两种为强制式搅拌。

⑥按搅拌容量分类:

按搅拌容量分有大型(出料容量 1 000~6 000L)、中型(出料容量 300~500L)和小型(出料容量 50~250L)。各搅拌机的分类见图 9-1。

自落式				强制式		
倾翻出料		不倾翻出料		竖轴式		卧轴式
单口 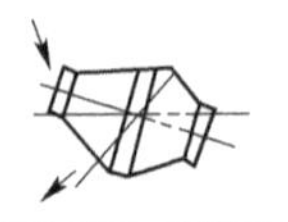	双口 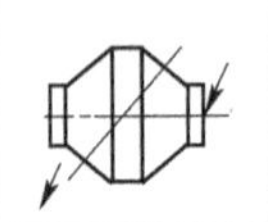	斜槽出料 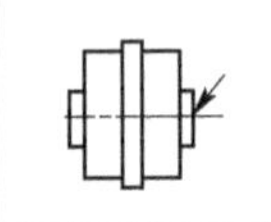	反转出料 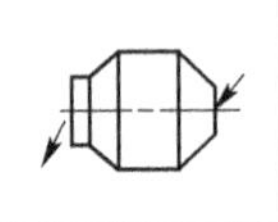	涡浆式 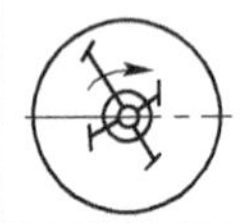	行星式 	双槽式 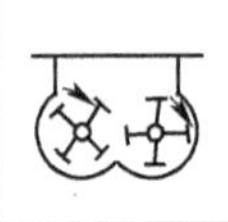

图 9-1 水泥混凝土搅拌分类图

(2)锥形反转出料混凝土搅拌机

锥形反转出料搅拌机具有结构简单、搅拌质量好、生产率高、易实现自动控制等优点,是作为逐步取代鼓筒搅拌机的一种机型,它主要有以电动机为动力的 JZ 系列型号和 JZY 系列型号,也有部分采用以柴油机为动力的 JZR 系列型号。

图 9-2 为 JZ350 型搅拌机,该机进料容量为 560L,额定出料容量为 350L,生产率为 11~13m³/h。其主要机构有搅拌系统、进料装置、供水系统、底盘和电气控制系统等。

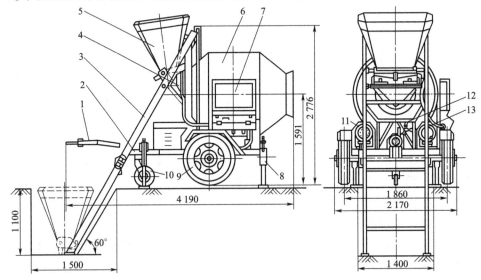

图 9-2 JZ350 型搅拌机

1-牵引架;2-底盘;3-上料架;4-中间料斗;5-料斗;6-搅拌筒;7-电气箱;8-支腿;9-行走轮;10-前支轮;11-搅拌动力和传动机构;12-供水系统;13-卷扬系统

①搅拌系统。

锥形反转出料搅拌机其搅拌筒见图9-3,搅拌筒由中间的圆柱体及其两端的截头圆锥组成,通常采用钢板卷焊而成。搅拌筒内有两组交叉布置的搅拌叶片,分别与搅拌筒轴线呈45°和40°夹角,且呈相反方向。其中一组较长的主叶片直接与筒壁相连;另一组较短的副叶片则由撑脚架起。当搅拌筒转动时,叶片除使物料做提升和自由下落运动外,还强迫物料沿斜面做轴向窜动,并借助于两端锥形筒体的挤压作用,从而使筒内物料在洒落的同时又形成沿轴向往返交叉运动,大大强化了搅拌作用,提高了搅拌效率和搅拌质量。

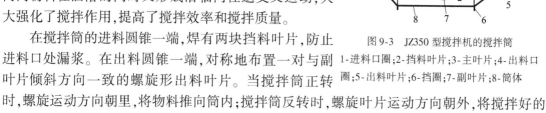

图9-3 JZ350型搅拌机的搅拌筒
1-进料口圈;2-挡料叶片;3-主叶片;4-出料口圈;5-出料叶片;6-挡圈;7-副叶片;8-筒体

在搅拌筒的进料圆锥一端,焊有两块挡料叶片,防止进料口处漏浆。在出料圆锥一端,对称地布置一对与副叶片倾斜方向一致的螺旋形出料叶片。当搅拌筒正转时,螺旋运动方向朝里,将物料推向筒内;搅拌筒反转时,螺旋叶片运动方向朝外,将搅拌好的混凝土卸出。

②进料装置。

上料装置由料斗、上料架、中间料斗和传动装置等组成,上料架轨道的下端可向上翻转折叠,以便运输或转场;其上端与机架焊接,以便安装和增加刚性。

料斗提升电动机通过减速器减速后驱动钢丝绳卷筒,钢丝绳通过滑轮组牵引料斗上升。当料斗提升到卸料位置时,由电气控制装置控制,料斗便停止在卸料位置上卸料。

③供水系统。

供水系统由电动机、水泵、节流阀、管路等组成。它是由电动机带动水泵直接向搅拌筒供水,设有节流阀调节水的流量,通过时间继电器控制水泵供水时间来实现定量供水。工作时,根据每罐混凝土所需水量,将时间继电器的表盘指针拨至对应的时间刻度上,按下水泵启动开关即开始供水;当其指针回零时,水泵电动机断电,供水终止。

④电气控制系统。

搅拌筒的正转、停止、反转以及水泵的运转和停止分别由五个控制按钮来实现。供水量由时间继电器的延时多少来确定。

此外,该型搅拌机的整机安装在单轴拖式底盘上,既可低速拖行转场,也可由载货车装运转场。底盘有四个支脚,以保持停机和工作时的稳定性。

(3)搅拌机的使用注意事项

①为了保证混合料的拌制质量,必须使碎石、砂子和水泥按要求称量准确;并在搅拌前,按要求调整好水箱指示牌上指针的位置,以控制供水量。要严格掌握好搅拌时间,同时要求进料斗卸料干净,否则会影响下一份混合料的配合比。

②在往进料斗内装料时,应注意装料顺序,即碎石在下、水泥在中、砂子在上,这样料斗升起时不致引起水泥飞扬。

③工作完后,应向搅拌筒内倒进一些碎石或砂子,搅拌10min再放出。否则筒内的余料凝固后,很难清除。

2)水泥混凝土搅拌站

水泥混凝土搅拌站(搅拌楼)是用来搅拌混凝土的联合装置,亦称混凝土工厂。因其机械化和自动化程度较高,生产率较大,故常用于混凝土工程量大、施工周期长、施工集中的公路路面与桥梁工程、大中型水利电力工程、建筑施工以及混凝土制品工厂中。以下简要介绍水泥混凝土搅拌站的用途和分类。

(1)按工艺布置形式分类

按工艺布置形式分有单阶式和双阶式两种。

单阶式碎石、砂子和水泥等材料一次就提升到搅拌站最高层的储料斗,然后配料称量直到搅拌成成品料,均借物料自重下落而形成垂直生产工艺体系。

单阶式混凝土搅拌站(图9-5)外形似一座楼房,高达24~35m。碎石、砂子和水泥等材料一次就提升到搅拌站最高层的储料斗,然后配料称量直到搅拌成成品料,均借物料自重下落而形成垂直生产工艺体系,其结构作垂直分层布置,机电设备分装各层,集中控制。其工艺流程如图9-4所示。它具有生产率高,动力消耗小,机械化和自动化程度高,布置紧凑,占地面积小等特点;但其设备较复杂,基建投资大。故常用于大型永久性搅拌站。

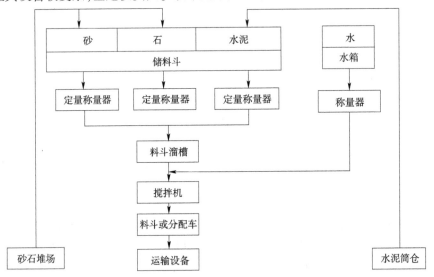

图9-4 单阶式混凝土搅拌站工艺流程图

单阶式混凝土搅拌站由六大部分组成:自上而下分为进料、储料、配料、搅拌、出料五层,各层的工作由控制系统集中控制。图9-5为单阶式混凝土搅拌站的结构示意图。

①进料层。进料层包括输送集料的带式输送机、分料用的电动回转料斗、输送水泥或混合料用的斗式提升机。若以气力输送水泥时,进料层布置有砂、石和水泥的进料装置。旋风分离器、管道、两路开关等都布置在进料层。

②储料层。料仓中央布置有双锥圆筒形水泥储存仓,储料层装有六角或八角形金属结构装配式储料仓。沿储存仓轴线用钢板分隔成格,可同时储存两种不同标号的水泥。水泥仓周围为砂石集料储存仓,相互以钢板隔开,可同时分别储存各种粒径集料和掺合料,整个料仓座落在有六根或八根支柱的钢排架顶部,以便随时提供原料。

③配料层。分批地将砂石料、水泥、水和外加剂等称量好,配料层内设料仓给料器、供水管路和储水箱、称料斗、电子配料装置、控制室、吸尘装置和集料斗等。由控制室控制的电子自动称量装置按混凝土生产的配合比要求,并将配好的砂石料汇集到集料斗,待下料时与水和外加剂同时卸入搅拌筒。

④搅拌层。搅拌层内设有三台或四台双锥形倾翻式搅拌机、回转给料器、搅拌系统的电气

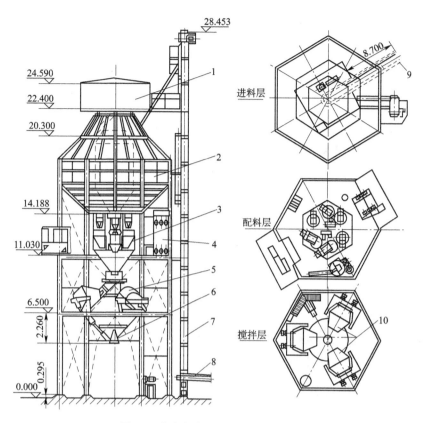

图 9-5 单阶式混凝土搅拌站结构示意图

1-进料层；2-储料层；3-配料层；4-吸尘器；5-搅拌层；6-出料层；7-链斗式提升机；8-螺旋式输送机；9-皮带输送机；10-搅拌机

控制柜、压缩空气净化装置和储气罐等。当配称好的混合料、水和外加剂经回转给料器卸入搅拌筒后即可进行搅拌。

⑤出料层。出料层设出料斗，出料斗中的储料由气泵带动的弧形门启闭而控制卸料量。卸出的混凝土由专用的混凝土吊罐或自卸车等运往施工现场。

⑥控制系统。大型混凝土搅拌站均采用电气程序控制。料斗门的汽缸动作是由相应的电磁阀控制的。电磁阀的主令按钮均设置在操纵箱内，当电控系统发出信号后，各电磁阀相应做出动作，使压缩空气进入汽缸推动活塞，从而操纵各料斗闸门的启闭。国外大型搅拌楼也有实现电子计算机控制的，运行管理更为方便。

单阶式混凝土搅拌站具有占地面积小、设备布置紧凑、动力消耗低、生产率高、高度自动化和集中控制等优点，因而在混凝土工程量大、施工周期长、施工地点集中的大中型建筑工程中被广泛采用。但是单阶式混凝土搅拌站的不足之处是建筑结构很高，对基础要求严，基建投资大，拆装费用、安装难度大，一般需配备大型起重机吊装。目前国外已采用一种分层整体吊装的结构，可大大缩短拆装时间，提高机械设备的利用率，以逐步克服缺点。

双阶式碎石、砂子和水泥等材料分两次提升，第一次将材料提升至储料斗，经配料称量后，第二次再将材料提升并卸入搅拌机，其工艺流程如图 9-6 所示。它具有设备简单，投资少，建设快等优点；但其机械化和自动化程度较低，占地面积大，动力消耗多。故主要用于中小型搅拌站。图 9-7 为双阶移动式混凝土搅拌站的结构示意图。

（2）按装置方式分类

按装置方式分有固定式和移动式两种。

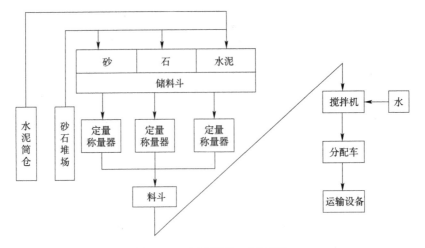

图 9-6 双阶式搅拌站工艺流程图

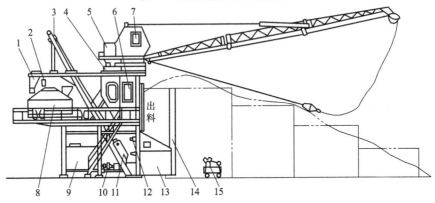

图 9-7 双阶移动式混凝土搅拌站结构示意图
1-水泥秤;2-示值表;3-料斗卷扬机;4-回转机构;5-拉铲绞车;6-主操作室;7-拉铲操作室;8-搅拌机;9-水箱;10-水泵;11-提升料斗;12-电磁阀;13-集料秤;14-分壁柱;15-空气压缩机

前者适用于永久性的搅拌站；后者则适用于施工现场。

(3) 按搅拌机平面布置形式分类

按搅拌机平面布置形式分有巢式和直线式两种。

巢式是数台搅拌机环绕着一个共同的装料和出料中心布置，其特点是数台搅拌机共用一套称量装置，但一次只能搅拌一个品种的混凝土。

直线式系指数台搅拌机排列成一列或两列，这种布置形式的每台搅拌机均需配备一套称量装置，但能同时搅拌几个品种的混凝土。

9.1.2 水泥混凝土摊铺成型设备

水泥混凝土摊铺设备又称水泥混凝土摊铺机。

水泥混凝土摊铺机是将从水泥混凝土搅拌车或水泥混凝土输送泵卸出的水泥混凝土拌和物沿着路基按给定的厚度、宽度及路型要求进行摊铺，然后经过振实、整平和抹光等作业程序，完成铺筑混凝土路面的施工机械。水泥混凝土摊铺机的工作装置一般由布料器、刮平板、振捣器（包括内部振捣器和振捣梁）、整平机、抹光机等装置组成。同时，还需要机架、行走机构、操纵控制系统和其他一些辅助机构的有机配合。有的机型将全部装置集于一体，有的分成两台或两台以上的独立单机。

水泥混凝土摊铺机广泛用于城市道路、机场跑道和公路路面的施工,可以提高摊铺层的内在质量和路面外观质量,提高生产效率。

水泥混凝土摊铺机的分类如下:

(1)按其行走方式的不同分类

水泥混凝土摊铺机按其行走方式的不同,可以分为轨道式摊铺机和履带式摊铺机。轨道式摊铺机采用固定模板铺筑作业,而履带式摊铺机采用随机滑动的模板进行施工,所以又分别称之为固定模板式摊铺机和滑模式摊铺机。

(2)按摊铺作业的功能和施工对象分类

按摊铺作业的功能和施工对象,水泥混凝土摊铺机也可以分为路面摊铺机、路缘边沟摊铺机和路基修整机等。在结构形式上,有的从属于滑模式,有的从属于轨道式。

(3)按主机架形式的不同分类

按主机架形式的不同,可分为箱形框架伸缩式滑模摊铺机和桁架形滑模摊铺机。

目前,水泥混凝土摊铺机按其施工方法可分为两种:一种是轨模式水泥混凝土摊铺机,另一种是滑模式水泥混凝土摊铺机。水泥混凝土摊铺机摊铺器的形式有螺旋式摊铺器、回转铲式摊铺器和箱式摊铺器,它们的结构和作业方式不同。

螺旋式摊铺器是利用正反方向旋转的螺旋杆(直径约50cm)将混合料摊铺开(和沥青混凝土摊铺机的摊铺器相似)。螺旋杆后面有刮板,可以准确调整摊铺层厚度。这种摊铺器的摊铺能力大,目前在轨模式和滑模式水泥混凝土摊铺机上均有采用。

回转铲式摊铺器匀料铲可回转180°,同时,可在前面的导管上左右移动,将卸下的水泥混凝土拌和物按给定的厚度摊铺在路基上。匀料铲的高度可调节布料高度,这种摊铺器比其他类型摊铺器的质量轻,操作简单,但摊铺能力较小,目前在轻型轨模式水泥混凝土摊铺机上采用较多。

箱式摊铺器是一种装满混合料的上面开口的箱子,机械在前进时,箱子横向移动,其下端按松铺高度卸下水泥混凝土拌和物摊铺并刮平。摊铺均匀准确,故障较少,但由于摊铺工作时水泥混凝土拌和物需全部放在料箱内,所以结构承受质量大,要间断供料,作业效率低,目前仅用在轨模式水泥混凝土摊铺机上。

(1)轨模式水泥混凝土摊铺机

轨模式摊铺机(图9-8)由下列机器组成:进料器(根据所采用的运输方式决定),水泥混凝土摊铺机(即匀料机,分料箱式、移动回转刮板式和固定刮板式),压实机和修整机,横向缩缝和纵向接缝处传力杆、拉杆放置机,接缝槽成型机和接缝槽修整机(用湿法成型时采用这两种

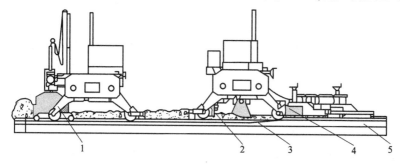

图9-8 轨道式摊铺机(VOGELE)

1-摊铺器(回转铲式);2-顶平整刮板;3-振捣装置;4-修光器;5-轨模

机型),最后修整机,路面纹理加工机,水泥混凝土养生剂喷洒机,防护帐篷。所以称之为摊铺列车。

轨模式摊铺机支撑在平底型轨道上,它既可以固定在3m长的宽基钢边架上,也可以安放在预制的混凝土板上或补强处理后的路面基层上,摊铺机的水平调整由轨道的平整度控制,而垂直调整根据摊铺机类型,采用不同的调整控制方式。

在浇筑水泥混凝土之前,边模(轨模)应就地固定20h,同时在铺筑后几小时内不能移动。因此,对连续施工来说,至少需要配备3个全工作日工作量的边模,其长度一般为1500m以上。

在摊铺施工时,摊铺列车在轨模上通过就可铺筑好一条行车带。轨模既是列车的行驶轨道,又是水泥混凝土的模板。摊铺机上装有摊铺器(又称布料器),用来将倾卸在路基上的水泥混凝土按一定的厚度均匀地摊铺在路基上。摊铺机在摊铺水泥混凝土时,轨模是固定不动的。

轨模式摊铺机结构简单,但在摊铺作业中铺设和调整轨道十分不便。

我国目前所用三种机型及适用范围为:

德国 VÖGELE 公司生产的"J"型,以及国内参考这种机型自己开发研制的同类机型,这种机型的摊铺宽度为 2.5~4.5m;摊铺厚度最大为 300mm。

该机型根据我国实际施工现场情况,适宜用在 9m 宽路面的半幅铺筑,对新建路段实现半幅铺筑、半幅运料,不必另修运料便道,减少了铺筑便道和临时征地的费用。

德国 VÖGELE 公司生产的"S"型,以及国内参考该机型自己开发研制的同类机型,其摊铺宽度为 3.0~9.0m;摊铺厚度最大为 300mm。

该机型适用于新建公路 9m 单幅一次铺筑成型,也适用于 18m 双幅路面的单幅铺筑,因为新建路段易于实现封闭交通,减少或避免施工中的通车干扰,这种机型也适用于"J"型机 4.5m 半幅铺筑,但这时将造成一定功率的浪费。

美国 GOMACO 公司生产的 C—450X 型及国内参考或引进技术自己开发研制的同类机型。该机型的基本技术参数(指整平机)为:摊铺宽度 7.3m(标准型);摊铺厚度最大可达 300mm;发动机功率为 12kW;两台汽油机,机重 2.2t(标准型)。

该机型主框架标准型由 1.2m、2.4m、3.7m 三节框架拼装而成,并有 0.6m、1.2m、2.4m、3.7m,四种规格标准节供用户选择组合。另外一边支腿上部可沿框架上的滑轨滑动,称为自行展宽支腿,摊铺宽度可根据施工需要在 4.5~9m 范围内调节。该机主框架上设有拱度调节器,可按设计要求调节路面横坡。该机采用三点式整平原理,路面平整度容易得到保证。

以上三种机型,不论是引进技术或参照样机自己开发的产品,还是从国外购进的机械,都在自身配套上不够完善。如:VO9GELE"J"型和"S"型机组中,国内没有购进和开发纵向修光机。目前这道工序靠人工抹平来完成,使成型路面的平整度指标得不到有效控制。而 C—450X 型机、匀料机和振实机尚未定型和完善,这两道工序用人工完成使主机的效率得不到正常发挥,且大大增加了现场辅助工作的人数和工人的劳动强度。这是当前这三种机型自身完善亟待解决的问题。

(2)滑模式水泥混凝土摊铺机

滑模式水泥混凝土摊铺机是 20 世纪 60 年代初发展起来的一种新型水泥混凝土路面施工机械。

滑模式水泥混凝土摊铺机(图 9-9)安装在履带底盘上,行走装置在模板外侧移动,支撑侧边的滑动模板沿机器长度方向安装。在机器的宽度以内机器的方向和水平是靠固定在路面两侧桩上拉紧的导向钢丝和高强尼龙绳来控制。机器底盘的水平是靠与导向钢丝相接触的传感装置来自动控制。附设的传感器也同时促动摊铺机的转向装置,以使导向钢丝和滑模之间保持一定的距离。

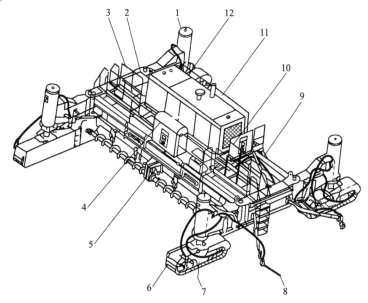

图 9-9　SF-350 型四履带滑模式水泥混凝土摊铺机的外形图

1-支腿装置;2-喷水装置;3-机架伸缩部分;4-操作控制台;5-摊铺装置;6-履带装置;7-转向装置;8-自动找平装置;9-伸缩梁;10-中间通道;11-发动机组;12-油箱组

滑模式水泥混凝土摊铺机是连续作业式机械,它由动力传动、主机架、四条履带支腿总成、螺旋布料器、虚方控制板、振捣棒、捣实板、成型模板、浮动模板、边模板、自动找平和自动转向系统组成。其摊铺工艺流程(图 9-10)为:螺旋布料器→虚方控制板→振动棒→捣实板→成型模板→浮动模板→自动磨光机→拖布,摊铺完成后,拉毛、喷洒养生剂、切缝等工序由另外的机械完成。

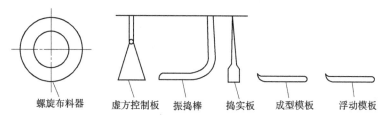

螺旋布料器　虚方控制板　振捣棒　捣实板　成型模板　浮动模板

图 9-10　SF-350 摊铺机主要工艺流程示意图

滑模摊铺机的工作原理是:滑模摊铺机上所有部件根据所摊铺水泥混凝土的各种要求,摊铺出高密实度、保证弯拉强度的水泥混凝土,完成路面所有钢筋配置、满足光滑规矩的外形尺寸和严格的平整度技术要求。工作前,根据需要选择传感器的安装方式,将水平传感器和转向传感器安装在预定的基准线上;工作过程中,摊铺路面的高程和方向由传感器根据导线自动控制。螺旋分料器将其前方的水泥混凝土均匀地分布在滑模摊铺机的前面,摊铺机以设定的工作速度前进,计量门控制进入振动仓的水泥混凝土的数量。液压振动棒以一定的振捣频率将集料压入成型模板以下位置,并使混凝土进一步密实。随着摊铺机的前进,成型模板依靠自身的质量将振捣过的水泥混凝土挤压成型。中间拉杆插入装置和侧拉杆插入装置根据需要在成型模板的前部和侧部插入拉杆。最后,由抹光器对已成型的路面进行搓揉,以消除表面气泡和少量麻面等缺陷。

近几年来,国外综合了轨模式和滑模式两者的长处,生产出了轨道滑模式水泥混凝土摊铺机。摊铺机用履带行走,被其牵引的装有滑模板的整面机、修光机等在轨道上行走。该摊铺机亦可用来摊铺沥青混凝土,一机两用的滑模式摊铺机在作业时,不需要另加设轨道和模板,就能按照要求使路面板挤压成型。这种摊铺机可实现多种功能的摊铺,如路肩、路牙等。

9.1.3 两种摊铺设备的比选

滑模式摊铺机不设置固定边模,需用的模板和辅助立模的人工少,它具有较高的生产率,但对水泥混凝土搅拌设备的要求高,必须保证水泥混凝土及时供应和对坍落度的严格控制。

轨道式摊铺设备需要配置几套模板,以适合所铺不同板厚的路面,且对固定式边模的安装、轨道的铺设要求较高,必须使边模铺设符合路面板厚的要求,轨道铺设符合平整度要求。

滑模摊铺设备只包括很少的机器,但所有的机器都需安装自动找平和自动转向系统,由导向钢丝控制,整套设备的自动化程度较高,技术难度大,造价和维修成本高。

浇筑水泥混凝土后,固定模(轨道式)在原来的安装位置要保留一段时间。因此,可以用来支撑帐篷,以便在水泥混凝土路面养生期起一定保护作用。而滑模式摊铺设备得不到这种保护,且为保证铺后路面板边缘不致塌落,对水泥混凝土坍落度要有较严的控制。

滑模式摊铺设备不能进行缩缝处插入传力杆的全部工作。因此,传力杆必须预先装在传力杆组件上。对工作缝的养护滑模式不如轨道式。为了防止滑模式摊铺设备摊铺成型的水泥混凝土塌边,需要采取专门的保护措施,即在摊铺设备上附加修补装置,以在塌边后对水泥混凝土路面板作修正测量。

成功地运用滑模式摊铺机,为进一步提高高等级公路水泥混凝土路面施工机械化技术水平提供了可靠的保证。

9.1.4 生产率的计算

①带进料斗的摊铺机生产率可按下式计算:

$$Q = \frac{3\,600V}{t_1 + t_2 + t_3 + t_4} \quad (\text{m}^3/\text{h}) \tag{9-1}$$

式中:V——摊铺斗的有效容积(m^3);

t_1——摊铺斗装料时间(s);

t_2——混凝土混合料摊铺时间和摊铺斗返回装料时间(s);

t_3——摊铺机转到下一个工位所耗时间(s);

t_4——混合料从进料斗转装到摊铺斗内所耗的时间(s)。

②直接装卸的箱式摊铺机的生产率可由下式计算:

$$Q = \frac{3\,600V}{t_1 + t_2 + t_3} \quad (\text{m}^3/\text{h}) \tag{9-2}$$

式中:V——摊铺斗的有效容积(m^3);

t_1——摊铺斗装料时间(s);

t_2——混凝土混合料摊铺时间和摊铺斗返回装料时间(s);

t_3——摊铺机转到下一个工位所耗时间(s)。

③连续式摊铺机的生产率可由下式计算：

$$Q = 1\,000 h B v_p K_B \quad (\text{m}^3/\text{h}) \tag{9-3}$$

式中：h——摊铺层厚度(m)；

B——摊铺层宽度(m)；

v_p——摊铺速度(km/h)；

K_B——时间利用系数。

9.2 水泥混凝土路面机械化施工

9.2.1 轨道式水泥混凝土摊铺机施工

1)施工准备工作

施工前的准备工作包括材料准备及质量检验，混合料配合比检验与调整，基层的检验与整修等项工作。

(1)材料准备及其性能检验

根据施工进度计划，在施工前分批备好所需要的各种材料(包括水泥、砂、石料及必要的外加剂)，并在实际使用时核对调整。对已选备的砂和石料抽样检测含泥量、级配、有害质含量、坚固性，对碎石还应抽检其强度、软弱及针片状颗粒含量和磨耗等。如含泥量超过允许值，应提前一两天冲洗或过筛至符合规定为止。若其他项目不符合规定时，应另选料或采取有效的补救措施。

已备水泥除应查验其出厂质量报告单外，还应逐批抽验其细度、凝结时间、安定性及3d、7d和28d的抗压强度等是否符合要求。为节省时间，可采用2h压蒸快速测定方法。受潮结块的水泥禁止使用，另外，新出厂的水泥至少要存放一周后才可使用。外加剂按其性能指标检验，并须通过试验判定是否适用。

(2)混合料配合比检验与调整

混凝土施工前必须检验其设计配合比是否合适。否则，应及时调整。

①工作性的检验与调整。按设计配合比取样试拌，测定其工作性，必要时还应通过试铺检验。检验与调整的方法如前所述。

②强度的检验。按工作性符合要求的配合比，成型混凝土抗弯拉及抗压试件，养生28d后测定强度，或压蒸快速测定强度后推算到28d强度。强度较低时，可采取提高水泥标号、降低水灰比或改善集料级配等措施。

除进行上述检验外，还可以选择不同用水量、不同水灰比、不同砂率或不同集料级配等配制混合料，通过比较，从中选出经济合理的方案。施工现场砂和石子的含水率经常变化，必须逐班测定，并调整其实际用量。

(3)基层检验与整修

①基层质量检验。

基层强度应以基层顶面的当量回弹模量值或以黄河标准汽车测定的计算回弹弯沉值作为检查指标。基层质量检查项目与标准为：当量回弹模量值或计算回弹弯沉值，现场每50m实测2点，不得小于设计要求；压实度以每1 000m²测1点，亦不得小于规定要求；厚度每50m测1点，允许误差±10%；平整度每50m测1处，用3m直尺量，最大不超过10mm；宽度每50m测1处，不得小于设计规定；纵坡高程要求用水准仪测量，每20m测1点，允许误差±10mm，横坡亦要求用水准仪测量,当路面宽度为 9~15m 时检测 5 点、大于 15m 时检测 7 点,允许误差 ±1%。

基层完成后,应加强养护,控制行车,不得出现车槽。如有损坏应在浇筑混凝土板前采用相同构料修补压实,严禁用松散粒料填补。对加宽的部分,新旧部分的强度应一致。

②测量放样。

测量放样是水泥混凝土路面施工的一项重要工作。首先应根据设计图纸放出路中心线及路边线,在路中心线一般每 20m 设一中心桩,同时应设胀缩缝、曲线起讫点和纵坡转折点等中心桩,并相应在路边各设一对边桩。放样时,基层的宽度应比混凝土板每侧宽出 25~35cm。膨胀土路基上的基层,其宽度应横贯整个路基。主要中心桩应分别固定在路旁稳固位置。测设临时水准点于路线两旁固定建筑物上或另设临时水准桩,每隔 100m 左右设置一个,不宜过长,以便于施工时就近对路面进行高程复核。根据放好的中心线及边线,在现场核对施工图纸的混凝土分块线。放样时为了保证曲线地段中线内外侧车道混凝土块有较合理的划分,必须保持横向分块线与路中线垂直。对测量放样必须经常进行复核,包括在浇筑混凝土过程中,要做到勤测、勤核、勤纠偏。

2) 机械选型和配套

轨道式水泥混凝土路面摊铺机施工,是水泥混凝土路面机械化施中最普遍的一种方法。轨道式水泥混凝土路面摊铺机施工方法各工序可选用的机械列于表 9-1。

轨道式水泥混凝土摊铺施工各工序可选用机械　　　表 9-1

工　序	可考虑选用的机械
混凝土拌和	拌和机,装载机,称量设备
混凝土运输	自卸汽车,搅拌车
卸料	倒面卸料机,纵向卸料机
振捣	振捣机,内部振动式振捣机
摊铺	刮板匀料机、箱式摊铺机、螺旋式摊铺机
接缝施工	钢筋(传力杆、拉杆)插入机,切缝机
表面修整	修整机,纵向表面修整机,斜向表面修整机
修整粗糙面	拉毛机、压(刻)槽机

各施工工序可以采用不同类型的机械,而不同类型的机械具有不同的工艺要求和生产率。因此,整个机械化施工需要考虑机械的选型和配套。

(1) 主导机械选型

决定水泥混凝土路面质量和使用性能的施工工序,主要是混凝土的摊铺成型和拌和。因此,通常把混凝土摊铺成型机械作为第一主导机械,把混凝土拌和机械作为第二主导机械。在机械选型时,应首先选定主导机械,然后根据主导机械的技术性能和生产率,选配配套机械。

主导机械的选择,应考虑满足施工质量和进度的要求,同时还要考虑我国现阶段工程单位的技术人员素质、管理水平和购买能力等实际情况。配套机械的选型和配套数量,须保证主导机械发挥其最大效率,且使用配套机械的类型和数量尽可能少。用机械铺筑的路面质量(密实度和平整度)以及操作进度取决于水泥混凝土的拌和质量。工作性主要与混凝土配合比有关,也与拌和方式有关。在选择拌和机型时,主要考虑:拌和品质和拌和能力、机械可靠度、工作效率和经济性。

(2)配合机械及配套机械

①配合机械。

配合机械主要是指运输混凝土的车辆。选择的主要依据是混凝土的运量和运输距离。研究表明:运距在1km以内,以2t以下的小型自卸车比较经济;运距在5km左右时,以5~8t中型自卸车最为经济。考虑到混凝土在运输过程中水分的散失和离析等问题,更远的运输距离以采用容量为6m³以上的混凝土拌和运输车较为理想。

②配套机械。

a.前方系统(最大铺筑宽度4.5m)。

a)以VÖGElE机型为主导机械的配套机械,见表9-2。

以VÖGElE机型为主导机械的配套机械　　　　表9-2

机 械 名 称	数 量	机 械 名 称	数 量
纵向修光机	1台	插入式振捣器	2台
养生剂喷洒器	2台	纹理制作机	1台
调速调厚切缝机	2台	灌缝机	2台
养生用洒水车	1辆	移动电站(20kW)	1台

b)以C—450X机型为主导机械的配套机械,见表9-3。

以C—450X机型为主导机械的配套机械　　　　表9-3

机 械 名 称	数 量	机 械 名 称	数 量
刮板式匀料机	1台	养生剂喷洒器	2台
纹理制作机	1台	调速调厚切缝机	2台
灌缝机	2台	养护用洒水车	1辆
移动电站(20kW)	1台		

b.后方系统。

a)一般双卧轴强制拌和机配套机械,见表9-4。

一般双卧轴强制拌和机配套机械　　　　表9-4

机 械 名 称	数 量	机 械 名 称	数 量
装载机(ZL30、ZL40)	2台	翻斗车(1t)	6~8台
集料箱	1~2套	地磅	1~2台
供水泵	1台	计量水泵(外加剂用)	1台
移动电站(20kW)	1台		

b)配有自动控制配料系统的混凝土拌和楼(站)配套机具,表9-5。

配有自动控制配料系统的混凝土拌和楼(站)配套机具　　　　表9-5

机 械 名 称	数 量	机 械 名 称	数 量
装载机	1~2台	散装水泥泵车	2辆
供水泵(3.5kW)	1台	计量水泵(外加剂用)	1台
移动电站(120kW)	1台		

(3)机械合理配套

合理配套主要指拌和机与摊铺机、运输车辆之间的配套情况。当摊铺机选定后,可根据机械的有关参数和施工中的具体情况计算出摊铺机械的生产率。拌和机械与之配套就是在保证摊铺机械生产率充分发挥的前提下,使拌和机械的生产率得到正常发挥,并在施工中保持均衡、协调一致。

当摊铺机和拌和机的生产率确定后,车辆在整个系统内的配套实质上是车辆与拌和机的配套。车辆的配套问题可以应用排队论,找出合理的配套方案。考虑到装载点与车辆的配套动态系统,即随着摊铺作业的推进,车辆的运输路程随时间的增加而增加。在运输与装载过程中,随机影响因素又较多,如道路状况、操作水平、设备运行状况等都在不断变化,因此对排队论中单通道模型进行改进,增加时间变化等因素便于在配套方案中适时优化控制,通过输入不同的采集数据得到不同的结果,然后进行分析比较,找出合理的优化方案。

3) 拌和与运输

(1) 混凝土拌和

在拌和机的技术性能满足混凝土拌和要求的条件下,混凝土各组成材料的技术指标和配比计量的准确性是混凝土拌制质量的关键。在机械化施工中,混凝土拌和的供料系统应尽量采用电子秤等自动计量设备,有困难时,最低限度也要采用集料箱加地磅的计量方法,而体积计量法难于达到计量准确的要求,应停止使用。采用自动计量设备,在施工前,应按混凝土配合比要求,对水泥、水和各种集料的用量准确调试后,输入到自动计量的控制存储器中,经试拌检验无误,再正式拌和生产。一般国产强制式拌和机,拌制坍落度为 1~5cm 的混凝土,其最佳拌和时间的控制:立轴强制拌和机为 90~180s,双卧轴强制拌和机为 60~90s。最短拌和时间不低于低限,最长拌和时间不超过最短拌和时间的三倍。拌和中,如需加入外加剂时,应对外加剂单独计量。混凝土各组材料的计量精度不应超过:水和水泥 ±1%;粗细集料 ±3%,外加剂 ±2%。

(2) 运输

为保证混凝土的工作性,在运输时,应考虑蒸发失水和水化失水(指水泥在拌和之后,开始水化反应,其流动度下降),以及因运输的颠簸和振动使混凝土发生离析等。要减少这些因素的影响,其关键是缩短运输时间,并采取适当措施防止水份损失(如用帷布或其他适当方法将其表面覆盖)和离析。

机械化施工时,可以采用自卸汽车或搅拌车运输混凝土。一般情况下,坍落度大于 5.0cm 时用搅拌车运输。从开始搅拌到浇筑的时间,用自卸汽车运输时必须不超过 1h,用搅拌车时不得超过 1.5h,若运输时间超过限值,或者在夏天铺筑路面时,宜使用缓凝剂。

(3) 卸料

卸料机械有侧向和纵向两种,侧向卸料机在路面铺筑范围外操作,自卸汽车不进入路面铺筑范围,需有可供卸料机和汽车行驶的通道。纵向卸料机在铺筑范围内操作,由自卸汽车后退供料,在基层上不能预先安设传力杆及其支架。

4) 混凝土的摊铺与振捣

(1) 轨道模板安装

轨道式摊铺机施工的整套机械,在轨道上移动推进,同时以轨道为基准控制路面表面的高程。由于轨道和模板同步安装,统一调控定位,将轨道固定在模板上,既作水泥混凝土路面的侧模板也是每节轨道的固定基座(图 9-11)。

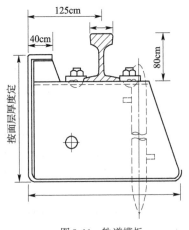

图 9-11 轨道模板

轨道高程控制是否精确,铺轨是否平直,接头是否平顺,将直接影响路面表面的质量和行驶性能,轨道模板本身的精度标准和安装的精度要求分别见表 9-6 和表 9-7。模板要能承受从轨道传下来的机组质量,横向要保证模板的刚度。轨道数量根据进度配备,要有拆模周期内的周转数量。施工时日平均气温在 20℃ 以上时,按日进度配置;日平均气温低于 19℃ 时,按日铺筑进度 2 倍配置。设置纵缝时,应按要求间距,在模板上预先作拉杆置放孔。对各种钢筋的安装位置偏差不得超过 1cm;传力杆必须与板面平行并垂直接缝,其偏差不得超过 5mm,传力杆间距偏差不超过 1cm。

轨道及模板的质量指标　　　　　　　　　　　　　　　　表 9-6

项 目	纵向变形	局部变形	最大不平整度(3m 直尺)	高 度
轨道	≤5mm	≤3mm	顶面≤1mm	按机械要求
模板	≤3mm	≤2mm	侧面≤2mm	与路面厚度相同

轨道及模板安装质量要求　　　　　　　　　　　　　　　表 9-7

纵向模型顺直度	顶面高程	顶面平整度(3m 直尺)	相邻轨、板间高差	相对模板间距离误差	垂直度
≤5mm	≤3mm	≤2mm	≤1mm	≤3mm	≤2mm

(2)摊铺

摊铺是将倾卸在基层上或摊铺机箱内的混凝土按摊铺厚度均匀地充满模板范围之内。摊铺机械可以选用刮板式、箱式或螺旋式。

①刮板式摊铺机。摊铺机本身能在模板上自由地前后移动,在前面的导管上左右移动。并且由于刮板本身也旋转,所以可以将卸在基层上的混凝土堆,向任意方向摊铺。这种摊铺机比其他类型摊铺机的质量轻,容易操作,易于掌握,故使用较普遍,但其摊铺能力较小。德国弗格勒(VÖGEIE)J 型、美国格马可(GOMACO)和我国南京建筑机械厂仿制的 C—450X 等摊铺机都采用这种形式。

②箱式摊铺机。混凝土通过卸料机(纵向或横向)卸在钢制的箱子内。箱子在机械前进行驶时横向移动,同时箱子的下端按松铺厚度刮平混凝土。

③螺旋式摊铺机。由可以正反方向移动的螺旋杆(直径约 50cm)将混凝土摊开。螺旋后面有刮板,可以准确调整高度。这种摊铺机的摊铺能力大,其松铺系数一般在 1.15~1.3 之间。它与混凝土的配合比、集料粒径和坍落度等因素有关。但施工阶段主要取决于坍落度。大致的参考数值见表 9-8。合适的松铺系数按各工程的配合比情况由试验确定。

摊 铺 系 数　　　　　　　　　　　　　　　　　　　表 9-8

坍落度(cm)	1	2	3	4	5
松铺系数	1.25	1.22	1.19	1.17	1.15

(3)振捣

混凝土振捣,可采用表面振捣器或内部振动式振捣器进行。

混凝土振捣器是跟在摊铺机后面,对混凝土进行再一次整干和捣实的机械。振捣器的一般构造如图 9-12 所示(德国 VÖGEIE 公司采用)。在振捣梁前方设置一道与铺筑宽度同宽的复平刮梁。其作用一方面是补充摊铺机初平的缺陷,更重要的是使松铺混凝土在全宽度范围内达到正确高度,它与振捣密度和路面平整度直接相关。其后是

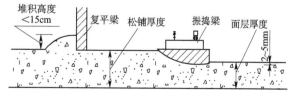

图 9-12　振捣器构造

一道全宽的弧面振捣梁,以表面平板式振动把振动力传至全厚度。振动频率在 50～100Hz 之间,属于低频振捣。按混凝土工艺学的振动机量,低频是以集料接触传递振动能量。振捣梁的弹性支承使施振时同时具有弹压力。布料的均匀和松铺厚度掌握是关键。复平梁前沿堆壅有确保充满模板的少量余料,余料堆积高度不应超过 15cm,过多会加大复平梁推进阻力。弹性振捣梁通过后混凝土已全部振实,其后部混凝土应控制有 2～5mm 回弹高度,提出的砂浆,使整平工序能正常进行。靠近模板处的混凝土,用插入式振捣器补充振捣。

内部振动式振捣器主要用并排安装的振捣棒插入混凝土中,由内部进行振实。振捣器一般安装在有轮子的架子上,可在轨道上自行或用其他机械牵引。振捣棒有斜插入式和垂直插入式两种。

5)表面修整

振实后的混凝土还应进行整平、精光、纹理制作等工序。

采取机械修整时的表面修整机有斜向移动和纵向移动两种。斜向表面修整机通过一对与机械行走轴线成 10°～13°的整平梁作相对运动来完成修整,其中一根整平梁为振动整平梁。纵向表面修整机为整平梁在混凝土表面沿纵向往返移动,由于机体前进而将混凝土板表面整平。机械修整的速度须考虑混凝土的易修整性和机械的特性。轨道或模板的顶面应经常清扫,以便机械能顺畅通过。

整平操作时,应使整平机械前的积料拥向路面横坡高的一侧。采用 VÖGELE 机整平时,要注意随时清除因修光梁往复运行推到路面边沿的粗集料,确保整平效果和机械正常行驶。在施工中途有停歇时,整平梁停驻处混凝土表面常有微小的棱条出现,可辅以人工抹面。

精光工序是对混凝土表面进行最后的精细修整,使混凝土表面更加致密、平整、美观,这是混凝土路面外观质量的关键工序。国产 C—450X 机由于整机采用三点式整平原理和较为完善的修光配套机械,整平质量较高。由于 VÖGELE 机国内未引进、开发纵向修光机组,所以精光工作由人工辅助完成。施工中应加强质量检查、校核,保证精光质量。

纹理制作是提高水泥混凝土路面安全性的重要措施之一。施工时用纹理制作机,对混凝土路面进行拉槽或压槽,使混凝土表面在不影响平整度的前提下,具有一定的粗糙度。纹理制作的平均深度控制在 1～2mm 以内,制作时应控制纹理的走向与路面前进方向垂直,相邻板的纹理要相互衔接,横向邻板的纹理要沟通以利排水。适宜的纹理制作时间以混凝土表面无波纹水迹比较合适,过早或过晚都会影响纹理制作质量。近年来,国外还采用一种更有效的方法,即在完全凝固的面层上用切槽机切出深 5～6mm、宽 3mm、间距为 20mm 的横向防滑槽。

6)养生

混凝土表面修整完毕后,应进行养生,使混凝土板在开放交通前形成足够的强度。养生期间,须防止混凝土的水分蒸发和风干,以免产生收缩裂缝;须采取措施减少温度变化,以免混凝土产生过大的温度应力;须管制交通,防止人畜和车辆等损坏混凝土板的表面。

混凝土板表面的泌水消失后,可在其表面喷洒薄膜养生剂进行养生,养生剂应在纵横方向各洒一次以上,洒布要均匀,用量要足够。也可采取洒水湿养,用湿草帘或麻袋等覆盖在混凝土板表面,每天洒水喷湿至少 2～3 次。

混凝土的养生,可根据施工工地情况及条件,选用湿治养生,喷洒成膜材料养生等方法。通常使用普通硅酸盐水泥时约为 14d,使用早强水泥为 7d,使用中热硅酸盐水泥均为 21d。

(1)湿治养生

湿治养生由三个时期组成:防护层润湿期、保证混凝土凝固的蓄能期和含水率逐渐降低不产生收缩应力的终结期。

润湿期宜用草袋(帘)等。在混合料初凝后覆盖于表面,每天均匀洒水,保持潮湿状态,但注意洒水时不能有水流冲刷。蓄能期内,每天将含水材料润湿二三次;在昼夜温差大的地区,混凝土板浇筑3d内应采取保温措施,防止混凝土板产生收缩裂缝。终结期内,必须保证混凝土逐渐失水,与周围环境温度保持平衡。

混凝土板在养生期间接缝前,应禁止车辆通行,在达到设计强度的4%后,方可允许行人通行,养生期满后可将覆盖物清除,板面不得留有痕迹。

(2)喷洒成膜材料养生

喷洒成膜材料养生是将各种化工原料按一定比例配制成油状溶液,用喷洒机具喷(或刷)在混凝土表面,溶液中挥发物挥发后形成一层较坚韧的纸状薄膜,利用薄膜不透水的作用,将混凝土中的水化热和蒸发水大部分积蓄下来自行养护混凝土的方法。这种方法可节约用水,在干旱地区或施工用水困难地区较为适用。目前常用的成膜材料有过氯乙烯树脂和氯偏乳液等。养生剂应在纵横方面上各喷洒一次以上,洒布要均匀,用量要足够。

(3)其他养生方法

除上述湿治养生和喷洒薄膜材料养生外,还有如下一些养生方法:

①用成品薄膜进行养生,即混凝土面板表面整修完成后,在其上覆盖成品薄膜。常用的成品薄膜有聚乙烯塑料薄膜等。这种方法工艺简单,但成本较高。

②用硬化泡沫进行养生。在混凝土表面分布一层硬化泡沫可以有效地防止混凝土表面的水分蒸发。如果泡沫层厚度达到5cm,一昼夜内混凝土表面温度落差不超过10℃。硬化泡沫含有苯酚甲醛树脂为45%～50%,硬化剂(含20%～22%盐酸)为3%～5%和剩余量的水。这种方法的主要缺点是树脂用量大,泡沫层回收和废料加工过程困难较大。

③用阴离子乳化沥青养生。阴离子乳化沥青是黏度高、干燥时间长的液体,稳定性好,制备所需能源费用比阳离子乳化沥青要少。在混凝土表面上喷布阴离子浮液可达到养生的效果。

模板在浇筑混凝土60h以后拆除。但当交通车辆不直接在混凝土板上行驶,气温不低于10℃时,可缩短到20h后拆除;温度低于10℃时,可缩短到36h后拆除。拆模板时不应损坏混凝土板和模板。

9.2.2 滑模式摊铺机施工

滑模式摊铺机的特点是不需轨模,各个摊铺机的机架支承在四个液压缸上,它可以通过控制机械上下移动,以调整摊铺机铺层厚度。在摊铺机两侧设置有随机移动的固定滑模板,因此不需另设轨模。这种摊铺机一次通过就可以完成摊铺、捣振、整平等多道工序。

1)滑模式摊铺机施工工艺

滑模式摊铺机的摊铺过程如图9-13所示。首先由螺旋摊铺器1把堆积在基层上的水泥混凝土向左右横向铺开,刮平器2进行初步刮平,然后振捣器3进行捣实,刮平器4进行振捣后整平,形成密实而平整的表面,再利用搓动式振捣板5对混凝土层进行振实和整平,最后用光面带6光面。

滑模式摊铺机的整面工作与轨道式基本相同,只是工作时各工作装备均由电子液压操纵机构来控制。

滑模式摊铺机的施工工艺过程与轨道式基本相同,但轨道式摊铺机与之配套施工的机械较复杂,程序多,特别是拆装固定式轨模,不仅费工,而且施工成本也大大增加,同时操作又比较复

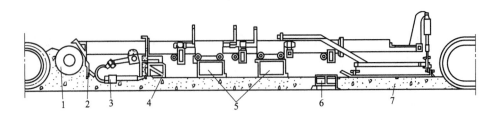

图 9-13 滑模式摊铺机摊铺过程示意图
1-螺旋摊铺器;2-刮平器;3-振捣器;4-刮平器;5-振捣板;6-光面带;7-水泥混凝土

杂。而滑模式摊铺机则不同,由于整机性能好,操纵方便和采用电子导向,因此生产率高。采用这种摊铺机铺筑加筋混凝土路面进行双层施工时机械组合及其工艺过程如图 9-14 所示。整个施工过程由下列两个连续作业行程来完成。

第一作业行程,摊铺机牵引着装载钢筋网格的大平板车,从已整平的基层地段开始摊铺,此时可从正面或侧面供应混凝土,随后的钢筋网格大平板车,按规定位置将钢筋网格自动卸下,并铺压在已摊平的混凝土层上,如此连续不断地向前铺筑。

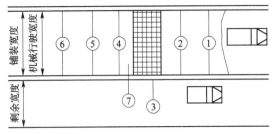

图 9-14 滑模式摊铺机摊铺施工时机械组合及其工艺过程
1-混凝土摊铺器;2-钢筋网格平板车;3-混凝土输送机;4-混凝土摊铺机;5-切缝;6-养护剂喷洒机;7-传送带

第二作业行程,它是紧跟在第一行程之后压入钢筋网格,混凝土面层摊铺、振实、整平、光面等作业程序。钢筋网格是用压入机压入混凝土的,压入机是摊铺机的一个附属装置,不用时可以卸下,使用时在摊铺机的前面,它由几个液压千斤顶组成。施工开始时,摊铺机推着压入机前行,并将第一行程已铺好的钢筋网格压入混凝土内。摊铺机则进行摊铺、振捣、整平、光面等工作。最后进行切缝和喷洒养护剂。

滑模式摊铺机的修筑技术在我国还处在研究阶段。自从 1986 年以来,黑龙江、湖南、安徽等省先后引进了 SF—250,SF—350,GP—2000 滑模式摊铺机。

2)施工实例

(1)SF—250 滑模式摊铺机施工工艺

黑龙江省 1986 年引进美国 CMI 生产,CAT 公司销售的 SF—250 混凝土滑模摊铺机,在施工中一次完成混凝土面板的摊铺、振捣、成型、打传力杆等工序,通过传感器自动调节方向和高程,效率比较高。随同主机引进的还有 TC—3000A 纹理养生机(即拉毛和自动喷洒养生液)。SF—250 滑模机的主要技术参数为:柴油机功率 145kW,摊铺宽度 3.66~7.92m,摊铺厚度 15~25cm,摊铺速度 0.8~1.5m/min,空驶速度 20m/min,振捣梁振频 120~137 次/min,外型尺寸 3 048mm × 9 233mm × 3 200mm,自重 20 412kg,要求混凝土坍落度 4~6cm,平整度可达到 3mm。

①SF—250 混凝土滑模机的工作流程。

SF—250 混凝土滑模机是由推进和摊铺两个基本装配组成。通过四个支柱油缸系统调整摊铺机的水平与横向位置,或在摊铺第二幅时将一侧履带抬高到先浇的第一幅混凝土路面上。随机行走过程中,拉杆按间距,从横向自动打入。滑模机工作时,通过螺旋布料器,将混凝土送入刮平器下,由刮平器计量进入内振器(即振捣棒)工作区内,振捣棒振频 9 000~12 000 次/min,振捣有效半径为 30cm,经振捣棒振捣的混凝土再经振捣梁振捣,强制混凝土集料下沉,部分水泥浆上浮。然后由成型盘,通过侧模摊铺成所要求的混凝土层。

②摊铺前的主要准备工作。

a. 基层的质量检验及准备。一般情况下完工长度不少于 4km，检验项目及标准同轨道式摊铺机施工，基层宽度应比混凝土板每侧宽出 50~80cm。

b. 测量放样，悬挂基准绳。摊铺机一侧有导向传感器，另一侧有高程传感器，导向传感器接触导向绳，导向绳的位置依据路线方向安装，测量时每 500m 或小于 500m 设固定桩，并用三角法引至路线外加以固定。高程传感器接触高程引导绳，高程引导绳的空间位置是依据路线高程相对位置安装的，测量前，沿线每 200~250m 增设一水准点，控制精度，平差后方可使用。方向和高程准确与否，取决于引导绳的准确程度，引导绳皆固定在打入基层的钢钎上。

c. 选择适合摊铺机需要的混凝土配合比和外加剂。滑模机对混凝土品质要求十分严格，最大集料规格一定要小于 40mm，混凝土摊铺时的坍落度，必须严格控制在 4~6cm，为增加混凝土和易性与达到所需要的坍落度，常使用外加剂，外加剂需事先通过试验确定。

d. 根据路面宽度，调整滑模板的摊铺宽度。

e. 准备好弯成 90°的纵向拉杆，将其打入混凝土。在浇筑第二幅时，再将拉杆校正成直线形。

③滑模机施工工艺。

采用自卸翻斗汽车运输混凝土，将混凝土卸在摊铺宽度内，螺旋器前的混凝土高度控制在螺旋器高度的 1/2~2/3，过低混凝土供应量不足，过高滑模机因阻力大机身上翘。滑模机工作速度一般为 0.8~1.0m/min。通过侧模成型的混凝土，混凝土表面常出现一些麻面、气泡，有的边角坍陷不齐，需由人工修正与处理。在混凝土表面稍形成强度时，用拉毛机拉毛，拉毛器形似钢丝刷，使用时容易带起砂粒，纹理不够均匀。养生、切缝、灌缝同轨道式摊铺机施工。配合摊铺机所需辅助人工，其劳力分工大致是：测量固定导向绳 11 人；指挥卸车、运送纵向拉杆、滑模机司机各 1 人；拉毛机、清除车斗残留混凝土、盖麻袋片各 2 人；摊铺混凝土 3 人；修边、刷平 6 人；盖草袋养生 8 人；切缝机(4 台)9 人，共计 46 人。

SF—250 滑模摊铺机摊铺速度快，8h 铺筑 500~600m，振捣密实，平整度合格率比较高，3mm 合格率可达 80%~90%。

(2) GP—2000 滑模式摊铺机施工工艺

安徽省于 1990 年在 312 国道安徽段水泥混凝土路面施工中采用了美国 GOMACO 公司生产的 GP—2000 型滑模机。其主要参数为：发动机功率 138kW(二冲程四缸增压柴油机)；摊铺宽度 3.3~7.6m；行走速度 0~11.6m/min；工作速度 2~4m/min；摊铺厚度 10~50cm；履带对地面工作压力 0.12MPa。施工中，分别与国产 HZQ50 和日产 S4S100P 拌和站配套。

①GP—2000 型滑模机的组成及主要特性。

GP—2000 型滑模机由动力部分、机架、行走装置、操作台、工作装置等部分组成。其中工作装置包括：滑板——通过连接支架固定在机架横梁下面，密实的混凝土通过滑模板的挤压成型路面；振动器(俗称振动棒)——L 型液动插入式振动器是密实混凝土的关键部件，它以一定间距均布于滑模板前部支架上；振捣器(俗称夯锤)——紧贴于滑模板的前部，并上下往复运动；布料器——螺旋式布料装置，实现滑模板前部混凝土拌和料的均匀分布；抹光板——通过悬壁悬挂在主机后部；打入传力杆装置——通过压缩空气带动汽缸工作，完成传力杆安装工作，此装置安装在滑模板与抹光板之间。

滑模机的主要特性是：采用电液控制，自动化程度高，操纵轻便省力，无级控制的振捣器，可实现多种混凝土振实要求，振动器的振动频率为 0~10 500 次/min，振捣器为 60~120 次/min，可实现联机作业，分层摊铺，滑模宽度具有可调性。

②工作原理。

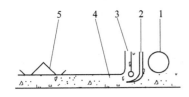

图 9-15 GP—2000 滑模机工作原理示意图

1-摊铺器;2-振动器;3-振捣棒;4-滑膜板;5-抹光板

GP—2000 滑模机工作原理如图 9-15 所示。运输车将混凝土拌和料卸于滑模机的前部。通过螺旋式布料器,将堆积的混凝土均匀地分布在滑模板 4 的前面,机械以一定的工作速度前进,各工作装置启动运行,L 型液动式振动器 2 以振动频率为 9 500~10 500 次/min 密实混凝土,液化而密实的混凝土被振捣器 3 以 60~120 次/min 的运动速度上下振捣。通过振捣器的振捣,将一定粒径的集料压入滑模板以下,便于滑模板通过,同时使混凝土进一步密实。随着机械的前进,滑模板 4 将密实的混凝上挤压成型路面。同时,它既左右、前后运动,又与与主机随动的抹光板 5 对成型的混凝土路面表面进行搓揉,不但具有抹光作用,而且还能消除表面气泡及少量麻面等缺陷。

③生产组织。

GP—2000 型滑模机的生产组织安排见表 9-9,为便于与轨道式摊铺机的生产安排进行对比,表中列出了 VÖGELE 摊铺机的生产组织情况。

生产组织安排对比表(即实际生产情况) 表9-9

工号	工作名称		工作内容		配备人员及机具	
	滑模机	轨道机	滑模机	轨道机	滑模机	轨道机
1	安装引导线	安装模板或轨道	①打钢桩;②测量放线;③复核	①运送钢模板;②安装、测量调整;③复核	大锤1把,打桩2~3人,测量2人,测量工具1套	小四轮或汽车1台,运培育3~4人,木垫小钢桩1宗(配小板车),测量6~8人,工具一套
2	刷柏油(或分离脂)		刷切缝和工作缝处	①刷切缝和工作缝处;②刷钢模板	刷柏油工具1套。3~4人	刷柏油工具1套。3~4人
3	就位摊铺		①自行就位;②摊铺操作	①吊装就位;②摊铺	操作手1人,指挥1人,辅助工1~2人	吊装工具,操作手2~3人(不得小于2人),指挥倒料1人,辅助工3人
4	拆线,拔桩		拆钢模轨道	①拆轨道;②拔钢模固定桩;③拆钢模	由每班安装引导线人员同班完成	隔班拆除,配员4~5人,配钢纤、扳手等工具

实践证明,在供料充足的情况下,滑模机的生产率为轨道机的 2~4 倍。各项指标平均合格率为 98.3%。

3)问题讨论

滑模摊铺机施工中,最常见的问题是塌边和麻面。

(1)塌边

塌边的主要形式有边缘出现塌落,或边缘倒塌,或松散无边等。由于塌边的存在,既影响路面质量,又增加了修边的工作量。所以塌边是不允许的。如果拌和质量高,塌边现象可减少到零。

①边缘塌落。边缘塌落影响路面的平整度和横坡。对双幅施工的整体路面,往往表现为中间积水。造成边缘塌落的主要原因有：

a. 模板边缘调整角度不正确,正确的调整应根据混凝土的坍落度调整一定的预抛高,使坍落定型时恰好符合设计的边缘要求。

b. 摊铺速度过慢,当摊铺机工作速度在 0.5~0.8m/min 时,由于 L 型振动器强有力地振动影响到滑模板已摊铺好的边缘,引起边缘坍落,滑模机的理想速度为 2~4m/min。

②倒边和松散无边。造成这种现象的主要原因有：

a. 拌和料出现离析现象,使用立轴式混凝土拌和设备时离析尤为严重。因为它的出料靠拌叶将混合料刮出,由于混合料成分的比重不一,在刮出力的作用下抛出距离不同,大集料常被抛在一起,使集料和砂浆离析。这种现象若处在边缘,就不可避免地出现倒边。若处在中间,就会出现麻面。因此,发现集料集中在一起时,就需要处理,将集料散开或除去,或开动螺旋布料器实现二次布料等。

b. 布料器布料往往将振捣的混凝土稀浆分到两边而导致倒边。其解决办法是人工粗布料或适当调整靠边侧的振动器的振动频率。

c. 集料形状和配比。扁平状或圆状集料成型差,边缘在脱离滑模板后失去支承就会发生倒边。若混凝土的坍落度不大,塌边是可以避免的。

（2）麻面

混凝土的坍落度值低是形成麻面的主要原因,其次是拌和不匀。严格控制混凝土的坍落度是减少或消除麻面的首要工作,这就要求拌和设备的计量装置精度高。

9.3 摊铺碾压式水泥混凝土路面机械化施工(RCC)

RCC 即碾压式水泥混凝土,是一种采用沥青混凝土路面施工机械,通过振动碾压使施工工艺达到高密实、高强度的水泥混凝土。由于其施工速度快、经济性好,耐久性长的特点,在可实现道路交通早期开放的道路工程中应用广泛。

9.3.1 RCC 材料及级配要求

RCC 在材料组成和强度形成机理方面接近于普通混凝土,但施工工艺有所不同,作为集料密实结构,需要有一定数量粒径连续的粗集料(>50mm)以形成骨架空间网络,又必须有相当数量的细集料(≤5mm)填充空隙,使其达到高密实度,粗集料采用连续级配,见表 9-10。

RCC 集料级配范围　　　　　　　　表 9-10

筛孔尺寸(mm)	30	20	10	5	2.5	1.2	0.6	0.3	0.15
通过百分比(%)	95~100	59~87	44~68	34~54	26~45	18~35	12~25	5~17	3~12

砂率选择范围及配合比确定分别见表 9-11、表 9-12。

砂率选择范围　　　　　　　　表 9-11

水 灰 比	碎石规格碎石最大粒径(≤30mm)砂
0.35	30~40
0.40	32~60

RCC 配合比(示例)确定 表 9-12

材　料	水泥	水灰比	砂	石子	粉煤灰	添加剂
用　量	290kg	0.4	7.96kg	31160kg	72.5kg	1.16kg

9.3.2 RCC 施工平整度控制

RCC 路面平整度检验标准:快速通道≤8mm。

1) 影响平整度的主要因素

(1) 压路机在碾压过程中分段碾压、停机待料及不可避免地停顿,易造成未碾部分隆起,影响结合部的平整性。

(2) 分段铺筑(12h 以上)的接头处理不细致,这是引起 RCC 路面平整度不够的主要因素(常常会出现"大波浪",行车时有明显起伏感)。

(3) 基层或第一层碾压混凝土平整度不够。

(4) 级配不当或水灰比控制不好易造成集料离析现象,也会影响平整度。

2) 平整度控制

(1) 选择符合规格的材料按设计配合比进行配料拌和,在规定时间内运输到现场,进行摊铺碾压,避免时间过长水泥硬化、水分蒸发而造成集料离析现象。

(2) 应用沥青摊铺机自动调平装置:

① 在摊铺前复测基层高程,每 10m 钉一钢钎(带有可上下移动的三角杆),在计划摊铺长度(50~80m)两端固定两根角铁基座,按设计高程以一定的松铺系数将三角杆固定,钢丝绳位于三角杆上端,通过两端的角铁基座用锚固具拉紧钢丝绳。

② 调试好摊铺机,将自动调平传感器的触件放在固定好的钢丝绳上,即可进行摊铺。在摊铺过程中,摊铺机按钢丝绳的高程(摊铺高度)均匀地进行摊铺(摊铺速度的均匀性是影响平整度的一项重要因素)。摊铺机的另一侧以一根长圆钢管平均梁作为基准,这样摊铺机两侧均有基准参考物。

应用自动调平装置改变了以往按厚度控制进行摊铺的状况,能将基层潜在的"小不平"通过感应装置进行自动调平,从而达到"大平"。

9.3.3 碾压

振动压路机静压、低频高幅、高频低幅各 2 遍,轮胎压路机碾压 2 遍。振动压路机由 1/2 路幅向外侧、逆摊铺方向碾压,碾压速度控制在 0.5~0.9km/h。在碾压过程中应注意:

(1) 碾压时 1/2 路幅处应留 20~30cm 宽度不碾压,待另半幅铺好一次性碾压。

(2) 横缝接头处碾压方向应是新铺段—已铺段,这样能保证接头处紧密地结合。

(3) 纵缝交接处的碾压。将先前铺好后未碾压部分刨松并根据情况适量洒水,振动碾压时轮边不宜超过先铺预留未压部分,以免先铺好部分已超过初凝时间,受振动后结构及强度被破坏。

1) 初碾后的人工找平

振动压路机静压两遍后,一些潜在的不平整就会暴露出来,立即用人工进行二次找平工作,能有效地解决人为及部分机械原因造成影响平整度的因素。例如:机械停顿时容易造成集料拥起,用铁锹将拥起的集料铲除;对因摊铺机摊铺过程中造成的不平也应及时补加少量细料铲除高出部分;对接头部分的处理更应细致:首先应根据情况洒适量水,接合位置应避免粗集料集中,且应清除已铺好的一端上面的新料,用刮尺刮平,同时对含水率过大造成的"弹簧"及含水率过小造成的"松散"地方应及时挖除或换料。

2) 最终精碾压

最后一道碾压工序是用轮胎压路机带水碾压。轮胎压路机利用具有弹性的充气胎,加上轮胎为弹性均匀悬架,每个轮胎的负荷相等,被压材料表面既受到垂直负荷,也有水平负荷,由于轮胎弹性所产生的双重负荷作用(揉搓作用)使被压面形成非常均匀且没有空隙的表面结构。振动压路机在振压以后,混凝土表面往往会出现轮迹、横向裂纹等现象,采用轮胎压路机可改善 RCC 路面的表面结构,它将使某些细料倒在表面,以闭塞任何孔隙、裂缝或表面撕裂等。在20℃以上施工季节,由于蒸发、表面材料太多、含水率过小,轮胎压路机自身带水碾压效果更好(用洒水车洒水,由于水的冲击力,会将混凝土表面的细料冲刷掉,极大影响表面的密实及强度)。

9.3.4 质量控制与验收

工程质量应以设计文件要求为标准。为了保证混凝土路面的施工质量,要求在施工过程中对每一道工序进行严格地检查和控制,对已完成的路面要求进行外观检查,并量测其几何尺寸。根据设计文件要求进行核对。此外还要查阅施工记录,其中包括原材料试验和试件强度资料、配合比、隐蔽构造(各种钢筋的位置)等,作为工程质量鉴定的依据。

[思考题]

1. 水泥混凝土路面机械化施工主导机械有哪两类?水泥混凝土拌和、摊铺设备各分为哪几类?
2. 试述常用的锥形反转出料搅拌机各组成部分及其功能、特点。
3. 试述单阶式混凝土搅拌站各大组成部分及其功能。
4. 简述水泥混凝土摊铺有哪几种形式及各型摊铺设备的主要特点。
5. 水泥混凝土路面施工前的准备工作有哪些?
6. 分别简述轨道式、滑模式摊铺机的施工步骤。
7. 简述滑模式摊铺在施工中常出现的问题及解决方法。
8. 试述 RCC 施工中影响平整度的因素和碾压中应注意的问题。

单元十　桥梁工程机械

在桥梁工程机械化施工过程中,所用的机械较多。搬移土方要用土方工程机械,制备混凝土构件要用石方机械、水泥混凝土机械,做桩基础时要用桩工机械与排水机械,架设桥梁时要用起重机械与设备等。本单元着重介绍桩工机械、水泥混凝土机械、起重与架桥设备。

10.1　桩工机械

10.1.1　桩工机械的用途与分类

桩工机械是用于各种桩基础、地基改良加固、地下挡土连续墙、地下防渗连续墙施工及其他特殊地基基础等工程施工的机械设备,其作用是将各式桩埋入土中,以提高基础的承载能力。

现代造桥用的基础桩有两种基本类型:预制桩和灌注桩。前者用各种打桩机将其埋入土中,后者用钻孔机钻出深孔以灌注混凝土。

根据预制桩和灌注桩的施工工艺可把桩工机械分为预制桩施工机械和灌注桩施工机械两大类。

1)预制桩施工机械

预制桩施工机械主要包括打桩机、振动沉拔桩机和液压静力压桩机三大类。它们也可用于沉井基础施工和管柱基础施工等。

(1)打桩机。打桩机由桩锤和桩架组成,靠桩锤冲击桩头,使桩在冲击力的作用下贯入土中,故又称冲击式打桩机。

根据桩锤驱动方式的不同,可分为蒸汽、柴油和液压三种打桩机。

(2)振动沉拔桩机。振动沉拔桩机由振动桩锤和桩架组成。振动桩锤利用机械振动法使桩沉入或拔出。

(3)静力压桩机。静力压桩机采用机械或液压方式产生静压力,使桩在持续静压力作用下压入至所需深度。

(4)桩架。桩架是打桩机的配套设备,桩架应能承受自重、桩锤重、桩及辅助设备等质量。

由于工作条件的差异,桩架可分为陆上桩架和船上桩架两种。

由于作业性的差异,桩架有简易桩架和多功能桩架(或称万能桩架)。简易桩架具有桩锤或钻具提升设备,一般只能打直桩;多功能桩架具有多种功能,即可提升桩、桩锤或钻具,使立柱倾斜一定角度,平台回转360°,自动行走等。多功能桩架适用于打各种类型桩。

由于行走机构不同,桩架有滚管式、轨道式、轮胎式、汽车式、履带式和步履式等。

2)灌注桩的施工机械

灌注桩的施工关键在成孔,其施工方法和配套的施工机械有以下几种。

(1)全套管施工法,即贝诺特法(Benoto),使用设备有全套管钻机。

(2)旋转钻施工法,采用的设备是旋转钻机。
(3)回转斗钻孔法,使用回转斗钻机。
(4)冲击钻孔法,使用冲击钻机。
(5)螺旋钻孔法,常使用长螺旋钻孔机或短螺旋钻孔机。

10.1.2 柴油打桩机

柴油打桩机即把柴油桩锤安装在打桩架上构成。打桩架有专用的,也有利用挖掘—起重机上的长臂吊杆加装一个龙门架改装而成。

1)柴油桩锤的工作原理

柴油桩锤有导杆式与筒式两种,如图10-1所示。前者[图10-1a)]的冲击部分是汽缸1,它沿两根导杆运动故称导杆式柴油桩锤。在冲击行程中,汽缸自由下落,当其缸口刚套着活塞上缘边时,吸气过程结束,压缩过程开始。汽缸继续下落,缸内空气受压缩。此时汽缸的冲击能量可通过压缩空气传给锤座与桩,如果地基松软,桩会迅速下沉。在汽缸碰及锤座之前,燃油泵向缸内喷入柴油。此后汽缸继续下落,直到冲击着锤座,将桩打下。同时,喷入缸内的柴油遇高压高温空气就着火燃烧,其爆炸力在推动汽缸向上跳起的同时,也将桩向下压。当汽缸上升到脱离活塞时,废气排入大气,并换入新鲜空气。汽缸在失去上跳的速度后,又自由下落,进行下一次循环工作。汽缸上跳行程可用调节供油量来改变。

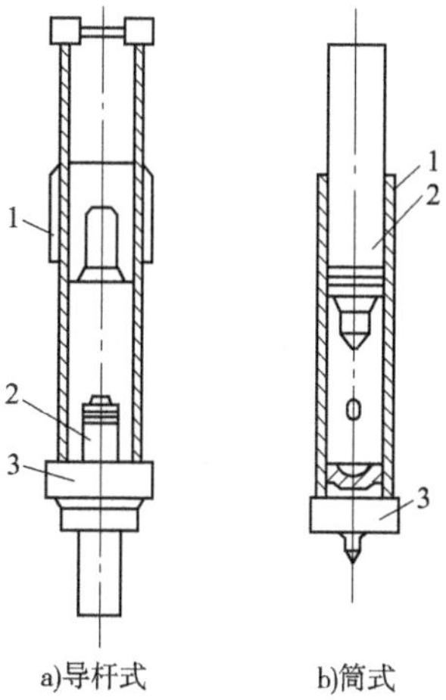

导杆式柴油桩锤由于存在能量小、耐用性差等特点,正在被筒式柴油桩锤代替。

图 10-1 柴油桩锤的结构形式
1-汽缸;2-活塞;3-锤座

筒式柴油锤[图10-1b)]是以长筒形活塞2在汽缸内上下运动而冲击锤座3的。其工作情况如图10-2所示。

当活塞重新下行而触及油泵压块7时,就开始向锤座5的中央球槽中喷油;活塞继续下行至关闭吸排气口4时,空气被压缩,这是喷油与压缩过程,如图10-2a)所示。此后活塞下行,直到冲击锤座5;与此同时,喷球槽中的柴油,在高温高压空气的作用下雾化,并着火燃烧,如图10-2b)所示。燃烧爆炸力一边将活塞向上推,一边对锤座产生压力,如图10-2c)所示。

当活塞上行到越过吸排气口4时,废气排于缸外,如图10-2d)所示。缸内废气排出,但活塞还要惯性上行,于是新鲜空气又被吸入,如图10-2e)所示。

当活塞重新下行时,缸内新鲜空气被向缸外排出一部分,如图10-2f)所示,直到活塞下行到如图10-2a)所示情况。至此完成一个工作循环。

柴油桩锤在启动时都是依靠外力通过起落架将冲击部分(汽缸或活塞)提升到一定高度,然后起重钩触及限位碰块脱钩,冲击部分即下落。

2)柴油打桩机的应用

柴油桩锤构造简单,使用方便,它不像振动桩锤需要外接电源,它所需要的燃料就装在它的汽缸外面的一个油箱里。因此,柴油桩锤成为目前广泛采用的打桩设备。我国已制定了柴油桩锤系列标准(表10-1)。

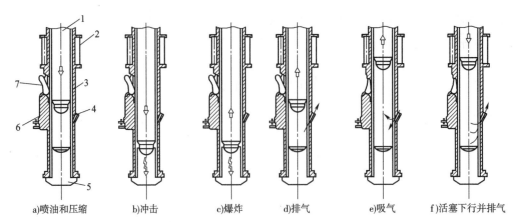

图 10-2 筒式柴油桩锤工作过程

1-活塞；2-柴油箱；3-汽缸；4-吸、排气口；5-锤座；6-喷油泵；7-油泵操纵压块

柴油桩锤系列标准表　　　　　　　　　　　　　　　　　表 10-1

型 号	项 目				
	冲击部分质量（kg）	桩锤总质量（不大于）(kg)	桩锤全高（不大于）(mm)	一次冲击最大能量（不小于）(N·m)	最大跳起高度（不小于）(m)
D8	800	2 060	4 700	24 000	3
D16	1 600	3 560	4 730	48 000	3
D25	2 500	5 560	5 260	75 000	3
D30	3 000	6 060	5 260	90 000	3
D36	3 600	8 060	5 285	108 000	3
D46	4 600	9 060	5 285	138 000	3
D62	6 200	12 100	5 910	186 000	3
D80	8 000	17 100	6 200	240 000	3
D100	10 000	20 600	6 358	300 000	3

柴油锤的另一特点是：地层越硬，桩锤跳得越高，这样就自动调节了冲击力。地层软时，由于贯入度（每打击一次桩的下沉量，一般用毫米表示）过大，燃油不能爆发或爆发无力，桩锤反跳不起来，而使工作循环中断。这时只好重新启动，甚至要将桩打入一定深度后，才能正常工作。所以，在软土地层使用柴油锤时，开始一段效率较低。若在打桩作业过程中发现桩的每次下沉量很小，而柴油锤又确无故障时，说明此种型号桩锤规格太小，应换桩锤型号。过小规格的桩锤作业效率低，而用过大的油门试图增大落距和增大锤击力的做法，其生产效率提高不大，而且往往将桩头打坏。一般要求是：重锤轻击，即锤应偏重，落距宜小，而不是轻锤重击。另外，柴油桩锤打斜桩效果较差。若打斜桩时，桩的斜度不宜大于30°。

10.1.3 振动沉拔桩机

振动沉拔桩机由振动桩锤和通用桩架组成。振动沉拔桩机利用机械振动法使桩沉入或拔出，按振动频率分为低、中、高和超高频四种形式，按作用原理分为振动式和振动冲击式两种。按动力装置与振动器连接方式分为刚性式和柔软式两种，按动力源分为电动式和液压式两种。

1）电动式振动沉拔桩机

电动式振动沉拔桩机是将振动器产生的振动，通过与振动器连成一体的夹桩器传给桩体，使桩体产生振动。桩体周围的土壤由于受到振动作用,摩擦阻力显著下降,桩就在振动沉桩机和自重作用下沉入土中;在拔桩时,振动可使拔桩阻力显著减小,只需较小的提升力就能把桩拔出。

电动式振动沉拔桩机(图10-4)由振动器、夹桩器、电动机等组成。电动机2与振动器1刚性连接的,称为刚性振动锤[图10-3a)]。电动机与振动器之间装有螺旋弹簧5,则称为柔性振动锤[图10-3b)]。

振动器的偏心块可以用电动机以三角胶带驱动,振动频率可调节,以适应不同土壤上打不同桩对激振力的不同要求。

夹桩器用来连接机锤,分液压式、气压式、手动(杠杆或液压)式和直接(销接或圆锥)式等。

图10-3c)所示为振动冲击式振动桩锤。它沉桩既靠振动又靠冲击,振动器和冲击板经由弹簧相连,两个偏心块在电动机带动下同步反向旋转,在振动器作垂直方向振动的同时,给予冲击凸块9以快速地一连串的冲击,就使桩迅速下沉。

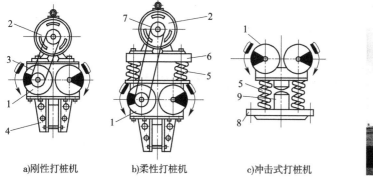

图10-3 振动打桩机的形式
a)刚性打桩机 b)柔性打桩机 c)冲击式打桩机

图10-4 振动打桩机外形图

1-振动器;2-电动机;3-传动机构;4-桩夹;5-弹簧;6-重荷;7-皮带;8-桩帽;9-冲击凸块

这种振动冲击式桩锤,具有很大的振幅和冲击力,其功率消耗也较少,适于在黏性土壤或坚硬的土层上打桩。其缺点是冲击时噪声大,电动机受到频繁地冲击作用易损坏。

2)液压式振动沉拔桩机

液压式振动沉拔桩机的原动力采用液压马达驱动。液压马达驱动能无级调节振动频率,还有启动力矩小、外形尺寸小、质量轻、不需要电源等优点。但其传动效率低,结构复杂,维修困难,价格高。

3)振动沉拔桩机的应用

振动沉拔桩机是利用机械振动力使土壤颗粒发生位移,从而减少了土壤与桩表面间的摩擦阻力,使桩在自重作用下下沉。振动沉拔桩机具有结构简单、辅助设备少、工作效率高、质量轻、体积小、对桩头的作用力均匀而使桩头不易损坏等优点,并且还可以用来拔桩,因此已得到广泛使用。

桥梁工程中已广泛采用振动沉桩法施工来解决板桩、钢管桩、钢筋混凝土桩和管桩的施工问题。振动沉桩工作效率取决于振幅、离心力和静压力。振幅是决定沉桩速度的主要因素,理想的振幅是10~20mm(过大的振幅不但消耗动力多,而且机械工作不平稳)。沉桩作业时,作用在桩身单位断面积上的静压力对桩的下沉也有很大的影响,只有当静压力(包括桩的自重)

超过某值时才发生沉桩现象,振动沉桩机必须有足够的质量,必要时还应附加配重。

图10-5为振动沉桩拔机沉钢桩作业图。图10-6为振动沉拔桩机沉斜桩作业图。

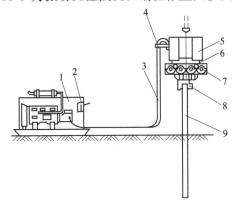 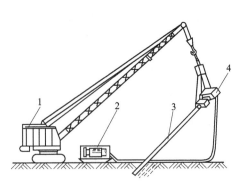

图10-5 振动沉桩作业图　　　　　　　　　图10-6 沉斜桩作业图
1-动力装置;2-操纵杆;3-电线;4-弹性悬挂装置;5-隔振器;　　1-起重机;2-动力装置;3-桩;4-打桩机
6-电动机;7-不平衡块;8-夹紧装置;9-桩

10.1.4 静力压桩机

依靠持续作用静压力,将桩压入或拔出的桩工机械,称为静力压桩机。

静力压桩机分为机械式和液压式两种。机械式压桩机由机械方式传递,液压式用液压缸产生的静压力来压桩或拔桩。

图10-7为ZYB400B型液压静力沉桩机结构组成图,由驾驶室1、控制台2、升降机构3、压桩机构4、起重机5、机身6、横移回转机构9、纵移机构10、油箱11、泵站12、配重7、边桩机构(选配)8及液压系统、电气系统等组成。

 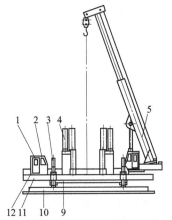

a)实物图　　　　　　　　　b)结构组成图

图10-7 ZYB400B型液压静力压桩机结构组成图
1-架驶室;2-控制台;3-升降机械;4-压桩机构;5-起重机;6-机身;7-配重;8-边桩机构(选配);9-横移回转机构;10-纵移机构;11-油箱;12-泵站

驾驶室1焊接于泵站12上,控制台板焊接于驾驶室内前部。

泵站内装45kW和55kW电机油泵组,为主机液压系统提供压力油,通过液压系统实现桩机各工作机构的运动控制。

由升降机构 3 实现纵移机构 10、横移机构 9 的离地、接地和机身的调平,为压桩做准备。

压桩机构 4 通过四个夹桩油缸、一对主压桩油缸及一对副压桩油缸实现夹桩与压桩功能。

起重机 5 用于吊桩和其他辅助吊运工作。

ZYB400B 型液压静力压桩机工作时噪声低、振动小、无污染,与冲击式施工方式比较,桩身不受冲击应力,损坏可能性小,施工质量好,效率高。

10.1.5 桩架

大多数桩锤或钻具都要用桩架支持,并为之导向。桩架的形式很多,这里主要介绍通用桩架,即能适用于多种桩锤或钻具的桩架。目前通用桩架有两种基本形式:一种是沿轨道行驶的万能桩架,另一种是装在履带底盘上的打桩架。万能桩架因其要在预先铺就的水平轨道上工作,机构庞大,占用施工现场工作面大,组装和搬运麻烦,因而近年来已很少使用。而履带底盘式桩架发展较为迅速,因此这里仅介绍这种桩架。

1) 悬挂式履带桩架

如图 10-8 所示,悬挂式履带打桩架是以履带起重机为底盘,用吊臂 2 悬吊桩架立柱 6,立柱 6 下面与车体 1 通过支撑叉 7 相连接。由于桩架、桩锤的质量较大,重心高且前移,容易使起重机失稳。所以通常在车体上增加一些配重。立柱在吊臂端部的安装比较简单。为了能方便地调整立柱的垂直度,立柱下端与车体支撑连接一般都是采用丝杠和液压式等伸缩可调的机构。

悬挂式打桩架的缺点是横向稳定性较差,立柱的悬挂不能很好地保持垂直。这一点限制了悬挂式桩架不能用于打斜桩。

2) 三点式履带桩架

三点式履带打桩架也同样是以履带式起重机为底盘,但在使用时必须做较多的改动。首先要拆除吊臂,增加两个斜撑,斜撑下端用球铰支撑在液压支腿的横梁上使两个斜撑的下端在横向保持较大的间距,构成稳定的三点支撑结构,如图 10-9 所示。

三点式桩架在性能上是比较理想的,工作幅度小,具有良好的稳定性,其次还可通过斜撑的伸缩使立柱倾斜,以适应打斜桩的需要。

10.1.6 冲击式钻机

冲击式钻机是灌注桩基础施工的一种重要钻孔机械,它能适应各种不同的地质情况,特别是在卵石层中钻孔,冲击式钻机较之其他形式钻机适应性强。同时,用冲击式钻机造孔,成孔后,孔壁四周形成一层密实的土层,对稳定孔壁,提高桩基承载能力,均有一定作用。

目前常用的冲击式钻机有 CZ 系列(表 10-2)。其所有部件装在拖车上,包括电动机、传动机构、卷扬机和桅杆等,整体牵引。冲击钻孔是利用钻机的曲柄连杆机构,将动力的回转运动改变为往复运动,通过钢丝绳带动冲锤上下运动。通过冲击锤(又称冲击锥)自由下落的冲击作用,将卵石或岩石破碎,排出钻渣的方法:

(1) 钻渣用掏渣筒提起排出孔外。掏渣筒是一个带有底阀门的圆筒,其直径为孔径的 40%~60%,筒高为 1.5~2m。筒上面有吊环,筒底有碗形、单扇门或双扇门等形式的底阀门,阀门随着渣筒在渣浆中的降升而自动开闭。

(2) 钻渣采用正循环的方式被泥浆冲浮排出孔外。

CZ 系列冲击式钻机主要技术性能　　　　　表 10-2

型　号	钻孔直径（m）	钻孔深度（m）	冲击次数（次/min）	提吊力（kN）	主机质量(t)	钻具质量(t)	外形尺寸(m³)
CZ-22	0.6	300	40~50	20	7.5	1.3	8.6×2.3×2.3
CZ-30	1.3	500	40~50	30	13.67	2.5	10×2.7×3.5

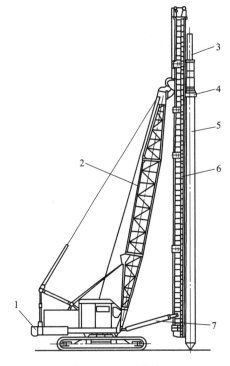
图 10-8　悬挂履带桩架
1-车体;2-吊臂;3-桩锤;4-桩帽;5-桩;6-立柱;7-支撑叉

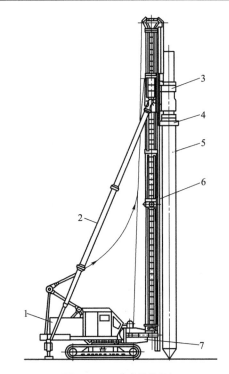
图 10-9　三点式履带桩架
1-车体;2-斜撑;3-桩锤;4-桩帽;5-桩;6-立柱;7-立柱支撑

冲锤(图 10-10)有各种形状,但它们的冲式刃大多是十字形的。

由于冲击式钻机的钻进是将岩石破碎成粉粒状钻渣,功率消耗很大,钻进效率很低,因此除在卵石层中钻孔时采用外,其他地层中已被其他形式的钻机所取代。

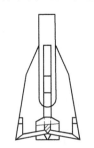 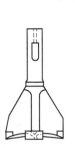 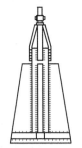 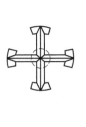  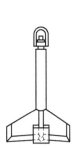

图 10-10　冲击锤(又称冲击锥)的形状

10.1.7　冲抓式钻孔机(冲抓钻)

冲抓式钻孔机根据其护壁方式不同可分为泥浆静水压护壁法施工和全套管施工两种方法。

1) 冲抓钻机的泥浆静水压护壁法施工

配合这个施工工艺的设备主要由冲抓锥、钻架、卷扬机、动力装置和泥浆泵等组成。它们可以分别布置在现场,也可以集中安置在一台履带式基础车上,而成为一台完整的泥浆护壁的冲抓式钻孔机。在履带基础车的机架前部设有可竖起和放倒的钻架,该架上悬挂一个冲抓锥和系有一个可左右回转的卸渣槽。卷扬机、动力装置、泥浆泵以及相应的液压操纵系统等则装在基础车上。

冲抓锥由锥身、瓣柄与瓣片三部分组成,其工作过程如图 10-11 所示。由卷扬机通过钢索将它提升起来,让瓣片处于张开状态,然后借自重下落,于是瓣片就能靠冲击切入土中;再收紧钢索将瓣片闭合,抓取土石渣;最后将冲抓锥提升起来,并转向孔侧卸去土石渣。

根据现场地层的土质不同,常用的冲抓锥(图 10-12)有两瓣、四瓣和六瓣(图中未示出)三种。其瓣片形状也有所不同,根据不同的地质条件做成两种形式,即在卵石地层瓣片瓣尖应厚、钝、耐磨;在砂土、黏土地层,瓣片瓣尖应薄、锐、耐磨。四瓣和六瓣冲抓锥适用于卵石、黏土、砂石等各种地层的钻孔。

对于冲抓锥的操纵有单索式和双索式两种。

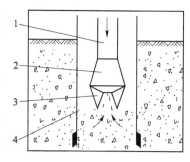

图 10-11 冲抓锥工作示意图
1-锥身;2-瓣柄;3-瓣片;4-钢套管

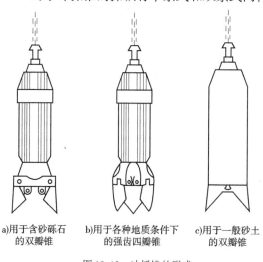

a)用于含砂砾石的双瓣锥　b)用于各种地质条件下的强齿四瓣锥　c)用于一般砂土的双瓣锥

图 10-12 冲抓锥的形式

桩孔直径在 1.2~1.6m 时,常用冲抓锥来钻孔,最大可钻 1.8m 的桩径。钻孔深度在 20m 以内工效较高,砂土层平均每班(8h)进度 4~8m。深度大于 20m,工效则随孔深增加而降低。

2) 冲抓钻机全套管施工方法

全套管施工法是由法国贝诺特公司发明的一种施工方法,所以也称为贝诺特法。配合这个施工工艺的设备称为全套管设备或全套管钻机,它主要在桥梁等大型建筑基础钻孔桩施工时使用,施工时在成孔过程中一面下沉钢质套管,一面在钢管中抓挖黏土或砂石,直至钢管下沉至设计深度,成孔后灌注混凝土,同时逐步将钢管拔出,以便重复使用。

(1) 全套管冲抓钻机分类及总体结构。

全套管冲抓钻机按结构形式分为两大类:整机式和分体式。

整机式是以履带式或步履式底盘为行走系统,同时将动力系统、钻机作业系统等集成于一体。其结构如图 10-13 所示。它由主机、钻机、套管、冲抓锤式抓斗、钻架等组成。主机主要由驱动全套管钻机短距离移动的底盘和动力系统、卷扬系统等组成。冲抓钻机主要由压拔管、晃管、夹管机构组成,包括压拔管、晃管、夹管的自由式和液压系统及相应的管路控制系统。套管是一种标准的钢质套管,互相连接采用连接螺栓,要求有严格的互换性。锤式抓斗由单绳控制,靠自由落体冲击落入孔内取土,提上地面卸土。钻架主要是为锤式抓斗取土服务,设置有卸土外摆机构和配合冲抓锤式抓斗卸土的开启冲抓锤式抓斗机构。

分体式全套管冲抓钻机是以压拔管机构作为一个独立系统,施工时必须配备其他的机架(如履带式起重机),才能进行钻孔作业。其结构如图10-14所示。分体式全套管冲抓钻机是由起重机、冲抓锤式抓斗、冲抓式抓斗导向门、套管、钻机等组成。起重机为通用起重机,冲抓锤式抓斗、导向口、套管均与整机式全套管冲抓钻机的相应机构相同;钻机是整套机组中的工作机,它由导向及纠偏机构、晃管装置、压拔管液压缸、摆动臂和底架等组成。

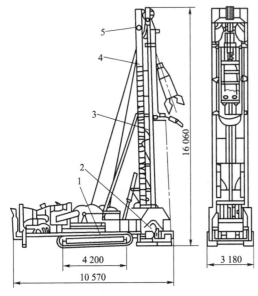
图10-13 整机式全套管冲抓钻机
1-主机;2-钻机;3-套管;4-锤式抓斗;5-钻架

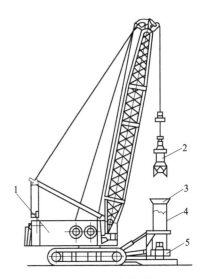
图10-14 分体式全套管冲抓钻机
1-起重机;2-锤式抓斗;3-导向口;4-套管;5-钻机

(2)全套管冲抓钻机工作原理。

全套管冲抓钻机一般均装有液压驱动的抱管、晃管、压拔管机构。成孔过程是将套管边晃边压,进入土壤之中,并使用锤式抓斗在套管中取土。抓斗是靠自重插入土中,用钢绳收拢抓瓣。这一特殊的单索斗可在提升过程中完成向外摆动、开瓣卸土、复位、开瓣下落等步骤。成孔后,在灌注水下混凝土的同时逐节拔出并拆除套管,最后将套管全部取尽(图10-15)。

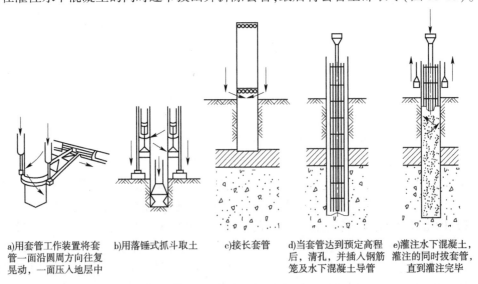

a)用套管工作装置将套管一面沿圆周方向往复晃动,一面压入地层中　b)用落锤式抓斗取土　c)接长套管　d)当套管达到预定高程后,清孔,并插入钢筋笼及水下混凝土导管　e)灌注水下混凝土,灌注的同时拔套管,直到灌注完毕

图10-15 全套管施工法原理

10.1.8 旋转式钻机

旋转式钻机如图 10-16 所示,由带转盘的基础车(履带式或轮胎式)、钻杆回转机构、钻架、工作装置(钻杆和钻头)等组成。

旋转式钻机是利用旋转的工作装置切下土壤,使之混入泥浆中排出孔外。根据排出渣浆的方式不同,旋转式钻机分为正循环和反循环两类。常用的是反循环钻机。

正循环钻机的工作原理如图 10-17 所示。钻机由电动机驱动转盘带动钻杆、钻头旋转钻孔,同时开动泥浆泵对泥浆池中的泥浆施加压力使其通过胶管、提水笼头、空心钻杆,最后从钻头下部两侧喷出,冲刷孔底,并把与泥浆混合在一起的钻渣沿孔壁上升经孔口排出,流入沉淀池。钻渣沉积下来后,较干净的泥浆又流回泥浆池,如此形成一个工作循环。

反循环钻机的工作循环如图 10-18 所示。这类钻机工作泥浆循环与正循环方向相反,夹带杂渣的泥浆经钻头、空心钻杆、提水笼头、胶管进入泥浆泵,再从泵的闸阀排出流入泥浆池中,而后泥浆经沉淀后再流向孔井内。

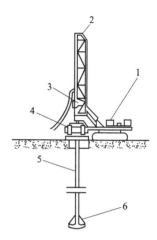

图 10-16 旋转式钻机示意图
1-基础车;2-钻架;3-水龙头;4-钻杆回转机构;5-钻杆;6-钻头

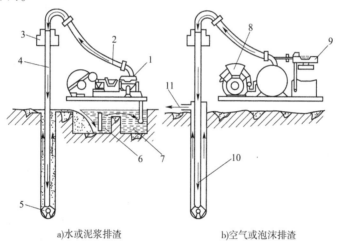

图 10-17 正循环钻机工作原理图
1-泥浆泵;2-胶管;3-提水笼头;4-钻杆;5-钻头;6-沉淀池;7-泥浆池;8-空压机;9-泡沫喷射管;10-空气泡沫;11-排渣管道

10.1.9 螺旋钻孔机

螺旋钻孔机是钻孔灌注桩施工机械的主要机种。其原理与麻花钻相似,钻头的下部有切削刃,切下来的土沿钻杆上的螺旋叶片上升,排至地面上。螺旋钻孔机钻孔直径为 150~2 000mm,一次钻孔深度可达 15~20m。

目前,各国使用的螺旋钻孔机主要有长螺旋钻孔机、短螺旋钻孔机、振动螺旋钻孔机、加压螺旋钻孔机、多轴螺旋钻孔机、凿岩螺旋钻孔机、套管螺旋钻孔机、锚杆螺旋钻孔机等。这里主要介绍长螺旋钻孔机与短螺旋钻孔机。

1) 长螺旋钻孔机

长螺旋钻孔机如图 10-19 所示,通常由钻具和底盘桩架两部分组成。钻具的驱动动力可

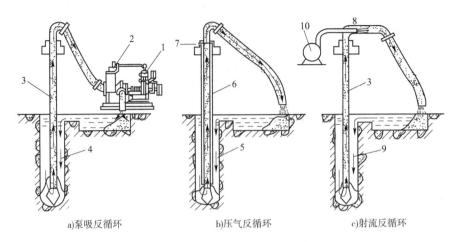

图 10-18 反循环钻机工作原理图

1-真空泵;2-泥浆泵;3-钻渣;4、5、9-清水;6-气泡喷射管;7-高压空气进气口;8-高压水进口;10-水泵

用电动机、内燃机或液压马达。钻杆 3 的全长上都有螺旋叶片,底盘桩架有汽车式、履带式和步履式。采用履带打桩机时,和柴油锤等配合使用,在立柱上同时挂有柴油锤和螺旋钻具,通过立柱旋转,先钻孔,后用柴油锤将预制桩打入土中,这样可以降低噪声,提高施工进度,同时又能保证桩基质量。

长螺旋钻孔机钻孔时,钻具的中空心轴允许加注水、膨润土或其他液体进入孔中,并可防止提升螺旋时由于真空作用而塌孔和防止泥浆附在螺旋上。

2) 短螺旋钻孔机

短螺旋钻孔机如图 10-20 所示,其钻具与长螺旋的钻具相似,但钻杆上只有一段叶片。工作时,短螺旋不能像长螺旋那样,直接把土输送到地面上来,而是采用断续工作方式,即钻进一段,提出钻具卸土,然后再钻进。此种钻孔机也分为汽车式底盘和履带式底盘。

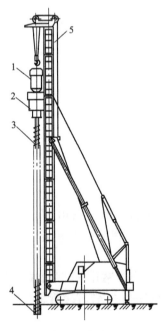

图 10-19 长螺旋钻孔机

1-电动机;2-减速器;3-钻杆;4-钻头;5-钻架

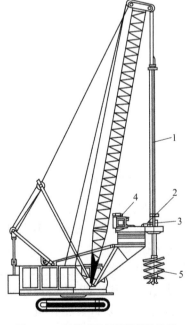

图 10-20 履带式液压短螺旋钻孔机

1-钻杆;2-加压油缸;3-变速箱;4-发动机;5-钻头

短螺旋由于一次取土量少,因此在工作时整机稳定性好。但进钻时由于钻具质量轻,进钻较困难。为了提高钻进速度,可采用钢绳加压。短螺旋钻孔机的钻杆有整体式和伸缩式两种。前者钻深20m,后者钻深30~40m。

短螺旋钻孔机有三种卸土方式。一种方式是高速甩土[图10-21a)]。低速钻进,高速提钻卸土,土块在离心力作用下被甩掉。这种方式虽然出土迅速,但因甩土范围大,对环境有影响。第二种方式为刮土器卸土[图10-21b)]。当钻具提升至地面后,将刮土器的刮土板插入顶部螺旋叶片中间,螺旋一边旋转,一边定速提升,使刮土板沿螺旋刮土,清完土后,将刮土器抬离螺旋,再进行钻孔。第三种方式为开裂式螺旋卸土[图10-21c)]。在钻杆底端设有铰,当螺旋被提升至底盘定位板外,开裂式螺旋上端的顶推杆与定位板相碰,开裂式螺旋即被压开,使土从中部卸出。如一次没卸净,可反复几次。

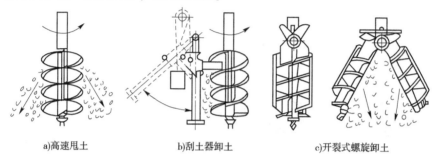

a)高速甩土　　b)刮土器卸土　　c)开裂式螺旋卸土

图10-21　短螺旋钻孔机卸土原理图

10.2　排水机械

在桥涵施工中,排水机械俗称水泵或抽水机,是把原动机的机械能转换成抽送液流能量(速度能和压力能)的机械,主要用以排除基坑中的积水。

10.2.1　水泵的用途与分类

水泵的类型很多,根据其转变能量的方法来分主要有叶轮式(旋转式)和活塞(往复)式两大类。

叶轮式水泵又可分为离心式水泵和轴流式水泵两种基本类型。离心式水泵是利用叶轮的旋转所产生的离心力连续不断的吸水与压水(图10-22)。后者是利用叶轮旋转时所产生的轴向推力连续不断的吸水与压水(图10-23)。

容积式水泵是利用工作室容积周期性的变化来输送液体,如活塞泵、隔膜泵等。

离心式与容积式水泵相比,具有体积小、质量轻、噪声小、效率高及使用方便等优点,因此被广泛使用在路桥工程中。

离心式水泵种类很多,根据叶轮的数目分,有单级、双级和多级三种。单级离心式水泵只有一个叶轮进行工作,它大多为低压泵。双级与多级离心式水泵是在同一根轴上同时并列安装两个或两个以上的叶轮。工作时第一个叶轮压出的水流入下一个毗邻的进水口,依次顺序,直至最后一个叶轮才将水从水管压送出去。因此多级离心式水泵都为高压泵,其扬程在60m以上。

根据吸水口数目分,有单吸式、双吸式和多吸式三种。单吸式水泵只有一面吸水,双吸式水泵有两个面吸水,多吸式都是多级式水泵,水从几个叶轮口同时吸进,因此出水量大,适用于大量给水的自来水厂等处。

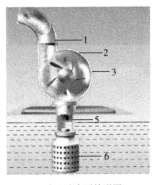 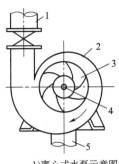 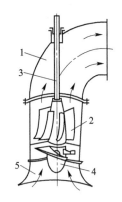

a) 离心式水泵外形图　　b) 离心式水泵示意图

图 10-22　离心泵工作情况
1—出水管；2—泵壳；3—叶轮；4—泵轴；5—进水管；6—滤网

图 10-23　轴流泵工作情况
1—出水弯管；2—导叶；3—泵轴；4—叶轮；5—进水管

a) 闭式　　b) 半开闭式　　c) 开式

图 10-24　离心泵叶轮形状

根据水泵叶轮有无盖板来分，有开式、半开式和闭式三种，如图 10-24 所示。开式叶轮泵是叶轮两侧都无盖板，它适用于抽吸含杂质的污水，所以常称为污水泵；半开式叶轮泵是叶轮一侧有盖板，它适用于抽吸易有杂质沉淀的水；闭式叶轮泵是叶轮两侧都有盖板，适用于抽清水，效率较高。

根据安装位置来分，有动力和泵在一起，且安装于水面以上的普通泵、动力和泵分开的深井泵和动力与泵在一起且安装于水下的潜力泵。普通泵应用最多，对于一般的排水工程都适用。深井泵的泵体是用很长的轴吊在水下，动力是通过长轴传递的。

根据有无导轮分，有导轮和无导轮两种。导轮的作用是引导水的流向，减小涡流损失，提高水的压力。

10.2.2　单级离心水泵的构造和工作原理

单级离心水泵主要由泵壳、叶轮和泵轴三大部分组成，如图 10-25 所示。带有弯曲叶片的叶轮 3 用键固装在泵轴 4 的一端。泵轴装在泵座的轴承内，可以自由旋转的叶轮被包围在泵壳 1 的里面。泵壳为一个具有弯曲槽道的蜗形体。泵壳的上面有出水管 1，中部连接进水管 5，进水管伸入吸水层下面。为了防止小石块及其他杂质吸入水泵，影响正常的吸水作业或损坏水泵，在进水管的下端装有滤水器。为了防止水从水泵内漏出或空气进入，在泵壳与泵轴之间还装有水封。泵轴是由原动机(一般用电动机)通过联轴器或胶带轮驱动其旋转。

1) 离心泵的构造

图 10-25 所示为单级单吸式离心泵的基本构造，主要包括蜗壳形的泵壳、泵轴、叶轮、吸水管、压水管、底阀、控制阀门、灌水漏斗和泵座。

2) 离心泵的工作原理

水泵工作时，要先在进水管与泵壳内全部充满水，然后由原动机驱动泵轴旋转。于是泵轴便带动装在轴上的叶轮在泵壳内旋转。这时充满在叶轮槽间的水在离心力的作用下，从叶轮的中心向四周甩出。甩出去的水碰到泵壳时，速度变慢并相互挤压，结果使其压力增高，于是高压水经出水管升向高处。同时，在叶轮中部便形成了真空，水在大气压力的作用下经滤水器，由进水管进入叶轮的中部。当叶轮不断地旋转，使得水在叶轮的作用下就连续不断地被吸进和压出，达到了输送水的目的。这就是离心式水泵的工作原理。

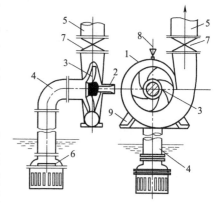

图 10-25　单级单吸式离心泵构造
1-泵壳；2-泵轴；3-叶轮；4-吸水管；5-压水管；
6-底阀；7-控制阀门；8-灌水漏斗；9-泵座

这种离心式水泵的工作特点是，当叶轮高速旋转时，水以很高的速度从叶轮中心向外甩出，即将叶轮旋转的机械能转换成水流的动能。由于水泵壳成蜗形体，其截面向出水管方向逐渐变大，故出水管的水流速也逐渐变慢，使水的压力增大，即又使水的一部分动能转换成液压能。所以它在完成吸水和压水的一个工作循环中，要经过两次能量的转换。

10.2.3　离心水泵的使用

1) 水泵的基本参数

各种水泵的性能和技术规格都不相同。为了便于选用时参考，现将水泵的基本参数介绍如下：

(1) 流量

流量就是水泵在单位时间内的出水量，它表征了水泵的供水能力。流量与水管的截面积及水的流速成正比。流量的常用单位是：L/s、m^3/h 或 t/h。

(2) 扬程

扬程又叫水头，是指水泵能扬水的高度，单位是 m。

扬程是一个总的概念，以水泵轴线为界，下部是吸水管将水吸上来的深度称为吸水扬程；上部是出水管将水压送出去的高度称为压水扬程。水泵实际扬程应是吸水扬程与压水扬程之和。

另外，由于水在管道和泵内受到阻力和摩擦力而减少了水泵应有的扬程高度，此高度为损失扬程，它是吸水损失扬程与压水损失扬程之和。因此水泵的总扬程应是其实际扬程与损失扬程之和。

选用水泵时，必须要考虑到扬程的损失，否则按实际扬程去购置水泵，则会由于存在水泵扬程的损失而泵不出水来。

水泵扬程的高低，与叶轮的个数、外径的大小以及转速的高低有密切的关系。但不管总扬程有多高，其吸水扬程基本上变化不大，它不可能超过大气压力值。一个大气压力为 10m 水柱，由于存在吸水损失扬程，实际吸水扬程最大只能达到 8m。若要求的送水高度大于一台水泵的实际吸水扬程时，可将两台或两台以上同类型的水泵串联使用。

(3) 轴功率

所谓轴功率是指原动机传到水泵轴上的功率。因为水泵在运转时总要损耗一部分功率，故轴功率只有一部分转化为有效功率。考虑到水泵运转时出现的超负荷现象以及传动过程的功率损耗，因此原动机的配套功率还要选择得比轴功率大一些。

在使用水泵时，常要根据水泵的轴功率来选配原动机。

(4) 转速

转速是水泵的一个很重要的参数，每台水泵都有规定的转速。当水泵的转速改变时，其流量、扬程、轴功率等均要发生很大的变化。它们之间的关系是：流量的变化与转速成正比；扬程的变化与转速平方成正比；轴功率的变化与转速立方成正比。我们掌握了这些规律后，就可以用改变水泵转速的办法，去扩大其使用范围。但应注意提高转速不能超过10%，否则容易损坏水泵。

2）水泵的选择及安装

（1）水泵的选择

①设备总排水量 V：一般按渗水量 Q 的1.5倍估算，如水泵安放在静水位以下时，则按 $2Q$ 估算，大于 Q 的部分为备用量。

②每台水泵排水量 q：当 $V=1.5Q$ 时，$q \leqslant 0.5Q$；$V=2Q$ 时，$q \leqslant Q$，渗水量变化较大时，宜用多台排水量较小的水泵。

常用离心单级水泵的流量，一般按水泵进水口流速 $V=2.8 \text{m/s}$，用下式估算：

$$Q = FV = \frac{\pi V D^2}{4} = 2.2 D^2 \tag{10-1}$$

式中：Q——基坑总渗水量(m^3/h)；

F——水泵进水口面积(m^2)；

D——水泵进水口直径(cm)。

③水泵类型：$Q<20\text{m}^3/\text{h}$ 时，用膜式水泵、手压水泵、离心式水泵或潜水泵；$Q=20\sim60\text{m}^3/\text{h}$ 时，用膜式水泵、离心式水泵或潜水泵；$Q>60\text{m}^3/\text{h}$ 时，用离心式水泵。用膜式水泵能排除泥浆、潜水泵不受水浸泡的危险，可直接放入水中抽水，使用较轻便。离心式水泵B型及BA型的性能见表10-3及表10-4。

B型离心水泵主要技术性能表　　　　　表10-3

水泵型号	流量 Q(m^3/h)	扬程 H(m)	吸程 H_s(m)	电机功率 N(kW)	质量(kg)
B17	6~14	20.3~14	6.6~6.0	1.5	17
2B31	10~30	34.5~24	8.2~5.7	4.0	37
2B19	11~25	21~16	8.0~6.0	2.2	19
3B19	32.4~52.2	21.5~15.6	6.25~5.0	4.0	23
3B33	30~55	35.5~28.8	6.7~3.0	7.5	40
3B57	30~70	62~44.5	7.7~4.7	17	70
4B15	54~99	17.6~10	5	5.5	27
4B20	65~110	22.6~17.1	5	10	51.6
4B35	65~120	37.7~28.0	6.7~3.3	17	48
4B54	70~120	59~43	5~3.5	30	78
4B91	65~135	98~72.5	7.1~4.0	55	89
6B13	126~187	14.3~9.6	5.9~5.0	10	88
6B20	110~200	22.7~17.1	8.5~7.0	17	104
6B33	110~200	36.5~29.2	6.6~5.2	30	117
8B13	216~324	14.5~11	5.5~4.5	17	111
8B18	220~360	20~14	6.2~5.0	22	—
8B29	220~340	32~25.4	6.5~4.7	40	139

注：2B19表示进水口直径为2in(1in=0.0254m)，总扬程为19m(最佳工作时)的单级离心泵，其他型号的意义与此相同。

BA 型离心水泵主要技术性能表　　　　表 10-4

水泵型号	流量 $Q(m^3/h)$	扬程 $H(m)$	吸程 $H_s(m)$	电机功率 $N(kW)$	外形尺寸 (长×宽×高)(mm)	质量(kg)
1BA—6	11.0	17.4	6.7	1.5	370×225×240	30
2BA—5	20.0	38.0	7.2	4.0	524×333×295	35
2BA—9	20.0	18.5	6.8	2.2	534×319×270	36
3BA—6	60.0	50.0	5.6	17	712×368×410	116
3BA—9	45.0	32.6	5.0	7.5	623×350×310	60
3BA—13	45.0	18.8	5.5	4.0	554×344×275	41
4BA—6	115.0	81.0	5.5	55	730×430×440	138
4BA—8	109.0	47.6	3.8	30	722×402×425	116
4BA—12	90.0	34.6	5.8	17	725×387×400	108
4BA—18	90.0	20.0	5.0	10	631×365×310	65
4BA—25	79.0	14.8	5.0	5.5	571×301×295	44
6BA—8	170.0	32.5	5.0	30	759×528×480	166
6BA—12	160.0	20.1	7.9	17	747×490×450	146
6BA—18	162.0	12.5	5.5	10	748×470×420	134
8BA—12	280.0	29.1	5.6	40	809×584×490	191
8BA—18	285.0	18.0	5.5	22	786×560×480	180
8BA—25	270.0	12.7	5.0	17	779×512×480	143

④水泵动力:渗水量大,安装在静水面以下的水泵宜用电动,启动较快,体小轻便。安装在水位以上,亦可用内燃机动力。

⑤其他:根据基坑的深度选用水泵吸程和扬程,坑壁或围堰稳定性较差时,可采用振动力小的水泵,如有条件时尽可能选用自吸式离心水泵。

(2)水泵的安装

水泵安装应按坑深、水深及水泵吸程(一般为 6～7m)大小等条件,分别安装于坑顶、水位以上、水位以下等位置,坑深大于水泵扬程,可用串联法安装,或用多级高压水泵。如因设备限制吸程达不到水位以下时,先置于坑顶排水,随着水位降低,将水泵下移至坑内,安装在边坡护道或架设的平台上,亦可安置在悬吊的活动脚手架上。

(3)抽水工作的安排

安排抽水工作时应注意:凡采用抽水挖基的工程,开工后应连续不断地快速施工;河床或地面为渗水性的土质,抽水时应将出水管接长或用排水槽将水引流至远处,以防渗回基坑;渗水土质的基坑抽水时,可能使邻近基坑的地下水位下降,为减轻邻近基坑的排水工作,可考虑邻近基坑同时开挖;砂夹卵石层中,长时间抽水,会使卵石缝中细砂随水吸走,水量也随之越来越大,造成抽水能力不足,除采用快速施工外,应多增加备用水泵。

10.3 水泥混凝土机械

水泥混凝土机械系用来拌制、输送(水平和垂直方向)、振实预制桥涵等各种人工构筑物水泥混凝土构件的专用机械,主要有水泥混凝土拌和机、水泥混凝土拌和运输车、水泥混凝土泵车和振捣器等。

水泥混凝土拌和机(楼)是将一定配合比的水泥、砂子、石集料和水等拌制成水泥混凝土的机械。其种类较多,分类方法、用途及特点已在第7章介绍。

10.3.1 水泥混凝土输送设备

常用的垂直及短距离混凝土输送设备有:起重机(塔式)、皮带输送机、混凝土泵和混凝土泵车等。在路桥工程中,常用混凝土泵和泵车。

1) 水泥混凝土泵

混凝土泵是沿管道输送混凝土的专用设备。目前多用活塞式泵。这种泵有机械传动式、液压传动式及水压式三种,现已普遍采用液压传动式。

近年来,国外生产了多缸混凝土泵,水平输送距离可达到1 000m,垂直输送距离可达到300m。

输送管道是混凝土泵的配套组成部分之一,它应坚固可靠、耐磨损、质量轻、便于拆装和搬运。

现在常用的输送管标准管径为100mm,100mm,125mm,150mm,200mm等数种。直管的标准长度有4.0m,3.0m,2.0m,1.0m,0.5m等数种,以适应布管的要求。在这些管中,以4.0m管为主管,其他管为添补管。弯管有15°,30°,45°,60°,90°几种。其曲率半径一般为1m,曲率半径为0.5m的弯管必要时亦可以应用,但曲率半径越小,越容易发生堵塞。

管道的排料口处大多接有软管,以便在不改变主管道位置的情况下,扩大布料范围。另外,在输送管道的某些接头处,应用回转式接头,使从动管可以自由回转360°,便于混凝土的浇筑工作。

活塞式混凝土泵的生产率按下式计算:

$$Q = 60AsncK \quad (m^3/h) \tag{10-2}$$

式中:Q——生产率(m^3/h);

A——活塞断面积(m^2);

s——活塞行程(m);

n——活塞每分钟循环次数(r/min);

c——混凝土泵缸数;

K——容积效率,一般为0.6~0.9。

混凝土泵的输送能力,直接受输送管道阻力的影响,并分别由最大水平输送距离和最大垂直输送高度来表示,但两项不能同时达到最大值。

2) 混凝土泵车

把混凝土泵和布(配)料杆等都装在汽车底盘上,即成为混凝土泵车,以提高混凝土泵的机动性和灵活性。

布料杆是由既负担混凝土输送又完成摊铺、布料的臂架及输送管道组成的装置。混凝土泵车如图10-26所示,混凝土泵装在汽车的尾部,以便于混凝土拌和输送车向泵的集料斗卸料。而泵出的混凝土经输送管至软管卸出。各节臂架的折叠靠各个油缸来完成。臂架的仰角可为4°~90°;三节臂架是应尽可能地接近浇筑部分,以防混凝土离析。

泵车臂架具有变幅、曲折和回转三个动作,输送管道沿臂架铺设,这样在臂架活动范围内,可任意改变混凝土浇筑位置,不需要在现场临时铺设管道,节省辅助时间和劳动力,有利于提高生产率和降低施工成本。

在泵车工作前,应先将两侧的支腿撑好,以提高整车的稳定性。当工作完毕后,可缩回支腿,以一般的行车速度转移到另一个新的工作点。

混凝土泵车,特别适用于基础工程、六层以下的公共建筑物及桥墩、烟筒和水塔等的混凝土浇筑。

10.3.2 水泥混凝土振捣器

用混凝土拌和机拌和混凝土浇筑构件时,必须排除其中的气泡,进行捣固,使混凝土密实结合,消除混凝土的蜂窝麻面等现象,以提高其强度,保证混凝土构件的质量。混凝土振捣器就是机械化捣实混凝土的机具。

图10-26 混凝土泵车

1)振捣器的分类

混凝土振捣器的种类较多。常用的分类方法有以下几种:

(1)按传递振动的方法分类

根据传递振动的方法分类,有内部振捣器、外部振捣器(图10-28)和表面振捣器(图10-29)三种。

内部振捣器又称插入式振捣器(图10-27)。工作时振动头1插入混凝土内部,将其振动波直接传给混凝土。

这种振捣器多用于振压厚度较大的混凝土层,如桥墩、桥台基础以及基桩等。它的优点是质量轻,移动方便,使用很广泛。

(2)按振捣器的动力来源分类

根据振捣器的动力来源分类,有电动式、内燃式和风动式三种,以电动式应用最广。

(3)按振捣器的振动频率分类

按振捣器的振动频率来分,有低频式、中频式和高频式三种。低频式的振动频率为 25~50Hz(1 500~3 000r/min);中频式为 83~133Hz(5 000~8 000r/min);高频式为 167Hz(10 000r/min)以上。

(4)按振捣器产生振动的原理分类

按振捣器产生振动的原理分类,有偏心式和行星式两种。

其振动结构和工作原理如图10-30所示。

偏心式的激振原理如图10-30a)所示。它利用振动棒中心安装的具有偏心的转轴,在作高速旋转时所产生的离心力通过轴承传递给振动棒壳体,从而使振动棒产生圆周振动。

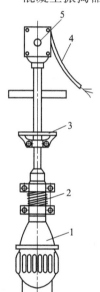

图10-27 插入式振捣器
1-振动头;2-减振器;
3-手柄盘;4-电缆线;
5-操纵开关

行星式的激振原理如图10-30b)所示。它是利用振动棒中一端空悬的转轴,在它旋转时,其下垂端的圆锥部分沿棒壳内的圆锥面滚动,从而形成滚动体的行星运动以驱动棒体产生圆周振动。

2)插入式振捣器的构造

电功软轴偏心式内部振捣器如图10-31所示。它由电动机1、增速器2、传动软轴4和激振体 6 等组成。其构造特点是激振体用传动软轴与驱动部分联系,形成柔性连接,这样就可以最大限度地减轻操作人员的持重,并且传动软轴允许在一定范围内的各向挠曲,因此激振体能从任何方向穿过钢筋骨架插入混凝土,操作相当方便。

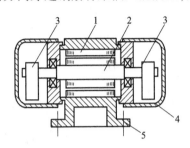 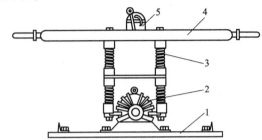

图 10-28　外部(附着式)振捣器　　　　　图 10-29　表面振捣器
1-电动机;2-电机轴;3-偏心轴;4-护罩;5-固定机座　　1-振捣底板;2-振捣器;3-缓冲弹簧;4-手柄;5-开关

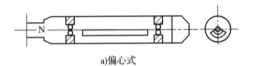 

a)偏心式　　　　　　　　　　b)行星式

图 10-30　振动棒激振原理示意图

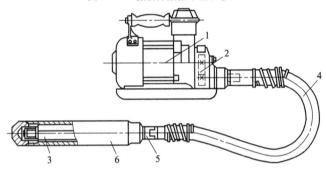

图 10-31　偏心式内部振捣器示意图
1-电动机;2-增速器;3-激振子;4-传动软轴;5-连接套;6-激振体

这种偏心式内部振捣器的软轴在使用中容易损坏,轴承也容易磨损,软轴的转速也不能提得太高,因此振动频率和振捣作用的效果受到一定的限制。

3) 插入式振捣器使用注意事项

(1) 插入式振捣器的电动机通电后旋转时,若软轴不转,则电动机转向不对,任意调换两相电源线即可;若软轴转动振棒不起振,可摇晃棒头或将棒头嗑地面,即可起振。

(2) 作业中应使用振动棒自然沉入混凝土,一般应垂直插入,并插到下层尚未初凝层中 5~10cm,以促使上下层相互胶合。

(3) 插入式振捣器振捣时,除了做到快插慢拔外,振动棒各插点间距应均匀。不要忽远忽近,一般间距不应超过振动棒有效作用半径的 1.5 倍。

(4) 振动棒在混凝土内振捣的时间,一般每插点振捣 20~30s,以混凝土不再显著下沉,不再出现气泡,表面泛出水泥浆和外观均匀为止,在振捣时应将振动棒上下抽动 5~10cm 使混凝土振捣均匀;棒体插入混凝土的深度不应超过棒长的 2/3~3/4,以免因振动棒不易拔出而导致保护软管损坏;不许将保护软管插入混凝土中,以防砂浆侵蚀保护软管及砂浆渗入软管而损坏机件。

(5)使用插入式振捣器时,应避免将振动棒触及钢筋、芯管及预埋件,不得采取振动棒振动钢筋的方法来促使混凝土振密,以免因振动使钢筋位置变动、降低钢筋与混凝土之间的黏结力。

(6)振捣器作业时,保护软管弯曲半径应大于规定数值,软管不得有断裂。钢丝软轴使用200h 后应更换,若软管使用过久,长度变长时应及时进行修复或换新。

(7)振捣器在使用中若温度过高,应停机冷却检查,若是机件故障,要及时修理。冬季低温下,振捣器作业前应缓慢加温,在棒内的润滑油解冻后,再投入作业。

(8)操作人员应注意用电安全,在穿戴好胶鞋和绝缘橡皮手套后方能操作插入式振捣器进行作业。

(9)振捣器作业完毕,应将振捣器电动机、保护软管、振动棒刷干净,按规定要求进行润滑保养工作;振捣器存放时,不要堆压软管,应平直放好,以免变形,应防止电动机受潮。

4)混凝土振动台使用注意事项

(1)应将振动台安装在牢固的基础上,地脚螺栓应有足够强度并拧紧,同时在基础中间必须留有地下坑道,以便经常调整与维修。

(2)使用前要进行检查和试运转,检查机件是否完好,所有坚固件,特别是轴承座螺栓、偏心块螺栓、电动机和齿轮箱螺栓等,必须紧固牢靠。

(3)振动台不宜空载长时间运转。在生产作业中,必须安置牢固可靠的模板锁紧夹具,以保证模板和混凝土台面一起振动。

(4)齿轮箱中的齿轮因受高速重荷载,故应润滑和冷却良好;箱内油面应保持在规定的水平面上,工作时温高不得超过70℃。

(5)振动台所有轴承应经常检查并定期拆洗更换润滑脂,使轴承润滑良好,并应注意检查轴承温度,当有过热现象时应立即设法消除。

(6)电动机接地应良好可靠,电源线和线接头应绝缘良好,不得有破损漏电现象。

(7)振动台面应经常保持清洁平整,以便与钢模接触良好。因台面在高频重载下振动,容易产生裂纹,必须注意检查,及时修补。每班作业完毕应及时清洗干净。

10.4 起重机械

在建桥工程中所用的起重机械,根据其构造和性能的不同,一般可分为起重设备和起重机械两大类。现将常用的起重机械介绍如下。

10.4.1 简单起重设备

简单起重设备一般只备有起升机构,用以起升重物。其构造简单,质量轻,便于携带,移动方便。常用的简单起重设备有液压千斤顶、滑车和卷扬机等。

1)液压千斤顶

千斤顶是一种起重高度小(小于1m)的最简单的起重设备。它有机械式和液压式两种。机械式千斤顶又有齿条式与螺旋式两种。由于起重量小,操作费力,一般只用于机械维修工作,在修桥过程中不适用。液压式千斤顶结构紧凑,工作平稳,有自锁作用,故使用广泛。其缺点是起重高度有限(10~25cm),起升速度慢。液压千斤顶分为通用和专用两类。

通用液压千斤顶适用于起重高度不大的各种起重作业。它由油室、油泵、储油腔、活塞、摇把、油阀等主要部分组成。

专用液压千斤顶是专用的张拉工具,在制作预应力混凝土构件时对预应力钢筋施加张力。专用液压千斤顶多为双作用式。常用的有穿心式和锥锚式两种。穿心式千斤顶适用于张拉钢筋束或钢丝束,它主要由张拉缸、顶压缸、顶压活塞及弹簧等部分组成。它的特点是:沿拉伸机轴心有一穿心孔道,钢筋(或钢丝)穿入后由尾部的工具锚锚固。

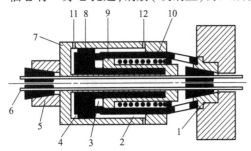

其工作原理如图10-32所示。张拉时,打开前后油嘴,从后油嘴向张拉工作油室内供油,张拉缸缸体向后移动。由于钢索锚固在千斤顶端部的工具锚上,因此千斤顶通过工具锚将钢索张拉。当钢索张拉到需要的长度时,关闭后油嘴,从前油嘴进油至顶压缸内,使顶压缸活塞向前伸移而顶住锚塞,并将锚塞压入锚圈中,从而使钢索锚固。打开后油嘴并继续从前油嘴进油,这时张拉缸向前移动,缸内油液回流,最后打开前油嘴使顶压缸内的油液回流,顶压活塞由于复位弹簧的作用而复还原位。

图10-32 穿心式千斤顶工作原理示意图
1-工作锚;2-张拉回程油室;3-顶压工作油室;4-张拉工作油室;5-工具锚;6-钢丝;7-张拉缸;8-顶压缸;9-顶压活塞;10-弹簧;11-后油嘴;12-前油嘴

2) 卷扬机

卷扬机又称为绞车,它主要用于提升和拖曳重物。既可以单独使用,也可以配合滑车作其他起重机构使用。

卷扬机实际上是由一个卷筒再配上齿轮或涡轮减速器而组成的简单起重设备,有手动和电动两种。

电动式卷扬机[图10-33a)]由机架1、卷筒2、减速器3、制动器4和电动机5等部分组成。电动机的动力输出轴通过弹性联轴器和制动器4与减速箱相连。它的传动系统如图10-33b)所示。

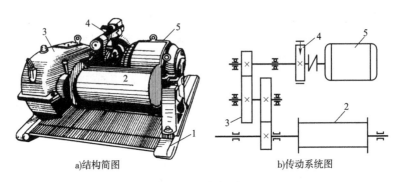

a)结构简图　　　　　　　　b)传动系统图

图10-33 电动式卷扬机
1-机架;2-卷筒;3-减速器;4-制动器;5-电动机

10.4.2 起重机

起重机的种类很多,在桥梁工程中运用较多的有:汽车式起重机、桅杆式起重机、牵缆式起重机、龙门式起重机、缆式起重机等。

1) 汽车式起重机

汽车式起重机(图10-34)是在通用或专用载重汽车底盘上装上起重机设备而成。按臂架系统分,有桁架起重臂和液压起重臂两种。按传动系统分有机械传动式、液压传动式、电力传动式和电力液压传动式。按起升质量分,有 5t、8t、16t、40t、…、150t 等起重机。目前起重机正向大吨位的方向发展。

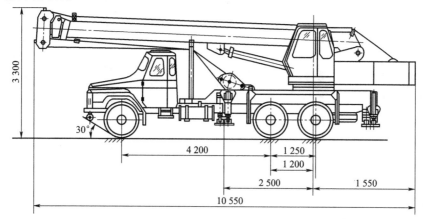

图 10-34 QY12 型全液压汽车起重机外形图

2)桅杆式起重机

利用一根固定的桅杆作为提升重物进行回转。它既可以将重物垂直升降,又可以水平回转,因此扩大了吊装作业的范围。桅杆式起重机一般分为悬臂式和牵缆式两种。

(1)悬臂式桅杆起重机。

悬臂式桅杆起重机(图 10-35)由一根木质或金属结构的桅杆和三角构架的悬臂所组成。桅杆可用铁箍固定在建筑物上[图 10-35a)],也可用牵缆分向四方拉紧固定在桩上[图 10-35b)],悬臂铰链在桅杆的上面,不过木质桅杆是用铁箍来铰装,而金属桅杆则装在桅杆的顶部。在悬臂上装有定滑轮和导向滑轮。钢丝绳从设置在地面上的卷扬机的卷筒上引出,通过导向滑轮向上,再经悬臂上的导向轮和定滑轮后垂于下面。起重吊钩就固定在此钢索的末端。这样在提升重物后,就可用人力推着重物原地回转,作水平移动。

(2)牵缆式桅杆起重机。

牵缆式桅杆起重机(图 10-36)是将一根长桅杆 1 与一根长动臂 6 都装在一个带转盘的底座 7 上。桅杆的顶部通过上枢铰 2 用牵缆 3 向四方拉住,并固定在桅杆上,以保证桅杆的垂直性。动臂的下端与转盘相铰接,顶部被钢索滑轮系统 4 拉住,可改变动臂的伸幅。

重物的升降和动臂变幅由两根钢索操纵,经两个卷扬机的卷筒驱动。底座转盘可作 360°回转,由另一个卷扬机通过钢索操纵。

3)缆索式起重机

缆索式起重机(图 10-37)在两个塔架 6 之间张紧一根特种承重的主索 1,起重小车 5 就在此钢索上来回移动提升重物。它的优点是跨度和起升质量较大(跨度为 100～1 800m,起升质量为 3～50t),适用于山区丘陵地带以及有交通线或障碍物的广大施工现场做起重运输工作。特别适用于桥隧工程和水利枢纽工程。

缆索式起重机有固定式、移动式和转动式三种。

(1)移动式缆索起重机的两个塔架下端都有铁轮,能沿两根平行的轨道平移,故其范围为矩形面积。

(2)固定式缆索起重机的两个塔架是固定不动的,它工作结构简单,造价低,但工作面只是一个狭长的地带。

(3)转动式缆索起重机的一个塔架固定不动,另一个塔架下面装有铁轮,它可绕固定塔架在轨道上转动,其行驶轨迹是扇形或圆形。

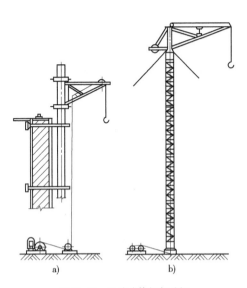

图 10-35 悬臂式桅杆起重机

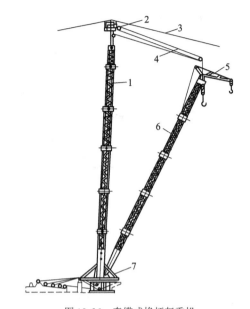

图 10-36 牵缆式桅杆起重机
1-桅杆;2-上枢铰;3-牵缆;4-钢索滑轮系统;5-鹅头式悬臂;
6-动臂;7-底座

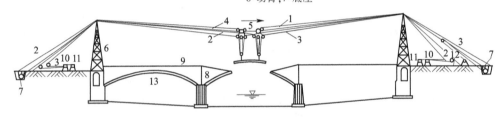

图 10-37 缆索式起重机

1-主索;2-左起重索;3-右起重索;4-牵引索;5-起重小车;6-塔架;7-地垄;8-扣索架;9-扣索;10-起重卷扬机;11-牵引卷扬机;12-收紧装置;13-拱肋

在设置缆索式起重机时,对于塔架的强度、主索、起重索和牵引索的拉力及有关起重机的稳定性等问题,均需经过必要的力学计算。再经过现场试验,以达到经济合理和确保施工安全。

起重机的安全使用必须按安全操作规程进行。

(1)起重机作业时,必须设有专人指挥,并有统一的信号。

(2)吊装的重物必须绑扎牢固,吊钩的吊点应在重物的重心,提升时勿使吊钩到达顶点,提升速度要均匀平稳,重物下落要低速轻放,禁止忽快忽慢或突然制动。

(3)在重物或动臂下严禁站人,以防钢丝绳断裂或操纵机构失灵使动臂或重物落下发生事故。

(4)起升重物时,卷筒上的钢丝绳应排列整齐。放出后,钢丝绳在卷筒上的余量不得少于三圈,并要经常检查钢丝绳的牢固性。

(5)在吊装作业中,禁止同时升降动臂与重物,只有将重物放下后,才能升降动臂。

(6)遇下雨或有雾时,由于带式制动器容易失效,故重物的升降速度应减慢。

(7)在起重作业中,应随时观察风力。在六级以上的大风天气里,起重机应停止露天作业。

(8) 两台起重机同时吊装一件重物时,重物的质量不得超过两机在各动臂的仰角下起升质量总和的75%,同时要注意负荷的分配,每台起重机分配的负荷不得超过该机允许荷载的80%,并使升降速度保持一致。

(9) 在作业时,应按动臂某伸幅所规定的起升质量来起吊重物,不得超载。同时,动臂的最大仰角不得超过原厂规定。

(10) 汽车式起重机不能吊物行驶。若必须吊物行驶时,则重物需在起重机的正前方,且离地高度不得超过50cm,要缓慢行驶,不得转弯。

(11) 起吊重物左右回转时,应注意平稳。不得使用紧急制动或没有停稳前又作反向回转。

(12) 停机面应平整,作业前要放下支腿。切勿在坡度超过3%的地方作业。

(13) 起重机在转移工地前,应将转盘对正,动臂下落,扣上保险。行驶时要随时随地注意周围的地形和地物,不让动臂碰上建筑物或其他障碍物。

10.4.3 架桥机

架桥机是架设装配式钢筋混凝土梁的专用机械。架桥机有悬臂式与简支式两大类。

1) 悬臂式架桥机

悬臂式架桥机(图10-38)由机身2、吊臂1、行走台车3、起重设备四大部分组成。它结构简单,容易制造,操作简便,使用时事故少,工作比较可靠;同时悬臂式架桥机适用范围广,可双向架梁,也可以架设超长、超宽的桥梁。但这种架桥机在架设过程中,需要铺设轨道供梁和吊臂行走,加之轴重很大,要求桥头线路标准很高,要将桥头路基充分压实,密排枕木,以加固轨道基础。另外,这种架桥机重心较高,稳定性较差,容易发生翻机事故。所以,从20世纪60年代后期逐步被其他形式的架桥所取代。

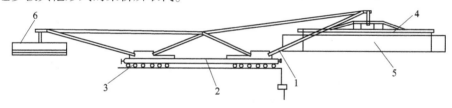

图10-38 130-59型架桥机
1-吊臂;2-机身;3-行走台车;4-铁扁担(悬臂);5-梁;6-平衡重

2) 简支式架桥机

简支式架桥机有单梁、双梁之分。胜利型130T单梁架桥机(图10-39)由1号车(主机)、2号车(机动平车)与龙门架三大部分组成。

1号车是进行架桥作业的主机。在车体前端装有1号柱8,由此向后7m处装有2号柱6。机臂长度为22.55m,架在1、2号柱的均衡轮上,机臂在1、2号柱的均衡轮上滑行移动。0号柱13落在前方的桥墩上,使机臂成简支状态。吊梁小车10装在机臂上部,在0、1号柱之间移动。在车体上装有轨道,供拖梁小车行走。

车体中间装有两组柴油发动机组,供本车行走、提供动力和照明用。

行走部分前端为五轴式转向架,其上安装两台直流牵引电动机;后端为四轴转向架,其上安装一台直流牵引电动机,可以自行调速行走。在车体1号柱的后部两侧各设有一个司机室,前进方向的左侧为直流操作室,右侧为交流操作室;在交流司机室的后部为内燃司机室。相关

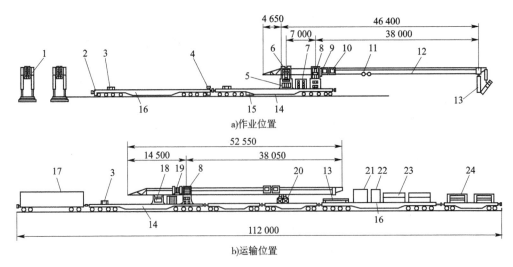

图 10-39 胜利型 130T 单梁架桥机示意图

1-龙门吊;2-司机室;3-拖梁小车;4-油缸升降的顶梁(油压千斤顶);5-2 号柱升降及摆动液压装置;6-2 号柱;7-司机室;8-1 号柱;9-1 号柱升降液压装置;10-吊梁小车;11-铺轨小车;12-机臂;13-0 号柱;14-1 号车(主车);15-平衡重;16-2 号车(机动平车);17-备品车及随运人员乘务车;18-2 号柱柱根;19-2 号柱柱顶;20-回送用承托机臂专用转向架;21-龙门吊柴油发电机;22-配电盘;23-龙门吊柱腿;24-龙门吊顶部

的仪表、开关、操作机构均分类装在司机室内集中控制。司机室可随滑车体横向移动。

胜利型架桥机轴重轻,对桥头线路无特殊要求,架梁时稳定性好;能依靠自身装置装梁,自行运梁,直接喂梁,机械化程度较高;吊臂能升降、摆头,可以在曲线上或隧道口架梁;同时简支式架桥机可以将架梁铺轨工作一次完成,简化了架梁工艺,工作效率较高。

10.5 桥梁工程机械化施工

10.5.1 桥梁下部基础机械化施工

桥梁基础工程由于在地面以下或在水中,涉及水和岩土的问题,从而增加了它的复杂程度,使其施工无法采用统一的模式。桥梁基础按形式大致可以归纳为扩大基础、桩和管柱基础、沉井基础和组合基础几大类,目前常采用的桥梁基础多为桩基础。

基础桩按材料分类有木桩、钢筋混凝土桩、预应力混凝土桩与钢桩,桥梁基础中应用较多的是中间两种;按制作方法分为预制桩和钻(挖)孔灌注桩;按施工方法分为锤击沉桩、振动沉桩、射水沉桩、静力压桩、就地灌注桩与钻孔埋置桩等,前四种又统称为沉入桩。

1) 沉入桩基础施工方法

沉入桩所用的基桩主要为预制的钢筋混凝土桩和预应力混凝土桩。断面形式常用的有实心方桩和空心管桩两种。方桩尺寸为 30cm×30cm、30cm×35cm、35cm×35cm、35cm×40cm、40cm×40cm,桩长为 10~24cm。管桩(包括普通的和预应力的)一般由工厂以离心成型法制成,目前成品规格:管桩外径 40cm、55cm 两种,分为上、中、下三节,管壁厚度为 8~10cm。

钢筋混凝土的预制要点为:制桩场地的整平与夯实;制模与立模;钢筋骨架的制作与吊放;混凝土浇筑与养护。如图 10-40 所示为横向成排支模的间接法浇筑制桩施工示意图。间接浇筑法要求第一批桩的混凝土达到设计强度的 30% 以后,方可拆除侧模;待第二批桩的混凝土达到设计强度的 70% 以后才可起吊出坑。

预制桩在起吊与堆放时,较多采用 2 个支点,较长的桩也可用 3~4 个支点。支点位置一

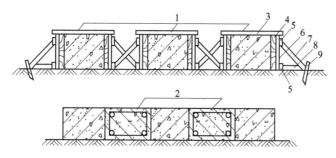

图 10-40 间接法浇筑制桩施工示意图
1-第一批浇筑;2-第二批浇筑;3-顶撑;4-侧模板;5-纵肋条;6-模板肋条;7-斜顶撑;8-低横撑;9-铆钉

一般应按各支点处最大负弯矩与支点间桩身最大弯矩相等的条件来确定,如图 10-41。起吊就位时采用1个或2个吊点,如图 10-41a)和图 10-41e)。堆放场地应靠近沉桩现场,场地平整坚实,并备有防水措施,以免场地出现湿陷或不均匀沉陷。

当预制桩长度不足时,需要接桩。常用的接桩方法有:法兰盘连接、钢板连接及硫磺胶泥(砂浆)连接等等。

沉桩前应处理空中和地面上的障碍物,平整场地或搭设支架、平台,做好准备工作。沉入桩的施工方法有:打入法(也称锤击沉桩)、振入法(也称振动沉桩)、射水法(也称射水沉桩)、压入法(也称静力压桩)及较特殊的钻孔埋置桩法、水中沉桩法。

（1）锤击沉桩

锤击沉桩一般适用于中密砂类土、黏性土。由于锤击沉桩依靠锤的冲击能量将桩打入土中,因此一般桩径不能太大(不大于0.6m),入土深度在40m左右,否则对沉桩设备要求较高。沉桩设备是桩基基础施工的质量与成败的关键,应根据土质、工程量、桩的种类、规格、尺寸、施工期限、现场水电供应等条件选择。锤击沉桩的施工要点是:

①沉桩前,应对桩架、桩锤、动力机械等主要设备部件进行检查。

②开锤前应再次检查桩锤、桩帽或送桩与桩的中轴线是否一致。

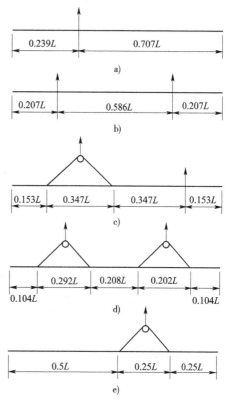

图 10-41 桩的吊点位置

③锤击沉桩开始时,应严格控制桩锤的动能。用坠锤和单动汽锤时,提锤高度不宜大于50cm;用双动汽锤时,可少开气阀,降低气压和进气量,以减少每分种的锤击数;用柴油桩锤时,可控制供油量以减少锤击能量。

④如桩尖已沉入到设计高程,但沉入度仍达不到要求时,应继续下沉至达到要求的沉入度为止。

⑤沉桩时,如遇到沉入度突然发生急剧变化;桩身突然发生倾斜、移位;桩不下沉,桩锤有严重的回弹现象;桩顶破碎或桩身开裂、变形,桩侧地面有严重隆起现象等时,应立即停止锤击,查明原因,采取措施后才可继续施工。

(2)射水沉桩

射水施工方法的选择应视土质情况而异,在砂夹卵石层或坚硬土层中,一般以射水为主,锤击或振动为辅;在亚黏土或黏土中,为避免降低承载力,一般以锤击或振动为主,以射水为辅,并应适当控制射水时间和水量;下沉空心桩,一般用单管内射水。

射水沉桩的设备包括:水泵、水源、输水管路(应减小弯曲,力求顺直)和射水管等。

射水沉桩的施工要点是:吊插桩基时要注意及时引送输水胶管,防止拉断与脱落;基桩插正立稳后,压上桩帽桩锤,并开始用较小水压,使桩靠自重下沉。初期应控制桩身,不使下沉过快,以免阻塞射水管嘴,并注意随时控制和校正桩的方向;下沉渐趋缓慢时,可开锤轻击,沉至一定深度(8~10m)已能保持桩身稳定后,可逐步加大水压和锤的冲击动能;沉桩至距设计高程一定距离(2.0m以上)停止射水,拔出射水管,进行锤击或振动使桩下沉至设计要求高程。

射水沉桩视土质情况而异。在砂夹卵石层或坚硬土层中,一般以射水为主,锤击或振动为辅;在亚黏土或黏土中,为避免降低承载力,一般以锤击或振动为主,以射水为辅,并应适当控制射水时间和水量。下沉空心桩,一般用单管内射水,当下沉较深或土层较密实,可用锤击或振动,配合射水;下沉实心桩,将射水管对称地装在桩的两侧,并能沿着桩身上下自由移动,以便在任何高度上射水冲土。必须注意,不论采取任何射水施工方法,在沉入的最后阶段1~1.5m至设计高程时,应停止射水,单用锤击或振动沉入至设计深度。

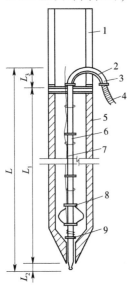

图10-42 射水管的布置示意图

1-钢送桩;2-电焊圆钢加强;3-弯管;4-胶管;5-管桩;6-射水管;7-保险钢丝绳;8-导向环;9-挡砂板

射水沉桩的设备包括:水泵、水源、输水管路(应减少弯曲,力求顺直)和射水管等。射水管内射水的长度 L 应为桩长 L_1、射水嘴伸出桩尖处的长度 L_2 和射水管高出桩顶以上高度 L_3 之和。射水管的布置见图10-42。具体需根据实际施工需要的水压与流量而定。水压与流量关系到地质条件、选用的桩锤或振动机具、沉桩深度和射水管直径、数目等因素,较完善的方法是在沉桩施工前经过试桩后予以选定。

射水沉桩的施工要点是:

①吊插基桩时要注意及时引送输水胶管,防止拉断与脱落。

②基桩插正立稳后,压上桩帽桩锤,开始用较小水压,使桩靠自重下沉,初期应控制桩身,不使下沉过快,以免阻塞射水管嘴,并注意随时控制和校正桩的方向。

③下沉渐趋缓慢时,可开锤轻击,沉至一定深度(8~10m)已能保持桩身稳定后,可逐步加大水压和锤的冲击动能。

④沉桩至设计高程一定距离(1.0m以上)停止射水,拔出射水管,进行锤击或振动使桩沉入至设计要求高程。

(3)振动沉桩

振动沉桩适用于砂质土、硬塑及软塑的黏性土和中密及较松散的碎卵石类土。对于软塑类黏土及饱和砂质土,当基桩入土深度小于15m时,可只用振动沉桩机。除此情况外,宜采用射水配合沉桩。

(4)静力压桩

静力压桩适用于高压缩性黏土或砂性较轻的亚黏土层,其沉桩速度视土质状况而异。它是采用静压力将桩压入土中,即以压桩机的自重克服沉桩过程中的阻力。同一地区,相同截面尺寸与沉入深度的桩,其极限承载能力与锤击沉桩大体相同。

(5)钻孔埋置桩

钻孔埋置桩适用于黏性土、砂质土、碎石类土等土层中埋置不深的大直径管桩。它是指利用就地灌注混凝土桩的钻孔方法钻孔,将预制的钢筋混凝土有底管桩埋入,并在管桩周边压注水泥砂浆固结形成的桩。

(6) 水中沉桩

在河流水浅时,一般可搭设施工便桥和各种类型的脚手架,其上安置桩架等进行水中沉桩工艺。在较宽阔的河中,可将桩安设在组合的浮体上,亦可使用专用打桩船。此外还可采用:

①先筑围堰后沉基桩法。一般在水不深、临近河岸的桩基采用此法。

②先沉基桩后筑围堰法。一般适用于较深的水中基桩,此法包括拼装导向围笼,浮运至墩位,抛锚定位,围笼下沉接高;在围笼内插打定位桩,下沉其余基桩,然后插打钢板桩,组成防水围堰;以及其后的吸泥、水下混凝土封底等工序组成。

③用吊箱围堰修筑水中的桩基法。一般适用修筑深水中的高桩承台。悬吊在水中的套箱,在沉桩时用作导向定位,沉桩完成后封底抽水,浇筑水中混凝土承台。

2) 钻孔灌注桩施工方法

钻孔灌注桩系指采用不同的钻(挖)孔方法,在土中形成一定直径的井孔,达到设计高程后,将钢筋骨架(笼)吊入井孔中,灌注混凝土形成桩基础。这种成桩工艺从最初的人力转动锥头钻孔发展到冲抓锥、冲击锥、正反循环回转钻、潜水电钻等各种钻孔工艺。钻孔直径从25cm发展到了200cm以上,桩长从十余米发展到百米以上。

灌注桩的施工关键在成孔。成孔的方法有挤土成孔法和取土成孔法。

钻孔灌注桩的施工,因其所选护壁形式的不同,有泥浆护壁施工法和全套管施工法两种。

(1) 泥浆护壁施工法

冲击钻孔、冲抓钻孔和回转钻削成孔等均可采用泥浆护壁施工法。该施工法的过程是:平整场地→挖泥浆池→埋设护筒→铺设工作平台→安装钻机→钻进成孔→清孔→安装钢筋笼→灌水下混凝土→拔出护筒→检查成孔质量。施工顺序如图10-43所示。

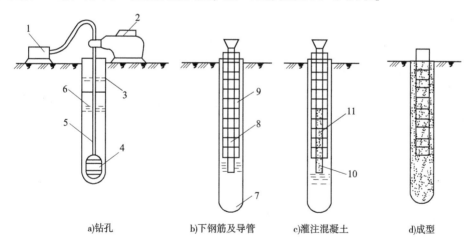

图10-43 泥浆护壁钻孔灌注桩施工顺序图

1-泥浆泵;2-钻机;3-护筒;4-钻头;5-钻杆;6-泥浆;7-沉淀泥浆;8-导管;9-钢筋笼;10-隔水塞;11-混凝土

泥浆护壁法的主要施工步骤:

①施工准备。

施工准备包括:选择钻机、钻具、场地布置等。

钻机是钻孔灌注桩施工的主要设备,可根据地质情况和前面介绍的各种钻机的应用条件来选择。

②钻机的安装。

a. 稳固安装基础。安装钻机的基础如果不稳定,施工中易产生钻机倾斜、桩倾斜和桩偏心等不良影响,因此要求安装地基稳固。对地层较软或有坡度的地基,可用推土机推平,再垫上钢板或枕木加固。

b. 钻机的安装与定位。为防止桩位不准,施工中很重要的是定好中心位置和正确地安装钻机。对有钻塔的钻机,要利用钻机本身的动力与附近的地笼配合,将钻机移动大致定位,再用千斤顶将机架顶起,准确定位,使起重滑轮、钻头或固定钻杆位置偏差不得大于 2cm。对准桩位后,用枕木垫平钻机横梁,并在塔顶对称于钻机轴线上拉上缆风绳。

c. 埋设护筒。在泥浆护壁时,只埋设井口护筒。先按照桩位挖孔,孔径应比护筒外径大约 0.4m,并用黏土回填夯实,筒身要垂直,位置要精确。

d. 准备泥浆。泥浆是用黏土与水调制而成的,起着浮渣和固壁的作用。泥浆密度的大小,对悬浮钻渣和维护孔壁的稳定性有着很重要的关系。但是增加泥浆的密度,又会影响钻孔速度的提高。

正循环泥浆的密度多在 $1.06 \sim 1.15 \text{kg/cm}^3$ 之间,而反循环泥浆的密度越小越好,但必须提高静水头 2m 以上来维持孔壁的稳定。

③钻孔。

钻孔是一道关键工序,在施工中必须严格按照操作要求进行,才能保证成孔质量。首先要注意开孔质量,为此必须对好中线及垂直度,并压好护筒。在施工中要注意不断添加泥浆和抽渣(冲击式用),还要随时检查成孔是否有偏斜现象。采用冲击或冲抓式钻机施工时,附近土层因受到振动而影响邻孔的稳固,所以钻好的孔应及时清孔,下钢筋笼和灌注水下混凝土。钻孔的顺序也预先规划好,既要保证下一个桩孔的施工不影响上一个桩孔,又要使钻机的移动距离不要过远和相互干扰,一般可采用如图 10-44 所示的顺序钻孔。

④清孔。

当桩孔钻到设计深度,经终孔检查完全符合设计要求时,应立即进行孔底清理,将孔内沉渣清除,使灌注的管桩能直接与石层接触。清除沉渣通常用空气吸泥机(如图 10-45 所示)或用换浆法。

空气吸泥机清孔就是用压缩机产生的高压空气吹入吸泥机管道内将泥渣吹出。

换浆法清孔,适用于旋转钻机钻成的孔,当钻进到距设计深度 1m 左右时,改用稠泥浆(密度在 1.4kg/cm^3 以上)钻到设计深度,接着将钻头提升到离孔底约 30cm 处,钻机不停地旋转,同时供给稠泥浆,直到将孔内含渣泥浆换完为止。

⑤灌注水下混凝土。

清完孔之后,就可以将预制的钢筋笼垂直吊放到孔内,定位后要加以固定,然后用导管灌注混凝土,灌注时混凝土不要中断,否则易出现断桩现象。

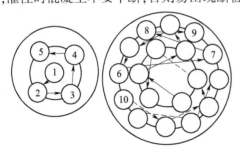

图 10-44 钻机顺序钻孔

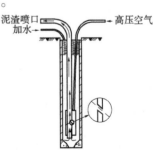

图 10-45 空气吸泥机清孔

(2)全套管施工法

全套管施工法的施工顺序如图 10-46 所示。其一般的施工过程是:平场地→铺设工作平台→安装钻机→压套管→钻进成孔→安放钢筋笼→放导管→浇筑混凝土→拉拔套管→检查成桩质量。

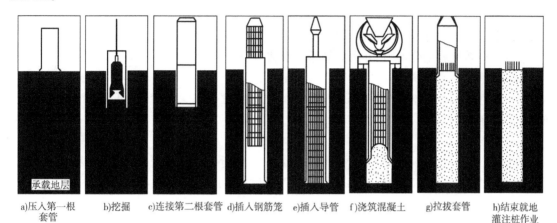

a)压入第一根套管　b)挖掘　c)连接第二根套管　d)插入钢筋笼　e)插入导管　f)浇筑混凝土　g)拉拔套管　h)结束就地灌注桩作业

图 10-46　全套管施工法的施工顺序图

全套管施工法的主要施工步骤除不需泥浆及清孔外,其他与泥浆护壁法都相同,只是钻机的定位有区别。由于立了底节套管后,看不到测量中心,故应在地面上画出刃脚外周线,在圆周上插三根以上的测针,使测针的位置与刃脚外围一致,再移动钻机对正安装。

压入套管的垂直程度,取决于挖掘开始阶段 5~6m 深时的垂直度,因此应该随时用水准仪及铅垂校核其垂直度。

10.5.2　桥梁上部结构的施工方法

桥梁上部结构的施工方法从 20 世纪 70 年代以后,随着预应力混凝土的广泛应用,到今天已经得到了迅速发展。在钢筋混凝土桥梁的时代,可以说主要是采用现场浇筑的施工方法。由于桥梁类型与跨径幅度增加、构件生产的预制化、结构设计方法的进步、机械设备的发展,而引起施工方法的进步和发展,形成了多种多样的施工方法。下面将简单介绍桥梁上部结构的施工方法并概括各种方法的施工特点。

1)就地浇筑法

就地浇筑法是在桥位处搭设支架,在支架上浇筑桥体混凝土,达到强度后拆除模板、支架。就地浇筑法施工无需预制场地,而且不需要大型起吊、运输设备,梁体的主筋可不中断,桥梁整体性好。它的缺点主要是工期长,施工质量不容易控制;对预应力混凝土梁由于混凝土的收缩、徐变引起的应力损失比较大;施工中的支架、模板耗用量大,施工费用高;搭设支架影响排洪、通航,施工期间可能受到洪水和漂流物的威胁。

2)预制安装法

预制安装法(图 10-47)是预制工厂或在运输方便的桥址附近设置预制场进行梁的预制工作,

图 10-47　预制安装法施工

然后采用一定的架设方法进行安装。预制安装法施工一般是指钢筋混凝土或预应力混凝土简支梁的预制安装。预制构件安装的方法很多,各需不同的安装设备,可根据施工的实际情况合理选择。

预制安装法施工的主要特点:

(1)由于是工场生产制作,构件质量好,有利于确保构件的质量和尺寸精度。

(2)上下部结构可以平行作业,因而可缩短现场工期。

(3)能有效地利用劳动力,并由此降低工程造价。

(4)由于施工速度快,可适用于紧急施工工程。

(5)构件预制后由于要存放一段时间,因此在安装时已有一定龄期,可减少混凝土收缩、徐变引起的变形。

3)悬臂施工法

悬臂施工法(图10-48)是从桥墩开始,两侧对称进行现浇梁段或将预制节段对称进行拼装。前者称悬臂浇筑施工[图10-48a)],后者为悬臂拼装施工[图10-48b)]。

a)悬臂浇筑施工　　　　　　　　　　　b)悬臂拼装施工

图10-48　悬臂施工法

悬臂施工的主要特点:

(1)桥梁在施工过程中产生负弯矩,桥墩也要承受由施工而产生的弯矩,因此悬臂施工宜在营运状态的结构受力与施工阶段的受力状态比较接近的桥梁中选用,如预应力混凝土T形刚构桥墩、变截面连续梁桥和斜拉桥等。

(2)非墩梁固结的预应力混凝土梁桥,采用悬臂施工时应采取措施,使墩、梁临时固结,因而在施工过程中有结构体系的转换。

(3)采用悬臂施工的机具设备种类很多,就挂篮而言,也有桁架式、斜拉式等多种形式,可根据实际情况选用。

(4)悬臂浇筑施工简便,结构整体性好,施工中可不断调整位置,常在跨径大于100m的桥梁上选用,悬臂拼装法施工速度快,桥梁上、下部结构可平行作业,但施工精度要求比较高,可在跨径100m以下的大桥中选用。

(5)悬臂施工法可不用或少用支架,施工不影响通航和桥下交通。

4)转体施工法

转体施工就是将桥梁构件先在桥处岸边(或路边及适当位置)进行预制,待混凝土达到设计强度后旋转构件就位的施工方法。转体施工其静力组合不变,它的支座位置就是施工时的旋转支架和旋转轴,桥梁完工后,按设计要求改变支承情况。

转体施工的主要特点:

(1)可以利用地形,方便预制构件。

(2)施工期间不断航,不影响桥下交通,并可在跨越通车线路上进行桥梁施工。

(3)施工设备少,装置简单,容易制作并便于掌握。

(4)节省木材,节省施工用料,采用转体施工与缆索无支架施工比较,可节省木材80%,施工用钢60%。

(5)减少高空作业,施工工序简单,施工驯熟,当主要结构先期合龙后,给以后施工带来方便。

(6)转体施工适用于单跨和三跨桥梁,可在深水、峡谷中建桥采用,同时也适于在平原区使用以及用于城市跨线桥。

(7)大跨径桥梁采用转体施工将会取得较好的技术经济效益,转体质量轻型化、多种工艺综合利用,是大跨及特大跨桥的施工关键所在。

5)顶推法施工

顶推法施工(图10-49)是在沿桥纵轴方向的台后设置预制场地,分节段预制,并用纵向预应力筋将预制节段与施工完成的梁体连成整体,然后通过水平千斤顶施力,将梁体向前推出预制场地,之后继续在预制场地进行节段梁的预制,循环操作直至全桥施工完毕。

图10-49 顶推法施工

顶推法施工的特点:

(1)顶推法可以使用简单的设备建造长大桥梁,施工费用低,施工平稳无噪声,可在深水、山谷和高桥墩上采用,也可在曲率相同的弯桥和坡桥上使用。

(2)主梁分段预制,连续作业,结构整体性好;由于不需要大型起重设备,所以施工节段的长度一般可取10~20m。

(3)桥梁节段固定在一个场地预制,便于施工管理,改善施工条件,避免高空作业。同时,模板、设备可多次周转使用,在正常情况下,节段的预制周期7~10d。

(4)顶推施工时,梁的受力状态变化很大,施工阶段梁的受力状态与营运时期的受力状态差别较大,因此在梁截面设计和布索时要同时满足施工与营运的受力要求,因此用钢量较高。在施工时可采取加设临时墩、设置前导梁和其他措施,用以减少施工内力。

(5)顶推法宜在等截面梁上使用,但当桥梁跨径过大时,选用等截面梁会造成材料用量的不经济,也增加施工难度,因此以中等跨径的桥梁为宜,桥梁的总长也在500~600m之间为宜。

6)移动模架逐孔施工法

逐孔施工是中等跨径预应力混凝土连续梁中的一种施工方法,它使用一套设备从桥梁的一端逐孔施工,直到对岸。

采用移动模架逐孔施工的主要特点:

(1)移动模架法不需设置地面支架,不影响通航和桥下交通,施工安全可靠。

(2)有良好的施工环境,保证施工质量,一套模架可多次周转使用,具有在预制场生产的优点。

(3)机械化、自动化程度高,节省劳力,降低劳动强度;上下部结构可以平行作业,缩短工期。

(4)通常每一施工梁段的长度取用一孔梁长,接头位置一般可选在桥梁受力较小的部位。

(5)移动模架设备投资大,施工准备和操作都比较复杂。

(6)移动模架逐孔施工宜在桥梁跨径小于50m的多跨长桥上使用。

7)横移法施工

横移法施工是在拟待安置结构的位置旁预制该结构物,并横向移动结构物,将它安置在规定的位置上。

横移法施工的主要特点是在整个操作期间,与该结构有关的支座位置保持不变,即没有改变梁的结构体系。反之,在横向移动期间,临时支座需要支撑该结构的施工质量。

横移法施工多用于正常通车线路上的桥梁工程的换梁。为了尽量减少交通的中断时间,可在原桥位旁预制并横向位移施工。

横移施工也可与其他施工方法配合使用。如一座分离式箱梁桥,可先采用顶推法按单箱完成,再采用横向联合移法就位,之后在原位上继续进行另一单箱梁顶推施工,这样可以使用一套顶推设备完成桥的施工。

横移施工多采用卷扬机、液压装置并配以千斤顶操作。由于混凝土桥具有较大的自重,所以横移法施工常在钢桥上使用。

8)提升与浮运施工(图10-50)

图10-50 提升与浮运施工

这是一种采用竖向移动梁体就位的方法。提升施工是在未安置结构物以下的地面上预制该结构并把它提升就位。浮运施工是将桥梁在岸上预制,通过大型浮船移运至桥位,利用船的上下起落安装就位的方法。

采用提升与浮运的方法常选取整体结构,重达数千吨。使用该法的要求是:

(1)在该结构下面需要有一个适宜的地面。

(2)在被提升结构下面要有一定的承载力。

(3)拥有一台支承在一定基础上的提升设备。

(4)该结构应该是平衡的,至少在提升操作期间。

(5)采用浮运法要有一系列的大型浮运设备。

10.5.3 施工方法的选择

选择确定桥梁的施工方法,需要充分考虑桥位的地形、环境、安装方法的安全性、经济性、施工速度等。因此在桥梁设计时就要对桥位条件进行详细地调查,掌握现场的地理环境、地址条件及气象条件。施工场地处在市区内、平原、山区、跨河道、跨海湾等,其各方面的条件差别很大,运输条件和环境约束也不相同。这些条件除作为施工方法的依据外,同时也涉及设计方案的考虑、桥跨及结构形式的选定。

在选择施工方法时,桥梁的类型、跨径、施工的技术水平、机具设备条件也是应考虑的重要因素。虽然桥梁的施工方法很多,但对于不同的桥梁类型,有的适合,有的就不适合,有的则在特定的条件下可以使用,表10-5所列各种桥型可选择的主要施工方法及表10-6所列桥梁施工方法适用的桥梁跨径范围,可作施工方法选择的参考。

各种桥型可选择的主要施工方法表　　　　　　　　　　　　　　　　表 10-5

施工方法＼桥型	简支梁桥	悬臂梁桥 T形钢结构	连续梁桥	刚架桥	拱桥	组合体系桥	斜拉桥	吊桥
现场浇筑法	√	√	√	√	√	√	√	
预制安装法	√	√		√	√	√	√	√
悬臂施工法		√	√		√	√	√	√
转体施工法		√			√	√	√	√
顶推施工法			√		√		√	
逐孔施工法		√	√	√	√			
横移施工法	√	√				√	√	
提升与浮运施工法	√	√	√			√		

桥梁施工方法适用的桥梁跨径范围　　　　　　　　　　　　　　　　表 10-6

施工方法＼跨径	0　20　40　60　80　100　120　140　160　180　200　300　400　500
现场浇筑法	————————————————
预制安装法	————————————
悬臂施工法	———————————————————————
转体施工法	—————————————————
顶推施工法	—————————————
逐孔施工法	———————
横移施工法	————————————
提升与浮运施工法	—————————————————

桥梁施工方法的选定，可根据下列条件综合考虑：

1）使用条件

桥梁的类型、使用跨径、墩高、梁下空间的限制、平面场地的限制、桥墩的形状等。

2）施工条件

工期要求、起重能力和机具设备要求、架设时是否封闭交通、架设时所需的临时设备、材料可供情况、架设施工的经济核算等。

3）自然环境条件

山区或平原、地质条件及软层状况、对河道的影响、运输线路的限制等。

4）社会环境影响

对施工现场环境的影响，如公害、景观、污染、架设孔下的障碍、道路交通的阻碍、公共道路的使用及建筑限界等。

[思考题]

1. 桩工机械有哪几类？各有什么用途？

2. 桥梁预制桩沉桩桥梁机械化施工的方法有哪些？各有何使用条件？采用哪些机械设备？

3. 简述单级离心水泵的构造组成及其工作原理。
4. 钻孔法灌注桩机械化施工采用哪些机械设备?
5. 分析比较正、反循环泥浆护壁施工法的特点。
6. 水泥混凝土机械有哪些?各有什么特点?
7. 常用起重机械有哪几类?各有什么用途?
8. 什么是架桥机?有哪几种类型?各自的特点是什么?
9. 简述桥梁上部结构的施工方法及其施工特点。
10. 桥梁施工方法的选定应综合考虑哪些条件?

单元十一　公路维修与养护工程机械化施工

公路路基和路面经过长期使用,以及寒暑、雨雪、冰冻等自然因素的影响,其路基会发生塌陷;路面会发生泛油、起包、脱皮、麻面、龟裂和裂缝,甚至出现坑洼、波浪纹和车辙等病害,使交通不畅,运输成本增加,并加速公路的损坏。为了保持公路的通行能力,延长公路的使用寿命,使巨大的基建投资不致过早地损耗,必须十分重视公路的维修和养护工作。

11.1　公路维修与养护工程概述

11.1.1　公路维修与养护的意义

维修和养护工作,是公路管理工作的重要组成部分,无论从生产规模、从业人数、劳动工作量、资金占用量等各方面看,公路维护养护在公路行业中都占有重要比例。加强维修和养护工作对保证公路运输具有重大意义。具体表现在以下三个方面:

(1)公路的维修与养护工作,是由道路设施的局部易损性特点所决定的。道路设施受汽车行驶和自然因素作用引起的损耗无时无刻都在发生,必须及时进行维修和养护才能恢复保持公路的设计技术状态,达到原来预定的交通流量承载能力,发挥出建设投资效益。

(2)国民经济发展和人民生活,需要公路为运输提供一个快速、方便、安全畅通、经济的道路条件,如果维修和养护不当,势必使道路设施技术状况下降,造成全路或局部路段交通阻滞与中断,影响道路功能的发挥,形成客货流中间停滞,给国民经济、人民生活、国防建设带来巨大的损失。因而公路维修和养护质量的优劣,是与国民经济活动紧密相关的。

(3)公路维修和养护工作是公路运输业不断发展的需要。随着国民经济的发展,流通的扩大,人民生活消费水平的提高,公路运输需求不仅有数量上的要求,同时也有质量上的要求。运输需求的多样化既要求公路有一定的通行能力,也要求公路能最大限度地满足安全、优质、舒适运输的需要。因此,公路在加强日常维修和养护的同时,应根据交通流的变化有计划地进行大中修与专项技术改造,使其技术标准提高,满足运输需要。

公路维修与养护工作,是一项经常性、长期性的工作。从一定意义上说,养好管好一条公路与建设一条公路同样重要。

11.1.2　公路维修与养护

公路维修与养护工作应贯彻执行"全面养护、加强管理、统一规划、积极改善"的方针,以保证路基稳定、路面平整、水沟畅通、桥涵良好、标示齐全,不断向改善线形、增建黑色路面、改建桥梁的结构和承载能力以及养护机械化等方面发展。

公路维修与养护的任务,按其工作性质可分为三类:

1)小修保养

小修保养的任务是对公路及其一切工程设备进行预防性的维修工作,经常保证其处于完好状态。

主要作业内容是不使路面、路肩、水沟、边坡弯道和路面的磨耗层有坑槽、裂纹,预防与小修小补以及长年保持公路整齐清洁等工作。这类维修保养工程量一般比较小,且分散在漫长的路线上。因此,这些任务在实行道班分段养路的路段上,是由沿线分段常驻的道班民工建勤代表工的班(或组)来完成。如实现机械养路时,由于机械代替了人工操作,因此道班分段养路形式就必须代以机械化养路组织(大道班巡回队形式)来执行此项任务。以上这些小修保养任务均由县(站)一级计划组织,并直接由道班班长(工长)领导养路工负责进行。

2) 大中修工程

大中修工程的主要任务是完成对公路及其设备的较大损坏的修理,或在原有的公路技术等级内进行添建或局部改善等工作。如水毁、大面积翻产浆、塌方及加宽路面(改善旧有公路、路肩加宽、大面积翻修油路)等。此项工程工作量较大,使用机具设备、材料、劳动力等比较多,不是当地个别道班所能完成的,应根据工程规模大小由地区(段)、县(站)组织力量进行修理。如有计划的改善工程,则由县(站)事先按改善工程项目做出计划,报请地区(段)批准,由养路段会同养路站组织力量或派专业人员对其进行修理。

3) 公路改建工程

改建工程的主要任务是分期分批提高公路的技术等级,或通过局部改造,显著地提高公路的通过能力,改变旧有路线的线形。因此这种工程是在原有公路技术标准基础上,采用大中修理以及不能满足目前行车要求时,便要计划改建。改建计划必须通过周密的勘察设计,并应做出施工计划等列入年度基建项目,呈报上级批准才能施工,一般地区(总段)负责组织施工。此种路基路面改建工程的施工组织及施工方法均与新建工程相同,在此不再介绍。

公路养护工程的机械化组织形式,是根据公路局和地区公路段的工程任务和发展需要,可设置工程队、机械筑路队、采料场、预制加工厂(沥青混凝土拌和厂、沥青加热储存厂、水泥混凝土预制构件厂)、筑路机械修制厂等。

以上各种厂组织形式其主要任务是为全省各地区公路的大中修、改建或新建工程服务。除省应设置必要的厂外,各地区也应设置相应的厂队。其设置地点,以方便所辖各县段的运输和联系为宜。

11.2 公路工程养护机械

公路的维修和养护按其工作性质分为小修、大中修和改建三类。在完成这些工程时,除使用前几章已介绍的通用的工程机械外,根据养护工程的特点,还应配备适用于维修和养护的专用机械。这些机械按其主要从事的工作不同,可分为日常养护机械和路面修理机械两类。

11.2.1 日常养护机械

日常养护机械主要用于道路的维护,如清扫、洒水、撒砂、除雪、沥青路面罩面等,常用的机械有:洒水机、撒砂机、回砂机、搅浆机、石屑撒布机、沥青洒布机、稀浆封层机、清扫机、扫雪机和养路车等。现就沥青路面的养护机械简介如下:

1) 洒水车

洒水车的用途是向路面上洒水和冲洗路面,以达到除尘和清洁路面的作用。此外,还用来浇灌绿化用的花草树木,提供工程用水,以及熄灭火害等。为了扩大洒水车的用途,在其上悬挂雪犁和扫刷,可在冬季进行扫雪。

洒水车按用途分为喷洒式、冲洗式和喷洒-冲洗式;根据底盘形式分为汽车式、半拖挂式和拖挂式;按水箱容量可称为某立米(吨)的洒水机,如用黄河 JN150 汽车底盘的 8.4m³ 洒水机。

对于公路、城市道路和机场用洒水车,主要是安装在载质量为 4t 的汽车底盘上。它的主要组成有底盘车 1、水箱 2、管路系统 3、水泵 4 和喷嘴 6 等。洒水车的外形及结构示意图如图 11-1 所示。

洒水车的水箱和喷嘴等与沥青洒布机的储料箱及喷嘴类同,故不赘述。

2) 石屑撒布机

沥青路面在气温上升到 30℃ 以上,渣油路面在气温上升到 15~20℃ 以上时,往往开始泛油,随气温上升,泛油程度加剧。

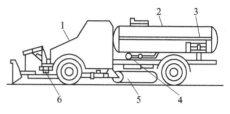

图 11-1 洒水车结构图
1-牵引车;2-水箱;3-管路系统;4-水泵;5-扫刷;6-喷嘴

泛油时,路面中间部分颜色先变黑,继而出现轮迹,路面上浮起液化了的油层。泛出油液向路面两边移动聚集而形成软油包。如果油层与油层黏结不良,面上油层会被车轮黏起,造成脱皮、坑槽等病害。

石屑撒布机是根据路面泛油情况,自动将料斗内的砂料,按其要求厚度,均匀地撒布在路面上的机械。

石屑撒布机如图 11-2 所示,它一般由基础车、储料斗 1、砂料传送装置 2 和撒布布料器 3 等组成。当撒布机匀速前进时,储料斗内的砂料由传送装置送入撒布布料器,并均匀地撒布在路面上。由自卸汽车补给砂料。

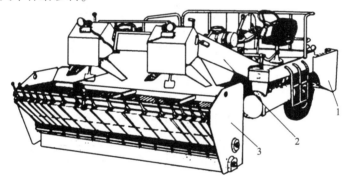

图 11-2 石屑撒布机
1-储料斗;2-砂料传送装置;3-撒布布料器

用撒布机处治泛油路面时,应根据泛油程度选择不同规格和数量的矿料,以不同方法进行。

(1) 较轻泛油可撒 2~5mm 的石屑,通过行车碾压至不黏轮即可;

(2) 泛油较重地段,可先撒 5~8mm 或 5~10mm 的矿料,待稳压后,再撒 2~5mm 的石屑或粗砂,引导行车碾压成型。

(3) 严重泛油地段,先撒 10~15mm 或更粗些的矿料,用压路机压入,达到基本稳定后,再分次撒 5~10mm 和 2~5mm 的矿料,引导行车碾压成型。

处治泛油,必须掌握先撒粗矿料后撒细矿料和少撒勤撒的原则。如果重复使用细料,结果会形成软的油石层,影响路面的稳定,对于用渣油处治的路面,尤其如此。

石屑撒布机还可用来铺筑贯入式沥青路面;也可在原有的石灰土路面、碎石路面或级配路面上,用沥青或渣油表面处治路面。

3）清扫机

清扫机的作用是清扫道路和场地。

清扫机按用途分为扫路刷、清扫收集机和专用收集机三类。扫路刷只能将路面上的垃圾扫到一边,通常仅在郊外的道路上使用。在铺路和修理路面时也常用它来清扫场地。清扫收集机不但能把垃圾和尘土扫到一边,而且能自动将垃圾装入垃圾箱中运走,在城市道路清扫中应用广泛。专用收集机系专门用来收集机场上的金属和其他物品。

按清扫作业装置的形式可分为刷式、真空式和刷—真空组合式。

按把垃圾送入垃圾箱中的立式不同分为机械式、空气式和空气机械式。

按清扫时洒水与否可分为湿式和干式两种。一般刷式清扫机是湿式的(图11-3)。而真空式和刷式—真空式清扫机则是干式的(图11-4)。

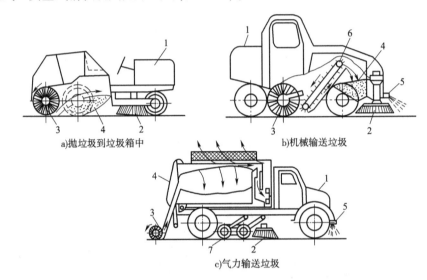

a)抛垃圾到垃圾箱中　　b)机械输送垃圾

c)气力输送垃圾

图11-3　湿式清扫机

1-底盘车;2-盘刷;3-主圆柱刷;4-垃圾箱;5-喷水箱;6-输送机;7-辅助圆柱刷

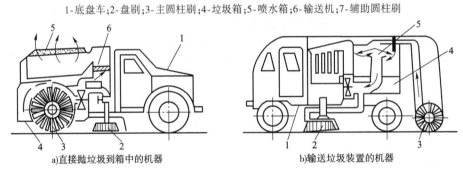

a)直接抛垃圾到箱中的机器　　b)输送垃圾装置的机器

图11-4　干式清扫机

1-底盘车;2-盘刷;3-主刷;4-垃圾箱;5-棉织物滤清器;6-麻织物滤清器

清扫机一般是由机架、发动机、传动系统、扫地刷、垃圾箱、垃圾输送装置和洒水系统等组成。

扫地刷是扫地机的主要工作构件,它由刷、刷架悬杆和驱动机构组成。按刷的功用可分为主刷和副刷。主刷一般做成圆锥形,担负大部分清扫面积的清扫作业,并将垃圾扫到垃圾箱中。副刷则是用来清扫道路边缘,并将垃圾送到主刷的扫道上。扫地刷常用的有圆柱刷和圆锥刷。圆柱刷由刷芯、刷毛以及把刷毛固定在刷芯上的零件所组成。刷毛的材料常用钢丝、棕榈丝、竹条、人造纤维等。圆锥刷呈截头圆锥形,刷毛安装在一个圆面积盘上,因此又叫盘刷。它安装在机器的两侧,故又名侧刷。

垃圾箱是存放垃圾的容器,扫地刷扫起的垃圾通过输送装置(也可被刷直接)送入垃圾箱中。垃圾箱一般是固定式的,也可制成可拆卸的和悬挂式的,通过端盖或倾倒进行卸载。

垃圾输送装置有机械式和真空机械式。机械式输送装置有带式、刮板链式和斗形提升式结构。真空机械式输送不仅能从路面上扫起垃圾,而且还可将其抛到垃圾箱中,同时气流还通过扫刷,这样促使了垃圾和灰尘从地面离开,细微的灰尘通过滤清器被留下,排入大气中的几乎是无尘的空气,从面避免了空气的污染。该装置在城市的现代清扫收集机中使用最普遍。

洒水系统包括水箱、水泵(或压气机)和喷洒管嘴等。

4) 除雪机

除雪机用来清除道路、机场(广场)上的积雪。

除雪机主要有转子式和犁式除雪机、除雪平地机、融雪车等。

转子式除雪机用来清除公路、城市道路、机场和广场上的积雪,并可将雪装到运输工具上去。转子式除雪机的基本工作装置是叶片转子。按照工作原理的不同,分为独立作用式和综合作用式。

独立作用式除雪机将切削雪和抛雪这两个工序分别由单独的工作装置来完成。其叶片转子形状制成辐射式;切削雪和集雪的机构制成犁刀式、螺旋式或铣刀式,如图 11-5a) ~ 图 11-5c)所示。

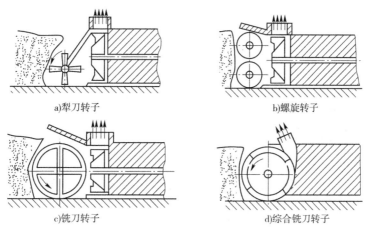

a) 犁刀转子　　b) 螺旋转子
c) 铣刀转子　　d) 综合铣刀转子

图 11-5　转子式除雪机的工作机构简图

综合作用式除雪机将切削和抛雪两个工序由一个工作装置来完成,该工作装置制成专门形状的切削转子、综合螺旋转子和综合铣刀转子[图 11-5d)]。

目前使用最广的是螺旋转子和综合铣刀转子除雪机。

犁式除雪机适用于各种道路上密度较小的新降积雪,以使交通线路畅通。它多由自卸汽车改装而成。此外,一些季节性较强的车辆如洒水机、扫地机以及农用汽车等,也可改装成除雪车,以提高车辆的利用率。

犁式除雪机(图 11-6)的工作装置为装在车辆前端、中部或侧面的各种犁式除雪装置。犁式除雪机作业效率高、改装容易、价格低、工作可靠,所以是应用较广泛的除雪机械。

除雪平地机系自行式平地机用其刮刀来刮削积雪时的称谓。不过,为了扩大其除雪功能,除雪平地机上部还装有前置的 V 型犁或侧置的翼板。图 11-7 为除雪平地机进行除雪作业的工作简图。

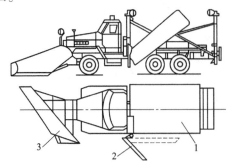
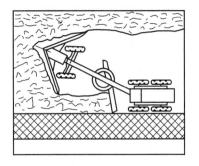

图 11-6 带单向侧翼板的犁式除雪机
1-前置单向犁;2-单向侧翼板;3-除雪机车体

图 11-7 除雪平地机除雪作业简图

融雪机(图 11-8)是一种能完成集雪、装雪和运雪的全能除雪机械。

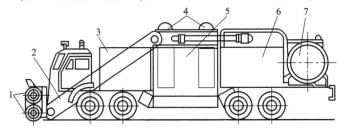

图 11-8 融雪机
1-旋切除雪装置;2-传送带;3-行走及旋切装置用发动机;4-燃炉;5-融雪槽;6-发动机;7-燃料箱

该机系用前滚轮旋转刮刀将地面上的积雪收集起来,通过滑雪槽送入融雪槽中,积雪在这里被加热融化成水而被排出;也可以将滑雪槽转动 90℃,向道路两侧喷散除雪。

5) 多功能养路车

多功能养路车(图 11-9)的作用是处理沥青路面的各种病害,并可进行路面划线、标志喷涂、草木除虫和行道树剪等作业。

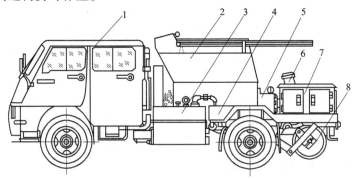

图 11-9 多功能养路车外形图
1-驾驶室;2-沥青混合料保温箱;3-沥青保温箱;4-清洗油箱;5-螺旋输送器;6-电动碾压提升油缸;7-液压控制柜;8-电动碾压滚

多功能养路车按行走方式分为自行式和拖式;按驱动方式分为电动、气动和液压驱动;按作业方式分为单项作业型和综合作业型。由于自行式综合作业型养路车机动灵活,功能齐全和结构紧凑,目前应用较广。

沥青路面在使用过程中,会产生诸如坑槽、裂缝、拥包、啃边、麻面、脱皮、松散等各种损坏。在车辆行驶不断撞击和雨雪侵蚀下,这些损坏将迅速扩大,影响车辆正常行驶,造成更大面积的破坏。沥青路面修补机械(一般称为多功能养路车)是一种专用于及时修补这些沥青路面损坏部分的工程机械。同时修补车又是用于公路沥青路面日常小修养护的多功能专用工作车,除了日常养护任务外,也可用于公路其他设施的维护,如交通工程设施的喷涂和清洗、除雪、清扫路面、剪除杂草、喷洒药剂、栽植和修正花草树木等工作,是公路养护管理部门重要的配套养护机械。

图 11-10a)所示的电动 JY-4 型自行式综合作业型多功能养路车系选用了 CA15D2 底盘和 6102Q 型柴油发动机及安装各种工作装置而成。以风铲或电铲用于铲挖;配备气枪用于清扫;具有良好保温能力的混合料箱以及具有保温加热能力的沥青罐,以沥青泵配以喷嘴完成沥青喷洒和小型罩面任务;以小型夯板完成混合料填补后的夯实作业。该车还配备红外线路面加热器,不仅使旧路面易于铲挖,且可使旧料就地利用。这种类型的修补车具有机动性好,可养护 300km 高等级公路沥青路面。乘坐舒适,容量大,适用于公路的日常养护。

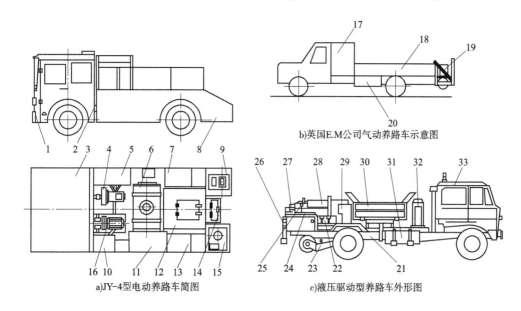

图 11-10 多功能养路车

1-驾驶室;2-机架;3-顶盖;4-发电机;5-配电柜;6-沥青罐;7-工具箱;8-围板;9-振动夯板;10-配气柜;11-沥青泵箱;12-混合料箱;13-工具箱;14-出料口;15-路面加热器;16-空气压缩机;17-左侧为沥青箱,右侧为空压机;18-材料箱;19-手扶式振动压路滚;20-水箱、液化气罐;21-5t 柴油汽车底盘;22-操纵手柄;23-碾压机构;24-燃烧加热柴油箱;25-温度显示器;26-液压镐;27-沥青保温喷洒装置;28-拌和装置;29-油水箱;30-自卸车箱;31-液压油箱;32-备胎;33-平头双排座驾驶室

图 11-10b)所示的气动多功能养路车为美国 E·M 公司制造的气动沥青路面修补车,该修补车是一种多功能的自行式沥青路面日常维修工程车,以压缩空气为动力,除了能进行修补沥青路面的各种作业外,还能进行扫雪、撒砂、喷漆、拆除小型构造物等作业。车上设有操作人员的乘座,能装载一定数量的养路材料,并配备有各种风动机具,一次可完成多种作业,改变了各种机具循环作业方式,提高了工效,节省了人力。

图 11-10c)所示的液压多功能养路车选用 5t 柴油汽车底盘改制而成,其主要的工作装置有:料箱、拌和装置、沥青喷洒装置、碾压装置、液压镐等。

该液压多功能养路车能装运沥青路面养护材料和各种工作装置,能进行路面挖掘、材料拌和、路面修补后的压实等项作业。整机采用全液压传动、效率高、操纵方便、灵活可靠。

11.2.2 路面修理机械

路面修理机械用来完成公路路面较大损坏的修理,如车辙、波浪纹、松散、泛油,或路面翻新、改造等工作。路面修理机械除前已述的各种公路工程机械外,还有远红外加热装置、路面铣刨机、道路重铺机等。

1) 路面铣刨机

路面铣刨机用于路面铣平,旧沥青混凝土路面修补、翻修,水泥混凝土路面抗滑纹理加工、切缝、开槽等施工和养护作业。

利用铲刨法,可对具有车辙、裂缝、坑洞、泛油等病害的沥青路面,以及发生断层的水泥混凝土路面,进行有效而快速地修理工作。路面铣刨法被欧洲与北美列为标准养路方法。

修复沥青混凝土路面的车辙及波浪纹等,以往都采用加铺沥青混凝土面层的方法,如图 11-11 所示。这种方法的主要缺点是,由于大面积的重铺沥青混凝土面层,因此需要大量的路面材料,加大了差距费用;由于新铺层的厚度不均匀,因而压实后其密实度并不相同,待新路面开通后,又会很快损坏;此外,由于面层的增高,会使原有的排水受到影响,也会使隧道净空高度变小而影响行车。

采用铣刨法,将路面的车辙或波浪纹用铣刨机铣刨平,然后铺装一层新料或再生料的面层,如图 11-12 所示。这样不但可以节省大量新的路面材料,同时又不会出现上述弊病。对于轻微的波浪纹,只需直接铣刨平,便可立即恢复交通。

用铣刨法修补路面的坑洞有完美的效果(图 11-13)。只要用铣刨机将坑洞切割平直,再填加新料并压实即可。路面铣刨机还可按需要调节切削深度,并对路面进行整形,以达到所要求的平整度、拱度和横坡等。

路面铣刨机按在铣刨过程中是否对路面进行加热可分为冷铣刨和热铣刨。在铣刨过程中对路面进行加热的为热铣刨机,反之为冷铣刨机。

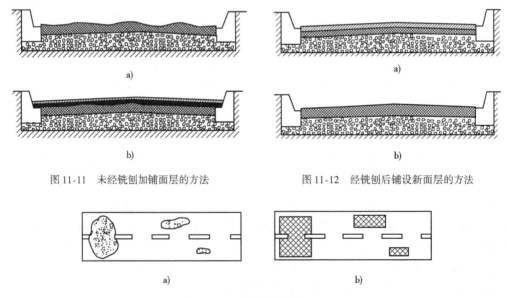

图 11-11 未经铣刨加铺面层的方法　　图 11-12 经铣刨后铺设新面层的方法

图 11-13 用铣刨法修补路面坑洞

热铣刨机(图 11-14)作业时先对路面加热,然后进行切削,因此切削阻力小,但加热需耗费大量的能量。该机加热方式有电加热和燃烧气体加热。使用最多的是煤气喷灯远红外线加热。

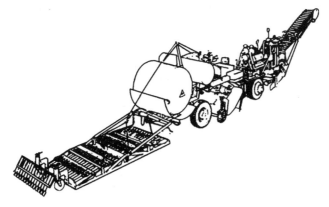

图 11-14 轮式沥青路面热铣刨机外形图

冷铣刨机(图 11-15)近些年来发展较快,虽其配置的发动机功率较大,刀具磨损亦甚,但切削料粒度均匀,可装配洒水器喷水、喷乳剂等以减少灰尘的散发量,因而适用性广。

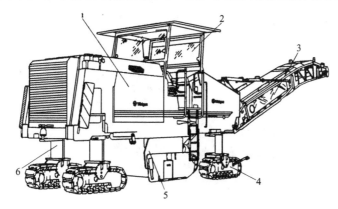

图 11-15 履带式沥青路面冷铣刨机外形图
1-发动机;2-驾驶室;3-集料输送装置;4-行驶系统;5-铣削装置;6-支柱

路面铣刨机由行走工作装置和操纵控制系统所组成。另外,根据施工的特殊要求,还可配装多种附加装置,如远红外线加热装置、水箱和压力洒水装置、轮子摆动装置、集料器及皮带输送装置等。

路面铣刨机的工作装置为装有铣刨刀的铣刨鼓(图 11-16),其结构和铣刨原理与厂拌用稳定土拌和机的拌和鼓及刀具类同,故不再叙述。由此亦可知道稳定土拌和机装用铣削刀具后亦可用来铣刨旧路面。

路面铣刨机的性能参数见表 11-1。

2)道路重铺机

沥青路面旧料可经铣刨后,运往固定厂拌设备重新搅拌后予以利用,也可就地切削并摊铺后予以利用。道路重铺机就是就地对沥青路面旧料进行加热切削和摊铺的专用机械。道路重铺机按在铣刨过程中是否对路面进行加热分为冷铣刨道路重

图 11-16 铣刨鼓

铺机和热铣刨道路重铺机。

路面铣刨机的性能参数表　　　　　　　　　　　表 11-1

参数 \ 机型	ER160（日本）	SF500C（德国）（冷式）	SF1000（德国）（热式）	BGZ500（中国）
铣刨宽度（mm）	1 860	500	1 000	500
铣刨深度（mm）	0~80	0~48	0~45	0~50
铣刨速度（m/min）	0~6	0~6	0~6	0~6
发动机功率（kW）	154	58	58	36.8
整机质量（kg）	13 450	4 000	3 060	5 000
外形尺寸（mm）(长×宽×高)		2 300×1 000×2 320	6 550×1 570×2 200	3 150×1 340×2 600

大多数道路重铺机装有全部修路工序所需的一切设备，这样就容易控制混合料的质量，减少中间运输环节，缩短修路所用的时间，因此，作业效率高，施工成本低。

WIRTGEN 道路重铺机（图 11-17）由一次加热器 1、翻松器 2、切削器 3、二次加热器 5、分料器 6、整型刮刀 4、熨平板 7、水平输送带 8、倾斜输送带 10 和料斗 11 等组成。该机能对旧路面进行加热、切削、摊铺和整型作业。

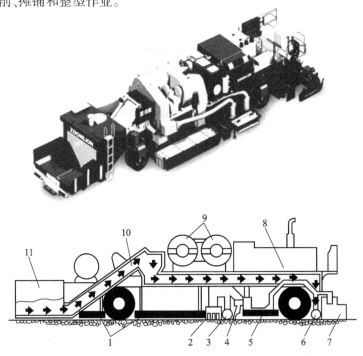

图 11-17　WIRTGEN 道路重铺机

1-一次加热器；2-翻松器；3-切削器；4-整型刮刀；5-二次加热器；6-分料器；7-熨平板；8-水平输送带；9-液化气罐；10-倾斜输送带；11-料斗

道路重铺机进行施工作业时，必须配备新沥青混合料运输车辆及压实机械，如图 11-18 所示。在翻修旧路面时，先由一次加热器将路面加热到 110~130℃，使路面材料软化，由翻松器和切削器将旧路面切削破碎并由整型刮刀刮平；再经二次加热器加热，并在表面铺上由料斗经倾斜输送带和水平输送带送来的新沥青混合料，该混合料由分料器、熨平板摊铺并整型。最后,用配套的压实机械碾压成型,至此即完成旧路面翻修的全过程。

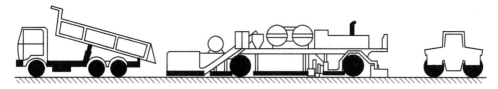

图 11-18　自卸汽车和道路重铺机、压路机配合联合作业简图

在上述翻修过程中,原路面旧料和补充的新料分层铺平,一起压实,此系标准的路面重铺修复工艺。也有将新、旧料混合后一起铺平、压实的。有时,还可将各种改性添加剂掺入新旧混合料内,以提高再生路面的性能。还有将旧面料重新铺压的,此称为复原性修复工艺。

综上所述,现将目前国内外各种公路养护作业项目应用的机具列于表 11-2,以供参考。实际上各种公路养护作业项目所用机具,可结合各自的具体情况参考选用。

公路维修养护作业项目应用机具设备表　　　　　　　表 11-2

维修养护作业项目	应用机具设备名称
平整土路或碎石路面	平地机、回沙机
大面积修补沥青混合料路面	铣刨机、喷射或远红外线加热设备、沥青混合料路面维修车(车上配有沥青混合料拌和机、沥青储存器)石料烘干和加热设备、沥青洒布车、振动夯板或振动压路机,路面破坏沥青洒布车、石屑撒布机、撒沙机、轻型压路机
沥青路面处治运送材料	自卸汽车
碎石、石屑加工	移动式空气压缩机、凿岩机、碎石机、筛分机
有机结合料储存	500~1 000t 储油池(附加加热设备)
除雪	汽车式除雪机、拖拉机式除雪机、SM14/35 融雪除雪机、S350 扫雪车

11.3　路基路面养护与维修机械化

11.3.1　路基的养护与维修

1)路基的养护与维修的要求

路基是公路最重要的基本组成部分,是路面的基础。它与路面共同承担车辆荷载,并把车辆荷载通过其本身传递到地基。路基的强度和稳定性是保证路面强度与稳定性的基本条件,并直接影响路面的强度和平整度。它贯穿全线,连接桥涵、隧道。桥头引道路基,对桥梁的使用及破损亦有直接的影响,因此,必须通过路基养护,达到以下要求:

(1)保持路基土密实,排水性能良好,各部分尺寸和坡度符合规定并及时消除不稳定因素。

(2)路肩无车辙、坑洼、隆起、沉陷、缺口、横坡适度、边缘顺适、表面平整、坚实、整洁,与路面接茬平顺。

(3)边坡稳定、坚固,平顺无冲沟、松散,坡度符合规定。

(4)边沟、排水沟、截水沟、跌水井、泄水槽等排水设施无淤塞、蒿草,纵坡符合要求,排水畅通,进出口维护完好,保证路基、路面及边沟内不积水。

(5)挡土墙、护坡及防雪、防沙等设施保持完好无损,泄水孔无堵塞。

(6)做好翻浆、塌方、山体滑坡、泥石流等病害的预防、治理和抢修,尽量缩短阻车时间。

2)路基养护与维修的分类

(1)路基小修保养工程。

日常的保养工作包括：通过整理路肩、边坡及清除路肩杂物，以保持路容整洁；疏通过沟，保持排水系统畅通；清除挡土墙、边坡、护栏滋生的杂草，修理伸缩、泄水孔以及松动的石块；对护栏、路缘石进行修理刷白工作，以保持其使用效果。

小修工程是通过开挖边沟、截水沟，以补充和改善排水能力，并分期铺砌边沟，以增强边沟的坚固性，减少淤塞与渗透；消除零星塌方，填补路基缺口及处理轻微沉陷，改善视距。例如当行道树或弯道视距范围内因树木的生长而使视距受到影响时，应及时进行树木修剪；对桥头、引道或桥头、涵顶跳车的情况进行处理；对挡土墙、护坡、护栏和防雪设施等出现的局部损坏及时进行修理；清除隧道口碎落岩石和修理瓦工接缝、堵塞漏水，根据需要，用砂石或稳定材料局部加固路肩。

(2) 路基中修工程。

根据需要，局部加宽、加高路基或改善个别急弯陡坡；全面修理、接长或个别添建挡土墙、护坡、护栏；清除大塌方或一段内较集中的塌方；整段开挖边沟、截水沟或补砌边沟；过水路面跳车的处理；平交道口的改善；整段加固路肩等。

(3) 路基养护大修工程。

在原路技术等级内整段改善线形；拆除、重建或改建较大挡土墙、护坡等防护工程；隧道工程较大的防护加固等。

(4) 中期养护改善工程。

提高公路技术等级，整段加宽路基、改善线形；新开小型隧道工程等。

11.3.2 路面的养护与维修

路面养护与维修是公路养护工作的中心环节，是质量考核的首要对象。路面是在路基上用各种筑路材料铺筑的供汽车行驶的直接承受行车作用和自然因素作用的结构层，其作用是满足行车安全、快速、经济舒适的要求。对路面养护与维修质量的总要求是：保持路面平整、坚实、路拱适度、行车顺适安全。

1) 路面养护与维修的基本要求

(1) 及时、经常地对路面进行保养和修理，防止路面松散、裂缝和拥包等各种病害的产生和发展。

(2) 通过对路面的保养和修理，提高路面的平整度和抗滑能力，确保路面安全、舒适的行驶性能。

(3) 通过对路面的修理和改善，保持和提高路面的强度，确保路面的耐久性。

(4) 防止因路面损坏和养护操作污染沿线环境。

2) 路面养护工程的分类及主要内容

(1) 小修保养工程。主要包括：

①清除路面上的泥土、杂物，保持路面整洁。

②排除路面上的积水、积雪、积沙、积冰，铺防滑料、灭尘剂或压实积雪维持交通。

③砂石路面刮平，修理车辙。

④碎(砾)石路面扫匀、添加面砂洒水润湿，刮平波浪纹，修补磨耗层。

⑤处理黑色路面的泛油、拥包、裂缝、松散等病害。

⑥混凝土路面修理板边接缝及堵塞裂缝等。

⑦局部处理砂石土路的翻浆、变形，添加稳定料。

⑧碎(砾)石路面局部加宽、修补坑槽、整段修理磨耗层或扫浆铺砂。
⑨混凝土路面面板的局部修理和调整平整度。
(2)路面中修工程。主要包括：
①砂石路面大面积处理翻浆，修理横断面。
②碎(砾)石路面局部地段加厚、加宽、高速路拱加铺磨耗层、保护层、处理严重病害。
③黑色路面整段封层罩面。
④黑色路面严重病害的处理。
⑤水泥混凝土路面个别面板的更换、浇筑或加铺沥青磨耗层。
(3)路面大修工程。主要包括：
①整线整段用稳定材料改善路基。
②整段加宽、加厚或翻修重铺碎(砾)石路面。
③翻修或补强重铺，或加宽高级、次高级路面。
(4)路面养护改善工程。主要包括：
①分段提高公路技术等级，铺筑高级、次高级路面。
②新铺碎(砾)石路面等。

随着公路事业的发展，沥青路面的通车里程越来越大，但对其路面的养护和维修比一般的碎石路面要复杂得多，而病害也较多，因此以下着重分析沥青路面的养护和维修工程。

3)沥青路面的养护和修理

沥青路面由于设计、施工、养护等工作上的缺陷，常出现一些质量问题，这是产生病害的内在原因，再加一些不利条件，如水文、气候、行车等外因作用，就会产生各种病害。遇此情况应及时处治。

(1)泛油。

新建的沥青路面当气温上升到30℃以上，渣油路面当气温上升到15~20℃以上时往往开始泛油，随气温继续上升，泛油程度加剧。

泛油时路面中间部分颜色先变黑，继而出现轮迹，路面上浮起液化了的油层，泛起的油液向路面两边移动聚集而形成软的油包。如油层与油层黏结不良，油层会被车轮黏起，造成油层脱落、坑槽等病害。其泛油的主要原因是：油石比(也称用油量)过大；油底层(特别石灰作底层)含水率过大，透油层上浮；使用黏度过低的油料等。

泛油可根据程度不同，选择不同规格和数量的矿料处治。处治时可使用石屑撒布机，小型压路机，按下列不同泛油情况给予适当处治。

①较轻泛油可撒2~5mm的石屑，通过行车碾压至不黏轮为度。
②泛油较重地段，根据情况可先撒5~8mm或5~10mm的矿料，待稳定后，再撒2~5mm的石屑或粗砂，引导行车碾压成型。
③严重泛油地段，可先撒10~15mm或更粗些的矿料，用压路机强行压入，达到基本稳定后，分次撒5~10mm和2~5mm的矿料，引导行车碾压成型。

处治泛油，必须掌握先撒粗矿料后撒细矿料和少撒勤撒的原则。如重复使用细料，结果会形成软的石油层，影响路面的稳定，对于用渣油处治的路面，尤其如此。

(2)油包。

根据油包产生原因及形成过程的不同，可分为软油包和硬油包两种。所谓软油包，就是油路面层以下的底层因含水率过大，而又无法蒸发排出，使底层与面层之间形成分离层，或在新面层处治时底层上的浮土未予清除所致。

硬油包的底层是稳定的,它是由于面层的集料和细料不均匀,在局部细料多、含油量过大、车轮反复碾压的情况下,因强度不同所致;或在施工中不慎,油车油桶中的油未及时清除,使局部的含油量过大所致。

目前对硬油包的自治方法是,趁天热时把油包铲掉,使之与面层相平,然后清除杂质并稍洒油,接着撒料、整平、夯实,再经过养护便可与原路面一样。至于软油包的自治,则应先将软油层挖掉,露出硬底层并晾干(如底层水分过多而发软,可挖去发软部分),填补新料至原底层取平并夯实,然后用新料铺面层(厚度不要超过原面层),再整平夯实即可。

在国外,有关铲除破坏路面的油包、波浪纹以及剥除油路面层沥青的专用设备种类比较多,但总的一个设想就是预先加热法。如美国生产了很多不同型号的路面加热平整机,有的是专用机械,有的是以平地机为基础,把加热器安装在平地机削土片和前轮之间的机架上的,加热器是一个耐火的内衬钢板外火箱,箱的后部装有喷嘴,外火箱的结构除保证耐火内衬的加热外,还以自己的热辐射加热路面。根据路面上不平度的高低,驾驶员用刀架油压举升操纵杆控制加热外火箱的高度,并在驾驶室的侧板上装有操纵调节外火箱喷嘴工况的阀门和燃料点燃仪器的手柄。为了保证平地机前轮胎不受热影响,还在两者之间装有护板,以偏转燃气流的方向。沥青混凝土的面层被加热后,可用平地机刮刀片刮除。

德国生产的不先预热的油层切削机,也得到了广泛的采用,它有自行式和手推式两类。P5型三轮切削器是其中的一种,其上装有小型汽油机,切削部分装有带齿的圆盘铣刀。切削时铣刀轮流撞击铣切路面面层,切除路面面层的不平度,或削除所要去掉的凸出厚度,一次行程中最大进刀或切去10~15mm厚度的面层,进刀量可用操纵杆来调节。该机小巧灵活,操作方便,很受养护人员的欢迎。

总之,油路养护和维修机械化的新趋向,是朝着多工序连续作业的综合机械化方向发展,如美国现在的一些养护机械不仅能加热、切掉和除去沥青混凝土的面层,而且还可以完成翻松、平整、修旧为新等路面工作。

(3)脱皮。

油层路面如出现成块或成片的剥落,称为"脱皮"。形成这种病害的主要原因有以下几个方面:

①采用层铺法施工时,两层之间因潮湿或浮土影响结合强度,当上层的结合料黏性大,泛油后没有及时处理,从而面层被车轮黏走。

②由于底层表面松软潮湿,透油层与底层结合不良,整个面层被车轮推动剥落。

脱皮的处理方法,应根据不同原因采取不同措施。对第一种原因造成的,或清除脱皮和松软部分的油层、浮土、粉料,使之露出下面的稳定土层并晾干。根据厚度不同,可用拌和油石混合料修补。对第二种原因造成的,须切除破坏部分的油层,先将底层修好,等稳定干燥后,再修补面层。

(4)麻面。

由于面层与料结合不良、嵌缝散落、不密实而出现坑凹,这种病害称为"麻面"。其产生的主要原因有:

①采用层铺法施工时,面层材料的油量太少,同时嵌缝材料的粒度太大,故产生局部脱落,出现小凹坑。

②低温季节或雨季施工,路面材料不易成型,在车轮作用下,嵌缝材料松散脱落。

③采用路拌法施工,油石比偏小,拌和不均匀,部分粗粒集中,出现"麻面"现象。

对这种病害,如果大面积"麻面",可在气温10℃以上时,清除路面松动的粒料和杂质,等面层干燥后,先洒布一层透油层(0.8~1kg/m²),然后在温度足够的情况下撒布3~8mm的嵌缝料(5~7m³/km),扫匀后,再用小型压路机碾压成型。

对小面积的"麻面",待清理坑凹而干燥后,即可洒布透油层和撒布嵌缝料,扫匀夯实即可开通。

(5) 松散。

路面上大小不等、形状不同的矿料产生分离松脱等结构破坏的现象叫松散。其形成的原因有:气温较低时施工,未及路面泛油即进入寒冷季节;路面材料的油石比偏小,或者油料老化,黏结力低所致;矿料质量低劣,松软易风化,且含土成分过高;施工时含水率太高,致使油料结合不良;由于土基松软,结合料洒布不均匀等。

对于大面积的松散,可将松杉层粒料清除,重新铺设面层。如松软较轻时可采用罩面的办法解决。如因基层所致,应进行基层处理后,再重做油层。局部松散,或采用挖补法处理。

(6) 裂缝和龟裂。

路面产生的主要裂缝有横裂、纵裂、网裂、龟裂等。其主要原因有:

横向裂纹主要是因温度、湿度的变化,路面材料发生胀缩现象而引起。

纵向裂纹主要是当旧路面加宽时,新旧面层因碾压的密实度不同,导致轻度下沉而引起。

龟裂主要是由于底层厚度和强度不足、粒料底层含水率过大、稳定性差、翻浆、沉陷、油料老化等原因引起。

由于温度、湿度而引起的小的裂缝,在高温季节时能自行愈合,可以不处理。如裂缝较大不能自行愈合时,可采用注缝机将热沥青注入,多余的沥青可在热状态下用胶皮刮平,并随即沿缝口撒一层薄砂并且扫匀。裂缝在4mm以上时,采用上述措施以后,应用夯板或轻型压路机碾压。

由于基层的水稳性不良,强度不足所引起的龟裂,应先将基层工作治理好,再修复面层。

(7) 沉陷。

路面面层沉陷,可以有三种不同情况,即均匀沉陷、不均匀沉陷或局部沉陷。其主要原因是:

①均匀沉陷。系路基路面在自然因素和行车作用下,达到进一步的密实、稳定的表现。一般不会引起路面的破坏。

②不均匀沉陷。多数由于路基或路面局部不密实或碾压不均匀再受到水的浸透作用所引起。

③局部沉陷。系路基下有坟穴、井洞、树坑、沟槽等,因回填不密实,当受到浸透时而引起。

沉陷应根据具体情况来处理。不均匀沉陷,在路基和路面的密实度足够的情况下,因沉陷产生的裂缝,可参照处治裂缝的方法处治。因局部沉陷而影响路面的不平整部分,可用热拌法配制的沥青混合料补平,并压实。

(8) 坑槽。

油路产生坑槽的原因很多,除了因履带拖拉机、铁轮车等通过油路将路面轧伤,又不及时处治发展成坑槽外,大多是由脱皮、松散、麻面、龟裂、沉陷、翻浆等病害所引起的。

从上面各种病害原因的分析可将坑槽产生的原因归纳为以下三个方面:

①属于面层部分:油石比掌握不好,石料级配不佳,沥青(渣油)不符合技术要求,施工操作不符合规程,施工季节掌握不当,初期养护不好等。

②属于基层部分:油石比掌握不当,强度够,施工操作不当,拌和不匀,压实不够;路面排水不良或面层漏水、渗水致使基层含水率增大而软化。

③属于路基部分:主要是由于设计路线通过低湿地区,地下水位高;施工路基压得不实产

生沉陷,水稳定性差,路基排水系统不良或上层路面漏水、渗水使路基含水率增大,路基翻浆。

由此可知路面上产生坑槽的原因不是孤立的,而是与以上三方面相互联系,互成因果。因此对坑槽的修理应根据产生的原因不同而采取不同的措施。属于面层的仅是处治面层,属于基层的则基层和面层都要处治。

对坑槽的处治,根据产生的原因不同,所用的修理方法、材料配制、机具设备等也各不相同。为了使养路机械化施工过程中做到连续不断地工作,可按修理坑槽的整个工艺过程划分为面层和基层(包括路基)两大工序。

①面层修理。面层修理是指路面的底层尚好,仅修理跨油层坑槽的作业。作业时应尽量采用机械化维修,如用风镐、风铲铲修坑槽的边缘和剥离油层;用压缩空气吹除坑槽中的矿粉和杂质;用洒布机洒布透油层;摊铺机摊铺沥青混合料以及夯实板或压路机等压实。

②基层修理。基层修理是指路面底层甚至路基被破坏时的作业。因此它应该是先修路基和底层再修面层。但施工应先从面层开始,即划线、开槽、清除旧油层,然后再开挖已破坏的基层,最后清底挖出旧灰尘,开挖清理工作即完成。

修复新灰土层工序是,先拌制石灰土(石灰剂量为土重的8%~12%)、试验其含水率,准备好灰土石,按坑的深度分层填铺,分层夯实,并以填至基层标高为准。

为了维持日常交通行车,避免破坏新填灰土层,保持夯实灰土层养生期中的稳定,在养生期间应在新灰土层上铺盖一层松土砂作为保护层。

待新灰土层养生期满后,扫去新灰土层上的松土砂保护层,即可按以上所述修理面层的程序进行油层的修补。

[思考题]

1. 简述公路维修与养护的任务。
2. 公路维修与养护的常用机械有哪些?
3. 分别叙述道路重铺机两种翻修修复工艺的过程。
4. 简述路基、路面养护与维修的分类和要求。
5. 沥青路面常见的病害有哪些?如何处治?

第三篇

公路工程机械与施工组织管理

单元十二 公路工程机械的选择

在公路工程施工中,公路工程机械所发挥的作用越来越大。当今许多公路工程的施工系统,实际上是由众多的、不同种类和型号的公路工程机械所组成的机械化施工系统。而各种公路工程机械都有其独特的技术性能,为了获得最佳的技术经济效果,在施工前正确地选择机械类型,使它们配套作业,便具有极其重要的意义。

机械化施工要求在整个施工工艺过程中,工作的机械都符合其主要参数要求。下面着重介绍公路工程机械的主要参数及机械选择的原则。

12.1 公路工程机械的工作参数

工程机械的工作参数表示机械的技术性能,是选用机械的主要依据。

1) 工作容量

公路工程机械的工作容量常以机械装置的尺寸、作用力(功率)和工作速度来表示。例如挖掘机和铲运机的斗容量,推土机的铲刀尺寸等。

2) 生产率

工程机械的生产率是指单位时间(小时、班、月、年)机械完成的工程数量。机械的生产率与许多因素有关,主要有:

(1) 机械本身的工作容量及机械的技术性能。
(2) 工作对象的性质和状态,即作业项目和施工条件。
(3) 机械工作能力发挥的程度,即合理地使用。
(4) 施工组织完善的程度,即合理地选用。

由于上述因素的不同,生产率的表示可分为以下三种:

(1) 理论生产率。指机械在设计标准条件下,连续不停工作时的生产率。理论生产率只与机械的形式和构造(工作容量)有关,与外界的施工条件无关。一般机械技术说明书上的生产率就是理论生产率,它是选择机械的一项主要参数。

公路工程机械的理论生产率,通常按下式表示:

$$Q_L = 60A \tag{12-1}$$

式中:Q_L——机械每小时的理论生产率;

A——机械一分钟内所完成的工作量。

(2) 技术生产率。指机械在具体施工条件下,连续工作的生产率。它考虑了工作对象的性质和状态以及机械能力发挥的程度等因素。这种生产率是可以争取达到的生产率,可用下式表示:

$$Q_w = 60Ak_w \tag{12-2}$$

式中:Q_w——机械每小时的生产率;

k_w——工作内容及工作条件的影响系数,不同机械所含项目不同。

(3) 实际生产率。是机械在具体施工条件下,考虑了施工组织及生产时间的损失等因素后的生产率。可用下式表示:

$$Q_Z = 60Ak_wK_B \tag{12-3}$$

式中：Q_Z——机械每小时的生产率；

K_B——机械生产时间利用系数。

3）工程机械的尺寸

工程机械的尺寸是指机械的外形大小。包括构造尺寸和工作尺寸。工作尺寸指机械工作装置运动所达到的范围。如：挖掘机的构造尺寸有全长、全宽、全高、最低离地高度等。工作尺寸有最大挖掘半径、最大挖掘深度、最大挖掘高度等。

4）工程机械的质量

工程机械的质量有构造质量（自重）、工作质量（有荷载时的质量）和运输质量（整体或拆散运输时的质量）。

5）自行式公路工程机械的移动速度

自行式公路工程机械的移动速度有工作性速度、运输性速度、前进速度、后退速度。

6）动力

动力是驱动各类工程机械进行工作的原动力。工程机械动力包括动力装置类型和功率。

7）工作性能参数

工程机械的主要参数，一般列在机械的说明书上，选择、计算和运用机械时可参照查用。

12.2 公路工程机械选择的一般原则

机械化施工是为了减轻体力劳动，提高劳动生产率，优质、高效、安全、低耗地全面完成工程建设任务，这是施工应该遵循的总原则。根据这个总原则，在选择公路工程机械时，还应遵循以下几个原则：

1）适应性

适应性是指公路工程机械要适应工程的施工条件和作业内容。如工地的气候、地形、土质、场地大小、运输距离、工程规模等。

2）先进性

新型的公路工程机械具有高效低耗、性能稳定、安全可靠、质量好等优点，可能构造较复杂，产品单价高，但价格性能比高，更能保质保量地完成公路施工任务。

3）通用性和专用性

选用公路工程机械时要全面考虑通用性和专用性。选用公路工程机械时，可以一机多用。在施工过程中，简化工序是机械综合化与通用化的基本要求。因此，在选用工程机械时，尽可能用一种机械代替一系列机械，减少作业环境，扩大机械使用范围，提高机械利用率，方便管理和维修。专用公路工程机械，往往是生产率较高，作业质量好。因此，对于某些必要的或是作业量较大的施工项目，选择专用性强的机械较为经济合理。

4）合理的机械组合

机械化施工要求整个施工工艺过程选择最合理的机械组合。

(1)机械技术性能的合理组合

①主要机械和配套机械的组合。配套机械的容量、数量及生产率应稍大一点，机械能力配合适宜，以充分发挥主要机械的生产效率。例如，挖掘机斗容量与运土车箱容积之比，一般可取 3~5，不大于 7~8。

②主要机械和辅助机械的组合。辅助机械的生产率应稍大一点,配合适宜,以充分发挥主要机械的生产率。

③牵引机及其机具的组合要相适应,不能"大马拉小车"或"小马拉大车"。

(2)机械类型及其台数的合理组合

①机械类型及其台数应尽量少。根据作业内容,尽量选用大容量、高效率的相同类型的公路工程机械。一般来说,组合的台数越少,作业的效率越高,机械单一,便于调度、管理和维修。

②并列组合。如果只依靠一套组合机械作业,当主要机械发生故障时,就很容易引起全线停工。若选用两套或多套并列作业,就可避免或减少全线停工事故。

5)现有机械的利用与更新

在选用工程机械时,应根据工地的实际情况,既要充分利用现有机械,又要注意机械的更新换代,加强技术改造,以求达到技术上合理,经济上有利,不断提高机械的利用率。

6)安全而不破坏环境

选用工程机械时,首先要考虑生产和人员安全,另外也要考虑环保要求。

12.3 施工条件与公路工程机械的选择

1)根据作业内容选定机械

公路工程施工的内容很多,与之有关的作业概括起来分为:清理草木、挖方、挖土装载、运输、铺土、夯实等。表 12-1 为作业内容与应选择的公路工程机械。

作业内容及其对应选择的公路工程机械　　　　表 12-1

作业内容		使用机械	说　明
清理草木	清除矮草、杂草	平地机、小型推土机	铲除矮草、杂草及表土
	除掉灌木丛、树木、漂石	推土机、空气压缩机、凿岩机	根据树木的种类和直径,除了推土机之外,还可使用耙齿推土机、伐木机、剪切机,以便提高效率
挖方	软土开挖	平地机	修补道路、平整场地
		推土机	短距离铲土、运土
		拖式铲运机	中等距离铲土、运土
		自行式铲运机	中长距离铲土、运土
	硬土开挖	中、大型推土机(带液压松土器)	适用于风化岩、软岩、漂石混合土质的挖方
		凿岩机、空气压缩机	松土器不能挖掘时,利用炸药来爆破
挖土装载	一般性挖土装载	推土机	推土机适用于 100m 以内的运距,在堆土场等地,作为挖掘机装载的辅助机械来进行挖掘作业时以中大型推土机为宜
		履带式装载机、轮式装载机、挖掘机	对于挖掘能力要求不大而较松的土质,以使用轮式装载机为适宜,挖掘能力要求较大时,挖掘机或履带式装载机较能发挥效益
		拖式铲运机、自行式铲运机	铲运机根据运距、地形、土质来选用。松软土质或坡度较大,一般使用拖式铲运机,远距较长,而现场条件好的时候,则使用自行车铲运机

续上表

作业内容		使用机械	说 明
挖土装载	一般性挖土装载	挖掘机	挖掘机工作半径大,并能旋转360°,可在比地面高或低的地方进行工作,其工作范围很广
		拉萨挖掘机	拉萨挖掘机适用于在河川等低而广的地方进行挖掘
		推土机、装载机	基础较大时,用推土机铲土、运土,也可用装载机进行挖掘、装载
		挖掘机、拉萨挖掘机	基础较小时,在地面上对其基础进行挖掘、装载
		平地机	适用于侧沟的开挖
		推土机	适用于简易排水沟的开挖
		挖掘机	适用于水管、气管等埋设沟的开挖、挖掘精度要求较高
运输	道路上的运输	推土机	适用于100m以内的短距离运土
		拖式铲运机	适用于500m以内的中距离运土
		自行式铲运机	适用于500m以上的中长距离运土
		装载机、翻斗车	适用于500m以上的中长距离运土。搬运岩石时,不能使用铲运机的情况下,可使用轮式装载机来装运到50~150m处
铺土	一般性铺平作业	推土机、铲运机、平地机	一般的铺平作业可用推土机、铲运机,平地机可用于铺平推土机、铲运机已经初平的场所
	大面积或精度高的铺平作业	平地机	用于道路填土的平整。一般可在推土机之后。地形条件好时也可单独作业
	铺砌材料等铺平作业	碎石撒布机、石屑撒布机	铺砌材料的铺平厚度受到严格限制时,可使用碎石或石屑撒布机
压实	道路填土、填筑堤坝的压实	静力式压路机	适用于黏土、壤土的压实
		轮胎压路机	适用于砂砾石、砂质土及黏土和壤土的压实
		振动压路机	适用于砂砾石、砂质土的压实
		羊脚碾	适用于黏土、壤土的压实
	填土坡面的压实	振动板	沿着坡面进行压实时使用
		牵引式振动压路机	规模小时使用振动板,规模大时使用牵引式振动压路机
	沥青混凝土路表面的压实	静力式压路机、轮胎压路机、振动压路机	大规模铺筑时,首先用轮胎压路机进行粗压实,然后用静力式压路机进行碾压;振动压路机只用于简易铺筑的小规模路面压实

2)根据运距和道路情况选定机械

在选择公路工程机械时,还要考虑机械的经济运距和道路条件。所谓经济运距,是指机械施工时,较为经济的运距范围。道路条件是指道路的类别、路况、坡度、路面阻力等。根据运距和道路条件选择机械如表12-2所示。

根据运距和道路条件选择机械　　　　　　　　　　　　　　　　表12-2

机械	履带式推土机	履带式装载机	轮式装载机	拖式铲运机	自行式铲运机	翻斗车
经济运距	<100m	<100m	<150m	100~500m	200~1000m	>200m
道路条件	土路、不平	土路、不平	土路、不平	土路、不平	土路、不平	一般土路

3) 根据土质选择公路工程机械

土是机械施工的主要对象之一。土的性质和状态直接关系到机械作业的质量、工效和成本。因此,土质也是选择公路工程机械的重要根据之一。

为了便于选择公路工程机械,按照土的性质和状态将土分为黏土、壤土、砂土、砂砾石、软岩、块石(或漂石)和岩石等。土壤的开挖、运输机械的选择如表12-3所示,压实机械的选择如表12-4所示。

土壤开挖及运输机械选择　　　　　　　　　　　　　　　　表12-3

公路工程机械 土质	推土机	铲运机	正铲挖掘机	反铲挖掘机	装载机	松土器	平地机	自卸汽车	钻孔机	凿岩机
黏土和壤土	√	△	√	√	√	√	√			
砂土	√	√	√	√	√	×		√		
砂砾土	√	×	√	√	√	×	△			
软岩和块石	△	×	√	△	√	×	×	√	√	△
岩石	×	×	√	△	△	×	×	√		△

注:√-适用,△-尚可适用,×-不适用。

压实机械的选择　　　　　　　　　　　　　　　　表12-4

施工机械 土质	轮胎压路机 (10~50t)	光面压路机 (3~15t)	履板压路机 (5~30t)	羊脚碾凸块碾 (3~30t)	振动压路机 (3~25t)	振动板小于1t
砂砾石	√	△	√	×	√	√
砂质土	√	△	√	△	√	√
黏土和壤土	√	√	√	√	△	×

注:同表12-3。

4) 根据气象条件选择公路工程机械

雨会直接恶化土的状态,因此,要充分考虑施工期间的气象情况和土质条件。土质较干燥时可使用轮式机械,但在土质十分潮湿和作业场所泥泞时,就不得不使用效率较差的履带式机械。

5) 根据工程量选择公路工程机械

在施工期限内,按照施工计划中的月工作强度和日工作量选择公路工程机械。要求使用的机械能够按月或日完成计划工作量。

影响机械施工的因素很复杂,除了上述情况外,还要考虑油料提供、机械维修与管理、机械的调迁等。因此要综合分析各因素,抓住主要矛盾,选择经济实用的机械。

12.4　公路工程机械需要数量的确定

公路工程机械需要数量是根据工程量、计划时段内的台班数、机械的利用率和生产率来确

定的,可用公式(12-4)计算:

$$N = \frac{P}{W_1 Q K_B} \tag{12-4}$$

式中:N——需要机械的台数;

P——计划时段内应完成的工程量(m^3);

W_1——计划时段内的制度台班数;

Q——机械的台班生产率(m^3/台班);

K_B——机械的利用率。

对于施工期长的大型工程,常以年为计划时段。对于小型和工期短的工程,或特定在某一时段内完成的工程,可根据实际需要选取计划时段。

如计划时段为年,年内应完成的工程量 P_y 和年应出勤台班数 W_2 已知时,机械需要的台班可由公式(12-5)计算:

$$N = \frac{P_y}{W_2 Q K_B} \tag{12-5}$$

机械的台班生产率 Q 可根据现场实测确定,或者根据机械在类似工程中使用的经验确定。机械的生产率亦可根据制造厂家推荐的资料,但须持谨慎的态度。采用理论公式计算时,应当仔细选取有关参数,特别是影响生产率最大的时间利用系数 K_B 值。我国目前习惯于采用概(预)算定额中的机械产量定额作为机械的台班生产率。

[思考题]

1. 公路工程机械的工作参数有哪些?
2. 理论生产率、技术生产率、实际生产率三者有什么异同?
3. 公路工程机械选择应遵循什么原则?
4. 机械化施工如何选择最合理的机械组合?
5. 施工条件对施工机械的选择有什么影响?
6. 如何确定施工机械的数量?

单元十三　公路工程机械化施工计划与组织

公路工程施工前,要根据公路工程项目的等级、材料情况、地形地貌特点、施工期限等情况,制定严格、合理的公路工程施工组织与计划,保证工程顺利完成。目前,二级以上公路工程施工都是机械化施工。下面介绍公路工程机械化施工组织与计划的有关内容。

13.1　公路工程基本建设程序

公路的修建和使用,可分为设计、招投标、施工和养护管理使用几部分。

1)设计

新建或改建公路,经公路主管部门研究确定后,给设计单位下达设计任务书,载明线路建设性质、使用意义、主要技术指标和设计要求。设计单位根据所接收的设计任务书,组织进行勘察设计。勘察设计一般分为两阶段进行,即初步设计阶段和施工技术设计(或施工图)阶段。而修建任务紧急、方案明确、工程简易的建设项目,也可以采用一阶段设计。

(1)初步设计

根据任务书中所提出的要求,通过踏勘测量,选定路线方案,并做出设计概算。概算经批准后,作为国家控制基本建设项目投资和考核建设成本的依据。

(2)技术设计

通过定线测量,编制施工图,并做出施工预算,作为考核建设工程成本和安排施工计划的依据。

公路设计要充分利用现代技术的成果,综合考虑自然因素、行车特点、结构的坚固性和稳定性、修建和养护的经济性和合理性,要求做到切合实际,符合使用要求,并最有效地利用国家资金。

2)招投标

设计文件经上级主管部门批准后,由建设单位组织招标。施工单位根据建设单位招标书的要求,在综合分析设计文件和施工路段地质地貌的基础上,编制包括施工预算、施工计划、施工管理、技术管理等内容的投标书,交建设单位,由审标专家小组评审。

3)组织施工

施工单位中标后,根据投标书中已编审的施工计划组织施工,施工中要加强施工管理,改进施工技术,狠抓工程质量,降低工程造价,保证按计划或提前完成公路修建的任务。

4)养护管理使用

公路工程完工后,要办理竣工验收手续。验收后交由养护部门管理使用。公路养护部门要保持路基稳定、路面平整、水沟畅通、桥涵畅通、标志齐全,促进公路运输使用效率的不断提高。

13.2　公路工程机械化施工组织设计

施工组织设计就是从工程的全局出发,按照客观的施工规律和当时、当地的具体条件,统筹考虑施工活动中的人力、资金、材料、机械和施工方法等主要因素后,对整个工程施工进度和资源消耗做出的科学安排,其目的是使工程建设在一定的时间内实现有组织、有计划、有秩序的施工,以期达到施工的相对最优效果。

13.2.1 施工组织设计的种类

施工组织设计一般可分为施工组织规划设计、施工组织总设计、单位工程施工组织设计和特殊用途的施工组织设计四种。

1) 施工组织规划设计

施工组织规划设计是在初步设计阶段编制。主要是根据具体建设条件、资源条件、技术条件和经济条件，做出一个有基本轮廓的施工计划。它是施工总设计的编制依据，为确定分年度投资计划、组织物资供应、施工现场的准备等工作做出全面和原则的安排。

2) 施工组织总设计

施工组织总设计是根据施工组织规划设计编制的，用以指导施工单位进行全面性的施工准备工作和有计划地运用施工力量，开展施工活动，并结合实际，使组织规划进一步具体化和作某些必要的调整。

3) 单位工程施工组织设计

单项工程施工组织设计是在施工图阶段以单位工程为对象编制的，用以直接组织单位工程的施工，它在施工组织总设计和施工单位施工部署的指导下，具体地安排人力、物力，是施工单位编制作业计划和制定季度施工计划的重要依据。单位工程是指在建设项目中，具有独立施工条件，可以单独作为成本计算对象的工程，如路基、路面工程等。

4) 特殊用途的施工组织设计

对某些特别重要的、复杂的或者缺乏施工经验的分部、分项工程（如高等级公路遇到复杂地质、地形等），为了保证施工质量和进度，需要编制专门的施工组织设计。对特殊季节（如冬季、夏季、雨季）的施工，也要进行一些专门的准备工作，采取一些特殊的技术措施，需编制专门的施工组织设计。

13.2.2 施工组织设计的内容

施工组织设计的主要内容有：

(1) 工程情况简介，如工程规模、数量、工期、特征、主要地质、水文、气候情况、技术要求等。

(2) 施工技术方案，主要是施工方法，尤其是冬季、夏季和雨季或缺水、风沙、高原等地区及技术复杂的特殊施工方法；在整个工程中决定采用的新技术、新工艺、新材料和新设备，技术安全管理，质量保证措施等。

(3) 施工进度计划，包括以实物工程量和投资额表示的工程总进度计划、分年度计划，以及需用工日数、机械台班数。

(4) 施工总体及部分工程平面布置，土石方平衡规划，施工现场平面布置。

(5) 劳力需要量及来源，包括总需要量和分工种、分年度的需要量。

(6) 公路工程机械、筑路材料、施工用水、用电的分年度需要量和供应情况、解决的方案。

(7) 道路、防洪、排水和生产、生活用房等设施的建设及完成时间要求。

(8) 施工准备工作进度表。施工组织设计可用文、图、表三种形式表示，互相结合，互相补充，尽量做到形象、准确、简单，有利于指导现场施工。

13.2.3 编制施工组织设计的原则和要求

工程建设是一个复杂的过程，它要由许多不同的工作部门去完成，施工组织的重要性就在于把这些工作部门和复杂的工作过程有机地组织起来。因为施工计划和完成是依靠施工组织、施工管理、施工程序、材料与物资的供应等组织措施完善与否来保证的,所以施工组织的合理与否,直接影响全面施工计划的完成。因此在考虑设计公路工程施工组织时,首先应考虑影响整个施工过程的主要因素,并提出原则性的措施和要求。

1) 全年施工

要加速建设和降低工程成本,就必须尽快地消除公路工程施工的季节性问题。季节性的自然气候条件的影响,会推迟公路工程交付的期限,造成资金积压,同时又使机具的工作效率受到限制。此外,工程施工期限的过于集中,给物资材料的供应工作也带来一定的不利因素。

克服公路施工的季节性,近年来已引起各方面的广泛重视,并取得了一定的经验。在全年日历安排上,已充分考虑到冬季和雨季施工的特点,如将有关施工的准备工作、辅助生产工作放在冬季进行。但应指出,对消除季节性施工的工作,是与自然界作斗争的一项艰巨的科学尝试。因此,必须不断地总结和推广已有的科技成果和实践经验,吸取国外先进的科学技术,改变目前施工受自然条件限制的被动局面。

2) 工业化施工

所谓工业化施工,是指公路路线上的集中工程或线路工程上直接进行的施工项目,尽可能移到工厂预先加工和制备,然后在工地进行安装。这对于集中工程来说是可以办到的。但是,对于线路工程来讲,如集中的路基土石方工程等,显然不可能移到工厂去预先加工。但也可用成套的机构,以先进的技术控制,集中地在工地上直接施工或安装,这种现代化的综合施工也可理解为工业化施工。从这个概念出发,施工组织工作在道路上的整个施工过程中可分为准备工作和建筑安装工作两部分。

把大量的室外施工移到工厂去进行,或集中综合机械施工乃是一项技术改革的重大组织措施,其优越性一再被实践所证明。室内生产可大大减少自然气候的影响,从而加快施工进度。其次工厂设备、人员配备比较固定,可以不断提高劳动生产率,也有利于独立经营和成本核算,特别对一些技术较复杂的工作,移到工厂内进行会使现场许多组织和管理工作大为简化。

3) 机械化和综合机械化施工

这是基本建设的发展方向,也是实现全年施工和工业化施工的重要条件。机械化施工组织方案和选择,也跟机械化水平和是否采用综合机械化施工作业法等有关。

机械化水平(程度),是指由机械所完成的工程量对总工程量的比值(以%表示),它反映某工程施工机械化程度的高低。

综合机械化施工作业法应理解为:某工程的全部施工过程是采用配套成组或成群(机组或机群)的设备和机械来完成其主要的和繁重的人工劳动过程。人工只是做小量的零星修饰工作。例如:路基土方工程中的综合机械化,就是采用土方运输机械,或由挖掘机、装载机配合自卸汽车,或由推土机或铲运机等来完成铲土、运土与卸土三个基本过程,并采用平地机整平,羊脚碾压实后,即成粗坯的路基,而人工仅仅是修饰一些不平的边坡或修砌一些边沟坡脚等。至于全部工程当中,只有一个或几个工程由机械来完成,而不是全用机械来完成的,这只能称为局部机械化或半机械化。

显然,机械化程度越高,采用综合机械化施工越有利,因为此时可供工程有合适的配套机械(包括运输汽车),使各类不同机械得到充分合理的利用,如果组织和施工方法得当的话,更能充分发挥其效能。

13.2.4 施工方法

在线路上的施工方法根据劳动组织形式的不同,大致可分为以下两种:

1)按分段形式的综合作业法

这种施工方法是按路段划分为多层次的组织机构(如工段、工区、施工队所等)。所有段内的土方桥涵工程不是由专业队进行施工,而是由各段自己进行施工。因此,这种组织方案常使人力(劳动力和技术力量)和机械分散使用,机械效率较低。这种施工方法根据组织形式的不同,又可分为顺序作业法和平行作业法。

(1)顺序作业法

工程先在路线的个别路段开始施工,等该段完成后再转到另一地段。这种方法的优点是:人力和机具集中,工作易于领导,在全线竣工以前,个别路段本身完成后可随时交付使用。但其缺点是专用生产机具和设备的使用忙暇不均,还可能有停置不用的现象发生,使机械设备不能达到充分利用,增加了施工管理工作,提高了工程造价。

(2)平行作业法

工程是在整个路线上全面开展,此法如果人力和机具有充分准备,就可使施工期限大大缩短。但是,若干工区同时开工后,万一材料供应不及时,或全线机具、设备不够充足,就会造成全线停工待料现象,使工程因为个别地段零碎工程的不能完成,而影响全线或个别路段的施工和交付使用。这就要拖延施工期限,增加工程造价。

以上所讲的组织形式,一般都是在机械设备不完全(即主要依靠多面手手工操作)情况下才采用。

2)流水作业法

流水作业法就是在施工过程中一切施工项目分别由各专业化(机械)施工单位来进行的一种作业组织法。它的特点是:不划分路段,而是在高度综合机械化施工的基础上,由各专业队承担包干,各专业队均配备与其相适应的专业机械和设备,使各项作业分别在各队间互相协调、有节奏、连续不断地高速度向前推进。这样可以一段一段的逐步完成,逐段投入使用,直至全线竣工。它的优点是能够加快工程的进度,充分发挥机械的效能,提高机械利用率和工程质量,降低工程造价。因此,流水作业法是今后公路工程机械化施工的发展方向。

13.3 流水作业法的设计和机械化施工的组织

13.3.1 流水作业法施工组织设计

1)流水作业法的施工过程

使用流水作业法组织施工前,首先要很好地研究分析整个工程的施工计划内容,包括沿线的路线工程和集中工程,布置各种附属生产企业,如修理厂、砂石料采掘场、预制加工厂的布点等。为此,设计流水作业法施工时,可把全部线路各项工程按流水作业法方向和长度分为若干小段,小段间的距离可按工作量及专业队工作能力以及里程而定。在编制施工组织设计时,不论初步设计、技术设计、施工图都要把机械化施工问题作为重点来考虑。设计施工过程中,可把全线各项工程按线路工程和集中工程来划分。集中工程要提前开工,提前完工。使流水线工程修到时,集中工程也完成。这样,可以同时竣工,同时开放使用。

其次,要根据施工过程安排流水作业的施工顺序。流水作业的施工顺序为:通信设备的建筑;供施工用临时住房的修建;大型建筑物(包括桥梁等)的修建;路基和排水设施的修建;铺筑路面基层;铺筑路面面层;装修工程和设置行车标志。前两项工程必须开设得早些,它们本身虽不是流水作业的一部分,但它们是保证以下五项工程顺利进行流水作业的必要条件。

最后,按其机械化程度和施工能力来确定流水作业的长度,施工进度的速度以及其他有关的指标。

2) 流水作业法施工组织的几项主要指标

(1) 流水作业的进展速度

一般每班(8h)流水作业的工作量(平均工作量)应该全部完成,并可投入使用。这在施工组织设计中应很好地确定。

(2) 流水作业的全年工作日

计划时,应根据施工所在地的气候和自然条件等来确定。根据全年可以工作的天数确定各专业队全年的生产率,并以此划分地段任务,以保证按期完成。

(3) 流水作业全年工程总量

一般指流水作业全年可完成的地段长度(以 km 计)。

(4) 流水作业全面开展的时间

这是指按施工程序由第一道工序开始至最后一道工序完成所需的时间。经过这样一段时间后,所有工序都同时进行,全部机械都投入工作。

(5) 流水作业收工时间

这与上述全面开工的时间相对应,即由第一道工序全部完成到最后一道工序全部完成的时间。

(6) 综合流水作业的长度

综合流水作业的长度为各工序专业队作业总共延伸的长度,也就是各专业队工作路段长度与其间隔路段长度之和。

(7) 流水专业队工作路段的长度

这是指流水作业队在上述工作中所占道路的一段长度。

13.3.2 流水作业法中各专业队的组织与计算

一般在机械化程度不高的情况下对公路工程的施工,是路基筑好后,过一二年再修路面,其目的就是使路基沉陷坚实。但在流水作业中,则是利用机械施工,路基筑好后,马上铺筑路面,故必须用机械将路基压实,如用振动压路机、羊脚压路机或轮式压路机等压实。为了使流水作业各专业队间配合得更好,必须对机械和人力进行组织和计算,并做出沿线日历进度表和机械施工过程中的施工技术操作图。

1) 流水作业中使用机械数量的计算与分组

例如由 A 至 B 一段道路共长 50km,如用流水作业法组织施工时,首先要知道这段道路的工程数量,再按其工程分类情况(如土方数量、土壤性质、施工要求等),计算其填挖数量,然后选择应用机械类型及数量。表 13-1 为各种工程所需用的主要机械,表 13-2 为选择土方工程机械化施工的机械设备表,依据以上计算所得组织各个专业队。

公路修理与养护工程主要施工项目所用机械和设备　　　表 13-1

工作项目	施工过程		机械和设备名称
	名称	内容	
施工前的准备工作	1. 清理施工地带	铲切小树与灌木丛；挖拔树根与树桩；清拣石块；铲除杂草	带锯，代木机，灌木消除机，除荆机，履带式工业拖拉机，推土机
	2. 翻松土地		松土器
路基土方工程	1. 铲(挖)土、运土、卸土和整平工作		铲运机、挖掘机、推土机、平地机、自卸汽车、冲泥机或吸泥机
	2. 分层压实土壤		凸爪压路机、光面钢轮压路机、夯实机械、轮胎压路机
	3. 挖掘路槽		平地机、挖掘机
路面铺筑工程	1. 平整土、砾石路	平整和削平路基并修建连沟	平地机，铲运机，推土机，挖沟机，压路机
	2. 稳定基层和改善土路面	修整、前平、翻松基层道路等	平地机，材料拌和机械，铲运机
		喷洒结构料和撒铺掺合料，拌和土壤，掺和结合料摊平	洒水车、掺合料和水泥撒布机、道路联合拌和摊铺机、沥青洒布车
		压实和整修基层或道路	振动式压路机、静力式压路机
	3. 泥结碎石路面和砾石路面	轧碎，筛分石块和碎石撒铺	破碎设备(轧石机等)，筛分设备，皮带运输机，砾石和石屑散布机
		砾石碎石料翻松旧路面	路面铣刨机
		洒水	洒水车
		分层压实	压路机
	4. 沥青路面和简易沥青路面(砾石、碎石)	倒注、保管、烘热、抽取和输送液体结合料	沥青储油池(油厂)，沥青熔化炉，沥青蒸汽加热机，循环加热设备，沥青泵，乳液制造设备
		喷洒结合料	沥青保温油罐车，沥青洒布车，自动倾卸汽车
		堆置砾石碎石料于路上	装载机
		路上拌和石料结合料	路拌机
		撒铺石屑	石屑撒布机
		压实道路	压路机
	5. 沥青混合料路面	制备石料、石粉	碎石设备和石粉球磨机
		倒注，保管，烘热和抽取结合料	沥青储池，沥青泵，沥青循环加热设备
		制备沥青混凝土混合料	固定式或半固定式沥青混凝土拌和设备
	6. 水泥混凝土路面	制备、运送水泥混凝土	水泥混凝土搅拌设备、水泥混凝土搅拌运输车、泵送设备
		摊铺水泥混凝土拌和物	轨模式水泥混凝土摊铺机、滑模式水泥混凝土摊铺机
		捣实混凝土及光面	混凝土振捣器、抹光机
		保养即成路面	养护液喷洒或覆盖设备
石料开采和加工	1. 石料开采	凿岩、爆破、清方	凿岩机、爆破装置、装载机、挖掘机、推土机
	2. 石料加工	运入石料的轧碎、筛分、成品的储存和发送至使用单位	破碎机、筛分机、破碎—筛分联合设备、装载机、运输设备

续上表

工作项目	施工过程		机械和设备名称
	名称	内容	
桥梁与涵洞构筑物工程	1. 桥梁下部结构	挖基坑(降低地下水位),修筑桩基、打桩和打板机钻桩孔	挖掘机,推土机,沉桩设备(柴油打桩,振动沉桩、射水沉桩、静力压桩等)、抽水机,钻孔机,泥浆泵
	2. 桥基础及钢筋混凝土上层结构	修筑基础,钢筋混凝土上层结构	钢筋混凝土预制加工厂,钢筋加工设备(弯曲机,切断机,对焊机,点焊机),拌和机,混凝土振捣器
维修养护工程	维修路基,砂石路面,沥青路面,水泥混凝土路面,以及道路冬季养护		所有机械和设备参见前述

选择土方工程的机械设备表　　　　　表13-2

工作项目	路堤高度或路堑深度	土壤类别	运土距离	工作段的最小长度	推荐的公路工程机械	
					主要机械	辅助机械
从路基两侧取土(在平地上)	1m以下	Ⅰ~Ⅳ	15m以下	500m	平地机	松土器(Ⅳ类土必要时使用),推土机,轮胎式压路机或凸爪碾
从路基两侧取土填方	1m以下	Ⅰ~Ⅳ	30m以下	无限制	平地机	松土器(Ⅳ类土必要时使用),平地机,轮胎式压路机或凸爪碾
从路基两侧取土填方	1~2m	Ⅰ~Ⅳ	50m以下	50m	平地机	松土器,平地机,轮胎压路机,凸爪碾
自路堑取土填筑路堤(移挖作填)	3m以下	Ⅰ~Ⅳ	100m以下	无限制	推土机	松土器,平地机,轮胎压路机,凸爪碾
自路堑取土填筑路堤(移挖作填)	3m以下	Ⅰ~Ⅳ	100~500m	无限制	铲运机(斗容<10m³)	推土机,松土器,轮胎压路机,凸爪碾
自路堑取土填筑路堤(移挖作填)	3m以下	Ⅰ~Ⅳ	500~1 000m	100m	铲运机(斗容<10m³)	推土机,重型压路机,轮胎压路机,凸爪碾
自路堑取土填筑路堤(移挖作填)	3m以上	Ⅰ~Ⅳ	1 000m以上	100m	挖掘机、自卸汽车	松土器,轮胎压路机,凸爪碾
自路堑取土填筑路堤(移挖作填)	3m以上	Ⅰ~Ⅵ	500m以上	在一个工作段内5 000m³	挖掘机、自卸汽车	空气压缩机,凿岩机,推土机
自专用借土坑取土填筑路堤(取土填方)	不限制	Ⅰ~Ⅵ	500m以下	50m	铲运机(斗容6~10m³)	推土机,轮胎压路机,凸爪碾
自专用借土坑取土填筑路堤(取土填方)	不限制	Ⅰ~Ⅵ	500m以上	100m	铲运机(斗容>10m³)	推土机,平地机,轮胎压路机,凸爪碾

续上表

工作项目	路堤高度或路堑深度	土壤类别	运土距离	工作段的最小长度	推荐的公路工程机械 主要机械	推荐的公路工程机械 辅助机械
纵向运土的斜坡填方	不限制	I～Ⅵ	500m 以下	50m	铲运机(斗容>6m³)、万能推土机	平地机,轮胎压路机,凸爪碾
傍山半挖半填	山坡<20°	I～Ⅵ	小于30m	100m	万能推土机	铲运机,轮胎压路机
傍山半挖半填	山坡>20°	V～Ⅵ	小于30m	50m	挖掘机	推土机,凿岩机
将土推往弃土堆(挖方)		I～Ⅳ	小于30m		推土机、平地机	斜铲式推土机,平地机

下面以路基土石方工程的流水作业为例,对应用机械数量计算的方法用表说明如下:

表13-3 是机械化土方工程分配总表,此表综合各工程的情况,列出了使用何种机械施工以及应完成的工程量。

机械化土方工程分配总表(m)　　　　表13-3

量程	工程量 挖方	工程量 填方	计价工程 挖方	计价工程 填方	计价工程 弃土堆	计价工程 合计	推土机 填方 <1	推土机 填方 >~0.2	推土机 挖方 <1	推土机 挖方 >1	平地机 填方 0.15	平地机 填方 0.7	平地机 挖方 0.2	平地机 挖方 0.75	挖掘机 集中土壤 800	挖掘机 石片土壤 2 000	挖掘机 石片土壤 V级 500	挖掘机 石片土壤 Ⅵ级 1 000	铲运机 侧面土壤 500	铲运机 侧面土壤 100	铲运机 侧面土壤 300	铲运机 集中土壤 100	铲运机 集中土壤 300	铲运机 集中土壤 500	备注
1	200		600	1 600	600		220																		
2		300		300		300					600				1 000					300					
…	…	…	…	…	…	…	…	…	…	…	…	…	…	…	…	…	…	…	…	…	…	…	…	…	
总计																									

表中"计价工程"是指实际计算成本的工作量,因为土方填挖工程中,有的是移挖作填,则填挖方相抵消,挖方不需计价,因此,挖方一项可能小于全部工作量。

由表中还可以看出,各分项内各种机械应完成的工作量。明确了各种机械应完成的工程量后,可根据各机械的生产率定额和工程完成期限,并对照表13-4就可把所需的机械数量计算出来。

机械数量计算表　　　　表13-4

运土距离(m)	填土高度(m)	土壤等级	工程总量(m³)	机械定额(m³/台班)	需要机械台班总数	200班所需机械数量	备注
推土机							
15	0.5	I～Ⅱ	5 000	500	10		
20	0.7	Ⅲ～Ⅵ	2 000	320	6.5		
…	…	…	…	…	…	…	
…	…	…	…	…	…	…	
总计					500	2.5	

根据表 13-4,设各种工作所需用推土机的台班为 500 个,如全部工程要在 200 天内完成,则需要的推土机应是 500/200 = 2.5(部),即需配三部推土机方可完成。其余各种机械台数可用同样方法求出。

计算出各种机械所需数量后,即可按机械化施工的实际需要组织各专业队。一个专业队又可以根据作业班数分成几个专业小组进行工作。如表 13-5 所示。

专业队分组表 表 13-5

专业队所配备的机械	第一组(部)	第二组(部)
推土机 5 部	3	2
平地机 2 部	1	1
压路机 3 部	2	1

每个专业队(小组)除主要机械外还要配备各种辅助备,如 1.5~7kW 移动式发电机、加油设备、供 3~5d 工作用的燃润油料容器、修理工程车、小仓库、运输车辆(2~4t 载重汽车和 10~20t 重型拖车等)及供应日常生活用的流动宿营车、伙食车和通信设备等。配备了这些设备后,每个专业队(小组)就可以成为一个独立工作的流水作业队,在流水线上工作的进度逐步向前推进。

2) 沿线流水作业日历进度图和技术操作图

为了确保流水作业的顺利进行,必须有计划、有指导性地根据机械化土方工程分配总表中所列各个工程项目进行细致地分析研究,按规定的流水作业进展速度和全年的工作地段长度,制定流水作业法,组织施工的沿线日历进度图和技术操作图。

在沿线日历进度图(图 13-1)上应该反映出:沿线工程的工程量及在每一公里上的分布情况,辅助生产和施工供应基地的布置地点、施工日历期限及综合流水作业和各专业队间互相协调的进展情况。

有了日历进度图,可以进一步核实所需机械的数量,并使编制季度、月底等工作计划和检查流水作业平均速度有了可靠的依据。

在技术操作图上,同样反应出测定某种工程完成作业的次序,流水作业施工段划分的情况(包括工序和每班流水施工长度所需机械数量、流动方向和长度等),以及专业队每部机械的工作循环和生产率,在图上还必须反映出每部机械在流水作业过程中的负荷系数和辅助工人的配备。这样,有了技术操作示意图,就可以制定需要任何速度的流水作业示意图。现仍以土方工程为例列表以供参考。图 13-2 为土方工程和修筑路面工程的流水作业施工示意图,图 13-3 为机械设备技术操作平面流水作业法施工日历进度图。

13.3.3 机械施工队

为了使综合的专业队能适应各类综合性工程(以上所说的仅是土方工程的一个简单例子),可按不同的专业队联合组成一个机械施工队。这个机械施工队应具备各类型的机械,并按不同施工项目、施工条件,使各个综合专业队内的机械组成尽量实现道路工程完全机械化施工。因此,对这些机械的配套和选定,必须满足以下几个要求:

(1)确定综合专业队内基本主体机械。
(2)决定基本机械的数量。
(3)选定必要的辅助机械以保证全部工程施工具有综合的最合理的组成形式。

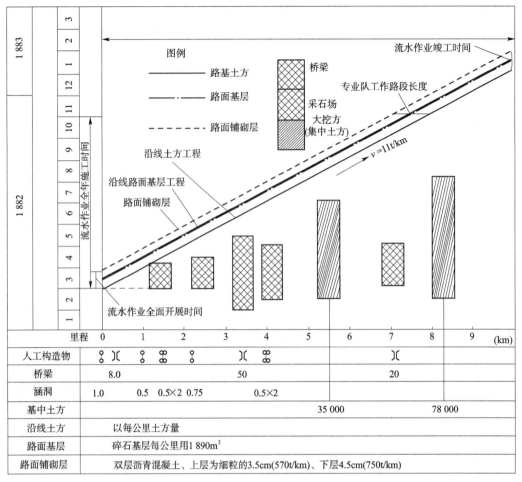

图 13-1 沿线日历进度图

流水工程编号	I	II	III	IV	V	VI	
工序名称	松土(取土坑)铲运土到路堤,摊平路堤上土壤	碾压下层路堤	铲土运土到路堤填筑中层,摊平路堤上土壤	碾压中层路堤	铲土运土到路堤上层,摊平路堤上土壤	碾压,整平路堤土坑底和路槽,修速边坡	路面
工序号	1~3	4	5~6	7	8~9	10~11	
组号	1	2	1a	2b	3	4	
一般流水工段长度(m)	250	250	250	250	250	250	
流水作业方向和长度(m)	→						→
每班所需机械(台)	松土器1(0.2)推土机1~4(0.95)	凸爪碾1(0.7)	推土机5~8(0.4~1.0)	凸爪碾2(0.6)	推土机9(0.9)推土机1~2(0.75)	平地机1(0.3)凸爪碾3(0.3)	

注:( )内数字表示机械台数。

图 13-2 土方工程和修筑路面工程的流水作业施工示意图举例

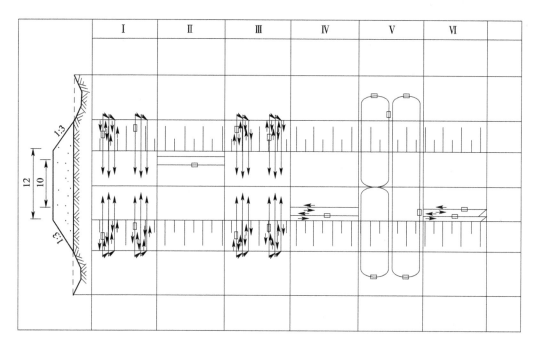

图 13-3 机械设备技术操作平面流水作业法施工日历进度图

注:流水作业施工段长度为 250m,流水作业平均速度为 250m(按班或两班计算)时用 T100 推土机从两侧取土填筑路堤(平均度为 1.5m)的流水作业施工。

在实施施工方法上,应根据具体条件进行以下先进筑路法:

(1)分段施工法。

(2)综合流水施工组织。

(3)石料的工业化采集与加工。

此外,为了完成特种作业,如整饰工作等,机械施工队可以特设专业工种班、组。为了运输特种重型机械和设备及燃润料与水的储运,还应备有大型的平板拖车、油罐车、洒水车等。除此以外,筑路队还应保证拥有应用数量以外的后备机械(约等于综合所列应用机械的 5%~10%),以备在计划内修理时替换之用。

机械施工队总的设备和人员,通常只包括工作上的设备和人员,至于后备和辅助设备,后备管理和行政技术人员应分别按施工情况和工作规模计算来决定。一般非直接生产的行政和技术人员的人数,是根据国家规定的人员编制来核实的。

机械施工队、专业队(班、组)是使用筑路机械的基本组织形式。编制上要求其拥有的各种机械,在施工工作上能够互相调剂;在经营上是经济核算的独立经营单位。但在行政业务领导上则隶属于上一级的处或局(工程处或工程局)。

机械施工队工程机械化程度的基本指标及其效率是:每班每人的生产率、设备的利用程度、机械的装备状况和工程的成本费用。

[思考题]

1.公路工程基本建设程序是什么?

2.公路工程机械化施工组织设有哪些种类?

3. 在编制施工组织时应包括哪些内容？遵循什么原则和要求？
4. 公路工程基本施工方法有哪些？机械化施工常用什么方法？
5. 何为流水作业法？编制流水作业法施工组织时应注意哪些指标方法？
6. 如何绘制沿线流水作业日历进度图和技术操作图？
7. 流水作业法施工中最基本的施工单位是什么？

单元十四　机械化施工前的准备

机械化施工前的准备工作包括机械的组织和机械管理工作准备、机械的验收和交付使用、机械运输和安装等,下面分别叙述。

14.1　机械的组织设计与管理工作的准备

14.1.1　机械使用前组织计划的落实

为了保证机械化施工任务的顺利进行,必须根据机械使用计划充分做好机械组织调度和机械使用前准备工作。这些工作包括:

(1)根据机械化施工的机械使用计划,了解需要和缺少的机械数量及其来源,编制机械使用(季、月)计划,机械修理与保养计划,机械零部件以及燃润料等供应计划。

(2)根据劳动力计划,按现有专业工种、辅助工种、等级差别、现有人数、需要增加人数或剩余工人数量进行安排。

(3)根据附属生产企业的工作计划,安排生产量,保证及时供应零部件。

(4)根据运输计划,研究运输方法,落实运输工具。

正确选用机械,合理组织机械化施工,充分发挥机械效能,完成和超额完成机械化施工任务,是施工管理人员、施工技术人员和机械技术人员的共同责任。

机械管理人员应根据机械使用计划,查明计划内机械和附属装备的技术状况,保证按期进入工地,并按劳动力需要计划配备驾驶维修力量,备足维修配件。

施工管理人员要为公路工程机械化创造条件,对于施工现场的便道、工棚、机械停放检修场地等临时设施,应作统筹安排。开工前,要对机械化施工专业队、班、组进行计划交底和技术交底。开工后,施工人员应会同机械技术人员根据施工技术要求,及时进行检查、验收、考核工作,发现问题,应采取措施及时解决。

14.1.2　机械化施工现场管理工作的准备

机械化施工前的各项组织计划工作基本就绪,待机械进入正常施工阶段后,主要的工作是加强施工现场管理,并注意积累有关资料。由于现场管理工作和施工范围比较广泛,任务比较繁重,要保证做好现场机械施工工作,必须制定一些切实可行的规章制度。至于施工前的准备工作,有以下几点必须注意:

(1)机械驾驶人员必须听从工地负责施工人员的指挥,按计划、技术要求,保质保量及时完成任务。机械出发时,要加足燃润料,携带随机工具及机械履历书。投入施工后,要正确并及时填写原始记录(时间、工程内容、产员、燃润油消耗等),注意保存,做好原始资料积累。

(2)根据机械训练计划能力,尽早摸清机械情况,及时做好保修前预检工作,及时组织拆、换、修,不要因保修而影响施工,也不能因为施工繁重而不及时进行修理。

(3)加强安全教育,重视施工安全和设备安全,遵守安全操作规程和行车规则,严禁超负荷或危险性作业。

(4)机械施工时,要有可靠的安全措施。在冬季施工,必须做好防冻、防滑;雨天施工,必须注意防塌、防汛、防直潮、防雷、防滑等工作。

14.2 机械的验收和交付使用

对于按计划需要投入施工的机械,必须保证其良好的技术状况。为此,首先应组织有关人员对机械进行逐台检查摸底,然后根据检查结果及时交付整修,整修后,一定要办理交接验收手续才能投入使用。

验收工作根据机械来源的不同,必须经过不同的检验和试验,一般检验的方法和步骤可分为:外部检验、空运转试验和重载试验。

14.2.1 机械外部验收

外部检验的方法是根据机械来源不同而有不同的手续,对于接收来自制造厂的新机械,一般在检验验收时不用另编专门的验收说明书。如机械是整台装配好出厂的,可根据机械出厂合格检验单、机械说明书来验收。如出厂时的机械是拆散装箱来的,开箱后,首先要按装箱清单进行清点,然后装配成整体机械,再按机械出厂的合格检验单和说明书进行复验。

机械外部检验的主要目的是:检查机械外部特征,包括机械配套的工作装置和各个零部件总成等一般情况以及操纵和指示仪表等。如土方机械推土机、挖土机等,应特别注意摩擦盘和制动器的情况、钢索或液压操纵机构状况及起重和铲运工作装备等状况。对自行式机械应在空驶下(不使用工作装备情况下)仔细检查其发动机与底盘运转的情况。

对于接收来自筑路机械修理厂修复出厂的,根据检验单先行验收,然后核对送厂修理的报修单项目,检查是否达到报修时所要求的质量。如发现有漏修或不符报修要求的项目,应及时提出补修或重修。

至于接收来自其他机械施工队或施工单位的机械,应会同原机驾驶员现场进行验收,并根据随机履历书,了解其使用情况,登记其尚可运转的工时(工作能力),以备安排机械使用作业计划之用。

经外部检验的机械,应把检验结果记入各类相应的交接清单或随机履历书内,并应将机械出厂合格检验单、机械说明书以及随机工具等随机移交。

检验验收合格的机械,均应按其机械的类型编入相应的专业队、班、组内,并安排固定负责的驾驶员。

14.2.2 机械的试运转

外部检验,仅能鉴定其外部装备的情况,而不能判断其技术性能和使用情况。为了更好地摸清机械质量和工作能力,必须进行机械的试运砖。

机械的试运转分为无负荷试运转、有负荷试运转及试验后检查三个步骤。

1)无负荷试运转

无负荷试运转,主要是检查机械各部分的连接紧固和运转情况,试验操纵、调节、控制系统以及安全装置的作用,并作适当调整。对于未经过总成性能试验者要分总成逐步试运转(包括工作装置在内),一般制造厂出厂的新机械或修理厂修竣的机械,在出厂时大都已作性能试验,所以只对在用或调用的旧机械,在接收时应用目察法或听察法对各个总成进行鉴定。

2)有负荷试运转

有负荷试运转是机械出厂竣工验收的主要内容。其目的是通过负荷运转,以确定机械的动力性能、经济性能、运转情况以及操纵、控制和安全等装置的作用是否达到运用的要求。负荷运转须备有生产能力、转速、振动、温度以及油耗等所必需的试验仪表设备。这些设备一般在机械制造厂或修理厂都具备,而且出厂时都作了合格鉴定。至于对在用或调用的机械使用记录(生产能力、燃润油料消耗、故障记录以及安全记录等)要详细阅读,同时对照无负荷运转的情况即可作出经验性的判断。

3)机械试运转后的检查和要求

机械经过无负荷、轻荷或重荷运转后,各部机件受到强度和稳定性的考验,故必须对各部分可能产生的变形、松动及密封性等情况进行彻底检查。特别对于起重机、蒸汽机、锅炉、高压容器、电力设备等,除进行上述的试机检查外,还需按有关技术安全规定进行安全试验或检查。至于内燃机装备的筑路机械试运转后,运转情况一般应符合下列要求:

(1)发动机运转正常,无异常声响。
(2)离合器的分离和接合正常,不发抖、不打滑、无异响。
(3)变速箱、分动箱以及其传动部分,不跳挡、不漏油、不过热、无异响、换挡轻便滑顺。
(4)制动器的制动鼓与摩擦片磨损均匀,制动效率符合要求。
(5)行走机构行驶平衡、不跑偏、转向灵活、准确、轻便、无剧烈振动或晃动,轮式机械车轮小偏拖,履带式机械不啃轨,不脱轨。
(6)操纵机构及安全装置动作灵敏可靠。
(7)工作装置效率不降低、运转正常、不发生破裂、无严重磨损和不正常的运转声响。
(8)机架、机身不松动和变形。

14.3 机械的运输

14.3.1 机械的运输方法和选择

机械在施工前或使用过程,常要把机械从基地或厂队运出或运入,此时必须进行运送工作。

1)机械的运输方法

机械运输的方法,根据运送方式不同可分为:陆运、水运和空运,根据公路工程机械的特点,其中陆运是最常用的方法。

陆运,根据运输道路不同,可分为公路运输、铁路运输。公路运输又可按其机械本身结构和运送方式的不同,分为自行式机械自驶、用牵引车拖运或大平板车装运等方式。

水运就是用平舱驳船或大吨位的货轮装运。

空运是使用载货运输机或直升飞机运送。利川飞机运输,一般都在战时紧急抢修路桥时使用,平时是不常用的。

2)机械运输方法的选择

机械运输方法的选择必须从机械本身的结构(体积大小、质量、固定式还是机动自行式等)要求,机械使用时间、运输路程长短、起讫地点的装卸设备以及运输费用等各方面去考虑。一般来说,水运是最经济的,但水运受限制的条件比较多。比如施工地点附近有无水路通航,吃水深度能否运输或装卸笨重机械的码头和船只等,所以在平原和山区地带用水运的比较少。空运是最不经济的,但它的优点是迅速及时,非必要时是不轻易空运的。陆运是公路工程中最常用的运输方法,它的优点是比较机动灵活,适应各种具体情况。

选择陆运方法运输机械时,首先应从机械本身结构的特点、运距、时间及实际具有的运输工具(公路运输、铁路运输)等各方面来考虑。

自行式机械自驶是最方便而经济的,但必须是轮胎式的高速机动机械。如汽车,平地机等。对履带式或铁轮式的低自行机械(如履带式推土机、挖掘机、铁轮式压路机等)长途自行是不允许的,因为这些机械底盘的传动、行路机构不宜长途高速行驶。所以这些机械在进行长途运送时,除应用大平板车装运外,如有可能也可以利用铁路运输。用汽车或大平板车、拖车来装运与铁路运输比较,简化了装卸运转手续,因此也节省了时间,并能按要求迅速及时地直达施工地点。其次,当公路路线平行于铁路路线时,如果公路路况良好,运距不超过200km者,仍采用公路运输比较经济迅速。如果运距超过200km,或机械质量和体积超过汽车或大平板拖车装载能力,即使把机械拆成零部件还需多次分运才能运完者,则可采用铁路运输。但是,工地与基地若离铁路线和火车站很远,转运工作要占用时间很多,且运距超过200km,从时间上和经济上比较,还是采用公路运输比较合算。特别是在铁路沿线上往往缺乏装卸站台和起重设备,这就不宜采用铁路运输。

14.3.2　公路运输

1) 公路运输的组织工作和要求

机械在一般公路上进行运输时,不管它运输方式如何,首先要对运输的机械和运输工具以及运输要通过的路线进行调查摸底,然后进行组织安排。调查摸底的工作主要有下列几点:

(1) 了解机械及有关车辆运输道路的要求以便于选线。

(2) 了解运输道路情况,特别是要进行大型、重型机械的运输时,应了解运输道路的路况、路面类别、路面最小宽度、最大坡度(纵坡)、最小离地间隙、最小转弯半径、路面上部空间的障碍物情况及沿线桥梁、渡口的通过能力等。如不能满足要求,应采取相应措施。

2) 运送机械的一般技术性能

要掌握被运送机械的一般技术性能,如外形尺寸、质量、最小离地间隙、最小转弯半径、接近角、离去角等。这些资料在各种汽车或机械说明书中均可查到。了解这些性能的目的,主要是为了便于选定装载的机械或汽车能适应道路的要求。

3) 一般公路上机械的运输

在一般公路上机械的运输方法,根据机械本身的特点可分为:自行式机械运输、拖行运输和汽车装载三种方式。

(1) 自行式机械的运输。

凡有自身行走机构的机械都可以进行公路的自行运输,但依其底盘结构的不同,运输的方式也各异。轮胎式自行机械,如工程车、汽车式起重机、自行式平地机、装载机等,这类机械一般可进行长途自行运输,但又不能和一般运输车辆相比,它不可能也不需要经常进行长途行驶。如需要长途行驶时,应进行特殊检查和准备工作,如检查紧固各连接部分的螺栓、加注机械传动部分的润滑油及特殊连接等。在运行中行驶速度不宜太快,特别是对重型轮胎式机械,如轮胎式挖掘机、自行式铲运机等,更不宜作长途自行运输。

一般履带式自行机械比较笨重,而且行驶速度慢(如履带式推土机等),通常禁止在良好的公路上,特别是沥青混凝土这类高级路面上行驶。它只能在土路或无路面的临时修建的便道上行驶。对机械本身来说,行驶距离一般不应超过 20~30km,行驶速度不应超过 4~5km/h。

(2) 拖行运输。

对于具有行走装置的机械或设备都可采用汽车或牵引车等动力机械进行拖运,但根据行走装置的性质不同,其运法也不同。如拖式铲运机、移动式空气压缩机和移动式电机等,它们虽然都设有行走装置,但主要是为增加在工地转移时的机动性而设计的,一般不宜作长途高速行驶。特别是铁轮式的行走机构更不宜拖行。对于轮胎式的行走机构虽然可以在公路上拖行运输,但运距一般以不超过50km为宜。

(3)汽车装载。

所有机械都可运用汽车装载,进行长途运输。汽车装载可分两种:一是载重汽车装载(5~10t);二是重型大平板拖车装载(最大装载质量可达200t)。载重汽车运输适用于中小型机械,载重大平板拖车运输适用于大型笨重机械。

在用汽车装运时,机械的装卸可根据条件采用人工装卸或机械装卸。不论采用哪种形式,都要充分利用地形。如图14-1所示,利用地形构筑的掩体式装卸台进行装卸。这种装卸台适用于自行式的任何机械,它可以直接从地面驶上汽车或从汽车上驶下。对拖式机械或装有行走机构的设备也可用人力推动装卸。

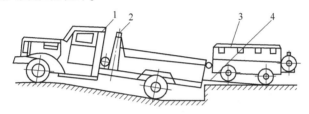

图14-1 利用地形构筑的掩体做装卸台
1-汽车;2-吊机;3-空压机;4-跳板

在用汽车装运时应了解运输道路条件等各方面的情况,注意装载限额,不得超重、超宽、超长,当超过时应采取措施和行车标志,以免发生行车事故。

此外,要使机械在汽车底板上的质量分布均匀,装置整体机械时,前后方向位置要均称,重心应尽量降低;机械的纵轴线应与汽车底盘中心线相一致,以求行车稳定。如机械的重心偏高时,可将有轮胎机械的轮胎或铁轮卸下再行装车。

机械装好后,要用三角木或绳索将机械的前后、左右、上下捆绑加固,务必使机械在运输过程中,不致发生纵向或横向位移。

14.3.3 铁路运输

铁路运输的优点主要是运量大、速度快,适宜长距离运输。但机动性差,要求计划性强。

1)铁路运输前的准备工作

铁路的货物运输,按运送物质多少分为零担运输和整车运输。当货物不够整车时,零担可以随时发送,不用计划。如需整车整列托运时,应在运输前一个月按规定格式提出计划。在机械的铁路运输中,主要是解决待运机械的需用车种和车数问题,因此,托运时应掌握以下情况:

(1)机械情况。

主要是指待运机械的总数量和每台机械的质量以及外部尺寸。

(2)铁路运输的有关规定和各种车辆的性能。

铁路车辆种类很多,但适用于装运机械的主要有敞车(高边和低边)和平板车等。

根据以上两种基本情况,考虑装车方法和列车编组等问题,进行细致合理的安排,在尽量少占用车皮的情况下提出车种和车数。

计划提出后,一般在提出计划的中旬能得到批复。根据批复计划再进行装运工作的具体准备。

2）装车前的准备

在装车前应对机械进行保养、清洁工作。如果运输出发地与到达地两地之间温差很大时，应做好机械燃润油料及冷却液体的换季准备工作。如遇雨季还须准备机械盖布等。

机械进站装车时，一般作业量很大，时间比较短促。为了做好装车前准备工作，事先要有周密的组织，做到分工明确，有条不紊，项项落实。

此外还应选好装卸机械的装卸现场，应选择好车站台，如顶端站台或侧面站台。在设备不全的小站也可用枕木和其他建筑材料搭设临时站台（顶端或侧面）。

3）装车方法

铁路运输的装车方法基本有三种，即吊装、拖装和自行装车。

吊装是整台机械装车的一种基本方法，速度快、机动性好、不用站台，可直接利用起重机或车站内的起重设备进行。

拖拉装车是用于非自行大型整台机械在缺少起重设备的情况下使用的一种方法。可用牵引机或动力绞车拖拉。

自行装车是指可以自己行走的机械，如推土机、挖掘机、压路机等依靠自身动力装车的方法，宜用顶端站台或侧面站台。如利用车站原有站台，应先在站台与车辆之间以及车辆与车辆之间搭设渡板。要注意渡板的强度，而且一定用扒钉牢固地与车底板连接，且将车辆用刹车制动。

在装重型机械时，还要在平板车两端下面加以支撑，以防压坏车辆。然后机械从顶端站台按照预定顺序和指定位置以缓慢速度开到平板车上，并停在指定位置，如果是侧面站台，就应特别注意由站台至平板车转弯的操作。在木制站台及车底板上，禁止履带机械作直角转弯。司机在装车过程中，应特别注意听从指挥，慎重操作，以防发生事故。

4）机械在车辆上的固定

机械就位后，为防止在运输途中产生位移，发生事故，除部分确认不会发生位移的笨重整台机械外，均应加以捆绑和固定。特别要注意轮胎式、履带式和重心偏高的机械的固定。固定时一般采用铁丝、钢丝绳、掩木、枕木以及扒钉等材料，将机械的有关部位与车辆的有关部位牢固地连接起来。图14-2与图14-3所示为推土机、挖掘机在平车上固定捆绑的情况。固定捆绑所用铁丝、钢丝绳、三角木等要适应车辆运行过程中所产生的作用力。车辆运行中产生的主要作用力有纵向惯性力和弯道行驶时的侧向离心力。

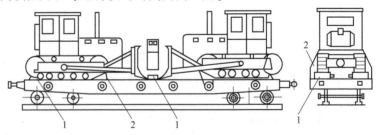

图14-2　推土机在平板车上固定

1-三角挡木；2-紧固钢索

纵向惯性力主要由下列情况产生，如车辆起步、紧急制动以及列车编组时瞬时碰撞等。这些惯性力中以编组时碰撞力为最大，这时车辆的行驶速度一般在5~6km/h，制动距离为0.3~0.5m。实验所得，这时作用在每吨机械上的惯性力可达230~380kg。用经验公式(14-1)可求

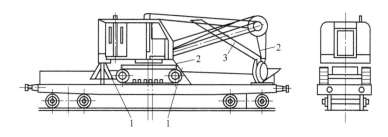

图 14-3 挖掘机在平板车上固定
1-三角挡木;2-紧固钢索;3-撑木

得惯性力的近似数值:

$$P = \frac{9.8 \times mv^2}{12.96gL} \tag{14-1}$$

式中:P——惯性力(N);

m——平板车上的机械质量(kg);

v——制动开始时车辆的行驶速度(km/h);

g——重力加速度 $g = 9.8 \text{m/s}^2$;

L——车辆的制动距离(m)。

转弯时离心力按转弯半径大小来估算。一般最大转弯半径为 300m,行驶速度 80km/h。实验所得,作用在车辆上每吨机重的离心力约 170kg。以公式(14-2)来估算:

$$S = \frac{Qv^2}{12.96gR} \tag{14-2}$$

式中:S——离心力(kg);

R——路轨的转弯半径(m)。

5)机械装好后的检查

机械在平板车上固定好后,要关好机械的门窗、上好锁,使机械的行走机构处于制动状态,根据季节是否应放掉冷却水,机械上的工作装置(如铲刀、铲斗)应放置稳妥,随机所用材料应妥善保存,以免运输中散失。

6)机械卸车

对于机械运到目的地的卸车工作,也应根据实际情况预先作好适当安排,以便迅速安全卸车。卸车所用的设备、工具、材料、方法等,一般与装车时所用的方法相同。

14.4 机械的安装

在公路工程机械化施工过程中,大部分独立工作的机械不需要在施工现场安装或拆卸。所要进行安装和拆卸的机械设备,主要是一些大型机组。如碎石—筛分设备、人工构筑物预制件加工厂、混凝土制备厂等的大型沥青混凝土拌和楼、水泥混凝土拌和机及一些桥梁工程中所用的半固定式的大型机械设备(如打桩机,龙门吊架)等。这类临时或半固定式加工厂的机械和设备,部分还需要为安装准备基础。因此,进行这类工厂式的安装,必须根据安装工程的规定程序办理。

安装工程程序可分以下几个阶段:编制安装;工程的施工设计;进行准备工作;修筑机械和设备基础;安装主要机械设备和辅助设备;设备调试;试运转与交付使用。

安装设计包括:

(1)初步设计。包括草拟安装方法、各个总成与部件的安装简图、安装总平面图、安装所需用的安装机械、设备与劳动力等。

(2)施工图设计。在设计时要考虑安装部件的外形尺寸、质量、起重方法以及气候与土壤条件等问题。

拟订安装方法,应尽可能做到简化安装程序、省工省料、就地取材。机械安装程序应在安装设计中注明。安装用的设备和机具应根据安装需要选,如起重机械、修理工程车等。

安装前的准备工作包括:修筑临时运输道路、平整场地、搭盖库房和机棚、运料和卸料等。

准备工作完成后,根据安装总平面布置图确定安装位置,放好机械设备安装中心线,然后根据所用机械和设备说明书的规定预制安装基础(基础要牢固可靠)。机械安装到基础上以后,应用平尺进行仔细检查,量好水平。如不平整,应用调整片进行调平才可固定。

安装工程的最后阶段是机械和设备的调试运转。成套设备在试运转前,必须事先进行人工调试,如设备与设备之间有传动件(皮带传动、键传动、钢索绞盘、滑轮齿轮传动等),先用手力对各部分进行试转,注意观察有无卡住转不动现象。如果发现有这些现象说明装配存在问题要立刻解决,然后才能以动力进行无负荷试运转。在试运转过程中,仍应细致观察成套设备运转的情况,检查配合件,齿轮传动件的啮合情况以及各部分连接的紧固情况等。试转过程必须加注润滑油,如发现过热、声响、运转不稳定等情况,应立即停车检查。在完全消除所发现的故障现象后,机械和成套设备才可进行负荷试运转。负荷应由小到大直到满载。

在负荷试验中不再发现任何故障和不正常情况后即可交付使用,办理移交接收手续。

各类机械与设备的具体安装方法详述在各类机械的说明书中。拆卸机械与设备是安装的相反工序。不论是安装或拆卸过程,直接参加操作的人员,都应注意以下几点:

(1)安装和拆卸前,应熟悉机械设备的结构、工作原理以及各个零件之间相互连接的关系和性能。

(2)准备好相应的适当的工具和设备。

(3)做好配件零件安装,要注意零件位置的记号和必要的划线工作。

(4)在拆卸和安装时禁止用大锤猛击零件和使用接得过长的扳手拧紧螺帽,非必要时,禁止用凿子凿去螺帽和螺栓。

(5)正确选用和安装配合的连接件、锁紧零件,禁止以大代小,以长代短的使用方法。

[思考题]

1. 公路工程机械使用前应主要做些什么?
2. 公路工程机械验收包括哪些内容?
3. 公路工程机械如何运输?举例说明某种工程机械的运输。
4. 机械化施工中哪些机械或设备需要重新安装?如何安装?安装时应注意什么问题?

单元十五　公路工程机械的使用、保养与修理管理

公路工程机械经营管理是公路施工与养护全过程中的重要环节,包括管(管理)、用(使用)、养(养护)、修(修理)、供(配件供应)五个方面的基本内容。这是一个有机的整体,必须处理好它们之间的关系,实行统一的经营管理,改变"重用轻管"、"只用不养"和"不坏不修"的做法,做到科学管理、合理使用、定期保养、计划修理、及时供应,从而建立一个正常的施工生产秩序,保证机械的完好率和利用率,降低使用维修成本,保证安全生产。其中,机械使用的合理与否、保养与修理工作做得好与否直接影响到机械的效能和寿命,影响到施工进度和经济效益。所以,本章主要介绍其中的机械的合理使用、养护和修理方面的内容。

15.1　公路工程机械的合理使用

15.1.1　合理使用机械的要点

合理使用公路工程机械应按"管"、"用"结合的原则做好以下几项工作:

(1)公路工程机械的合理配套。

公路工程机械的合理配套包括三项内容,即施工工序的机械配套;机械的规格配套和保修配套。

施工工序的机械配套是指在各项工程的工序中,机械应配套使用。例如:石方工程中,不仅要有开采石方的机械(如空气压缩机、凿岩机等),还必须有清理石方的机械;土方工程中不仅要有推土机、铲运机等铲土运土机械,还要有平整、压实机械等。只有这样才能更好地发挥机械效率。

机械规格配套,就是在选用某种规格的主要机械时,还要选用与之相应规格的配套机械。如自卸汽车和装载机或挖掘机的配合使用,容量要基本相适应。用小型装载机或挖掘机装大吨位汽车,不但产量低,而且费用也高。反之,用大容量的装载机或挖掘机装小吨位汽车,同样费用也高,而且对汽车的安全使用不利。

保修配套是指为了保证机械正常运转,使机械更好地发挥作用,保修人员和保修设备也必须配套。

(2)公路工程机械的合理选用。

任何一种工程机械的性能、结构参数等特性,决定着该种机械只能在一定的使用条件下,完成一种或数种工作,超越其使用条件,机械就无法发挥其作用,或即便可以勉强工作,但是其经济效益、工作效率都很低,而且对安全使用和机械本身都不利。机械合理选用的依据是:在施工任务下达之后,根据机械的特性结合作业内容、土壤性质、运距长短、气候条件及经济效益等因素综合考虑,统筹兼顾。既要避免小工程量用多种机械,或大机小用,造成不必要的浪费;也要避免超过机械能力,拼设备吃老本。

(3)加强施工人员和机械人员的密切配合。

施工人员要正确的选用机械,合理的组织施工,充分发挥机械效能。在编制施工总平面布置进行施工准备时,必须为机械施工创造条件,合理安排工序,修好机械、车辆进出场路线和铲运机、自卸汽车经常行使的便道,安装好照明设备以及向机械人员进行技术交底等。

驾驶、操作人员必须听从施工人员的正确指挥,按机械的操作规程合理操作。机械管理人

员及时安排机械的维修、保养,如有临时故障应及时组织抢修。

(4)不得随意改变机械的结构,油料、电压等应符合要求。

15.1.2 机械在特殊条件下的使用

1)低温条件下的使用

严寒季节因气温低而影响燃油蒸发,并使发动机热量损失增加,传动机构和行走装置内的润滑油和润滑脂黏度增大,轮胎与地面的附着情况不良,启动蓄电池工作能力降低。结果导致发动机启动困难,工作中的燃料消耗量增大,整个机械的机件的磨损急增,安全性降低。为了保证机械能够在寒冷季节和地区安全、经济地运转,应采取必要的措施。

发动机应有保温和防冻措施。保温的目的是尽量减少传给周围冷空气的热量,保持发动机工作的正常温度。发动机冷却水的正常温度,应保持在80~90℃之间,发动机罩下面的空气温度为30~40℃,此时发动机可发出全部功率,燃料消耗最经济,机件的磨损也不大。如温度过低,则发动机工作条件变坏。为了保证发动机工作的正常温度,且停机后能够方便地启动,必须采取相应的保温防冻措施。

在冬季运转中,保证冷却系统中的启动加温装置(如利用启动发动机排气余热加热主发动机的进气管等)和节温器、散热器的百叶窗和保温帘完好。发动机罩应完好无损,并在发动机罩和散热器罩上加装保暖套。

机械若较长时间停止运转,为了防止发动机冰冻,冷却系统应及时放水(必须打开所有的放水开关)或加注防冻液。冬季停车后,应等发动机冷却水的温度降到50~60℃,再放出冷却系统内的水,以防由于急冷使缸体变形。

冬季使用的蓄电池,由于放电较快,渗透能力下降,容量较正常温度时小。应使之经常处于"充饱"状态(电解液的相对密度一般应保持为$1.28g/cm^3$),如果电解液相对密度过低,还会造成蓄电池的冻结。所以应适当提高发电机的充电量,使发电机调节器的节压器在充电电路上的电压较夏季高0.6V。

对汽油机,由于冬季蒸发情况较差,混合汽燃烧速度减慢,所以应适当提高化油器浮子室油面高度与加速泵行程并使点火提前角较夏季适当往前调整2°~3°。为了在冬季增加火花强度,应适当增加断电器角点的闭合角度,角点间隙可调至0.3~0.4mm。

对柴油机,应进行换季保养,一般冬季使用柴油的凝固点应低于季节最低气温3~5℃,以保证最低气温下不影响使用。

凝固点低的柴油,由于生产工艺复杂,产量也较少,所以相对价格也高。在气温允许的条件下应尽量延长高凝点柴油的使用时间。在低温时,如缺乏低凝点柴油,可采用预热的方法增加柴油的流动性。预热柴油的方法有两种:废气预热法和循环水预热法。

在寒冷地区缺乏低凝点柴油时,也可在高凝点的轻柴油中掺入10%~40%灯用煤油,混合均匀,以降低其凝点。

在寒冷地区由于润滑油黏度的增加,使传动系统阻力增大,因此会影响机械运转的经济性。为此,进入冬季施工时,应对传动系统的变速箱、分动箱、主传动器、最终传动和动力绞盘齿轮箱等需润滑油的地方更换冬季润滑油,轴承应更换冬季用的低凝点的润滑油脂。除此之外,还必须清洗发动机的机油粗滤器和细滤器,以减少润滑油的阻力。有的柴油机在进入冬季运转时(一般气温低于5℃时),应注意将机油滤清器座上的季节转换开关转向"冬"季使用位置。

制动系统为了保证制动的可靠性,冬季应换用凝点低的制动液。在没有这类制动液时,可用50%的蓖麻油和50%丁醇混合液代替。当气温低于-20℃时,可按质量比10%在制动总泵内加入无水酒精。如果是气压式制动,冬季每次收车后要放出储气筒内的冷凝水或往储气筒内加入少许酒精,以防冻冰阻塞气道。

冬季机械运转,对液压系统的维护,关键在于选择适合当地低温条件下使用的工作油液,同时也要注意对液压系统采取保温措施。为保证在严寒季节,工作油液既有流动性,也有适当的黏度,从而保证系统的传动效率,选用工作油液时主要视其凝点与温度而定。

2) 高温条件下的使用

高温炎热季节的特点是:气温高,雨量较多,空气潮湿(特别是南方和沿海地区),太阳辐射强,因此给机械施工带来许多困难。如发动机因冷却系统散热不良,机器容易过热,影响发动机充气系数,使功率下降;润滑油因受高温影响,黏度降低,润滑性能变差;雨量多,施工现场水多,空气潮湿,容易使机械的金属零件生锈;机械离合器与制动装置的摩擦部分因高温而磨损增加,甚至烧蚀;液压系统因工作油液黏度变稀而引起系统外部渗漏和内部泄漏,使其传动效率降低。

在高温条件下运转的机械,应经常检查和调整风扇皮带的紧度,防止因风扇皮带过松而降低冷却强度。但也要防止风扇皮带过紧而使水泵轴承过热而烧损。冷却系统管道和接头处应经常检查,发现破裂和漏水应及时排除。冷却系统的水量应经常保持充足,在工作中发现缺水时,切勿在发动机过热的情况下向冷却系统加注冷水,以免造成缸体变形和裂纹。

水垢的导热率很差,所以冷却系统的散热器、水套等部分沉积水垢后,不但使冷却水量减少,而且使散热性变差。因此,在冷却系统保养时,应重视水垢的清除工作,使冷却系统的管道畅通,以加速冷却水的循环。

为了减少冷却系统积垢,加注冷却系统的水应为软水。由于机械施工条件一般较为恶劣,在没有软水或夏季干旱少雨的地方,加注的冷却水必须经过软化处理。水软化处理最简单的办法是烧沸后经过沉淀。有条件的地方,可以加软化剂进行软化。水软化后应经过滤再加入发动机使用。

高温条件下,对发动机和传动机件的磨损,主要取决于采用的润滑油的品质。试验证明,采用黏度大而有添加剂的润滑油能够减少磨损。在炎热的夏季或高温地区施工,轴承的润滑应选用滴点较高的润滑脂。液压系统同样应换用夏季用油。

在夏季和亚热带地区施工时,同样应对发动机的燃料系统,特别是化油器式发动机的燃料系统进行适当调整。一般应降低化油器浮子室油面的高度,减少主量孔和省油器的出油量。此外,还应采取必要的措施预防油路产生气阻而影响发动机正常运转。

除上述外,高温会使蓄电池的电解液中的水分蒸发加快,因此必须加强对蓄电池的检查。液面高度不够时,加注蒸馏水补足。同时,为了防止大电流充电造成蓄电池温度过高,引起蒸发量增加,须调整发电机调节器,减小发电机的充电电流。还要经常检查和清洗电池盖,以防灰尘堵塞。

在夏季运行中要特别注意轮胎的温度和气压,经常检查并保持轮胎在规定的气压标准中。

3) 高原山区条件下的使用

高原山区的特点是地势高、空气密度低、温度变化大、坡道多。这些自然条件使机械的工作能力下降,发动机过热,易产生积炭和胶质,燃料消耗量增加及轮胎气压相对增高,给机械使用带来一定困难。

随着海拔高度的增加,大气压力和空气密度有所降低,使发动机的充气量减少,而影响压缩终了的压力和输出功率。实验证明:位于海拔 4 000m 高度地区的发动机输出功率,是位于海拔为零地区工作功率的 50%。由于发动机功率小了,在高海拔地区运行的公路工程机械驱动轮上的牵引力也减小了,因此就必须常用低挡工作。

由于海拔高、气压低的影响,促使冷却系统中冷却水沸点降低,发动机润滑系统的温度将有所增高,由于水的沸点降低,蓄电池电解液的蒸发也显著增大。

针对高原山区空气稀薄的特点,为了保证适当的空燃比,保持发动机的功率,克服过快的积炭结胶现象和节约燃料,在条件许可的情况下,对没有增压器的发动机,应设法加装增压器。未安装增压器的发动机,须适当减少供油量。在海拔 2 500m 以上地区作业的公路工程机械还应适当增大喷油提前角,化油器式发动机的点火提前角也应适当加大。

其次,为了使混合气成分正常,可以适当调稀混合气。调稀混合气虽然会使火焰传播速度有所降低,发动机功率有所下降,但是燃烧比较完全,热效率有所提高,燃油消耗有所降低。

为了调节冷却水沸点,减少冷却水的蒸发和沸腾外溢,要加强对冷却水的密封。在闭式的冷却系统中,亦可增强水口盖蒸汽阀的弹簧压力,使阀的开启压力增高(通常为 0.02 ~ 0.03MPa),以提高水的沸点,使之不致过早沸腾而溢出。如有可能,应装设冷却系统冷凝设备使水不致损失太多。

蓄电池的电解液也因蒸发得快而应及时补加蒸馏水。

液压制动总泵内采用醇一类的制动液,成分易于挥发,有时还会出现管道气阻故障。必要时可以采用矿油类制动液,这种制动液具有制动压力传递迅速、制动效果好、不易挥发变稠等特点。但在使用或换用矿油类制动液时,必须换用耐矿油的橡胶皮碗。

由于大气压力太低,轮胎充气不可太足,一般只可充到标定气压的 90% ~ 95%。

15.2 公路工程机械的技术保养

15.2.1 技术保养的意义和目的

保养是指为了维持公路工程机械使用性能而采取的技术措施,因而称为技术保养,有时也称维护保养。施工实践证明,机械保养和修理工作做得好与否,很大程度上直接关系到机械能否运行,能否充分发挥其效能和寿命,关系到施工企业的经济效益和生产安全。

机械在施工过程中的技术使用性能是否经常保持良好,在很大程度上取决于是否对它合理使用。然而,机械在长期施工过程中,随着运转时间或行驶里程的累加,即使遵照使用技术要求,其使用性能仍不可避免地要发生变化,这是由于机械的各机件或零件间自然磨损的结果。如果不对这些机件进行及时润滑、调整及其他技术保养作业,那么各机械零件的磨损将会急剧增加,从而导致动力性能恶化、燃料消耗量增加、工作可靠性降低,甚至因故障和损伤而使整个施工机械失去工作能力,影响公路工程机械的正常使用。

减少和防止机械零件磨损的主要办法是及时进行技术保养,定期地对机械各部分进行清洁、润滑、紧固、检查、调整或更换某些零件。因此,技术保养可以理解为保证公路工程机械的技术状况完好而进行的各种技术作业的总称。

技术保养的目的在于:

(1)使公路工程机械经常保持完好状态,以便随时可以启动运转,参与施工生产活动。在合理运用的条件下,不致因中途损坏机件而停歇,在施工过程或行驶中不致因机件事故而影响安全施工或行车。

(2)使整个机械及其各个总成的技术状态保持均衡状态,以达到最长的大修间隔期。在运用过程中使燃润料、轮胎及零件达到最低消耗。

15.2.2 技术保养的作业内容

机械保养的作业内容是清洁、紧固、调整、润滑、防腐,称为"十字作业"。这是根据机械技术状况变化的规律,并经过多年实践得出的,是必不可少的技术作业项目。此外,还有检查、加添等辅助作业内容。

1)清洁

机械在工作中,必然引起机械内外及各系统、各部位的脏污,有些关键部位脏污将使机械不能正常工作。为此,进行清洁作业不仅是保持机容整洁的需要,更重要的是保证机械安全和正常工作的需要。

清洁作业中要特别注意做好发动机"三滤"和电气部分清洁作业,发动机"三滤"的清洁对发动机的工作和寿命都有很大影响。

(1)空气滤清器的清洁。

空气滤清器的作用主要是滤除进入汽缸的空气中的尘土。尘土中主要成分是二氧化硅,又名石英,石英很硬,并具有棱角。石英的硬度仅次于金刚石,比一般金属硬度大。金刚石的硬度为10,石英为7,汽缸壁是5.2,活塞环是2.6。进入汽缸的部分尘土被汽缸壁上的机油粘住,当活塞上下运动时,好象加了一层磨料,使汽缸壁的活塞环很快磨损,如不装空气滤清器则磨损将增加一百倍。

尘土进入汽缸不仅使汽缸壁、活塞、活塞环加速磨损,而且被机油清洗下来进入机油,进而使机油润滑的部位发生加速磨损。

空气滤清器在工作中,随着脏污程度的增加,滤清效率不断下降,滤清阻力增加,造成发动机磨损加剧和功率下降,必须及时清洗。

清洗空气滤清器时,必须注意空气滤清器及其到歧管之间进气管路的密闭,如有孔隙将使空气不经滤清进入汽缸,加剧磨损。

(2)机油滤清器的清洁。

机油在使用过程中,不可避免地要被由磨损产生的金属屑、自外界落入的尘土、杂质和燃烧产物所污染。同时,机油本身由于受热氧化也会产生硬性物质和胶状沉积物。如不加以滤清,就会加速发动机零件的磨损,堵塞油路,甚至使活塞环、气门与导管等零件之间发生胶结,使发动机不能正常运转,并使机油的使用期缩短。机油中机械杂质的含量超过0.3%就需要更换。机油滤清器的作用就是及时清除机油中的机械杂质和胶状物质,保证发动机润滑系正常地工作。

机油滤清器使用一定时间后,滤芯表面脏污越来越多,尽管滤清质量有所提高,但滤清阻力增大,油压下降,循环量减少,供油不足,不能保证发动机运动零件的润滑及其摩擦热的散发。滤芯严重堵塞时,机油将通过滤清器的旁通阀,而不经滤清就参与润滑,会形成磨料性磨损。为此,必须及时清洗机油滤清器,以恢复其正常工作。

(3)柴油滤清器的清洁。

柴油发动机供油系统主要零件的表面粗糙度和配合间隙都是非常精密的。因此,供油系工作是否可靠和耐用,主要决定于柴油的纯净程度,使用清洁的柴油可使精密零件的寿命延长

30%~40%。柴油中含有杂质还可能加速汽缸的磨损。为此,除在加油时必须保持清洁外,还要定期放出柴油箱内沉淀的杂质,特别是要定期清洗柴油滤清器。如不及时清洗柴油滤清器会造成滤清效率下降或供油不足,使发动机不能正常工作。

(4)电气设备的清洁。

为保证电气设备正常工作,应经常保持发电机、启动电动机、蓄电池、调节器以及电器操作和电气控制部分等电气设备的清洁。应定期清除整流子和碳刷上的碳粉,并按规定擦拭整流子。保持各电气触点的清洁,对机械的安全正常是十分重要的。

2)紧固

机械上有很多用螺丝固定的部位,由于机械工作时不断振动和交变负荷等影响,有些螺丝可能松动,必须及时检查,予以紧固。如不及时紧固,不仅可能发生漏油、漏汽、漏水、漏电等现象,有些关键部位的螺丝松动,还可能改变该部位设计的受力分布情况,轻者造成零件变形,重者造成断裂。螺丝松动还可能导致操纵失灵、零件或总成移位或掉落,甚至造成机械事故损坏。

在以内燃机为动力的机械上,有些关键部位的螺丝必须经常检查,定期紧固。如发动机机座固定螺丝、风扇固定螺丝、前后钢板U形螺丝、驾驶室和货箱固定螺丝等,其他需紧固的各部位都应按规定进行检查和紧固。

有些用铆钉连接的部位,也应定期进行检查,发现松动及时处理。

3)调整

机械上有很多零件的相互关系和工作参数需要及时进行检查调整,才能保证机械正常工作。如不及时调整,轻者造成工作不经济,重者导致机械工作不安全,甚至发生事故。调整的内容和部位如下:

(1)间隙方面,如各齿轮间隙、气门间隙、制动带间隙、分电器触点间隙等。

(2)行程方面,如离合器踏板、制动器踏板行程等。例如离合器的工作通过分离、滑磨、接合三种工况完成的,要求分离彻底,接合可靠。这一方面要靠正确的组装来实现,另一方面要通过对离合器及其操纵装置的正确调整来实现。离合器在工作中,行程不断发生变化,影响离合器正常工作时,就必须及时检查调整。

(3)角度方面,如点火提前角度、提前供油角度等。柴油机的提前供油角度,随着使用时间的延长而自然减小(原调整位置不变),各种发动机减小的幅度不等,如使用400h后,有的减小5°~6°曲轴转角,有的甚至减小12°~14°提前供油角度。喷油推迟,使燃烧不及时,形成后燃。其征状是发动机负荷较大时连续排黑烟,严重时甚至排火,行驶无力,水温容易升高。其后果是发动机功率下降,燃料消耗量增加,发动机容易过热。因此,在二级保养时应对柴油机的提前供油角进行检查调整。

(4)压力方面,如燃料喷射压力、机油压力、空压机压力、闭式冷却器的蒸汽压力等。

(5)流量方面,如供油量等。

(6)松紧方面,如风扇皮带、履带松紧带的松紧度。

(7)轮胎换位。

(8)此外还有电压、电流、发动机怠速、化油器油平面等很多内容,都需及时检查调整。

4)润滑

机械的活动部位,包括转动的和往复运动的零件,绝大部分需要保持良好的润滑,才能保证机械正常工作。机械在使用过程中、技术状况变化的主要原因是磨损,而润滑是减轻磨损最有效的措施。

（1）发动机的润滑。发动机上有很多相对运动的零件,大部分处于滑动摩擦,只有少部分采用滚动摩擦。润滑系要保证把一定数量、一定温度的清洁润滑油不断地供给发动机的各摩擦表面,以保证发动机正常工作。其中最重要的是曲轴和轴承的润滑。

（2）润滑对保持传动部分各齿轮的正常工作也是很重要的,传动效率主要损失在搅动润滑油、齿轮啮合及轴承摩擦上。

（3）各部滚动轴承工作时也需要良好的润滑,还有一些拉杆、滑轮、销子等活动部位以及钢丝绳等都需要润滑,保养中也必须按规定进行检查,补充和更换润滑油脂。

（4）机械上的润滑点是相当多的,检查、加添和更换润滑油脂的时间也不相同,因此,润滑是保养作业中一项重要、繁重和细致的工作。有些国家把机械润滑划为保养以外的一项单独的作业,可见其对润滑的重视。

5）防腐

机械在使用中,不可避免地造成一些金属制品的保护层脱落,为此必须进行补漆或涂上油脂等防腐涂料。对一些非金属制品也应采取必要的防腐措施,如洗净橡胶制品上的油污等,加以保护。

15.2.3 我国的技术保养制度

我国现行的机械技术保养制度规定:机械的各级保养计划,应以保养间隔周期为主要依据编制,报上级管理部门审批下达。计划一经批准下达,使用单位和保养单位必须按计划执行,不得漏保。

机械的一级保养作业可由操作或驾驶人员按规定进行,其他级别的保养应由专业保养工人或具有保养能力的保养场(厂)或车间进行,各单位应配备相应的保修力量。

机械保养制度的内容包括:保养分类、作业范围和项目、技术要求和质量要求、间隔期、停机日以及工时、消耗材料、费用定额等。

一般机械的保养分为例行保养、定期保养和特殊保养三类。

1）例行保养

指在机械开工前,班内工作暂停时期以及一级工作结束后进行的检查保养。中心内容是检查,主要检查要害部位和易损部位。如机械和部件的完整情况;油、水数量;操纵和安全装置(如转向、制动等)的完好和工作情况;关键部位的紧固情况;以及有无漏油、水、气、电等情况。必要时加添燃料、润滑油脂和冷却水,以确保机械的正常运行和安全生产。例行保养由操作人员按规定进行。

2）定期保养

（1）一级保养。

一级保养主要在于维护机械完好的技术状况,确保机械在两次一保间隔期中正常运行。一级保养时普遍进行清洁、紧固和润滑作业并部分地进行调整作业,但以清洁、紧固、润滑为中心,主要内容是:检查紧固各部螺丝,按规定检查和加注润滑油脂,清洗各滤清器。

（2）二级保养。

二级保养主要在于保持机械各个总成、机构、零件具有良好的工作性能,确保两次二级保养间隔期的正常运行。二级保养以检查调整为中心,除进行一级保养的全部内容外,还要从外部检查发动机、燃料系、润滑系、离合器、变速箱、传动轴、主减速器、转向和制动机构、液压和工作装置、电动机、发电机等工作情况,必要时进行调整,并排除所发现的故障。

(3) 三级保养。

三级保养主要在机械经过较长时间的运行后,除进行必要的保养外,重点进行较彻底的检查,发现和消除隐患,确保机械在两次二级保养间隔期的正常运行。三级保养以解体检查、消除隐患为中心。除进行二级保养的全部作业内容外,还应对主要部位进行解体检查,发现隐患及时消除。但是,三级保养的解体与大、中修的解体不同,三级保养时只打开有关总成的箱盖,检查内部零件的紧固、间隙和磨损等情况,以发现和消除隐患为目的,按保养范围的作业内容,不大拆大卸。一般公路工程机械技术保养规程规定的操作项目、内容及顺序大致相同,而且高号保养总是包括低号保养作业项目的全部内容。当然,由于机械构造上的特点,在个别项目及内容中是有差别的。各种公路工程机械各级技术保养的详细内容可参考有关的技术保养规程或机械出厂使用说明书。

一级保养一般应由操作人员进行。二、三级保养可以保修人员为主,由操作人员参加并配合进行(其中一级保养项目应由操作人员进行),以便了解和掌握机械的技术状况及其变化规律,正确使用机械。

对机械定期分级保养应做到:

按时——按照规定时间进行保养,一般延后或提前的时间不应超过保养周期10%。

按级——按规定运转小时(或运行公里)间隔进行分级保养,不应跨越保养级别。

按项——各级保养必须按规定的项目逐条进行,保养结束前应认真检查,以防遗漏。

按质——必须按规定的保养要求与程序进行保养,保证保养质量,杜绝保养事故的发生。

此外,对每台机械应进行日常保养(例保)。做好例行保养和一级保养是使机械经常处于完好状态的重要保证,必须严格要求,认真做好。

3) 特殊保养

包括停放保养、走合期保养、换季保养和转移前保养等,是在特定情况下进行的保养。

(1) 停放保养。

停放保养指停放及封存机械的保养,重点是清洁、防腐,每月最少一次。内燃机应定期发动,在特别潮湿的情况下,每半月发动一次。停放保养由操作或保管人员进行,库存机械由机务部门指定保修人员进行保养。

(2) 走合期保养。

走合期保养指机械在走合期内和走合期完毕后的保养,必须加强检查,选用优质润滑油,提前更换润滑油。

(3) 换季保养。

换季保养指进入夏季或冬季前的保养,主要是更换燃油油料、调整蓄电池电解液相对密度、采取降温或防寒措施、清洗冷却系等。

(4) 转移前保养。

转移前保养指根据施工特点,在一个工程完成后,虽未到规定的保养周期,但为使机械能迅速投入新的施工生产而进行的保养。作业项目除按二级或三级保养进行外,可增加防腐及喷漆等项目。

15.2.4 技术保养的基本设备

由于历史原因,我国公路工程机械的制造业起步比较晚,虽然在改革开放以来有很大的发展,但和汽车工业相比较,仍有较大差距。因此,在保养方面不论从保养的技术水平、组织管理和保养设备的配置等方面,都不尽如人意,有待于今后不断改进和完善。公路工程机械保养所用的设备,基本上分为两种类型:一种是工段设备,即为完成保养工艺而在工段上采用的辅助设备,如保养工作沟、总成拆装运送设备与工作扒架等;另一种是工艺设备,即直接用来完成保养工艺所用的设备,如清洗机、拆装工具、检验仪器、试验台等。

1)保养工段设备

现代保养工艺过程中,各工艺设备固然重要,但也不可忽视工段设备。对公路工程机械的下部作业,特别是轮式机械,其工作量很大,若不用举升设备,不仅操作困难,质量也难以保证,而且工作效率低,延长了保养时间。

保养工作沟(或称地沟)是目前最简单而行之有效的一种"举升"设备。由于地沟建造费用低,安全可靠,又不需要专门维修保养,故应用颇多。但地沟的能见度差、排油水困难,工作空间狭小,劳动条件差等,所以还应在地沟上设置多种辅助设备,如照明设备、专用油水收集器、千斤顶等。对于总成拆装运送设备与工作台架等不再赘述。

2)保养工艺设备

保养工艺设备是直接用来完成保养作业所用的设备,主要保养机具与仪表设备见表15-1。

主要保养工艺设备　　　　　　　　　　　　　　　表15-1

作业内容	机具与仪表设备
清洗润滑作业	1. 外部清洗机
	2. 零件清洗机
	3. 积炭清洗设备器
	4. 滤清器清洗机
	5. 润滑油加注器
	6. 齿轮油加注器
	7. 润滑脂加注器
拆装紧固作业	1. 轮胎螺母拆装机
	2. 各型风动扳手
	3. 手提式液压拉压器
检查调整作业	1. 发动机功率测试仪
	2. 发动机机油检测仪
	3. 气门座修磨机
	4. 机油泵调试作业台
	5. 空气压缩机调试作业台
	6. 磁力探伤器
	7. 仪表、灯具检修作业台
	8. 蓄电磁修理作业台与充电机
	9. 制动阀、气室、气路检修作业台
	10. 前轮定位测试仪
	11. 转向盘转动量和转矩检验仪

作业内容	机具与仪表设备
检查调整作业	12. 制动试验台
	13. 喷油器试验台
	14. 燃油喷射泵试验台
起重运送作业	1. 地沟举升设备
	2. 起重机
	3. 各总成运送小车

15.3 公路工程机械的修理

机械设备在使用过程中,必然因磨损、疲劳、变形和腐蚀等因素使动力性、坚固性、可靠性和经济性降低。这种变化达到一定的程度,机械就无法进行正常工作,所以必须进行相应的临时性、平衡性和恢复性的修理作业。修理是机械设备现场管理的最后一个环节,是对性能的"恢复",也是"生产"。

对修理要有正确的认识,不能舍本求末,要转变观念,树立"机械设备是管出来的,而不是修出来的"、机械设备现场管理的根本任务是"保证设备不坏或少坏,而不是修理"的管理思想,使机械设备现场管理在科学、可行和有效的轨道上运行,保证设备的完好,创造更大的效益。

15.3.1 修理工作的原则、目的和要求

机械设备修理作业的安排和实施应遵照"计划修理、按需进行"的原则,突出针对性和有效性。

修理的目的是及时恢复机械完好技术状况,保证机械正常工作,延长机械使用寿命,降低机械使用成本等。修理是恢复机械完好技术状况的唯一手段,是机械管理工作中的一项重要内容。

机械设备修理作业,要求注意装配工艺和优化修复工艺,要精益求精。既要节约修理成本,又要高质量地恢复机械的技术状况和工作性能,不允许安装不符合装配和修复工艺的零部件,杜绝机械修理事故的发生。

15.3.2 机械修理的任务

机械修理的任务主要是恢复零件的几何形状、几何尺寸、光洁度、理化性能和装配技术条件。同时,对修理部分和规定的部位进行保养作业的全部内容。

修理时,必须按修理范围对需修部位进行解体、清洗和鉴定,保留免修范围的零件,修复可修零件,更换不可修复的报废零件,按技术标准重新进行装配、试运转和整体检查,以达到规定的性能参数。

15.3.3 机械修理的分类

机械修理根据其损坏原因和情况分为正常修理和事故修理。正常修理又划分为大修、中修、小修。

1) 大修

大修是有计划进行的全面恢复性修理。机械在使用到大修期间后,其大部分零件甚至有些基础件达到极限磨损程度,使机械各方面性能显著下降。为此,必须进行一次全面性的、彻底的修理,全面解体每一个零件,修复或更换不符合大修要求或免修零件,按大修技术要求重新装配,基本上恢复原有的动力性能和经济性能,全面恢复机况。

2) 中修

中修是对以内燃机为动力的机械,在两次大修之间有计划进行的平衡性修理。对发动机和另外 1~2 个总成进行大修,对其他各总成全面地进行三级保养并排除发现的一切故障,以调整各总成之间的不平衡状态,恢复机械正常工作状态,尽可能延长大修间隔期。

3) 小修

小修是无计划的零星修理。根据机械状况临时确定对某一零件或某一总成进行更换或修理,以排除机械在使用中发生的临时故障和局部损伤,恢复机械的正常工作状况。小修一般只更换易损件,不更换基础件。小修应与保养结合进行。

正常修理除按修理性质划分为大、中、小修外,还应按工程周期、季节周期进行计划预防修理。对不重要的小型机械,如振捣器等,可不进行预防性修理,采用一次使用到出故障为止的事后处理。

正常修理以外的事故修理和死机复活修理等,其修理的内容和标准根据实际情况而定。

[思考题]

1. 合理使用机械的要点有哪些?
2. 公路工程机械在特殊条件下使用应注意哪些问题?
3. 什么是机械保养?保养的目的是什么?保养的作业内容有哪些?
4. 机械保养分为哪几类?简述其内容。
5. 机械修理的任务是什么?分为哪几类?

单元十六　公路工程机械经营管理

公路工程机械经营管理是公路施工与养护过程的重要环节。建立健全机械经营管理机构和管理制度,提高管理水平,是促进公路现代化建设的重要保证。

16.1　概述

机械经营管理必须正确贯彻执行党和国家的方针政策,按照"技术管理和经济管理相结合"、"修理、改造和更新相结合"及"以预防为主,维护保养与计划检修并重"的原则,认真抓好机械的管理、使用、保养、修理和配件供应等五个环节,做到合理选购、正确使用、精心维护、及时检修、安全经济地运行。要不断总结推广国内外季节经营管理的先进经验,逐渐建立适合我国国情的具有公路工程建、管、养特点的机械经营管理制度。

16.1.1　施工季节经营管理的基本任务

公路工程机械经营管理的基本任务,就是全面贯彻交通部等上级主管部门办法的各项规章制度,按照客观规律,实事求是,因地制宜地运用组织、技术、经济等措施,科学合理地组织好人员、机械和资金等活动,充分发挥机械效率,努力提高机械化施工水平,取得最好的经济效益。具体内容如下:

(1)统一领导、分级管理、集中与分散相结合,建立健全机械经营管理机构和体制。

(2)合理配套、不断更新,使机械充分发挥经济效益,不断提高机械化施工水平。

(3)加强技术业务学习、培训,大力提高管理水平和技术水平,努力培养一支思想觉悟高、技术精、纪律严、作风好的机械专业队伍。

(4)加强技术管理,建立健全各类机械操作、保修、安全规程和制度。

(5)加强经济管理,实行单机定额核算或班组定额核算,考核各项经济指标。

(6)实行统一的机械经营管理,正确处理管、用、养、修、供五个方面的关系,改变"重用轻管"、"只用不养"、"不坏不修"的做法,做到科学管理、合理使用、定期保养、计划修理、及时供应。

16.1.2　公路工程机械经营管理的基本内容

公路工程机械经营管理包括机械的管理、使用、保养、修理和配件供应五方面的基本内容。

1)机械管理

机械管理,简称"管",它包括了机械组织管理和固定资产管理的绝大部分工作,从机械的选购、验收、建账立卡、调拨、封存、保管、改装,到机械报废的全过程。涉及技术管理、机械设备检查、技术培训、机械事故的预防和处理、开展各种竞赛等内容。

机械管理要做到面向生产、管用结合,按照机械的技术经济规律办事,科学管理,不断提高机械完好率、利用率和机械效率。

2)机械使用

机械使用简称"用",它包括了机械动用的全过程,即机械完成施工生产任务及为完成任务空驶和运输等过程。

使用管理包括:机械使用的"三定(定机、定人、定岗位)"制度;对操作机械人员的技术考核和颁发操作证;机械的交接班制度;机械技术试验;走合期的规定;各种条件下使用机械的要求等。

机械使用必须做到管用结合、人机固定、合理使用、安全操作、正确指挥、热心服务,保证安全施工任务。合理使用包括技术上和经济上的合理。技术上合理就是按照机械技术性能和安全操作规程正确使用机械,既要充分发挥机械效能,又不盲目蛮干。经济上合理就是尽量做到不大机小用,减少空驶,不断提高机械利用率,充分发挥机械效能,严格消耗材料和替换设备的管理,加强经济核算,不断降低运行成本。

3) 机械保养

机械保养,简称"养",包括停用和在用机械的各类保养。

保养工作的管理包括制订保养制度和保养计划,组织各类保养的实施,检查保养质量和控制保养成本等。

机械保养必须贯彻"养修并重、预防为主"的原则,做到定期保养、强制进行,保障机械经常处于良好的技术状况。正确处理使用、保养和修理的关系,不允许只用不养,以修代养。

4) 机械修理

机械修理,简称"修",包括对机械的正常磨损和事故损坏的各种类别的修理。

修理的管理包括制定修理计划,大、中修前的技术鉴定,组织修理,工艺质量管理和修竣验收,修理成本和修理费用的管理等内容。

机械修理必须贯彻"计划修理,质量第一"的原则,使机械及时恢复完好技术状态。正确处理使用和修理的关系,不允许只用不修,不坏不修。

5) 配件供应

配件供应,简称"供",它包括向保修单位或班组及时供应规格型号相符的、质量合格的配件。机械配件是保证机械使用、保养、修理的物质基础,也是提高机械完好率的主要因素。机械配件必须做到分级管理、合理储备、及时供应、合理使用。

公路工程机械经营管理有管、用、养、修、供五个方面的内容,这是一个有机整体,必须处理好它们之间的关系,才能全面做好机械经营管理工作。

16.1.3 机械经营管理的要求

公路工程机械因种类多型号杂,技术性能和技术要求各异;野外施工,工作条件差,机械容易损坏;使用忙闲不均等原因,给机械经营管理工作带来一定的复杂性和难度。为了做好机械经营管理工作,必须达到下列基本要求:

1) 提供技术状况最好的机械

要求机械完好率高。不论在用的还是闲置的机械,其动力性能、经济性能、安全可靠性能都要达到要求,无失修失保,无丢失损坏,无乱拆乱卸零部件现象。

2) 发挥最大的机械效能

机械利用率高,效率高,装备生产率高。

3) 取得最优的经济成果

机械的运行成本低,保养成本低,修理成本低,产值高,利润大。

4) 具有最佳的服务态度

机械经营管理是为机械化施工服务的,涉及面广,影响大,必须有热情的服务态度,千方百计满足施工生产的需要。

5）扎实地做好基础工作

领导得力，分工明确，制度健全，记录资料，完整准确。

16.1.4 公路工程机械装备规划

机械装备是机械化施工的物质基础和机械经营管理的对象。机械化施工促进了机械装备的更新，机械装备的更新必然提高机械化施工水平。制定机械装备发展规划，有计划地更新装备和提高装备水平，是机械经营管理的重要任务和内容。

公路工程施工工种多、对象杂，条件、工艺、要求等差异大，需要配备的机械设备，其品种、规格、数量也互不相同。在编制公路工程机械装备标准和规划时，要根据当前机械化施工状况、机械发展水平、施工地理气候条件、采用的材料以及施工工艺等情况，做到：

（1）机械装备必须与施工机制、施工能力相适应，形成专业或综合的生产能力，保证完成一定的施工任务。既要防止平均装备，又要防止装备与施工能力脱节，造成积压。

（2）机械装备必须与施工项目的实际结构和施工方法相适应。有时装备要服从设计和施工方法，有时施工方法要服从装备。

（3）注意机械品种、数量的配套。每一工程的施工工序都要配备一定数量的，符合使用性能要求的机械，这些机械要配套合理，达到最佳的经济效果。

（4）要选用适合公路施工特点，适应范围广、体积小、质量轻、效率高、机动性大、坚固耐用的机械。对机械利用率不高的工序应选用一机多用的机械，并可集中配备，轮流使用。防止片面追求机械装备指标先进，不顾机械的利用程度。

（5）要注意简化机型，尽量防止一种机型各单位平均分配。

（6）注意配备适当比例的保养维修设备，形成一定的维修能力，以保证公路工程机械正常运转。

（7）要注意向大型专业化方向发展，改变"大而全"、"小而全"的装备方向。

（8）要注意提高机械的装备生产率。

16.2 公路工程机械的管理体制和经营管理

公路工程机械是完成公路施工、养护任务的工具，机械经营管理体制要符合机械本身运行的规律。尽管机械化程度越高，施工效率越高，但由于机械使用范围的局限性、机械经营制度的复杂性、工程任务的多变性、机械化施工的特殊性，公路工程机械的经营管理体制要适合当前施工工艺水平和机械发展的现状。

16.2.1 机械经营管理体制的设置原则

（1）机械经营管理体制必须与公路施工、养护的管理体制相适应。

目前公路管理体制一般为省、地、县或总公司、分公司、项目部（局、处、队）三级管理，因此，机械经营管理体制也应实行三级管理。

（2）机械经营管理体制必须做到有利于施工管理，有利于提高机械完好率和利用率，有利于提高机械化施工水平，有利于提高经济效益。

（3）机械经营管理体制必须适应公路工程项目多变的特点，具有一定的应变能力。

任务对象较固定的，可根据任务大小，核定机械常年需要量，直接装备给使用单位，实行管用统一；任务对象变化较大的单位，机械需要量变化大，不常用的机械应由上一级单位集中管理,统一调度。

(4)机械经营管理体制要符合集中与分散相结合的原则。

①大型集中,中小分散。大型公路工程机械一般结构比较复杂,管理、操作的技术要求比较高,保养修理的难度比较大,价格比较贵,如有不周将直接影响机械的技术状况、使用寿命和经济效益。因此,大型公路工程机械应尽可能集中管理。

②不常用的机械集中,常用的分散。二者的区别一般以利用率高低来衡量。年工作台班经常达到年定额工作台班的70%以上时,可视为常用机械,就可以配备给基层使用单位;不常用机械往往闲置时间比较长,调动的机会比较多,管理比较困难,应当在上一级使用单位适当集中,以加强管理、提高利用率。

③管理集中,使用分散。公路工程线长点多,比较分散,公路工程机械为工程服务,常常是分散使用的。但是机械经营管理工作比较复杂,管、用、养、修、供五个环节既有相对的独立性,又互相关联、相互影响、有机结合,具有科学性、技术性和系统性。因此,管理工作不宜过于分散。

④大中修集中,小修保养分散。大中修集中有利于提高修理质量,减少修理装备;小修保养分散有利于及时解决问题,与施工进度相协调。

⑤配件采购、供应集中,储备使用分散。

(5)机械经营管理体制应逐步向专业化大型施工方向发展。

各专业基层施工单位逐步给配备常用机械,按流水作业的方法组织机械化施工,从而加强机械经营管理,提高机械的完好率、利用率和经济效益。

16.2.2 公路工程机械经营管理机构

根据交通部等主管部门的规定和施工场需要,各级公路管理、建设部门都要建立健全机械经营管理机构,并根据施工能力、养护里程和机械拥有量配备相应数量的管理、技术人员,各级机械经营管理机构和人员要保持相对稳定。省级公路管理部门和工程总公司应设置负责全局机械技术管理工作的副总或副总工程师,在副总或副总工程师的指导下,建立起机械技术工作系统;地区总段或工程分公司应设置主任工程师(或副主任工程师),负责本单位的机械技术管理工作。各级机械经营管理人员应由专业技术人员担任,一般机械经营管理干部(包括机械经营管理、技术人员)的配备比例应是机械操作维修人员定额人数的5%左右。

各级领导都要把机械经营管理工作列入议事日程,指定一名领导分管,实现具体地、全面地、有效地领导。

16.2.3 机械经营管理机构的基本任务

各级机械经营管理机构的基本任务具体归纳如下:

(1)认真贯彻党和国家的路线、方针、政策和上级颁发的有关规定。对上级制定的管理制度、操作规程、技术规范、经济技术定额等,可根据单位具体情况,制定实施细则和补充规定。

(2)组织完成上级下达的机械经营管理考核指标。

(3)组织机械大检查,开展各项竞赛。

(4)组织或参与机械化施工规划的制定和实施,参与施工组织设计的编制或审查,组织机械选型。

(5)负责机械和配件的选型、计划、申请、分配、调拨、验收和报废。

（6）负责机械的合理使用，组织机械的保养、修理、配件生产、修旧利废、技术革新和改造工作，使之经常处于完好状态，充分发挥其效能。

（7）建立健全机械技术档案，掌握机械的使用和技术状况。作好统计资料的积累和分析，准确及时地填报各种统计报表。

（8）不断总结和推广有关机械经营管理、使用保养、修理方面的先进经验。

（9）组织或参与对机务人员的培训、考核、调配、晋级工作。

（10）汇同有关部门组织单机（班组）核算。

16.2.4 公路工程机械的经营管理

公路工程机械经营管理是公路建设企业经济管理的重要内容。公路工程机械经营得好坏，影响机械效能的发挥和机械投资的经济效益，公路工程机械经营的形式和方式，影响机械施工的组织实施。由于公路工程施工现场分散，流动性大，公路工程机械品种、规格繁杂，所以机械经营管理比较困难。目前机械经营管理一般是集中经营，分散使用。

1）集中经营与专业化机械施工

集中经营和分散经营比较，有以下几点好处：

（1）集中经营有利于机械效能的充分发挥。

当前，各施工单位都配置较多的自由机械，经常出现施工高峰期不够低峰期闲置的现象，有些机械年平均利用率不到30%，忙闲又无法调剂，有的单位按施工高峰期配置机械，则利用率更低，使许多机械，特别是重要的大型机械和特殊的进口机械的效能得不到发挥。我们的装备生产率仅是发达国家的十分之一左右，国外对增加机械是很慎重的，不常用的机械尽可能的租赁，不轻易自己装备。如美国建筑公司，自有机械仅占34%，租用机械则占66%，是很值得我们借鉴的。集中经营可以根据各施工单位的高峰和空闲情况，统一安排，加强调动，充分使用，有利于发挥机械效能，提高装备生产率。

（2）集中经营有利于取得机械的最优经济效果。

良好的经济效果，来自机械的科学管理、合理使用和全过程的经济核算。在分散经营情况下，施工领导者的注意力容易集中在用机械去完成施工的任务，而忽视机械的管理，以致不惜机械带病或拆拼机械来完成施工任务。大机小用、早要迟用等现象屡见不鲜，不讲计划、不讲核算情况也很普遍。其中能力达几十吨甚至上百吨的大型吊车经常作吊灌混凝土的机具使用。各工地用机械随用随要，几百斤甚至几十斤重的东西也用大卡车装运，缺乏集中安排，利用率虽高，但效率很低。机械的管理不善，使用不当，造成了经济上的严重浪费。由于各施工单位自有机械多、固定资金总值大、机械折旧费多、配件流动资金占用多、再加上管理不善，造成机械效能低、消耗大，提高了工程成本，甚至引起经营亏损。

而在机械化专业施工、集中经营的情况下，单位的核算对象就是机械，只有改善经营管理，才能完成各项技术经济指标。因此，这些单位的领导和管理部门，必然都要把主要精力集中在机械经营管理的全过程，加强管理，精打细算，从而提高机械的经济效益。

（3）集中经营有利于机械经营管理水平的提高。

在机械化专业施工、集中经营的情况下，专业机械化单位只装备几种机械，品种少、数量多、业务单纯、便于管理。而且专业人员力量强，精力集中，它的任务就是机械化施工。一方面不断提高机械化施工水平，努力保证和超额完成任务，取得最好的经济效果；另一方面考核它的技术经济指标，这些都与机械经营管理有关，而且公路工程机械是它完成任务的唯一的劳动手段和物质基础,必然要千方百计地贯彻执行公路工程机械设备管理规定,管好、用好、养好、修好机械,灵活调度,合理使用,不断提高机械经营管理水平。

(4)集中经营有利于技术水平的提高。

集中经营几种或少数品种机械,技术力量集中,对机械性能、特点、使用要求和机械状况变化的规律等容易了解和掌握,便于积累经验,提高技术业务水平,提高机械使用、保养、修理质量,改善机械技术状况,提高机械完好率和利用率。

实现专业化集中经营、专业化协作,各施工单位的自有公路工程机械的比重应该逐步减少,租用机械比例要相应增加,这是机械化施工发展的必然趋势,这样做必然会遇到不少困难,需要做很多工作。首先要破除陈旧思想的影响,克服"大而全"、"小而全"、"万事不求人"的思想;其次,专业分工后,协同配合的问题更突出了,这就要求施工单位和专业机械化施工单位都要加强计划性,实行科学管理,提高管理水平;再次,要求专业机械化施工单位提高服务质量,让使用单位省心、放心,这样才能使机械的专业经营有可能实现。

2)经营方式

经营方式一般来说就是用经济手段进行机械使用管理的方式,也可以说是处理机械产权单位服务关系的方式。

经营方式在机械化施工中起着很重要的作用,经营方式的好坏直接影响到机械化施工任务的完成和机械的效率。

目前大致有以下几种经营方式:

(1)租赁方式。

拥有机械的单位将公路工程机械租给施工单位,使用权归施工单位,租赁期按固定台班或实际台班签单或双方协议结算。

(2)按实际台班、结合产量分成方式。

这种方式除按实际台班签单结算外,还结合台班超产或欠产部分由机械出租方和施工方两个单位按比例分成。

(3)分包方式。

施工单位将某些分部、分项机械化施工工程,以分包的方式包给专业机械化施工单位,整个分部、分项工程,由机械化施工单位组织施工。双方签订协议,机械化施工单位包产量、包质量、包工期、包成本,并承担相应责任。

以上几种方式中,租赁方式虽能保证工作时间,但不能保证完成工程量,这种方式一般用于零星出租机械或不易计算产量的任务;按实际台班签单结合产量分成方式,虽然保证了工程量,但保证不了工期;分包方式能保证工程量和工期,施工单位在经济上不受损失,从总体上说是一种比较好的方式,有利于调动机械施工单位的积极性,可以促进双方共同改善经营管理。

16.3 安全生产和经营管理

公路工程施工单位现场环境复杂,露天作业多,劳动条件差,构成的不安全因素多,应该特别注意安全问题,在组织上、技术上必须采取措施,保证安全生产,保护职工健康。

16.3.1 安全生产

安全生产不仅直接影响机械寿命,而且关系国家和人民生命财产的安全。因此,必须贯彻"安全为了生产,生产必须安全"和"合理使用,安全第一"的原则。

1)对管理机构的要求

(1)工程机械的安全生产应由公路建设施工单位的安全部门作为安全施工的组成部分统一管理。机械生产部门应设立专职机构和人员,来负责机械安全生产的管理。机械管理部门也应有专职或兼职人员,管理机械安全生产工作。

(2)各级机务领导干部和机械管理部门应该坚持对机械操作人员定期、及时地进行安全教育,开展安全日活动,要求他们严格遵守安全操作规程,不仅要保证本机和本机组人员的安全,而且要保证协同作业人员的安全和协同作业机械的安全。

(3)要定期对操作人员进行安全技术考核,开展技术培训,坚持"三定"(定人、定机、定岗位)制度。严禁未学过本机构造原理和操作规程或未取得操作资格的人员单独操作机械。非本机械操作人员未经批准,严禁乱动机械。

(4)结合机械设备检查,定期地对机械安全操作和安全指示装置及安全保护进行检查,经常对施工现场使用机械情况和操作工安全情况进行检查,发现问题及时处理。

2)机械操作人员必须遵守下列各项安全操作要求

(1)严格遵守安全操作规程,不得超载、超重、超压、超速使用机械,不得擅离工作岗位。

(2)施工中听从施工人员的指挥,正确操作机械。对违反机械性能、安全操作规程和可能引起危险事故的指挥,操作人员有权拒绝执行。

(3)搞好文明生产,保持机械、工具和工作场地的整齐清洁。从事危险作业的区域,应有明显标志和安全措施。

(4)随时注意熄灭火种,在禁止烟火处,不准用明火。

(5)随时注意机械仪表变化,认真做好机械保管、保养工作。

(6)按规定穿戴安全防护用具。

(7)严格电气设备的使用,非本机人员不得开动开关,不使用不符合要求的保险丝,离开岗位时应关闭开关,切断电源。发生问题时,应请电工处理。

(8)作业场地的地面和周围环境应能保证机械安全工作,进入施工作业地点的道路应能保证机械安全通过,必要时应加以修整或采取必要的安全措施。

16.3.2 事故处理

凡由保管、操作、保养、修理不当或其他原因引起的机械非正常损坏或损失,造成机械设备及附件的精度或技术性能降低、使用寿命缩短,不论对生产有无影响都称为机械事故。

1)机械事故的性质

(1)责任事故。

①操作不当,包括工作前检查准备不周、操作不当、工作粗心大意、违反操作规程、超速、超载等原因所造成的事故。

②维护保养不善,不按规定进行检查保养,或者检查不周、调整不当、紧固不严等,造成安全装置失效,脏物进入油道或工作面造成所造成的事故。

③施工条件恶劣,妨碍机械正常作业,事前未采取有效措施,盲目作业造成的事故。

④管理不严,如机械带病作业,事前未经科学分析,运行中又检查不力,以及不按冬季防寒防冻规定等使用机械所造成的事故。

⑤修理质量差,不符合修理质量要求以及事先可检查排除的故障未能查出等所造成的事故。

⑥指挥人员或主管领导强迫驾驶操作人员违反机械性能或操作规程,进行危险作业,使机械在恶劣环境中工作所造成的事故。

⑦非驾驶、操作人员或学员擅自独立操作,操作人员擅离工作岗位所造成的事故。

⑧机械、车辆违反交通规则而发生的交通事故。

(2)非责任事故。

①确系预想不到和无法防范的自然灾害或不可抗拒的外界原因引起的事故(如台风、地震、山洪、塌方等),以及抢险救灾等造成的机械损坏。

②凡设计、制造等造成的先天缺陷,而又无法预防和补救所引起的事故。

(3)破坏性事故。

凡是有意破坏所造成的事故。

2)机械事故的主要原因

根据大量机械事故的情况分析,机械事故的主要原因有:

(1)不执行安全操作技术规程。

(2)操作人员大意或操作技术不熟练。

(3)施工方法或方式有错误。

(4)主管人员或指挥人员指挥失误。

(5)制造、修理质量不良等。

机械事故的主要原因是主观原因造成的,绝大多数事故是可以防止的。

3)机械事故的分类

(1)按危害性质分。

事故按其造成的危害性质分有工伤事故,交通事故和机械事故三大类。

(2)按损失程度分。

机械事故按其损失的程度分为一般事故,大事故和重大事故三类。

①一般事故。造成1~2个总成损坏,经总成大修后可以恢复完好,经济损失在500元以内者为一般事故。

②大事故。造成全机损坏,经全机大修后可以恢复完好,经济损失在500~30 000元之间者为大事故。

③重大事故。造成机械损坏无法修复,达到报废程度,经济损失超过30 000元者为重大事故。

$$机械事故经济损失 = 修理材料费 + 修理工时费$$

机械事故经济损失的具体数据由上级机械管理部门根据当时、当地的实际情况决定。

4)机械事故的处理

事故处理的目的是分析原因、划清责任、找出规律、吸取教训,在事故处理时应做到:

(1)机械事故发生之后,如有受伤人员,要迅速抢救,在不妨碍抢救人员的条件下,注意保留现场,及时报告上级领导和管理部门。对于隐藏不报的情况,经发现后对隐瞒者要严加处理。

(2)事故不论大小,肇事者和肇事单位均应如实上报,并填写"机械事故报告单",轻微事故可以免填,但要在"机械履历书"上记载。

(3)机械事故发生后,肇事单位必须严肃认真对待,按照"三不放过"的原则(即事故原因分析不清不放过;事故责任者和群众没有受到教育不放过;没有防范措施不放过)进行教育。

在处理事故时,对肇事者的处理应以教育为主,处罚为辅。单位领导忽视安全,对人民生命财产不负责任,纵容操作人员违章操作而造成事故者,要追究领导责任,并严加处理。

(4)在机械事故处理完毕之后,将事故详细情况记入"机械履历书"的"事故记录"栏内。

[思考题]

1. 公路工程机械经营管理的基本任务、基本内容和要求各是什么?
2. 如何编制公路工程机械装备规划?
3. 集中经营与机械化施工有什么优点?
4. 目前公路工程机械经营方式有哪些?各有什么优缺点?
5. 机械操作人员必须遵守哪些安全操作要求?
6. 造成机械事故的主要原因有哪些?

单元十七　公路工程机械的定额管理

17.1　机械定额管理

17.1.1　机械定额管理的意义

机械的技术经济定额是推行机务科学管理和经济核算的基础,是衡量企业管理水平的主要标准,也是衡量和考核一切机务人员——操作工、保修工及有关机务干部完成生产任务的数量和质量的主要依据。用经济手段管理机械,实行承包经济责任制,贯彻按劳分配的原则,执行奖惩办法,都必须以搞好定额管理工作为基础,这是加强企业管理的主要内容之一。

对定额管理的意义,还可以从以下几个方面进一步认识。

1) 定额是提高经济效益的有效手段

定额如同一把尺子,以量出每一生产环节和个人劳动效率的高低。定额可促使施工组织人员合理地组织施工,采用科学作业方法,挖掘潜力,力争高效、低耗,提高经济效益。

2) 定额是科学地组织公路施工的必要手段

公路工程是一种多工种、多机械密切协作的生产活动。在施工现场,需要把人员、机械、材料、燃润料等科学合理地组织和利用起来,定额是必要的手段。计划部门根据工程任务,按定额制定施工预算和施工计划,按定额调配机械和筹集配件、材料、燃料,组织保养、修理。施工部门按定额检查统计完成工作量,掌握施工进度和质量。物资部门按定额计算各种材料需求量,保证及时供应。总之,各部门都要根据统一的定额计划组织各自的活动,并密切配合,公路施工任务才能得以保质保量按期完成。

3) 定额是评价机械管理水平的重要标准

机械管、用、养、修的水平如何,衡量它的标准,就是定额,没有定额也就无从衡量其水平的高低。例如燃油料消耗定额,机械按台班考核,汽车按公里考核,如消耗低于定额即节约,超出定额即超耗。

17.1.2　机械的主要技术经济定额

1) 机械产量定额

机械产量定额有两种,一是年台班及年产量定额,二是台班产量定额。

(1) 机械年工作台班定额

机械年工作台班定额是各种机械在一年内应完成的台班数。根据交通部《公路工程机械台班费用定额编制说明》来确定。

(2) 机械台班产量定额

机械台班产量定额是机械分规格型号、分生产对象在一个台班中应完成的产量。详细资料请查阅 2007 年 10 月原交通部发布的《公路工程施工定额》。

(3) 机械年产量定额

机械年产量定额是各种机械在一年中应完成的产量。其计算公式为:

$$机械年产量 = 台班产量 \times 年工作台班 \tag{17-1}$$

由于机械规格型号和施工生产条件不同,台班产量亦各有异。这里所列台班产量应是综合施工条件下的平均产量。本定额主要用作匡算工程施工的机械需用量。

2）物料消耗定额

（1）动力燃料消耗定额

动力燃料消耗定额是机械、车辆在单位运转时间或行驶公里中所耗用的动力燃料。应分别按机型、道路等级、气候条件、工作对象等因素综合分析制定,制定时可参阅原交通部发布实施的《公路工程机械台班费用定额》(JTG/T B06-03—2007)中动力燃料数据。该数据是以达到台班产量定额为基础,当超额完成台班产量定额时,其动力燃料消耗可按比例相应增加。当达不到台班产量定额时,亦应按比例相应减少。工程机械凡可以用完成产量核算油消耗的,应尽量用完成产量来核算油料。其计算公式为：

$$产量油耗 = \frac{定额台班油耗}{施工定额台班定量} \tag{17-2}$$

润滑油消耗定额,一般可按燃油消耗量的2.5%~3%计算。其中汽油机按2.5%计算,柴油机按3%计算。

（2）轮胎消耗定额

轮胎消耗定额是指新胎到报废和经一次翻新到报废所达到的使用期(公里、台班),是考核驾驶人员对轮胎使用情况的定额。

（3）工具配备定额

工具配备定额是指机械、车辆操作人员为做好经常性的维修保养工作必须配备的随机工具。有些机械在出厂时带有专用工具,不列入定额,但应在"机械履历书"内登记。如新机带有通用工具者,则按定额核减后再补发其不足部分。

3）机械保养修理的技术经济定额

（1）修理保养工时与费用定额

修理保养工时与费用定额是考核机械在修理、保养过程中需用工时费用的定额。它是考核维修工效与费用水平的依据。在编制时需按机型分列和保修类别制定。

（2）机械停修台日定额

机械停修台日定额是考虑机械设备在进厂后停修天数的定额,也就是考核停修天数长短的指标。它包括机械进厂后待修和在修直至修竣交机为止的台日,但不包括交机后还未运行的台日,缩短停修台日的因素很多,如时间安排、材料配件、设备加工等,在编制定额时都应综合考虑。编制时分别按机型和保修类别制定。

（3）机械大修用油定额

机械大修用油定额是指机械、车辆在大修过程中清洗、试车等所耗用的油料。定额由清洗发动机、发动机试车、底盘清洗、装配试车和电系用油等组成,并根据不同情况规定耗用汽、柴油的数量。但目前有些单位采用清洗剂清洗的效果也很好,但在选用清洗剂前应详细阅读说明书的功能介绍,择优选用。如使用清洗剂则酌减清洗用油。

（4）机械操作、维修人员配备定额

它是指每台机械应配备的操作、维修人员数量。交通部发布的《公路工程机械台班费用定额》对应配的随机操作人员数已有规定。

4）机械台班费用定额

机械台班单价是指公路工程机械在正常运转条件下一个工作班(一般按8h计)所需要的全部费用。公路工程机械台班单价以"台班"为计量单位。

公路工程机械的台班费用定额,是编制公路基本建设工程概预算和进行经济核算的依据。公路养护的大、中修工程也可参考使用。

根据中华人民共和国交通部2007年10月公布,2008年1月1日施行的《公路工程机械台班费用定额》(JTG/T B06-03—2007)机械台班费用定额的规定,机械台班费用定额是由折旧费、大修费、经常修理费、安装拆卸及辅助设施费、动力燃料费、养路费及车船使用税7项费用构成。

(1)折旧费用

折旧费是指公路工程机械在规定使用期限内,每一台班所分摊的机械原值及支付贷款利息的费用,其计算公式为:

$$台班折旧费 = \frac{机械计算价格 \times (1-残值率) + 贷款利息}{耐用总台班} \quad (17-3)$$

①机械预算价格:是按机械出厂(或到岸完税)价格及机械以交货地点或口岸运至使用单位机械管理部门的全部运杂费计算。

②残值率:是指机械报废时回收的残值占机械原值(机械预算价格)的比率。运输机械2%,特大型机械3%,中小型机械4%,掘进机械5%。

③贷款利息:是指用于支付购置机械设备所需贷款的利息,一般按复利计算。

④耐用总台班:是指机械在正常施工作业条件下,从投入使用直至报废为止,按规定应达到的使用总台班数。

$$耐用总台班 = 折旧年限 \times 年工作台班$$

或

$$耐用总台班 = 大修间隔台班 \times 大修周期$$

年工作台班是根据有关部门对各类主要机械最近三年的统计资料分析确定。

大修间隔台班是指机械自投入使用起至第一次大修或自上一次大修投入使用起至下一次大修止应达到的使用台班数。

大修周期是指机械在正常的施工作业条件下,将其寿命期按规定的大修次数划分为若干个周期。其计算公式为:

$$大修周期 = 寿命期大修次数 + 1$$

例1:设6t载重汽车的预算价格为18万元,残值率为5%,大修间隔台班为550个,大修周期为3个,贷款利息为2.8万元,试计算台班折率。

解:由上述已知条件:

$$耐用总台班 = 550 \times 3 = 1\,650(个)$$

$$载重汽车折旧费 = [18 \times (1-5\%) + 2.8]/1\,650 = 0.012\,06(万元/台班)$$

(2)大修费用

台班大修费是指机械设备按规定的大修理间隔台班必须进行大修理,以恢复其正常功能所需的费用,按下式计算:

$$台班大修理费 = \frac{一次大修理费用 \times (使用周期 - 1)}{耐用总台班} \quad (17-4)$$

(3)台班经常修理费

台班经常修理费是指机械按台班收回定期保养和中修所需的费用。包括:

①机械设备除大修理以外的各级保养(包括一、二、三级保养)及为排除临时故障所需的

费用。

②为保障机械正常运转所需替换设备、随机使用工具、附具摊销和维护的费用。

③机械运转与日常保养所需的润滑油脂、擦拭材料(布及棉纱等)费用和机械在规定年工作台班以外的维护、保养费用等。按下式计算:

$$台班经常修理费 = \frac{大修理间隔台班内各级保养一次费用 \times 保养次数 + 临时故障排除费用}{大修理间隔台班} +$$

$$\frac{\sum[替换设备及工具附具费用 \times (1-残值率)] + 替换设备及工具附具维护费用}{替换设备及工具附具耐用台班} +$$

$$\frac{润滑擦拭材料一次费用 \times 大修理间隔台班内平均次数}{大修理间隔台班} \tag{17-5}$$

典型机械的经常修理费按照确定的范围和内容等来测算取定,其余机械则采用典型机械测算的经常修理费与大修理费的比值(K值)来推算:

$$台班折旧费 = \frac{机械计算价格 \times (1-残值率) + 贷款利息}{耐用总台班} \tag{17-6}$$

这样,典型机械的经常修理费可按下式计算:

$$台班修理费 = 台班大修理费 \times K \tag{17-7}$$

(4)安装拆卸及辅助设施费

安装拆卸及辅助设施费是指机械在施工现场进行安装、拆卸所需的人工费、材料费、机械费、试运转费以及安装所需的辅助设施费。辅助设施费包括安置机械的基础、底座及固定锚桩等费用。打桩、钻孔机械在施工过程中的过墩、移位等所发生的安装及拆卸费包括在工程项目费之内;稳定土厂拌设备、沥青乳化设备、黑色粒料拌和机、沥青混合料拌和设备、混凝土搅拌站(楼)、塔式起重机、施工电梯的安装、拆卸以及拌和设备、混凝土搅拌站(楼)、大型发电机的混凝土基础、沉淀池、散热池等辅助设施和机械操作所需的轨道、工作台的设置费用,不在此项费用内,在工程项目中另行计算。

计算公式为:

$$台班安装拆卸及辅助设施费 = \frac{机械安装拆卸费 \times 年平均安装拆卸次数 + 年辅助设施摊销费}{年工作台班}$$

$$\tag{17-8}$$

一次安装拆卸费一般根据施工或养护单位的统计资料经分析平衡后取定。

(5)人工费

人工费指随机操作人员的工作日工资(包括基本工资、各类津贴、补贴、辅助工资、劳动保护费以及各类保险和住房公积金等)。

(6)动力燃料费

动力燃料费指机械在运转施工作业中所耗用的电力、固体燃料(煤、木柴)、液体燃料(汽油、柴油、重油)和水等。

①燃料消耗量按下式计算。

$$Q = \frac{N \times 8 \times g_e \times K_1 \times K_2 \times K_3 \times K_4}{1\ 000} \tag{17-9}$$

式中:Q——燃料台班消耗量(kg);

N——发动机额定功率(kW);

g_e——耗油率(g/kW·h),汽油机 g_e 为340.14g/kW·h;柴油机见表17-1;

K_1——能力利用系数;

K_2——时间利用系数;

K_3——车速利用系数,取 0.97~1.00;

K_4——油料消耗系数,取 1.03。

柴油机耗油率 表 17-1

发动机系列	85	95	105	110	115	120	125	135	146	160	250
g_e(g/kW·h)	285.71	285.50	272.11	272.11	265.31	258.50	258.50	244.90	285.71	244.90	238.10

为简化计算,取定 $K_3 K_4 = 1.00$,故式(17-9)可简化为:

$$Q = \frac{N \times 8 \times g_e \times K_1 \times K_2}{1\,000} \qquad (17\text{-}10)$$

②电力消耗量按下式计算。

$$Q = \frac{N \times 8 \times K_1 \times K_2 \times K_3}{K_4} \qquad (17\text{-}11)$$

式中:Q——电力台班消耗量(kW·h);

N——电动机额定功率(kW);

K_1——电动机时间利用系数;

K_2——电动机能力利用系数;

K_3——低压线路消耗系数,取为 1.05;

K_4——电动机有效利用系数,(表 17-2)取与 K_2 相对应值(可用内插法求值)。

电动机有效利用系数 表 17-2

负荷程度	荷 载						
	0	1/4	1/4~1/2	1/2	3/4	1	
K_2	0.20	0.50	0.60	0.70	0.78	0.85	0.88
K_4	0	0.78	0.80	0.83	0.85	0.88	0.89

(7)养路费和车船使用税

指按国家规定应缴纳的机械养路费(注:养路费已于 2009 年 1 月 1 日全国停止征收,改为燃油附加税)和车船使用税等。

(8)公路工程机械台班费项目划分

机械台班费分不变费用和可变费用两部分。

①不变费用包括:折旧费、大修费、经常修理费、安装拆卸及辅助设施费四项。编制机械台班单价时,除青海、新疆、西藏等边远地区外,应直接采用。至于边远地区因维修工资、配件材料等价差较大而需调整不变费用时,可根据具体情况,由省、自治区交通厅制定系数并报交通部公路司备案后执行。

②可变费用包括:人工费、动力燃料费、养路费及车船使用税三项。编制机械台班单价时,随机操作人员数量及动力物资消耗量应以本定额中的数值为准。工资标准按《公路工程基本建设项目概算、预算编制办法》(JTG/T B06-01—2007、JTG/T B06-02—2007)的规定执行,工程船舶和潜水设备的工日单价,按当地有关部门规定计算。

(9)公路工程机械台班费定额

中华人民共和国交通部 2007 年 10 月 1 日发的〔2007〕33 号发布的《公路工程机械台班费

用定额》(JTG/TB 06-03—2007),自 2008 年 1 月 1 日起施行。

注:《公路工程机械台班费用定额》计费规定。

为了加强公路工程机械管理,充分发挥机械效能,保证机械具有良好的技术状态,提高机械利用率,合理的进行费用结算,根据公路工程的特点,拟定计费规定如下:

(一)各类机械(除工程船舶、潜水设备、变压器和配电设备外)每台班按8h计算,每台班不足4h按半个台班计算,超过4h按一个台班计算。潜水设备每台班按6h计算,工程船舶、变压器变电设备每昼夜按一个艘(台)班计算。

(二)机上人员管理费,指在工程其他直接费和间接费中属生产人员开支范围的费用,包括随机人员的辅助工资、工资附加费、劳动保护用品、探亲路费、施工津贴、取暖补贴六项,该项费用一般可人工费乘以1.15系数计取。

(三)法定节假日、计划保养修理停工日和由于自然因素影响不能施工时不计收费用,凡因机械本身原因不能施工时,在停工期间不计收费用。

(四)为了提高机械的利用率,避免不合理的停置,在施工期间,因机械使用单位的责任造成的机械停置,应按实际停置台班计收停置费。收费标准如下:

停置费 = (折旧费 + 经常修理费) × 50% + 人工费 + 机上人员管理费 + 养路费及车船使用税

(五)实行机械管用统一的独立核算的施工企业,利用自有机械施工时,实行工程预算中"机械使用费"统一核算,机械不用时,不计停置费。

(六)能计算产量的机械,一般应完成的工程量和工程单价计算费用,不计停置费,因使用单位的责任造成的机械停置,应按实际停置台班计收停置费。

(七)工程驳船、变压器和配电设备,在工地期间,无论使用与否,其使用费用均按下式计算,即使用费用 = 台班预算价格 × 在工地日历天数。无随机人员的小型机具,在工地期间,无论使用与否,其使用费按下式计算,即:使用费用 = 台班预算价格 × 在工地日历天数 × 50%。

(八)机构的安装、拆卸及辅助设施的设置如由机械使用单位承担时,机械管理部门在收费时,应扣除台班费用定额中的"安装拆卸及辅助设施费"。

(九)机械在调迁期间,可自行转移的机械一律计收使用台班费,不能自行转移的机械在调迁期间一律按第一个昼夜停置台班计费。

(十)由于工程需要,对机械进行改装和复原等所发生的一切费用均按实结算。

17.2 公路工程机械管理的指标和统计

17.2.1 公路工程机械的管理指标

公路工程机械的管理指标反映的是机务工作情况和机械管理各项数据的比率,是考核施工单位机械管理工作水平的主要标志。考核机械管理的主要指标有:机械完好率、机械利用率、机械效率、机械化程度、机械化装备生产率、机械装备率、消耗等指标。

通过对机械管理的指标分析,能够衡量机务工作的好坏,及时发现并解决问题,提高机务管理水平。

17.2.2 公路工程机械的统计工作

机械在管、用、养、修各方面的情况,必须依靠统计工作,用统计数据反映机械情况的变化。公路工程机械的统计工作是机务工作中掌握情况、分析问题、制订计划、考核指标、定额等一切工作的主要依据,对公路工程机械进行科学管理,充分发挥机械效率,促进公路工程机械化都具有重要意义。

1)统计的基本任务

①统计施工单位拥有机械的数量、能力及其变动情况,反映企业的技术装备程度,对组织生产和提高机械配套水平提供依据。

②统计机械的使用情况,反映机械的利用程度,为分析研究机械的潜力,充分发挥每台机械的效能提供依据。

③统计机械的完好情况,反映机械的技术等级,为分析研究改善机械的技术状况、考核机务管理的成效提供依据。

④统计机械的运转、消耗记录,整理并积累使用中各项数据,为编制机械维修计划,考核各项技术定额,实行经济核算和奖励制度提供依据。

⑤统计机械的维修情况及其效果,为考核维修计划完成情况和维修单位各项定额指标完成的情况提供依据。

2)各项统计及计算方法

(1)公路工程机械数量、能力统计

机械的数量和能力是机械统计的基本数据,它是计算和分析施工单位机械装备程度及完好利用车工度的基础。

①机械实有台数。机械实有台数是表示机械实物数量的主要数据,是统计施工单位在报告期内(通常指报告期末最后一天)列为国家固定资产的在册机械台数。

$$期末石油机械数 = 期初实有机械数 + 本期增加数 - 本期减少数$$

实有机械台数按技术状况可分为完好、在修、待修、待报废等。

②机械实有能力。机械实有能力反映施工单位(通常是期末)所拥有的各种机械能力的总水平,它是指各种机械能够承担的工程量的能力。机械能力一般是根据机械工作部分的容量或动力部分的功率来计算的。

$$某类机械能力 = 每种机械平均台数 \times 该种机械单台设计能力$$

$$机械的平均台数 = \frac{报告期每日拥有的机械实有台数之和}{报告期日历台数} \tag{17-12}$$

③机械的总功率。机械的总功率是报告期最后一天机械的总功率,它可以间接反映施工单位机械的装备程度,按标定能力或查定能力计算,单位是 kW。

④机械的总价值。机械的总价值是指本单位自有的全部公路工程机械的总价值。为了计算方便,一般采用报告期末最后一天机械的总价值。

机械的价值按原值和净值计算。原值反映机械的重置价值,净值反映全部机械实际价值,从某种意义上说,它可以反映机械的新旧程度。目前一般采用净值来计算机械的技术装备率。

(2)机械装备程度统计

在机务统计中,技术和动力装备率是反映施工单位技术装备程度的指标,而装备生产率是反映企业装备净值与产值的比值,是考核施工单位技术装备程度、施工单位占有机械在施工生产中创造产值大小的指标。

①技术装备率。技术装备率是指每人分摊的机械价值的多少,它说明技术装备程度的高低,按下式计算:

$$全员或工人技术装备 = \frac{报告期末自有机械净值}{报告期末全员或工人人数} \quad (万元/人) \tag{17-13}$$

或

$$全员或工人技术装备 = \frac{报告期末自有机械总台数}{报告期末全部职工数} \quad (台/人) \qquad (17\text{-}14)$$

或

$$全员或工人技术装备 = \frac{报告期末自有机械动力数}{报告期末养护里程} \quad (kW/km) \qquad (17\text{-}15)$$

②动力装备率。动力装备率是指每个人所分摊的机械动力数的多少，说明装备程度的高低，按下式计算：

$$动力装备率 = \frac{报告期末自有机械动力数}{报告期末全员或工人人数} \quad (kW/人) \qquad (17\text{-}16)$$

或

$$动力装备率 = \frac{报告期末自有机械动力数}{报告期末养护里程数} \quad (kW/km) \qquad (17\text{-}17)$$

(3) 机械完好情况统计

机械完好率是反映机械完好状况的主要指标。它可以按机械台数计算，也可按机械台日数计算。

①机械台数完好率。

$$机械台数完好率 = \frac{报告期末完好机械台数}{报告期末实有机械台数} \times 100\% \qquad (17\text{-}18)$$

②机械台日数完好率。

$$机械台日数完好率 = \frac{报告期末制度完好台日数 + 节假日加班台日数}{报告期制度台日数 + 节假日加班台日数} \times 100\% \qquad (17\text{-}19)$$

式中： 节假日加班台日数——报告期内全部机械台数(不管机械的技术、工作状况如何)乘国家规定的节假日数之积；

报告期制度台日数——报告期内全部机械台数(不管机械的技术、工作状况如何)乘以制度日数(日历日数减节假日数)之积，或用日历台日数减节假日台日数求得；

报告期末制度完好台日数——报告期内日历(或制度)台日数内处于完好状况下的机械台日数。包括修理不满一日的机械，不包括在修一日以上、待修、送修在途的机械。其中，日历台日数是指报告期内全部机械台数(不管机械的技术、工作状况如何)乘日历期之积。

(4) 机械利用情况统计

机械利用率指标是用来反映和考核施工单位机械的实际利用情况，也是企业的主要技术经济指标之一。

①机械台日利用率。

$$机械台日利用率 = \frac{报告期内机械实际工作台日数 + 节假日加班台日数}{报告期制度台日数 + 节假日加班台日数} \times 100\%$$

$$(17\text{-}20)$$

式中：报告期内机械实际工作台日数——不论该机械在一日内实际运行参加生产时间长短，均称为一个实际工作台日。

机械台日利用率可理解为机械的出勤率。

②机械台时利用率。

$$机械台时利用率 = \frac{报告期内机械实际工作台时数 + 节假日加班台时数}{报告期制度台时数 + 节假日加班台时数} \times 100\%$$

(17-21)

(5)机械效率统计

①机械效率。机械效率是指机械额定能力与完成产量的比值。它反映施工单位机械的工作效率,也就是实际干了多少活,这是机械各指标中的一个重要指标。

$$机械效率 = \frac{报告期内机械实际完成总产量}{报告期内机械平均总能力} \times 100\%$$

(17-22)

对不能按能力和产量计算效率的机械,可按台班计算。

$$机械效率 = \frac{报告期内机械实际工作台班数}{报告期内机械平均总台数} \times 100\%$$

(17-23)

②机械完成量定额率。

$$机械完成量定额率 = \frac{报告期内某种机械平均台班实际产量}{某种机械台班定额产量} \times 100\%$$

(17-24)

③装备生产率。装备生产率是指施工单位机械的净值与机械年度完成总工作量之比,也就是施工单位占有机械净值一元能完成机械年度工作量若干元,这是反映施工单位的机械投资在施工生产中创造价值的大小。

$$装备生产率 = \frac{机械年度完成的总工作量(元)产量}{机械的净值(元)} \times 100\%$$

(17-25)

④装备收益率(或利润率)。装备收益率(或利润率)是每台机械装备每年创造的收入(或利润),能更准确地反映机械的经济效益。

$$装备收益率(或利润率) = \frac{年机械收入(或利润,元)}{全部工程量(或工作量)} \times 100\%$$

(17-26)

(6)公路工程机械化程度统计

公路工程机械化程度,是反映施工单位机械化施工水平的重要指标,反映机械所完成的工程量(或工作量)占总工程量(或总工作量)的比重。

$$机械化程度 = \frac{利用机械完成的工程量(或工作量)}{全部工程量(或工作量)} \times 100\%$$

(17-27)

3)机务统计的基础工作

机务统计的基础工作包括原始记录、统计台账、统计报表。

(1)原始记录

为了全面或超额完成各项定额和指标,必须加强对原始记录的统计与管理。原始记录的填写要求准确、及时、完整。原始记录包括以下几个方面:

①属于机械固定资产的原始记录有:新增机械验收单、机械调拨单、机械交换清单、机械报废验收单。

②属于机械使用的原始记录有:交接班记录、技术实验记录、走合期记录、运转使用记录。

③属于机械维修的原始记录有:保养修理记录、大修技术鉴定单、保养修理任务单、修竣验收单。

原始记录的管理办法,应由机务部门研究审定,经主观领导批准后执行,防止各搞一套,防止机械一动便记8h、防止靠回忆记录。

(2)统计台账

统计台账是大量分散的原始记录的汇总,是编制报表及核算工作的综合性登记表,主要有:机械台账、机械登记卡、机械运转台账、机械保修台账。

(3)统计报表

统计报表是机务统计中反映情况、积累资料的重要方法,主要报告表有:机械车辆使用情况报表、主要公路工程机械实有及完好情况(年报)、技术装备情况(年报)、机械保养计划表、机械保养完好情况表、机械事故月报。

4)机务统计分析

通过机务统计,收集和整理有关机械经营活动的一切详细资料,是统计工作的第一步,更重要的是通过这些数字资料来说明施工单位机械经营活动的基本情况及其发展变化的规律性,作为指导机务工作的依据,为此要进行统计分析。

机务统计分析的任务,主要是将统计中反映出来的各项技术经济指标完成数与计划数进行比较,全面检查各项计划的执行情况,研究和分析机械在一切活动中的成绩和薄弱环节,以便找出差距,提出解决问题的办法,据以知道和改进工作。

机务分析的内容是:

①根据工作时间、完成产量——分析利用率、效率。

②根据使用情况——分析机械化程度。

③根据完好情况——分析不完好的因素和原因。

④根据装备情况——分析机械技术状况变化情况。

⑤根据维修完成情况——分析机修单位生产能力和停修期、质量、费用等。

⑥根据机械事故情况——分析事故产生原因。

⑦根据机械使用情况——分析油料、材料消耗情况和装备构成。

⑧根据机械完成指标好坏——分析操作人员政治思想和技术能力的情况。

统计分析工作又可分为综合分析和专题分析。

(1)综合分析

是对统计资料全面的分析研究,用以说明机械的经营活动的基本情况、发展趋势及规律性。如:全面分析机械完好率、利用率、效率的完成情况,研究机械可挖掘的潜力。这种分析的内容设计范围宽、指标广、因素多。一般相隔一定时间进行一次。

(2)专题分析

主要对某项专门问题进行集中而深入的分析。如:可以把机务管理中存在的某个关键问题(如机械事故增多、修理质量下降等)。典型事例(先进事物、薄弱环节)或中心工作等作为分析内容。这样分析的内容涉及的面较窄,指标较少。它的特点是灵活多样,一事一议,简便易行,可根据需要经常进行。

17.3 公路工程机械管理的经济核算

公路工程机械的经济核算是施工单位经营核算的重要组成部分,也是促进施工单位管好、用好机械的有效措施。通过对机械的经济核算,不仅可以反映出施工单位机务工作的经营管理水平和经济效益,而且可以从中找出管理工作中的薄弱环节,采取相应的改进措施,以加强机械的管理工作。

机械的经济核算包括机械化施工核算、单机单车核算、驾驶班组核算、保修班组核算四种。机械化施工核算指的是机械施工单位的核算;由专人操作的大型机械、汽车等可实行单机(单车)核算;由班组管理的中、小型机械可实行驾驶班组核算;机械保养修理实行保修核算。

17.3.1　机械化施工核算

其主要核算内容是:
①考核施工单位完成生产计划和各项经济指标情况。
②机械化施工单位完成各项工程量、工作量,并按成本项目进行分解。
③机械化施工单位实行支出,并按成本项目进行分解。
④按成本项目收支对比,计算节超。
⑤考核施工单位创利情况。
机械化施工成本计算范围,可归纳为四大组,并以下式表示:

$$f_T = f_M + f_W + f_Z + f \tag{17-28}$$

式中:f_T——机械化施工总开支费用;
　　　f_M——机械使用费(台班费);
　　　f_W——工人工资;
　　　f_Z——材料费;
　　　f——其他费用。

为了计算机械化施工完全成本,在上式中加入其他费用,其内容包括管理费用(建筑单位的行政管理费用和技术管理等)、工人和职员的附加工资、社会保险和公共事业费等,这些费用均按计划项目实际支出数计算。

17.3.2　单机(单车)核算

单机核算是按机械台班费用定额以货币度量形式进行的,是机械使用成本核算的开端。通过单机核算,不仅能反映单位产量上消耗的生产费用,而且可以了解机械合理使用的程度、施工单位各项管理工作的水平,更重要的是可以进一步了解机械使用成本升降的主客观因素,从而找出降低机械使用费用的途径。

单机逐项核算的内容和范围,应按台班费用定额规定的两大类九个项目进行逐项核算。但从考核或核算一个单机来说,实际上通常只选取一个台班使用费用中直接与机械工作有关的几个项目进行核算比较。

单机核算的形式,一般按机械使用期内(或出租)台班费实际收入金额(净收入)与机械在使用期内实际支出所分摊的各项费用(金额)的比较来考核单机的使用情况(节或超)。单机核算净收入金额指的是以机具使用费计价结算的收入金额。单机核算方法一般按月(或季)总结的办法来进行。

17.3.3　驾驶班组核算

驾驶班组核算办法和核算项目基本上与单机核算相同,核算对象为班组管理的全部机械,按台班费组成分项统一核算,比较分析。

17.3.4　机械保修核算

1)保修核算的内容
维修保养单位的生产组织形式和性质与一般施工单位、生产工厂组织机构形式相同,它的主要任务是为机械使用部门修好、养好机械,并生产一部分配件产品。因此对保养考核的要求是保证机械的保修和配件产品数量与质量。一般考核维修保养单位班组(单机)核算指标有如下几个方面:

①在保养机械的数量和质量方面,主要包括机械保修的台(车)次、保修停场台日、保修一次交车(机)率及返修率。

②在保修机械耗用料具和利用旧料方面,主要包括保修料定额、摊铺材料。

③在自制配件与旧料修复方面,主要包括生产配件产量(值)、单位产品工时的原料消耗、旧料修复定额及合格率。

④在劳动纪律、安全生产方面,主要包括出勤率、机修事故等。

2) 保修核算指标

(1) 机械保修台次

机械保修台(车)次,根据施工单位年、季、月机械保修计划,按月由机务部门下达维修保养单位,维修保养单位再下达给车间(工段)和班组,计划临时小修保养由检验部门通知维修保养单位,由维修保养单位派工承修。施工单位大型机械小修时照例办理进场送修和竣工出厂手续,由司机和修理工双方签字,并将签字后的竣工单转交统计部门,以考核其停场时间。

(2) 保修停场台日

保修停场台(车)日,一般按停修台日定额执行,由机务部门下达计划的同时下达给维修保养单位。维修保养单位结合本单位具体情况研究后分别下达给车间(工段)和班组。除维修保养单位停修台日按定额规定办理外,各类机(车)小修停修台日应在保证质量的前提下,使完好率下降不超过1%。

(3) 保修一次交车率和返修率

①保修一次交车率:机(车)修竣后,以出厂检验员一次检查,全机(车)符合出厂技术要求(包括补漆、喷漆),并在一个小时内即可交付司机开车投入工作的称之为一次交车。一次交车率的计算方法可用下式表示:

$$一次交车率 = \frac{本月交车(机)台数}{本月交车(机)台数之和} \times 100\% \qquad (17\text{-}29)$$

例2:本月共保养20台机(车),其中2台二次交车,1台三次交车,17台一次交车,求一次交车率。

解:按公式,本月共保养20台机(车),其中2台二次交车就等于2×2=4台次,1台三次,17台一次交车,代入上式得:

$$一次交车率 = \frac{20}{4+3+17} \times 100\% = \frac{20}{24} \times 100\% = 83.3\%$$

②返修率:返修率可用两种指标来表示,一种叫返修率,另一种叫工时返工率。返修率是说明维修保养单位承修承保机械竣工出厂后返场回修情况的指标,其计算公式如下:

$$返修率 = \frac{返修机械车辆次数}{不包括返修次数的出场机械车辆总数} \times 100\% \qquad (17\text{-}30)$$

工时返工率,它是表示交付验收机械车辆返工损失情况的指标,其计算公式如下:

$$工时返工率 = \frac{返工工时}{包括返工工时在内的总工时} \times 100\% \qquad (17\text{-}31)$$

例3:本月全部保养机车的总有效工时为1 000h,返工工时累计占用工时为50h,则工时返工率为:

解：

$$工时返工率 = \frac{50}{1\,000 + 50} \times 100\% = 4.7\%$$

返修率、工时返工率都是说明机(车)保养修理质量的相对指标。返工、返修所造成的材料和工时损失所需费用，仍应列入单机保养成本内计算。

机(车)保养返修期、翻修时间累计范围等由主观部门正确核定，并严格控制。如返修期规定二保3d，三保7d，而返修时间(停场台日)累计不超过4h(返修率不超过5%)者不计或计入返修率考核等。

(4) 保修工料费定额

保修工料费定额一般按规定的定额考核。班组核算时，对下达定额的具体使用则应视各维修保养单位的经营管理水平、技术设备条件等，根据主观部门所制定的保修定额，由维修保养单位分解为小指标，下达到各班组。

(5) 工具费定额

工具费定额是由机务部门给维修保养单位下达一次性工具费指标，维修保养单位可根据具体情况再给车间(工段)和班组分别下达工具费定额。对定额制订，必须密切地结合各自维修保养单位工具装备的实际情况、具体数量、价值以及平均使用期限来考虑。

(6) 旧件修复定额

材料管理部门根据旧料库存情况，每月每机务部门提出旧料(件)修复计划(包括品种、数量、金额)，经机务部门、材料管理部门和维修保养单位共同鉴定后，由机务部门给维修保养单位下达旧料修复计划，最后由维修保养单位分别下达给各有关班组。

(7) 旧料利用率

在保证质量的前提下，尽量利用旧料旧件，开展修旧利废活动，以降低机修费用，各小组利用旧料(件)要登记，并进行利用率的考核。

3) 修理成本的核算

(1) 修复方法的经济合理性

① 零件修理，应考虑是否经济合理，修复后的零件使用时，每工作小时(或公里)的修复成本应低于制造成本

$$\frac{零件修复成本}{修复零件的使用时间(里程)} \leq \frac{新零件的成本}{新零件的使用时间(里程)} \quad (17\text{-}32)$$

当然，经济上是否合理不仅要从零件本身考虑，还应当从全局考虑，如缩短停修时间，根据机械完好率，完成施工任务的需要等。

② 整机修理，一般按下式确定是否有修理价值。

$$修理费 \leq \frac{1}{2} \times 原机预算价格 \quad (17\text{-}33)$$

整机修理的经济合理性往往与送修的时机有关，过早送修，虽然可以减小修复和更换零件的数量，适当降低修理费，但造成使用寿命缩短，从而带来更大的经济损失；送修过迟，虽增加机械使用费等收入，但造成使用中大故障，使修理范围扩大或使修理升级，同样带来更大的经济损失。因此，注意合理延长修理间隔期，掌握好送修时间，切忌盲目延长修理间隔。

(2) 修理成本的核算

① 大、中修理成本核算。

机械大、中修理成本核算的主要形式是单机成本核算，实行总成本更换修理法时还要对周

转总成的修理成本单独进行核算。

大、中修理成本核算主要核算直接费用,包括人工费、机械费和配件材料费。人工费包括修理工和辅助工的人工费,配件材料费包括配件费、消耗材料费、五金材料费和工具费。全面核算修理成本还应该包括必要的管理费,独立核算的修理单位必须实行全面核算。

②机械小修一般不单独进行核算,和机械保养费一起列入经常修理费中,进行综合核算。

[思考题]

1. 公路工程定额是如何分类的?
2. 何为机械台班消耗定额、机械台班费用定额?它们各包括哪些内容?
3. 机械台班费如何计算?
4. 机械化施工核算包括哪些内容?机械保修核算中一次交车率和返修率是如何定义的?
5. 如何把握机械是维修还是报废后新购?

参 考 文 献

[1] 吴幼松.工程机械内燃机构造与维修[M].北京:人民交通出版社,2009.
[2] 吴幼松,佘清河.公路工程机械化施工与管理[M].北京:清华大学出版社、北京交通大学出版社,2007.
[3] 郑忠敏.公路施工机械化与管理[M].北京:人民交通出版社,2002.
[4] 郭小宏,曹源文,李红镝.公路工程机械化施工与管理[M].北京:人民交通出版社,2009.
[5] 朱保达.工程机械概论[M].北京:人民交通出版社,2002.
[6] 何挺继,胡永彪.水泥混凝土路面施工与施工机械[M].北京:人民交通出版社,1999.
[7] 费建国,张兰芳,王建军.公路工程机械化施工[M].北京:人民交通出版社,2001.
[8] 何挺继.筑路机械手册[M].北京:人民交通出版社,1998.
[9] 胡长顺,黄辉华,王秉纲.高等级公路路面施工技术[M].北京:人民交通出版社,1999.
[10] 贾长海,展朝勇,郑忠敏.公路养护机械与养护机械化[M].北京:人民交通出版社,2004.
[11] 姜仁安.高速公路施工养护机械[M].北京:人民交通出版社,2008.
[12] 中华人民共和国交通运输部行业标准.JTG F10—2006 公路路基施工技术规范[S].北京:人民交通出版社,2006.
[13] 中华人民共和国交通运输部行业标准.JTG F40—2004 公路沥青路面施工技术规范[S].北京:人民交通出版社,2004.
[14] 中华人民共和国交通运输部行业标准.JTJ 076—1995 公路工程施工安全技术规程[S].北京:人民交通出版社,1995.
[15] 中华人民共和国交通运输部行业标准.JTG H10—2009 公路养护技术规范[S].北京:人民交通出版社,2009.
[16] 中华人民共和国交通运输部行业标准.JTJ 073.2—2001 公路沥青路面养护技术规范[S].北京:人民交通出版社,2001.
[17] 中华人民共和国交通运输部行业标准.JTG H30—2004 公路养护安全作业规程[S].北京:人民交通出版社,2004.